纪念毛泽东诞辰120周年 | 于俊道 主编

革命前辈们的
读书生活

中国社会科学出版社

图书在版编目（CIP）数据

革命前辈们的读书生活 / 于俊道主编. —北京：中国社会科学出版社，2013.4
ISBN 978-7-5161-1864-1

Ⅰ.①革… Ⅱ.①于… Ⅲ.①政治人物–生平事迹–中国–现代 Ⅳ.①K827=7

中国版本图书馆CIP数据核字(2012)第298053号

出 版 人	赵剑英
责任编辑	武　云
特约编辑	许海意
责任校对	詹福松
责任印刷	王　超
出版发行	中国社会科学出版社
社　　址	北京鼓楼西大街甲158号（邮编100720）
网　　址	http://www.csspw.com.cn
	中文域名：中国社科网　010-64070619
发 行 部	010-84083685
门 市 部	010-84029450
经　　销	新华书店及其他书店
印　　刷	北京洲际印刷有限责任公司
装　　订	北京洲际印刷有限责任公司
版　　次	2013年4月第1版
印　　次	2013年4月第1次印刷
开　　本	710×1000　1/16
印　　张	19
字　　数	317千字
定　　价	38.00元

凡购买中国社会科学出版社图书，如有质量问题请与本社联系调换
电话：64009791
版权所有　侵权必究

目录

毛泽东读马列著作	逄先知	1
毛泽东读中国文史古籍	逄先知	9
毛泽东读中国古典诗词	张贻玖	20
毛泽东读中国古代兵书	毕剑横	43
毛泽东读鲁迅著作	徐中远	57
毛泽东读《红楼梦》	龚育之 宋贵仑	64
毛泽东读报章杂志	逄先知	69
毛泽东与逻辑学	高　路	74
毛泽东与自然科学	龚育之	88
毛泽东学英语	林　克	102
读有字之书,又读无字之书	逄先知	108
病中诵读《枯树赋》	张玉凤	113
周恩来:"活到老、学到老"	余　之	115

周恩来读苏联《政治经济学（教科书）》	杨明伟	118
周恩来读苏联小说《旅顺口》	雷英夫	122
周恩来读毛泽东诗词	孙向忠	124
刘少奇的读书生活	黄 峥 周志兴	128
刘少奇读苏联《政治经济学（教科书）》	石仲泉	137
朱德的读书生活	沈学明	148
朱德读史籍	沈学明	158
朱德读《共产党宣言》	成仿吾	162
读碑临帖　一生不辍	沈毓珂	164
邓小平的读书生活	王立新	168
邓小平的读书生涯		171
爱好古典史书、武侠书的邓小平		173
小平同志是怎样读书的		174
陈云读马列著作毛泽东著作	刘家栋	180
陈云谈读书与看报	江 党	195
陈云关于整理古籍的指示	王酉梅	196

父亲陈云的学习生活	陈伟力等	203
彭真的读书生活	张文健	206
彭真爱读《毛泽东评点〈二十四史〉》	周留树	214
彭德怀惜书如命	张晓彤	216
彭德怀读《欧阳海之歌》	王春才	219
中央党校里的"特殊学员"	彭梅魁	226
刘伯承论兵新孙吴	黄成坤	228
罗荣桓的读书生活	于长治	235
秀才的儿子志在学	张 力	239
叶剑英的早年读书生活	苗体君	241
叶剑英与古典诗词		244
叶剑英博学多艺	江 英	249
瞿秋白发愤读书	陈铁健	253
并不宁静的"学者"	刘 英	262
王稼祥就读莫斯科中山大学	徐则浩	265
勤于学习 不断进取	朱仲丽	272

读书如命　惜书如金	………………………………黎　民	273
学而不厌　诲人不倦	………………………胡传章　哈经雄	276
董必武与书	………………………………董楚青	280
林伯渠读书育人	………………………郑雅茹　柳建辉	286
胡耀邦的读书生活	………………………………………	289
胡耀邦谈鲁迅杂文	………………………………………	295

毛泽东读马列著作

毛泽东是在经过对各种思想流派和革命学说进行探讨、比较之后，才选择了马克思主义的。他一旦认定马克思主义是唯一能够救中国的革命真理，便终生坚定不移地信仰马克思主义。

毛泽东从1920年读第一本马克思、恩格斯著作《共产党宣言》起，就始终坚持不懈、孜孜不倦地阅读和研究马克思、恩格斯、列宁、斯大林的著作。马恩列斯的基本著作和重要文章，他读了很多，有的不知读过多少遍。他读马列著作的特点是，有重点地读，认真地反复地读，密切联系中国实际地读。

为解决实际问题而读马列著作

紧密结合中国实际，为解决中国革命和建设中的实际问题而读马列著作，这是毛泽东读马列著作的根本方法。

1920年毛泽东读了《共产党宣言》等两三本书，知道人类有史以来就有阶级斗争，阶级斗争是社会发展的原动力，初步地找到了认识问题的基本立场和方法。然后，他就老老实实地去开始研究实际的阶级斗争。

在大革命时期，马列著作翻译到中国来的还很少。毛泽东在1926年已经直接或者间接从别人的引述那里，读过列宁的《国家与革命》的部分内容。但是问题不在于读了这本书，可贵的是，毛泽东用《国家与革命》的理论来说明中国的革命问题，指导中国的革命。

土地革命战争时期，在被国民党反动政府封锁的革命根据地，要读马列著作十分困难。但是毛泽东是多么渴望读到马克思主义的书籍，多么需要马克思主义理论的指导啊！在受到"左"倾教条主义领导者排挤的时候，他的正确主张得不到贯彻实行，而教条主义领导者却动不动就引经据典，说马克思、列宁是如何说的。毛泽东因受条件的限制，当时对马列著作确实不如他们读得多。为了坚持自己的正确主张，说服对方，说服党内其他同志，就得有理论武器，这也是激发他发愤读马列著作的一个重要原因。那个时候，打下一些城市后，才好不容易弄到一点马列主义的书。1932年4月，红军打下当时福建的第二大城市漳州，没收了一批军事、政治、科学的书送到总政治部，其中有一些马列著作。根据彭德怀和吴黎平的回忆，其中有恩格斯的《反杜林论》，列宁的《两个策略》（即《社会民主党在民主革命中的两种策略》）、《"左派"幼稚病》（即《共产主义运动中的"左派"幼稚病》）。后来，毛泽东回忆土地革命战争时期的历史时说，那个时候能读到马列著作很不容易，在长征路上，他患病的时候躺在担架上还读马列的书。1964年3月，他对一个外国代表团说，他"是在马背上学的马列主义"。当年在长征路上同毛泽东一起行军的刘英亲眼目睹了毛泽东读马列著作的感人情景。刘英是张闻天的夫人，一位忠诚的老革命家。在一次访问中，她对我说："毛主席在长征路上读马列书很起劲。看书的时候，别人不能打扰他，他不说话，专心阅读，还不停地在书上打杠杠。有时通宵地读。红军到了毛儿盖，没有东西吃，肚子饿，但他读马列的书仍不间断，有《两个策略》、《"左派"幼稚病》、《国家与革命》等。有一次，毛主席对我说：'刘英，实在饿，炒点麦粒吃吧！'毛泽东就一边躺着看书，一边从口袋里抓麦粒吃。"听了这段生动的回忆，我们不禁对毛泽东刻苦学习马列著作的精神，感佩不已！另据吴黎平回忆，毛泽东在长征途中读过《反杜林论》。

在马恩列斯的著作中，毛泽东尤其喜欢读列宁的著作。读得最多、下功夫最大的恐怕也是列宁的著作。这是可以理解的。因为毛泽东要从列宁的著作中寻找关于殖民地、半殖民地国家进行民主革命以及由民主革命向社会主义革命转变的理论。从列宁的著作中学习和汲取马克思主义哲学思想。毛泽东喜欢读列宁的著作，还因为列宁的作品，特别是革命时期的著作，生动活泼。"他说理，把心交给人，讲真话，不吞吞吐吐，即使和敌人斗争，也得如此。"[①] 毛泽东说过，他是先学列宁的东西，后读马克思、恩格斯的书。[②] 在列宁的著作中，《两个策略》、《"左派"幼稚病》、《国家与革命》、《帝国主义是资本主义的最高阶段》以及后来出版的《哲学笔记》等著作，又是毛泽东读得遍数最多的（当然不只是这些）。根据延安时期给

---

① 这是毛泽东1958年4月6日在武汉会议上的一段插话。
② 1965年4月21日毛泽东同中共中南局负责人的谈话。

毛泽东管过图书的史敬棠回忆，毛泽东在延安经常读《两个策略》、《"左派"幼稚病》。他用的这两本书还是经过万里长征从中央苏区带来的，虽然破旧了，但他仍爱不释手。毛泽东在这两本书中写了一些批语，有几种不同颜色的笔画的圈、点和杠杠，写有某年某月"初读"、某年某月"二读"、某年某月"三读"的字样。这说明，到那个时候为止，这两本书至少已读过三遍了。这两本书早已丢失，这是非常可惜的。我们从彭德怀的回忆里，也可以看到毛泽东当时是如何重视这两本书以及对这两本书的看法。彭德怀说：1933年，"接到毛主席寄给我的一本《两个策略》，上面用铅笔写着（大意）：'此书要在大革命时读着，就不会犯错误。'在这以后不久，他又寄给一本《"左派"幼稚病》（这两本书都是打漳州中学时得到的），他又在书上面写着："你看了以前送的那一本书，叫作知其一而不知其二；你看了《"左派"幼稚病》才会知道'左'与右同样有危害性。前一本我在当时还不易看懂，后一本比较易看懂些。这两本书，一直带到陕北吴起镇，我随主席先去甘泉15军团处，某同志清文件时把它烧了，我当时真痛惜不已。"① 从彭德怀的这段叙述中可以看出，当时毛泽东结合中国革命的实践经验，对列宁的这两本书有了深刻的理解。一方面，他从理论上认识到大革命失败的原因，就主观方面说，是陈独秀犯了放弃无产阶级对民主革命领导权的右倾投降主义错误；另一方面，从理论上认识到王明"左"倾路线对革命的严重危害性，"左"倾同右倾一样危害革命事业。彭德怀的这段叙述还可以说明，为什么毛泽东特别重视列宁的这两部著作，反复地学习和研究，并用来教育中国共产党人。

到了延安以后，毛泽东广泛地收集马列主义的书籍。为了系统总结中国革命的经验，指导中国革命继续前进，也为了从理论上清理王明"左"倾路线的错误，他集中精力，发愤攻读马列主义的书，包括马恩列斯的原著和阐述马克思主义哲学、经济学的著作。当时毛泽东阅读、圈画并作了批注的马列著作，现在保存在毛泽东故居的已经为数不多了，主要有《资本论》、《社会主义从空想到科学的发展》、《列宁选集》（多卷本，苏联出的中文版）、《国家与革命》、《理论与策略》（收了《论列宁主义基础》、《论列宁主义的几个问题》等几篇斯大林的重要著作，苏联出的中文版）和《马克思恩格斯列宁斯大林论艺术》。毛泽东在延安时期圈画的马列著作，保存下来的虽然不

---

① 《彭德怀自述》第183页。

多，但从中仍可看出毛泽东如何把马列主义的基本观点运用到中国革命实际，如何用马列主义基本理论总结中国革命经验的某些思考。

解放战争时期，经毛泽东批阅的马列著作，我们现在掌握的有两本，一本是《国家与革命》，一本是《"左派"幼稚病》。这两本书也都是毛泽东为了当时的革命需要而重新阅读的。在《国家与革命》的封面上，毛泽东亲笔写上了"毛泽东　一九四六年"，在扉页上注明"1946年四月廿二日在延安起读"。翻开书一看，在"阶级社会与国家"这一章，几乎每句话的旁边都画着杠杠，讲暴力革命的地方画的杠杠特别引人注目。例如，"革命才能消灭资产阶级国家"这一句，关于暴力革命的观点是"马克思恩格斯全部学说的基础"这一段，杠杠画得最粗，圈圈画得最多，"革命"、"消灭"、"全部学说的基础"这些词和词组的旁边画了两条粗杠。毛泽东读这本书的时候，国民党正在积极准备发动全面内战，国内革命战争已不可避免，用革命的暴力推翻、消灭反动统治的国家机器，已是决定中华民族前途命运的头等大事。毛泽东正是在这样的历史背景下，结合中国共产党人肩负的历史使命，重温列宁的这部重要著作的。他从中汲取理论的力量，使中国革命沿着正确的方向前进。1948年4月，中国人民解放战争正在乘胜前进，为了克服革命队伍内部存在的无纪律状态和无政府状态，保证革命战争的彻底胜利，毛泽东重读《"左派"幼稚病》第二章"布尔塞维克成功的基本条件之一"，并在书的封面上写了一个批语："请同志们看此书的第二章，使同志们懂得，必须消灭现在我们工作中的某些严重的无纪律状态或无政府状态。毛泽东　一九四八年四月廿一日。"中宣部在6月1日发出毛泽东这一指示，要求全党学习《"左派"幼稚病》第二章。

全国解放后，在党的工作重心转到大规模经济建设的时候，1954年，毛泽东又一次阅读《资本论》，以后又多次读《政治经济学批判》、《列宁有关政治经济学论文13篇》等经济学经典著作。

在1958年的"大跃进"中，出现了一种否定商品生产的极左观点。为了从理论上解决这个重大问题，说服持这种观点的人，毛泽东下功夫研究了斯大林的《苏联社会主义经济问题》。这个小册子，毛泽东读了许多遍，据我看到的，经他批注的就有四个本子。他还在第一次郑州会议上作了长篇评论。（这里顺带澄清一个事实，文化大革命中流传的所谓毛泽东对《苏联社会主义经济问题》的批注，那是误传。对《苏联社会主义经济问题》，毛泽东是作过批注的，但不是"文革"中流传的那个本子）毛泽东对《苏联社会主义经济问题》的批注和评论，紧密结合中国当时的实际情况，着重阐述了社会主义条件下发展商品生产的必然性。对该书中斯大林概括的列宁关于社会主义革命道路的五条，毛泽东在批语中指出："列宁是要以全力发展商品，问题还是一个农民问题，必须谨慎小心。"在斯大林批评那种认为商品生产在任何条件下都要引导到资本主义的观点的地方，毛泽东写道："不要怕资本主义，因为不会再有资本主义。"在斯大林讲到商品生产的活动范围只限于个人消费品的地方，毛泽东则写道："限于个人消费品吗？不，在我国，农业和手工业生产工具也是商品。是否会导致资本主义呢？不。"这些批注反映了当时毛泽东对社会主义社会发展商品生产的一些基本观点，并且从中国的实际情况出发，突破了斯大林的某些论点。毛泽东的这些看法，在郑州会议和武昌会议的讲话中得到了充分展开。他说："现在有不少人向往共产主义，想立即进入，不要商品了，看了商品就发愁，以为这是资产阶级的东西。为什么社会主义社会要搞商品生产？他就没有区别资本主义商品和社会主义商品在性质上的差别。在社会主义阶段，应该充分发展和利用商品生产。为了团结几亿农民，为了换取农民的产品，就要跟他们做买卖，商品生产不是缩小，而是要发展。废除商品，对农民的产品实行统一调拨，就是对农民的剥夺。中国是商品生产最不发达的一个国家。我们要大力发展商品生产，为社会主义服务，不要怕资本主义。"毛泽东为解决我国社会主义建设中的问题而研究马克思主义、读斯大林的《苏联社会主义经济问题》就是一个典型的例子。毛泽东并没有全盘肯定斯大林这本书，然而他抓住其中科学的、对我国有用的理论观点，在一定程度上澄清了我国社会主义建设进程中出现的一些混乱认识问题。他在读这本书时阐述的一些好的观点，至今还有其理论价值和现实意义。

用马克思主义基本理论教育干部

毛泽东非常重视用马克思主义基本理论教育干部，大力提倡干部要读马列著作。在延安整风中，为了清理王明"左"倾路线的影响，他亲自规定高级干部都要学习《"左派"幼稚病》和其他几本马克思主义的哲学和经济学著作。他提议整风之后，组织人力大量翻译马恩列斯著作。当时他说：我们党内要有相当多的干部，每人读一二十本、三四十本马恩列斯的书，我们有这样丰富的经验，有这样长的斗争历史，如果读通了这些马恩列斯的著作，我们党就武装起来了，我们党的水平就大大提高了。1945年，毛泽东在"七大"上又特别提出要读五本马列著作：《共产党宣言》、《社会主义从空想到科学的发展》、《两个策略》、《"左派"幼稚病》和《联共党史》。1949年，在革命即将取得全国胜利的时候，党的七届二中全会决定干部要学习12本马列主义著作。① 在现存的档案中，还有当时胡乔木写的这12本书的目录，毛泽东在这个目录前面加了"干部必读"四个字，并请周恩来即刻印发给七届二中全会。由毛泽东起名的"干部必读"12本书，在一个比较长的时期内，一直是干部学习马列主义的基本教材，从思想上武装了一代中国共产党人。

1953年，我国进入大规模经济建设时期，为学习苏联建设社会主义的经验，中央决定全党干部学习《联共党史》9～12章。当时正值《毛泽东选集》第3卷出版，准备组织干部学习。但毛泽东说，《毛选》都是过去历史上的东西，还是要学习社会主义经济建设问题（大意）。在我国对社会主义经济建设毫无经验的情况下，学习苏联，这在当时是必要的。我们从苏联经验中学到了一些有用的东西，当然也有消极影响的一面。但是，随着实践的发展，随着苏联经验缺点的逐步暴露，毛泽东在总结我们自己实践经验的基础上，提出了一些适合我国情况的、不同于苏联的关于经济建设的方针和政策。

在1958年"大跃进"出现严重失误的时候，干部中产生了某些混乱思想。毛泽东写信给中央、省市自治区、地、县四级党委委员，建议读两本书：斯大林著《苏联社会主义经济问题》、《马恩列斯论共产主义社会》，要求"每人每本用心读三遍，随读随想，加以分析，哪些是正确的（我以为这是主要的）；哪些说得不正确，或者不大正确，或者模糊影响，作者对于所要说的问题，在某些点上，自己并不甚清楚"。"要联系中国社会主义经济革命和经济建设去读这两本书，使自己获得一个清醒的头脑，以利指导我们伟大的经济工作。"②

1963年，毛泽东又提出了学习30本马列著作的意见。7月11日，他在

---

① 这12本书是：《社会发展史》、《政治经济学》、《共产党宣言》、《社会主义从空想到科学的发展》、《帝国主义是资本主义的最高阶段》、《国家与革命》、《"左派"幼稚病》、《论列宁主义基础》、《联共党史》、《列宁斯大林论社会主义建设》、《列宁斯大林论中国》、《思想方法论》。

② 《毛泽东书信选集》第552页。

中南海颐年堂召集中央部门管理论宣传教育工作的同志，就学习马列著作问题作出布置。他说，要读几本、十几本、几十本马列的书。要有计划地进行，在几年内读完几十本马列的书。要有办法引起高中级干部读书。他认为，原来提出的目录，哲学书开得少了，书目中还应有普列汉诺夫的著作。30 本书都要出大字本，译文要校对一下。他还提出，要为这些马列主义经典著作写序、作注，注解的字数可以超过正文的字数。他说，有的人没有读书兴趣，先要集中学习，中级以上干部有几万人学就行了。如果有 200 个干部真正理解了马列主义就好了。① 过了不到一个月，8 月 4 日，毛泽东专为印马列著作大字本问题写信给周扬，并且嘱咐封面不要用硬纸，如《唯物主义和经验批判主义》、《反杜林论》，应分装四本或八本，使每本减轻重量。毛泽东对印大字本关照得如此细密周到，是为了便利一些老同志阅读，当然也包括他自己在内。

发展马列主义，创造新的理论

毛泽东重视阅读马列著作，但更重视在实践中运用和发展马列主义。他反对死读马列的书，反对生搬马列主义教条，反对抽象地无目的地研究马列主义，反对用静止的孤立的观点对待马列主义。他曾说过：一切皆在变化中，不应该用固定的形式主义的观点，而应该用活泼的辩证的观点注意变化中的事物。要用马克思主义观点研究具体环境与具体策略。②

关于应当用什么态度对待马克思、恩格斯、列宁的著作，毛泽东在 1960 年年初读苏联《政治经济学（教科书）》的时候说过一段很重要的话，今天读来仍很受教益。他说：

> 马克思、恩格斯、列宁的书，必须读，这是第一。但是任何国家的共产党人，任何国家的无产阶级的思想界，都要创造新的理论，写出新的著作，产生自己的理论家，来为当前的政治服务。任何国家、任何时候，单靠老东西是不行的。单有马克思和恩格斯，没有列宁，不写出《两个策略》等著作，就不能解决 1905 年和以后出现的新问题。单有 1907 年的《唯物主义和经验批判主

---

① 摘自许立群当时记录的毛泽东讲话要点。
② 毛泽东 1940 年 7 月 13 日在一次干部学习讨论会上的发言。

义》，就不足以应付十月革命前后发生的新问题。适应这个时候的需要，列宁就写了《帝国主义论》、《国家与革命》等著作。列宁死了，又需要斯大林写出《论列宁主义基础》和《论列宁主义的几个问题》这样的著作，来对付反对派，保卫列宁主义。我们在第二次国内革命战争末期和抗战初期写了《实践论》和《矛盾论》，这些都是适合于当时需要不能不写的。现在我们已经进入社会主义时代，出现了新的一系列的问题，如果不适应新的需要，写出新的著作，形成新的理论，也是不行的。

正是在这个思想指导下，毛泽东在1963年提出要为马列主义经典著作写序、作注。之后，又在1965年12月重新提出写序问题。他召集陈伯达、艾思奇、胡绳、田家英等到杭州进行这一工作。我也随着他们去了，还给毛泽东带去了30部马列主义经典著作（大字本），加上别的一些书，装了两大木箱。毛泽东特别提醒，写序要结合中国革命的实践经验。可惜这件事刚开了一个头就被"文化大革命"打断了。

毛泽东对待马克思主义基本原理的信念是坚定不移的，但总的来说他又不受马克思主义的一些个别论断所束缚。他善于从中国的实际出发，并且根据客观形势的发展，在马克思主义基本理论指导下，大胆地提出新的科学论断和理论观点。他是一个创造性的马克思主义者。他同党的其他领袖人物一起，领导中国人民走出了一条具有中国特色的民主革命的道路；也走出了一条具有中国特色的社会主义改造的道路。在社会主义建设问题上，毛泽东和其他领导人一起，也曾经为开创一条中国式的道路进行过思考和探索。《论十大关系》和《关于正确处理人民内部矛盾的问题》凝集着毛泽东在这一方面的一些光辉的思想，成为我们党探索建设有中国特色的社会主义的先声。但是，由于历史条件和他本人主观条件的限制，他没有也不可能完成这个任务，而在探索的过程中，又发生过失误甚至犯了严重错误。我们党从十一届三中全会以来所做的工作，从根本上说，就是纠正毛泽东晚年的错误，在新的历史条件下，重新总结经验，继承和发展毛泽东思想的科学体系，在探索建设有中国特色的社会主义的道路上继续前进，并且力求创造出新的理论，对发展马克思主义作出自己的贡献。

介绍了毛泽东读马列著作的情况后，我想读者可能会提出这样一个疑问：毛泽东一生坚持读马列著作，并且一再号召全党学习马列著作，为什么自己在晚年却犯了严重错误呢？我认为，根本问题在于毛泽东晚年长期脱离实际，又不能听取不同意见，因而对现实社会状况和许多问题不能作出正确的估量和分析。正像《关于建国以来党的若干历史问题的决议》所指出的："他在犯严重错误的时候，还多次要求全党认真学习马克思、恩格斯、列宁的著作，还始终认为自己的理论和实践是马克思主义的，是为巩固无产阶级专政所必需的，这是他的悲剧所在。"这个分析是很中肯的。任何一个马克思主义者，包括像毛泽东这样伟大的马克思主义者，如果他长期脱离实际，主观专断，就会偏离马克思主义的方向。纵观毛泽东的一生，在他出色地将马克思主义基本原理与中国实际相结合的时候（这是大部分时间），他对马克思主义的运用和发展，对推动中国历史的前进，作出了巨大贡献。他在晚年把马列著作中的某些设想和论点教条化甚至误解，则又给人民的事业造成严重损失。这是一个沉痛的教训。学习马列主义，一定要紧密结合活生生的现实，实行毛泽东倡导的一切从实际出发，理论与实际相统一的原则，这就是我们从毛泽东读马列著作的经验中得到的最重要的启示。

（逄先知）

毛泽东读中国文史古籍

一

中国古书，从经史子集到稗官小说，毛泽东几乎无所不读。这也是从幼年时代养成的习惯。即使在井冈山时期，有机会他还要读点古书。他自己讲过一个故事。他说：从前我在井冈山时，想到土豪家里去看看有没有《三国演义》之类的书。有一位农民说"没有了！没有了！昨天共了产。"① 毛泽东讲这个故事是为了说明当时有些农民误认为打土豪便是共产主义，但从中也

---

① 毛泽东1938年5月3日对抗大三期二大队的讲话。

反映出毛泽东对读古书的兴味，在戎马倥偬的战争环境里也丝毫不减。

在延安时期，读书的条件好一些。他托人买了两套中国历史通俗演义（蔡东藩著），① 除了自己阅读，还向别人推荐。从他1944年7月28日给谢觉哉的信里可以知道，他当时还有《容斋随笔》和其他笔记小说。范文澜那时送给他的一套《笔记小说大观》，后来带到了北京，现在还存放在毛泽东故居。

进北京以后，根据毛泽东对中国古籍的广泛需要，特地买了一部《四部备要》，并陆续添置了其他一些古书。我记得在1952年，给他添置了一部大字本的《二十四史》，这就是一些人熟知的毛泽东经常阅读并作了大量圈、画和批注的那部《二十四史》。《四部备要》对中国的主要古籍收辑得比较齐全，据我了解，不说全部，恐怕绝大部分，毛泽东都读过了。除此之外，毛泽东还阅读或者浏览了大量中国古典文学（包括诗、词、曲、赋、小说等）和各类杂书。所谓杂书，也都是有知识性和趣味性的书籍，如《智囊》、《笑林广记》之类。毛泽东对中国史书读得最多，4000万字左右的《二十四史》他是通读了的，有些部分不只读过一遍。他认为有意义的人物传记，还经常送刘少奇、周恩来、邓小平、彭真、彭德怀等中央领导人阅读。《资治通鉴》、《续资治通鉴》、《纲鉴易知录》、各朝纪事本末等，他也通读了。关于毛泽东读史的情况，在我的登记本里有这样一段记载：1962年9月20日，毛泽东要《宋史》，我们送去《宋史》和《宋史纪事本末》。11月23日，要其他各朝纪事本末。24日，又要《续通鉴纪事本末》。他说：看完《元史》，再看《通鉴纪事本末》，而后读《续通鉴纪事本末》。毛泽东有计划地阅读史书，由此可见一斑。

毛泽东嗜爱中国古书，但并不特别要求读古版本的书（这里说的古版本，不是指影印的古版本；影印的古版本他还是很喜欢的，如影印宋《楚辞》等）。在他的藏书中，既无宋版书，也极少明版书。他不是古董鉴赏家和收藏家，也不作烦琐的考证，而对于古书内容的研究和理解所达到的深度和广度，在许多方面实为一般学问家所不及。

毛泽东从阅读大量的古籍中，批判地汲取和继承了中国古代的优秀文化。对于中国古代文化，像他那样熟悉的，不仅在中国共产党领导人中，就是在近代的革命家中，都是不多见的。

---

① 毛泽东1937年1月31日致电李克农："请购整个中国历史演义两部（包括各朝史的演义）。"

批判地汲取和继承中国古代的优秀文化,首先要对中国文化遗产有一个科学的态度。关于这个问题,毛泽东在1960年12月对两个外国代表团的谈话中曾作过很好的说明。他说:

> 应该充分地利用遗产,要批判地利用遗产。所谓中国几千年的文化,是封建时代的文化,但并不全是封建主义的东西,有人民的东西,有反封建的东西。要把封建主义的东西与非封建主义的东西区别开来。封建主义的东西也不全是坏的,也有它发生、发展和灭亡的时期。我们要注意区别发生、发展和灭亡时期的东西。当封建主义还在发生和发展的时候,它有很多东西还是不错的。① 反封建主义的文化也不是全部可以无批判地利用的,因为封建时代的民间作品,也多少都还带有若干封建统治阶级的影响。我们应当善于进行分析,应当把封建主义发生、发展和灭亡时期的文化区别开来,应当批判地利用封建主义的文化,我们不能无批判地加以利用。反封建主义的文化当然要比封建主义的好,但也要有批判、有区别地加以利用。我所了解的是这样,我们现在的方针是这样。至于充分利用它们,我们现在还没有做到。古典著作多得很,现在是分门别类地去整理,重新出版,用现代科学观点逐步整理出来。

这就是毛泽东对待中国古代文化遗产所取的根本态度,也可以看作他阅读卷帙浩瀚的中国古籍所得出来的基本经验。

根据我长期接触毛泽东读古书的情况,根据大量的文献资料的记载,我认为毛泽东读古书有两个显著特点:一是用历史唯物主义的观点阅读和解释中国古书的内容,我在这里把它称作"古籍新解";一是汲取古书中的精华,有的还赋予新的含义,为现实斗争服务,这就是我们常说的"古为今用"。

---

① 对于孔孟之道,毛泽东也不是全盘否定的。1943年,他曾针对那种认为孔孟之道是中国文化的不良传统的观点,指出:"孔孟有一部分真理,全部否定是非历史的看法。"直到1958年11月。毛泽东在武昌会议上还说:我们共产党人看孔夫子,他当然是有地位的,因为我们是历史主义者。但说是什么圣人,我们也是不承认的。全盘否定孔孟之道,那是毛泽东在晚年搞"文化大革命"的时候。

二

毛泽东读古书，有一个基本观点，是贯穿始终的，这就是历史唯物主义的观点。在中国很多古书里，历代农民起义运动及其领袖人物，大都被当作"贼"、"匪"、"盗"、"寇"，任加贬斥。但毛泽东则给他们以很高的历史地位。毛泽东读中国史书，比较喜欢看人物传记，包括农民起义领袖的传记。陈胜、吴广、张角、张鲁、王仙芝、黄巢直到李自成等的传记，他是常要看的。他认为，在中国封建社会里，只有农民的阶级斗争、农民的起义和农民的战争，才是历史发展的真正动力。[①] 他在1958年12月武昌会议期间读了《三国志》的《张鲁传》，先后写了两大段文字，重申并发展了上述重要观点。他说："历代都有大小规模不同的众多的农民革命斗争，其性质当然与现在马克思主义革命运动根本不相同。但有相同的一点，就是极端贫苦农民广大阶层梦想平等、自由，摆脱贫困，丰衣足食。"又说："我国从汉末到今一千多年，情况如天地悬隔。但是从某几点看起来，例如，贫农、下中农的一穷二白，还有某些相似。汉末北方的黄巾运动，规模极大，称为太平道。在南方，有于吉领导的群众运动，也是道教。在西方（以汉中为中心的陕南川北区域），有五斗米道。史称，五斗米道与太平道大都相似，是一条路线的运动。又称，张鲁等行五斗米道，'民夷便乐'，可见大受群众欢迎。""中国从秦末陈涉大泽乡（徐州附近）群众暴动起，到清末义和拳运动止，二千年中，大规模的农民革命运动，几乎没有停止过。同全世界一样，中国的历史，就是一部阶级斗争史。"

毛泽东对于中国古书中一切多少带有民主性和革命性的东西，都是很有兴致阅读并加以肯定的。例如，他在读完白居易《琵琶行》之后，带着感情写下这样的评语："江州司马，青衫泪湿，同在天涯。作者与琵琶演奏者有平等心情。白诗高处在此，不在他处。其然岂其然乎？"他对《聊斋志异》中的《小谢》一篇也写过内容相似的评语，说道："一篇好文章，反映了个性解放的强烈要求，人与人的关系应是民主的和平等的。"

毛泽东对中国著名的古典小说，用历史唯物主义的观点，提出不少新

---

① 《毛泽东选集》第2卷，第588页。

鲜见解。例如，他说，《东周列国志》写了很多国内斗争和国外斗争的故事，讲了很多颠覆敌对国家①的故事，这是当时社会的剧烈变化在上层建筑方面的反映。这本书写了当时上层建筑方面的复杂尖锐的斗争，缺点是没有写当时的经济基础，当时的社会经济的剧烈变化。② 他认为在揭露封建社会经济生活的矛盾，揭露统治者和被压迫者的矛盾方面，《金瓶梅》是写得很细致的。毛泽东把《红楼梦》看作一部描写封建大家族衰亡和封建社会阶级斗争的小说，给予高度评价，也充分肯定了小说描写的主要人物贾宝玉对封建制度的叛逆性格。同时又指出，书中的两位主角贾宝玉和林黛玉，对现代青年来说是不足为训的。贾宝玉不能料理自己的生活，连吃饭穿衣都要丫头服侍。林黛玉多愁善感，常好哭脸，她瘦弱多病，只好住在潇湘馆，吐血，闹肺病。我们不需要这样的青年！我们今天需要的青年是有活力，有热情，有干劲和坚强意志的革命青年。③ 毛泽东对《西游记》及其作者颇为称赞。他对《西游记》第二十八回一段文字写的一个批语说："'千日行善，善犹不足；一日行恶，恶常有余。'乡愿思想也。孙悟空的思想与此相反，他是不信这些的，即是说作者吴承恩不信这些。他的行善即是除恶。他的除恶即是行善。所谓'此言果然不差'，便是这样认识的。"这个批语，在某种程度上，也反映了毛泽东在善恶问题上的辩证观点。

  毛泽东对于凡在历史上起过进步作用，具有革新思想和革命精神的人物，都给以程度不同的肯定评价。他很推崇和赞赏战国时代的伟大爱国诗人屈原，唐朝中期实行政治改革的二王（王伾、王叔文）、八司马（柳宗元、刘禹锡、韩泰等八名士），明朝那位大胆揭露假道学的思想家李卓吾，清朝地主阶级的改革派魏源、龚定庵、林则徐，维新派康有为、梁启超、谭嗣同，资产阶级革命家章太炎、邹容、陈天华等，很爱读他们的著作和传记。康有为的《新学伪经考》和《孔子改制考》，章太炎的《驳康有为书》，邹容的《革命军》以及记载他们政治活动的历史资料，他是经常要看的。康有为的这两本书，在学术考辨方面没有什么特别的重要性，但在思

---

  ① 这里所说的国家，是指春秋战国时代的诸侯国。
  ② 毛泽东1959年12月至1960年2月读苏联《政治经济学（教科书）》时的谈话。
  ③ 周世钊：《毛主席青少年时期锻炼身体的故事》。这段话是1951年秋，毛泽东与周世钊等人谈话时说的。

想上对封建传统思想加以涤荡，对守旧的顽固派给以打击，因而，在当时的知识分子中起到解放思想的启蒙作用，为维新变法做了舆论准备。章太炎的《驳康有为书》、邹容的《革命军》和有关《苏报》案的材料，根据我的记载，毛泽东就要过四次：1958年2月，1961年7月，1963年3月，7月。毛泽东对章太炎和邹容的英勇的革命精神和笔锋犀利的文字，深为赞佩。为表示对这两位革命家的怀念，毛泽东在《革命军》一书扉页的邹容肖像旁边，挥笔书写了章太炎狱中赠邹容的那首诗："邹容吾小友（弟），被发下瀛洲。快剪刀除辫，干牛肉作糇。英雄一入狱，天地亦悲秋。临命当（须）掺手，乾坤只两头。"在1958年的成都会议上，毛泽东又提到章太炎和邹容。他说：四川有个邹容，他写了一本书，叫《革命军》，我临从北京来，还找这本书望了一下。他算是提出了一个民主革命的简单纲领。他只有十七岁到日本，写书的时候大概是十八九岁。二十岁时跟章太炎在上海一起坐班房，因病而死。章太炎所以坐班房，就是因为他写了一篇文章，叫《驳康有为书》。这篇文章值得一看，其中有两句："载湉小丑，不辨菽麦"，直接骂了皇帝。这个时候章太炎年纪还不大，大概三十几岁。

　　毛泽东说：读历史的人不一定是守旧的人。① 毛泽东喜欢阅读历史上那些起过进步作用的、对旧势力、旧制度具有反叛性格的革新者、改革家和革命家的著作以及他们的传记，这从一个侧面反映出毛泽东不断前进，不断创新，不断探索新道路、开拓新世界的精神面貌。

　　毛泽东一贯鼓励人们用历史唯物主义的观点清理中国古代文化。在这方面，凡有成绩者，皆鼓励之；凡有不足者，加以劝说；凡违反者，给以批评；而对于世界观已经固定的老先生们则不强求之。1940年，范文澜在延安新哲学会上作了一个关于中国经学简史的讲演，毛泽东读了讲演提纲，十分高兴，称赞说："用马克思主义清算经学这是头一次。"② 1944年毛泽东读了李健侯所著《永昌演义》的书稿后，致信李鼎铭，一方面称赞作者"经营此书，费了大力"；另一方面指出该书"赞美李自成个人品德，而贬抑其整个运动"的缺点。同时指出，中国自秦以来两千余年推动社会向前进步的力量主要的是农民战争，并以商量的口吻表示，企望作者能持这个新的历史观点对书稿加以改造。1965年毛泽东读了章士钊的《柳文指要》下部以后，写信给章士钊说，此书已经读过一遍，还想读一遍。"大问题是

---

① 毛泽东1958年1月28日在最高国务会议上的讲话。
② 《毛泽东书信选集》第163页。

唯物史观问题，即主要是阶级斗争问题。但此事不能求之于世界观已经固定之老先生们，故不必改动。"①

三

毛泽东阅读中国古书是同现实生活相联系，为现实斗争服务的。他同那些信而好古，钻到故纸堆里出不来的人，大相径庭；同那些言必称希腊，对于自己国家的历史一点也不懂或者懂得甚少的人，也完全不同。

1944年冬，有一天，毛泽东与吴晗谈起整理、标点《资治通鉴》时说：《资治通鉴》这部书写得好，尽管立场观点是封建统治阶级的，但叙事有法，历代兴衰治乱本末毕具，我们可以批判地读这部书，借以熟悉历史事件，从中吸取经验教训。②从毛泽东这些话里可以看出，他读古书，特别是读古代史书，其着眼点是为了今天，这就是古为今用。

我们看到在《毛泽东选集》中引用了很多古籍，在毛泽东的许多讲话和谈话中，引用的古籍就更多了。毛泽东能够随时自如地引用古书中的文章、诗句和典故，或者说明一个政治思想原则问题，或者阐述一个深刻的哲学道理，或者论证一个军事策略思想，或者借鉴一个历史经验，给人以新颖而形象的感受，具有很强的感染力和说服力。

"实事求是"，"惩前毖后，治病救人"，"知无不言，言无不尽；言者无罪，闻者足戒"，"兼听则明，偏听则暗"，"凡事预则立，不预则废"，"祸兮福所倚，福兮祸所伏"，"任人唯贤"，"百家争鸣"，"多谋善断"等，这些言简意赅的古语，被毛泽东发掘出来，为群众所掌握，有的成为我们党所遵循的思想路线，有些成为党内组织生活的原则和处理人与人之间关系的规范，有些则是党的某一方面的工作方针或者具有普遍意义的工作方法。

1939年9月16日，毛泽东在答三记者问时，用东汉朱浮写给彭宠的一封信中的两句话："凡举事无为亲厚者所痛，而为见仇者所快"，批评蒋介石对共产党搞什么限制"异党"、"异军"等有利于日本帝国主义和汉奸而不利于抗战的反动行径，一针见血，切中要害。

1942年12月，毛泽东在《经济问题与财政问题》一书中，批评我们有

---

① 《毛泽东书信选集》第602页。
② 谭其骧：《学者、才子、为社会主义事业奋斗终身的好干部》，载《吴晗纪念文集》。

些部队、机关、学校负行政指挥责任的同志不大去管生产活动，是因为他们"中了董仲舒们所谓'正其谊不谋其利，明其道不计其功'这些唯心的骗人的腐话之毒，还没有去掉得干净"。

在1945年七大闭幕词里，毛泽东用"愚公移山"这个古老的寓言，比喻和激励中国人民把反帝反封建的民主革命进行到最后胜利的决心，起了极大的动员和鼓舞作用。我们党曾一度用这个寓言来激励全国人民为实现四化和进行全面改革而奋斗。

1949年2月15日在《四分五裂的反动派为什么还要空喊"全面和平"？》一文中，毛泽东借用元朝人萨都剌《登石头城》一词中"天低吴楚，眼空无物"，说明国民党四分五裂，众叛亲离，日暮途穷的状况。在同年8月18日写的《别了，司徒雷登》一文中，又用李密《陈情表》的两句话"茕茕孑立，形影相吊"，刻画美国驻华大使司徒雷登在中国人民革命高潮中彻底孤立的形象。

1956年12月，在我国社会主义改造基本完成的时候，毛泽东在同民建和工商联负责人谈话时，借用韩愈的《送穷文》，表达了中国人民要求摆脱贫穷落后的意志和愿望。他说，我们也要写"送穷文"，中国要几十年才能把穷鬼送走。

1959年6月，正当由于"大跃进"而造成国民经济比例严重失调的时候，毛泽东在一次个人谈话中说，我们过去八年的经济建设都是平衡的，就是去年下半年刮了七八个月的"共产风"，没有注意综合平衡，因此产生经济失调的现象。他接着引用唐朝医学家孙思邈的话："胆欲大而心欲小，智欲圆而行欲方"；又引用曹操批评袁绍的话："志大而智小，色厉而胆薄，忌克而少威，兵多而分画不明，将骄而政令不一，土地虽广，粮食虽丰，适足以为吾奉也。"毛泽东当时引用这些话是要说明，我们做经济工作应该有清醒的头脑，胆大心细，多思慎行，统筹全局，责任分明，不然，就会造成损失。

毛泽东多次讲过卞和献璞的故事。这个故事说：楚国有个卞和，得到一块很好的玉石，献给楚王，楚王说他骗人，把他的左脚砍掉了。第二次又献上去，还说他骗人，把他的右脚砍掉了。卞和坚信真理，坚信自己献的是好玉石，第三次再献上去，被确实证明了是块好玉，才取得了信任。毛泽东讲这个故事说明，要使人们相信真理，抛弃偏见，不是一件简单的事，为此甚至还要作出某种牺牲。

毛泽东引用宋玉的《风赋》告诉我们，做一个领导者要善于辨别政治风向，在风"起于青萍之末"的时候就要引起注意，当然这是很不容易做到的。

毛泽东还以五代梁将韦睿的事迹教育我们的干部。《南史》的《韦睿传》中有这样一段记载："睿雅有旷世之度，莅人以爱惠为本，所居必有政绩。将兵仁爱，士卒营幕未立，终不肯舍，井灶未成，亦不先食。"大意是说，韦睿这个人，豁达大度，古来所无，其在职位，必有政绩，对部下十分爱护，与将士同甘共苦，自身非常艰苦朴素。在这段记载的旁边，毛泽东写了一句批语："我党干部应学韦睿作风。"此类批语在《韦睿传》中还有不少，如"躬自调查研究"，"将在前线"，"不贪财"，"干部需和"，"仁者必有勇"。这些称赞韦睿的话，不也就是我们的干部应当学习的吗？

毛泽东还以东吴大将吕蒙发愤读书的故事，教育我们军队的高级干部应当努力读书学习，提高自己的理论和文化水平。他说：吕蒙是行伍出身的，没有文化，很感不便。后来孙权劝他念书，他接受劝告，勤读苦读，以后当了东吴的统帅。我们现在的高级军官中，百分之八九十都是行伍出身，参加革命后才学文化的，他们不可不读《周瑜鲁肃吕蒙合传》。①

毛泽东读《二十四史》和其他古籍，写了不少关于战略战术的批语。《智囊》中有一段讲唐太宗用兵之道的，略谓："唐太宗尝言自少经略四方，颇知用兵之要。每观敌阵，则知其强弱，常以吾弱当其强，强当其弱。彼乘吾弱，奔逐不过数百步；吾乘其弱，必出其阵后反而击之，无不溃败。盖用孙子之术也。"对此，毛泽东写了一个批语，并对唐太宗、朱元璋的军事才能有所评价。他说："所谓以弱当强，就是以少数兵力佯攻敌诸路大军。所谓以强当弱，就是集中绝对优势兵力，以五六倍于敌一路之兵力，四面包围，聚而歼之。自古能军无出李世民之右者，其次则朱元璋耳。"毛泽东有关这方面的批语，还有如："先退后进"；"中间突破"；"有强大的战斗后备队"；"攻魏救赵，因败魏军，千古高手"；"胡柳陂正面突破不成，乃从东向南打大迂回，乘虚而入，卒以成功"；"契丹善用诱敌深入战，让敌人多占地方，然后待机灭敌"，等等。

在阅读战争方面的历史时，毛泽东特别强调不杀俘虏。据《新五代史》记载：梁将王彦章被唐庄宗俘获，庄宗劝其投降，王不从，遂被杀。此处

---

① 余湛邦：《张治中将军随同毛主席巡视大江南北的日子》，载1983年12月17日《团结报》。

毛泽东批道:"杀降不可,杀俘尤不可。"在读《三国志》时还有类似的批语:"杀降不武。""杀降不祥,孟德所不为也。"

毛泽东用中国历史上的战争事例说明中国革命战争的战略战术问题,在《毛泽东选集》中屡见不鲜,此处不再赘述。

毛泽东还以梁鸿不因人热的故事①教诲自己的子女和身边工作人员,鼓励他们要有志气,要靠自己艰苦创业,不要仰仗他人。

以上谈到的,仅仅是毛泽东古为今用的一些例子,这样的例子举不胜举。没有马克思主义观点,没有渊博的学识和丰富的革命实践经验,要做到这样自如地运用典故、成语,是难以想象的。当然,无可讳言,毛泽东晚年,在"左"的思想指导下,引用典故或者古诗、古语,也有失之偏颇的,为推行某些"左"的政策提供历史论据,伤害过自己的同志,这是应当引以为戒的。

毛泽东不仅喜欢读中国历史书,也喜欢读外国的历史书和著名政治家传记。他对外国历史也是比较熟悉的,这里不来详说。

四

在诗词方面,自《诗经》以下,我国历代的诗词曲赋,毛泽东差不多都广泛地阅读过。其中比较喜欢的是《楚辞》、唐诗、宋词和元曲。

1957年12月,毛泽东曾要我们把各种版本的《楚辞》以及有关《楚辞》和屈原的著作尽量收集给他。我专门请何其芳列了一个目录,经过两个多月的努力,把古今有价值的各种《楚辞》版本和有关著作收集了五十余种。在那一段时间里,毛泽东比较集中地阅读了这些书。以后,他又在1959年、1961年两次要《楚辞》,1961年6月16日还特别指名要人民文学出版社影印的宋版《楚辞集注》。在《楚辞》中,毛泽东尤爱屈原的《离骚》。1958年1月12日,他在一封信里写道:"我今晚又读了一遍《离骚》,有所领会,心中喜悦。"《离骚》是一篇杰出的浪漫主义作品,反映了作者强烈的爱国主义热情,对于光明和理想的追求,以及不屈不挠的斗争精神。正是这些,吸引着毛泽东,从青年时代直到晚年。

---

① 不因人热的故事,见《东观汉记·梁鸿》。梁鸿,东汉人,少孤家贫。一次他的邻居做完饭,要梁鸿趁着热灶热锅接着做饭,梁鸿说,"童子鸿不因人热者也",他又自己点起火来做饭。

毛泽东爱读唐诗。我们为他收集了各种唐诗选本，仅《唐诗三百首》就准备了好几本。后来又买了一部《全唐诗》。在唐诗中，毛泽东最喜欢"三李"即李白、李贺、李商隐的诗，主要喜欢他们的浪漫主义的风格。特别是李白，这位继屈原之后我国最伟大的浪漫主义诗人，他的诗作气派宏大，感情充沛，具有神奇的想象力和高超的艺术魅力。除"三李"以外，毛泽东也比较喜欢初唐四杰的诗，对这四位诗人，特别是王勃，有较高的评价。他在读《初唐四杰集》一书时写的一段批语中说道："这个人（指王勃——引者）高才博学，为文光昌流丽，反映当时封建盛时的社会动态，很可以读。这个人一生倒霉，到处受惩，在虢州几乎死掉一条命。所以他的为文，光昌流丽之外，还有牢愁满腹一方。杜甫说：'王、杨、卢、骆当时体，不废江河万古流'，是说得对的。为文尚骈，但是唐初王勃等人独创的新骈、活骈，同六朝的旧骈、死骈，相差十万八千里。他是七世纪的人物，千余年来，多数文人都是拥护初唐四杰的，反对的只有少数。以一个28岁的人，写了16卷诗文作品，与王弼的哲学（主观唯心主义），贾谊的历史学和政治学，可以媲美，都是少年英发。贾谊死时30几岁，王弼死时24岁，还有李贺死时27岁，夏完淳死时17岁，都是英俊天才，可惜死得太早了。"

　　在宋词作家中，毛泽东崇尚苏东坡和辛弃疾。苏东坡在艺术风格上开创了词坛上的一个重要流派——豪放派。苏词气势磅礴，豪迈奔放，一扫晚唐五代词家柔靡纤弱的气息。辛弃疾继承了苏东坡豪放的风格，又熔铸了南宋初期爱国诗人的战斗传统。《四库全书总目提要》说辛词"慷慨纵横，有不可一世之概"，是很确当的。辛词在许多方面超过了苏东坡。《稼轩长短句》是毛泽东经常放在身边的一部书。毛泽东还指名要过南宋的一些爱国词人（包括诗人）如陆游、张孝祥（其词集名《于湖词》）、张元幹（其词集名《归来集》）、洪皓（其诗词集名《鄱阳集》）等人的作品。他们的诗词的共同特点是，爱国主义的内容和豪放的艺术风格。

　　毛泽东读诗词的范围非常广泛，他能全文背诵的诗词不计其数。1964年12月，他读《五代史》时，想起自己早年读过的一首诗《三垂冈》，因记不起作者名字，于29日写信请田家英帮助查出，并将此诗的全文几乎一字不差地凭记忆写下来附上①。信中说："近读五代史后唐庄宗传三垂冈战

---

　　① 该诗全文如下："英雄立马起沙陀，奈此朱梁跋扈何。只手难扶唐社稷，连城犹（且）拥晋山河。风云帐下奇儿在，鼓角灯前老泪多。萧瑟三垂冈下（畔）路，至今人唱百年歌。"诗后注明："诗歌颂李克用父子。"

役,记起了年轻时曾读过一首咏史诗,忘记了是何代何人所作。请你一查,告我为盼!"

从上面列举的毛泽东喜爱的诗词,可以从一个方面反映出他的性格和精神风貌。毛泽东的诗词,从艺术上说,继承了这些诗人和词作家的优秀传统。

在古文方面,毛泽东既喜欢六朝的骈文,也爱读唐宋八大家和其他一些人的散文。对六朝的骈文,毛泽东虽然认为它不如初唐的新骈,但他还是喜欢读的。收入六朝骈文的《六朝文絮》和其他六朝人的各种文集,是他经常要的。骈文的特点是字句整齐,语言精美,对仗工整,有一些相当好的写景抒情文章。在唐宋八大家中,毛泽东最喜欢柳宗元的散文,柳文同他的诗一样,清新,精细,寓意含蓄,富有哲理。柳宗元是一个革新派,具有进步的政治主张,又有朴素的唯物主义思想,这些进步的思想反映在他的作品里,更增添了柳文的光辉。相对说来,毛泽东对于韩愈的评价差一些。他认为,文学作品,包括诗,不要把话说尽了,而韩愈的文章和诗就是把话讲完了。

毛泽东经常称赞一些好的古文,并向别人推荐阅读。他说,秦朝李斯的《谏逐客书》很有说服力,西汉贾谊的《治安策》是西汉一代最好的政论,等等。

毛泽东通过潜心阅读大量中国史书,古典小说、诗词曲赋等各种形式的文学作品,不仅批判地汲取了丰富的思想营养,也在文风上吸收了它们的优良传统。所以,他能够成为一代杰出诗人和语言大师,写出大量文字优美,词汇丰富,说理透辟,气势磅礴,融古代语言于白话文之中,具有中国的民族形式和民族气派的马克思主义著作,也就是很自然的了。

(逄先知)

毛泽东读中国古典诗词

毛泽东的诗词在中国文学史上享有极高的声誉。晚年,他对中国古典诗词更是爱不释手。"诗言志",从毛泽东读诗的情况中,我们不仅可以得到美的享受,也可领悟到他个人情感、性格和心理状况等多方面的宝贵信息。对此，这里仅作一简单介绍。

一份长长的诗词目录

　　中南海毛泽东故居原为菊香书屋，坐落在碧波潋滟的南海北岸，是一所 18 世纪中国宫廷建筑的四合院。菊香书屋的南房叫松寿斋，线装古籍大部分保存在这里。西厢房、北房的起居室、卧室里也散放着不少线装古书。

　　由于工作关系，我有机会接触这些藏书，发现其中有不少中国古典诗词集本，特别是许多书中留有毛泽东生前阅读时所作的圈画和批注。我根据书中留有他读过印记的，剔除重复的，汇集成一份毛泽东圈画批注过的诗词目录。其中包括 1180 首诗，378 首词，12 首曲，20 首赋。诗词曲赋总计 1590 首，诗人 429 位。至于他读过而未留下印记的、散失在各地的诗词究竟有多少，一时很难统计。

　　毛泽东对中国古典诗词的涉猎是很广博的。他广泛阅读了中国最早的诗歌总集《诗经》，战国时期伟大的爱国主义诗人屈原的《离骚》和以他为主的《楚辞》，汉魏乐府，晋、南北朝、唐、宋、金、元、明、清历朝各家的诗、词、曲、赋，直到鲁迅的诗作。他既读各种总集、合集、选集、专集、也读各种诗话、词话、音韵、词律，等等。有的读后还写下了批注。很多人都知道毛泽东爱读唐诗，唐诗中又最爱读三李（李白、李贺、李商隐）的诗。从目录中看，他圈划过的唐诗约 600 首，其中三李的诗约占 1/3。不仅如此，汉、魏、南北朝时期诗人的作品，他也圈画过不少，有 150 多首；明诗圈画过将近 200 首。他读著名诗人的作品，除三李外，圈画过 10 首以上的有陶潜、杜甫、辛弃疾等 24 位诗人。一本 1959 年文物出版社刻印出版的《鲁迅诗选》共收进 54 首诗，他圈画过的就有 44 首。对一些鲜为人知的诗人的作品，他也善于发现其光彩，给予应有的评价。唐朝薛逢的《开元后乐》①，他很欣赏，并把它作为自己练习书法的内容。明朝李攀龙的诗，一般人未必注意到，臧克家同志曾说："关于李攀龙，我略知一点情况，但对他的作品没读过。"而毛泽东在两部《明诗别裁集》中，圈画过李攀龙的诗 22 首，称赞说："我觉得李攀龙有些诗写得不错。"（臧克家：《伟大的教导，深切的怀念》）从诗的内容看，叙事、记怀、抒情、写景、咏

---

　　① 这首诗为"莫奏开元旧乐章，乐中歌曲断人肠。邠王玉笛三更咽，虢国金车十里香。一自犬戎生蓟北，便从征战老汾阳。中原骏马搜求尽，沙苑年来草又芳。"

史、怀古的诗他都读。从诗体看，古乐府、律诗、绝句、词、曲、赋等都有。在毛泽东的卧室里有两本用大字排印的江淹的《恨赋》、《别赋》，庾信的《枯树赋》，谢庄的《月赋》，谢惠连的《雪赋》，封面上都有红铅笔画的大圈。据在毛泽东身边工作的同志说，这是他老人家病重时经常读的书，有时还在背诵。毛泽东对某些诗人、某种诗体可能有自己的偏爱，但对诗这种文学艺术的探索和钻研却是博览广收，兼采众家之长，无所偏废的。

熟悉毛泽东的人都知道，他为说明自己的观点、论证事理、表达感情，在著述中常常旁征博引古诗词，在日常谈话中更会触景生情，脱口而出，琅琅背诵出许多古诗词。直至他80多岁高龄时，仍能整段地背诵《西厢记》中的某些曲词。据在他身边工作的同志回忆，1975年，面对着"四人帮"篡党夺权、党和国家濒临危机，祖国统一大业尚未完成的多事之秋，年老、多病、体衰的毛泽东常常用慷慨悲歌古诗词来抒发自己的情怀。他有时用手击节，高声背诵南宋爱国词人陈亮的《念奴娇·登多景楼》："危楼还望，叹此意，今古几人曾会？鬼设神施，浑认作、无限南疆北界。一水横陈，连岗三面，做出争雄势。六朝何事，只成门户私计？因笑王谢诸人，登高怀远，也学英雄涕。凭却江山，管不到、河洛腥膻无际。正好长驱，不须反顾，寻取中流誓。小儿破贼，势成宁问疆对！"这是一首主张统一，反对分裂，表明要收复失地的词，它引起毛泽东的共鸣。有时他还高声背诵岳飞的《满江红》："怒发冲冠，凭栏处，潇潇雨歇……"这些每首都在百字以上的词，他老人家字字都能清晰的记忆。

对毛泽东熟练地背诵诗词，人们往往赞叹他具有惊人的记忆天赋，我在汇集这份目录时，却深深为他刻苦和勤奋地学习所感动。毛泽东有"不动笔墨不读书"的习惯，他读书不仅常写批注，还有各种圈、点、勾、画等标记。据了解情况的同志说，他每读过一本书、一首诗，常在书的封面、诗的标题前画上一个大圈，几个大圈就表示读过几遍。诗的标题前连画几个小圈，是表示对这首诗的重视或欣赏。对诗中好的句子和值得注意的地方，则画着直线、曲线，或加以密圈。有时一页书里，红、蓝、黑三种颜色的笔迹纷呈，大圈套着小圈，直线加着曲线，密密麻麻，形象地显现了毛泽东读诗时反复吟诵，深入其境，与作者思想感情的交融。

毛泽东常读的诗集一般都有不同版本的好几部。仅他批画过的《唐诗别裁集》就有六部，《唐诗三百首》五部，《古诗源》五部，《词综》四部。这些书的封面或函套上，有的画着一个大圈，有的画着两个大圈。翻开书，同一位诗人的作品,有的在几部书中都被圈画着,有的在同一本书中多次圈画。除"三李"的诗外,柳宗元的《登柳州城楼寄漳汀封连四州刺史》,李益的《夜上受降城闻笛》,王昌龄的《长信秋词》、《从军行》,白居易的《长恨歌》、《琵琶行》,杜甫的《阁夜》等都各有五处圈画。陈陶的《陇西行》,贺知章的《回乡偶书》,刘禹锡的《西塞山怀古》、《乌衣巷》等各有六处圈画。多种版本中留下的圈画批注,同一首诗中不同颜色笔迹做出的标记,说明毛泽东是在不同时期内,多次阅读过这些诗词的。中国古典诗词有着严格的音韵节奏,它和诗词的意境浑然一体,熟读、背诵诗词是理解、掌握诗词的重要途径之一,自古以来便流行着"熟读唐诗三百首,不会吟诗也会吟"的谚语。毛泽东是主张熟读、背诵诗词的,从藏书中看到的这几个特点进一步得到证实。毛泽东对诗词集中的作者简介,诗词评论,也常加圈点。诗中的错别字,他加以改正;读音的平仄,他加以注释。翻阅诗词集中毛泽东读过的这些地方,我们好像看到他老人家埋头苦读,高歌低吟,沉浸于诗的世界里的栩栩身影。

毛泽东从古典诗词中汲取营养,不断丰富自己的诗创作。"读书破万卷,下笔如有神",这是被曾为"诗圣"的杜甫从事诗歌创作的经验之谈。翻阅毛泽东圈画批注过的古典诗词,重读毛泽东的诗词作品,从毛泽东革命浪漫主义和现实主义相结合的诗风中,从"天若有情天亦老"、"一唱雄鸡天下白"等不露斧凿痕迹地点化古代诗人的诗句中,从"不周山下红旗乱"等赋古典以新意中,我们看到在他诗词创作所取得的成就里,广泛阅读古典诗词是起到很大作用的。毛泽东在指导别人读书时说:要钻进去,深入角色,然后再爬出来。对于中国古典诗词,毛泽东正是这样融会贯通后,采英撷华,从而绽开出具有自己风骨和色彩的诗词之花的。

故居的书房里阒无人声,有时甚至会为自己翻阅书页的声音而惊悸。书房外的庭院里,几株阅尽人间沧桑的古柏,参天挺立,伸张着它那长青的枝杈,轻托着啾啾歌唱的小鸟,灰喜鹊扑拉拉地飞来飞去,啄木鸟用它有力的尖嘴,咚咚咚地敲击着树干寻找害虫。寂静的书堆,寂静的书房,寂静的庭院,我的心却很不平静。掩卷沉思,曾几何时,就是在这里,毛泽东这位一代伟人,于工余饭后,树下灯前,孜孜不倦地手持这些诗卷吟哦诵读,情之所至,挥毫圈点批注;就是在这里,他用清茶一杯,邀集著名诗人、编辑,笑谈诗词,纵论今古;就是在这里,他迎着朝阳,伴着暮色,将心中孕育着的激情,创作出一首首著名的诗篇;就是在这里,他与亲朋、故旧、同志、战友酬唱奉和，切磋诗艺。毛泽东"胸中装着整个世界，始终没有忘记诗！"如今，人去物在，我翻阅着这些留有他老人家圈点批注手迹的诗卷，仿佛追随着一盏引路的灯，进入了琳琅满目、多姿多彩、璀璨辉煌的中国古典诗词圣殿。

应该特别说明的是，这份诗词目录无疑是十分不完整的。这不仅指汇集中可能有的疏漏，而且有客观原因。其一，故居的藏书，绝大部分是解放后逐渐积累的，在此之前，毛泽东早在读书时期就热爱中国古典诗词，熟读了不少中国古典诗词。在井冈山，在中央苏区，在延安也都读过不少诗词。可惜，由于动荡的战争环境，我们不能掌握他在这些时期阅读诗词的第一手翔实资料。其二，仅就解放后这段时期而言，材料也是不完全的。五六十年代，他曾在工余时间，大部分依靠背诵默写了数百幅古诗词，仅中央档案馆精选出版的就有117首，其中有37首在藏书中并未发现毛泽东的圈画批注。据熟悉毛泽东的同志回忆，他崇尚词坛上豪放派开创者苏东坡的作品，指名要过陆游、张孝祥、张元干、洪皓等人的作品专集。翻阅这些人的诗词集本，未能发现毛泽东批画圈点的手迹。毛泽东在与人谈话中、报告中引用过的诗词，如清朝龚自珍的"九州生气恃风雷，万马齐喑究可哀。我劝天公重抖擞，不拘一格降人才。"等也未发现有批画过的集本。当然，有可能批画的集本已经散落；但更合理的解释是：有相当数量的诗词是毛泽东读过而未作批画的，因而无从统计。另外，那些折着书角、夹着纸条的诗词，难以判断他是否读过；晚年患眼疾时，曾请人读诗词给他听，一些诗词集本中留有不是毛泽东手迹的注释；在外地阅读过的诗词集本中可能也有他所作的批画；凡此，我整理的这份目录中都未能包括。尽管这份目录不是全貌，但它毕竟是毛泽东生前留下的吉光片羽，是值得珍视的。

读屈原的《离骚》，心中"喜悦"

毛泽东爱读屈原的作品，特别是《离骚》。早在湖南省立第一师范读书时，毛泽东就在自己的笔记《讲堂录》中，用工整的笔迹抄录了《离骚》、《九歌》的全文，在《离骚》正文的上面写有各节提要。《讲堂录》共有47页，这部分抄文占去了前11页。1957年，他请人把各种版本的《楚辞》，以及有关《楚辞》和屈原的著作，收集了50余种给他，在那一段时间里，他比较集中地阅读了这些书。1958年，他在一封信中写道："我今晚又读了一遍《离骚》，有所领会，心中喜悦。"1959年、1961年他又两次要《楚辞》，还特别指名要人民出版社影印的宋版《楚辞集注》。在这期间他出差外地带去的各种书籍中，也有《楚辞集注》和《屈宋古音义》这两本书。

在一本《屈宋古音义》（明，陈第撰）中，毛泽东用红蓝两色铅笔，对《离骚》中的一些段落作了圈画。如："泪余将不及兮，恐年岁之不吾与。朝搴阶之木兰兮，夕揽洲之宿莽。日月忽其不掩兮，春与秋其代序。唯草木之凋零兮，恐美人之迟暮……忽驰骛以追逐兮，非余心之所急。老冉冉其将至兮，恐修名之不立……长叹息以掩涕兮，哀人生之多艰。余虽好修姱以鞿羁兮，謇朝谇而夕替……怨灵修之浩荡兮，终不察夫民心。众女嫉余之蛾眉兮，谣诼谓余以善淫……朝发轫于苍梧兮，夕余至乎县圃……吾令羲和弭节兮，望崦嵫而勿迫。路漫漫其修远兮，吾将上下而求索……陟升皇之赫戏兮，忽临睨夫旧乡。仆夫悲余马怀兮，蜷局顾而不行。"以上每句末都有圈断。

毛泽东读《离骚》不是一遍两遍，也超出了"三复四温"，而是从青年读到老年，常读常新，时有领会。

曹操的诗，"豁达通脱"，"极为本色"

毛泽东很欣赏曹操的诗文。有一次在和他的子女谈论诗词时说："曹操的文章诗词，极为本色，直抒胸臆，豁达通脱，应当学习。"故居藏书里四种版本的《古诗源》和一本《魏武帝、魏文帝诗注》中，曹操的《短歌行》、《观沧海》、《土不同》、《龟虽寿》、《薤露》、《蒿里行》、《苦寒行》、《却东西门行》等诗，毛泽东都多次圈画过。大多数诗的标题前画着圈，诗中密密圈画。在一本《古诗源》中的"武帝"旁，毛泽东用红铅笔画着两条粗线，"武帝"下编者注释："孟德诗，犹是汉音。子桓以下，纯乎魏响。沈雄俊爽，时露霸气。"毛泽东对此圈点断句。在《短歌行》的标题前有红、蓝两种笔迹画的圈记，对全诗作了圈点："对酒当歌，人生几何。譬如朝露，去日苦多。慨当以慷，忧思难忘。何以解忧，唯有杜康。青青子衿，悠悠我心。但为君故，沉吟至今。呦呦鹿鸣，食野之苹。我有嘉宾，鼓瑟吹笙。明明如月，何时可掇。忧从中来，不可断绝。越陌度阡，枉用相存。契阔谈䜩，心念旧恩。月明星稀，乌鹊南飞。绕树三匝，何枝可依。山不厌高，海不厌深。周公吐哺，天下归心。"其中"对酒当歌，人生几何。譬如朝露，去日苦多"、"明明如月，何时可掇。忧从中来，不可断绝"、"月明星稀，乌鹊南飞。绕树三匝，何枝可依"等诗句旁，毛泽东都加了密圈。毛泽东爱读《观沧海》和《龟虽寿》这两首诗，不仅反复读，多次圈画，还用他那龙飞凤舞的草体手书全诗。在他写作《浪淘沙·北戴河》这首词时，对曹操这位历史上著名的政治家、军事家、诗人的碣石遗篇念念不忘，发思古之幽情，感叹："萧瑟秋风今又是，换了人间。"曹操的《观沧海》被誉为"有吞吐宇宙气象"。全诗为："东临碣石，以观沧海。水何澹澹，山岛竦峙。树木丛生，百草丰茂。秋风萧瑟，洪波涌起。日月之行，若出其中。星汉灿烂，若出其里。幸甚至哉，歌以咏志。"毛泽东在好几部书里圈画过这首诗。1961年，他在给胡乔木同志的一封信中，引用《龟虽寿》中"盈缩之期，不独在天。养怡之福，可以永年"两句诗，说："此诗宜读。"在读二十四史《南史·僧虔传》所写的批注中，也引用过这两句诗。

鲁迅在《魏晋风度及文章与药及酒之关系》中说，曹操的诗文形成"清峻的风格。——就是文章要简约严明的意思"。曹操的诗文"力倡通脱。通脱即随便之意。此种提倡影响到文坛，便产生许多想说什么便说什么的文章……逐能充分容纳异端和外来的思想，故孔教以外的思想源源引入。"毛泽东在这些评论处，都用红笔画着着重线，在后面一段每句后画着圈，天头上画了一个大圈。

《盘中诗》值得一读

毛泽东对封建社会中受压制、遭摧残的女性所写的诗词，流露出由衷的同情和赏识。

在《古诗源》里，毛泽东对苏伯玉妻写的《盘中诗》有多次圈画。这首诗为：

"山树多，鸟鸣悲。泉水深，鲤鱼肥。空仓雀，常苦饥。吏人妇，会夫希。出门望见白衣，谓当是而更非。还入门，心中悲。北上堂，西入阶。急机绞，杼声催。长叹息，当语谁。君有行，妾念之。出有日，还无期。结巾带，长相思。君忘妾，未知之。妾忘君，罪当治。妾有行，宜知之。黄者金，白者玉。高者山，下者谷。姓者苏，字伯玉。人才多，知谋足。家居长安身在蜀，何惜马蹄归不数。羊肉千斤酒百斛，令君马肥麦与粟。今时人，知四足。与其书，不能读，当从中央周四角。"

放在卧室里的一本《古诗源》中，毛泽东对这首诗全部加了圈点；诗末编者的注释除圈点外，对"使伯玉感悔，全在柔婉，不在怨怒，此深于情"处画着曲线；在"用意忠厚，千秋绝调"处画着曲线，句末连画三个圈圈。天头上批注："熟读"，推荐给别人看。在另一本《古诗源》中，作者"苏伯玉妻"旁，画着红、蓝两色的着重线，天头上画着一个大圈；《盘中诗》的标题旁画着曲线，天头上画着一个大圈；全诗都用蓝铅笔画着曲线；"妾忘君，罪当治。妾有行，宜知之"四句诗旁，除蓝铅笔画的曲线外，又用红铅笔加了直线。诗末的编者注释中，"使伯玉感悔，全在柔婉，不在怨怒，此深于情"旁，也用红笔画了着重线。对这位不知名的民间女子的诗，从圈画上看，毛泽东最少读过三遍，他的批注和密密麻麻的圈画告诉我们，这首诗，他是很欣赏的。

《古诗源》里有一首汉乐府歌辞：《上邪》，这是以女性身份表达坚贞爱情的诗。全诗写道："上邪，我欲与君相知，长命无绝衰。山无陵，江水为竭，冬雷震震，夏雨雪，天地合。乃敢与君绝。"毛泽东在这首诗的标题前，连画了三个圈；标题旁，画有着重线；开头和结尾的几句旁画着曲线；全诗每句都加了圈。在"山无陵，江水为竭，冬雷震震，夏雨雪，天地合"五句的旁边，分别标着"1、2、3、4、5"的数字，明确作者是用了五种违反自然的现象，来表达自己对爱情生死不渝的决心。毛泽东对此读得非常认真仔细。

汉朝蔡琰写自己悲惨身世的《悲愤诗》，从战乱中为胡人所掳，到归汉时的母子别离，写得情真意切，凄楚动人。毛泽东在这首诗的标题前画着大圈套小圈，标题后连画了三个小圈，表示了对这首诗的重视。对这首诗的最后几句，"……竭心自勉励。流离成鄙贱，常恐复捐废。人生几何时，怀忧终年岁"，每句都画着圈，诗旁加了密圈，天头上也画着一个大圈套小圈的标记。还将此诗批送给别人阅读。在诗末编者的注释："……激昂酸楚，读去如惊蓬坐振，砂砾自飞，在东汉人中，力量最大……由情真，亦由情深也"等句旁都画着曲线。毛泽东对注释中评价这首诗的圈画，无疑是表示同意的一种态度。对另一本《古诗源》中的这首诗，以及蔡琰著名

的《胡笳十八拍》，毛泽东也有圈点。

南宋女词人李清照的《醉花阴》："薄雾浓云愁永昼，瑞脑销金兽。佳节又重阳，玉枕纱橱半夜凉初透。东篱把酒黄昏后，有暗香盈袖，莫道不消魂，帘卷西风，人比黄花瘦。"这首词凄婉哀怨，其中"帘卷西风，人比黄花瘦"这一千古绝唱，刻画出一位旧社会多才多艺的女性，在不幸的命运前孤苦无助的形象，感人至深。毛泽东对这一首词的喜爱，表现在藏书中，凡载有这首词的集本，都留有他圈画的手迹。

以上封建社会的弱女子，尽管她们的社会地位、生活经历、文化修养、诗词风格各有不同，但她们的作品都反映了自己的真情实感，倾诉了历代妇女痛苦的呻吟，哀怨的悲诉，是她们发自内心的声音，质朴而不矫情，它打动着毛泽东的心。

谢灵运的《登池上楼》，"通篇矛盾"

故居书房里有一本1957年文学古籍刊行社出版的《古诗源》。毛泽东在南北朝晋宋时期的著名诗人谢灵运《登池上楼》这首诗中，几乎每句诗旁都画着曲线，句末加着圈。在"进德智所拙，退耕力不任"下面连画两个圈后，在天头、行间批注："通篇矛盾。进德智所拙，退耕力不任，见矛盾所在。此人一辈子矛盾着。想做大官而不能，进德智所拙也。做林下封君，又不愿意。一辈子生活在这个矛盾之中。晚节造反，矛盾达到极点。韩亡子房奋，秦帝鲁连耻。本自江海人，忠义感君子。是造反的檄文。"这100多字的批注，远远超出作品本身，而是对谢灵运品德和政治态度的评价。

毛泽东在一部清乾隆武英殿版的二十四史《南史》列传九中，仔细阅读圈点了有关谢灵运及其家族的历史资料。据列传记载：谢灵运是历史上淝水之战大败符坚的赫赫名将谢玄的孙子，谢氏家族是当时最有权势的大贵族、大官僚地主。谢灵运袭封康乐公，一生崇尚奢侈，纵情山水，博览群书，工诗善文。在政治上，他"自谓才能宜参权要"，而宋武帝、文帝始终未委以军国要职，因此他"常怀愤惋"，并数次遭贬。后有人在文帝面前告他"谋反"，"遂有逆志"，因而被杀，年49岁。池上楼在永嘉境内，《登池上楼》一诗是谢灵运被贬出任永嘉太守时所作。全诗反映他当时郁郁不得志的心情。被毛泽东称为"造反的檄文"的那四句诗，是谢灵运谋反时写的。

从批注看，毛泽东对他的政治作为，并非同情态度；但对谢灵运的诗，却颇为重视。在写有批注的这本《古诗源》中，收进他的诗有24首，毛泽东作了圈画的有22首。编者注释中，评论谢灵运的诗"一归自然"、"匠心独运"、"在新在俊"等处，毛泽东都画着曲线和圈。《昭明文选》、《汉魏六朝百三名家集》中谢灵运的诗，毛泽东也圈画了不少。

《岁暮》是谢灵运通过自然景物表达自己的情怀，抒情与写景紧密结合的一首诗，毛泽东每句都加了圈，有的还加了三个圈。另一首《斋中读书》是言志记怀的，毛泽东也是逐句圈画。如"怀抱观今古，寝食展戏谑"这两句旁每字都加了密圈；"既笑沮溺苦，又哂子云阁。执戟亦以疲，耕稼岂云乐。万事难并欢，达生幸可托。"每句末都画了三个圈。对于这些诗句，毛泽东可能既欣赏其艺术性，又了解了诗人的思想矛盾。

对谢灵运那些刻画自然风物的清丽诗句，如《邻里相送至方山》中的："解缆及流潮，怀旧不能发。析析就衰林，皎皎明秋月"；《过始宁墅》中的："剖竹守沧海，枉帆过旧山。山行穷登顿，水涉尽洄沿。岩峭岭稠垒，洲萦渚连绵。"等，毛泽东都在句旁画着直线、曲线、曲线加直线；句子下面也都连画两个圈、三个圈。在《邻里相送至方山》的编者注解："别绪低徊"、"触景自得"两句旁画着曲线，说明了毛泽东对这种评价的重视。

王勃"高才博学，为文光昌流丽"

王勃与骆宾王、卢照邻、杨炯四人，在唐太宗时期齐名文坛，被称为"初唐四杰"。王勃在四杰中是佼佼者，诗文最有特色。《新唐书》第210卷的《王勃传》中写道："勃属文初不精思，先磨墨数升，则酣饮，引被覆面卧。及寤，援笔成篇，不易一字。时人谓勃为腹稿。"毛泽东读到这里，用红铅笔画着着重线。在一本《初唐四杰集》里，毛泽东对王勃的《秋日楚州郝司户宅饯崔使君序》一文的标题前画着大圈，并写下一条长达1000多字的批注。从批注的内容看，大约写于1958年之后，1960年代之前。批注考证了这篇文章"是去交趾路上作的，地在淮南，或是寿州，或是江都。时在上元二年，勃年应有二十三四了。"作《滕王阁序》时，王勃"应是二十四五六"，而不是像有些人说的是"13岁，或14岁。"批注写道："王子安集90%的诗文，都是在北方——绛州、长安、四川之梓州一带，河南之虢州。在南方作的只有少数几首,淮南、南昌、广州三地而已。广州较多,亦只数首。交趾一首也无,可见他并未到达交趾(安南)就翻船死在海里了。"批注从王勃的经历说起:"他作过英王(注:系沛王之笔误)李贤的幕僚,官'修撰',被高宗李治勒令驱逐,因为他为英王的斗鸡写了一篇檄某王斗鸡的文章。在虢州,因犯法,被判死,遇赦得免。"批注分析他的作品:"这个人高才博学,为文光昌流丽,反映当时封建盛时的社会动态,很可以读。这个人一生倒霉,到处受惩,在虢州几乎死掉一条命。所以他的为文,光昌流丽之外,还有牢骚满腹一方……为文尚骈,但是唐初王勃等人独创的新骈、活骈,同六朝的旧骈、死骈,相差十万八千里。他是7世纪的人物,千余年来,多数文人都是拥护初唐四杰的,反对的只有少数。"批注中赞扬道:"以一个28岁的人,写了16卷诗文作品,与王弼的哲学(主观唯心主义),贾谊的历史学和政治学,可以媲美。都是少年英发,贾谊死时30几岁,王弼死时24岁。还有李贺死时27岁,夏完淳死时17岁,都是英俊天才,可惜死得太早了。"由王勃年轻有为引发,毛泽东在批注中满怀激情地一再阐述自己的观点:"青年人比老年人强,贫人、贱人、被人们看不起的人,地位低的人,大部分发明创造,占70%以上,都是他们干的。30%的中老年而有干劲的,也有发明创造。这种三七开的比例,为什么如此,值得大家深深地想一想。结论就是因为他们贫贱低微,生力旺盛,迷信较少,顾虑少,天不怕、地不怕,敢想敢说敢干。如果党再对他们加以鼓励,不怕失败,不泼冷水,承认世界主要是他们的,那就会有很多的发明创造。"等。

从这段批注中可以看到,毛泽东对诗人作品进行了历史的、客观的分析,并阐述了自己的社会进化观。

毛泽东还圈画批注过王勃其他一些诗。在一本《注释唐诗三百首》中有王勃的《杜少府之任蜀州》:"城阙辅三秦,风烟望五津。与君离别意,同是宦游人。海内存知己,天涯若比邻。无为在歧路,儿女共沾巾。"这首诗是王勃为友人送别而作。真挚深厚的友情,使他写出"海内存知己,天涯若比邻"这样凝练、富有感染力的著名诗句。毛泽东在这句诗下,连着画了三个圈,在天头上批道:"好"。《秋日登滕王阁饯别序》是王勃用骈体文写成的诗序,全文注意对仗,讲究声律,语言精练,有较高的艺术技巧。文章的内容既细腻地描绘了湖光山色,又委婉地表露了自己怀才不遇的苦闷。毛泽东在"老当益壮,宁移白首之心;穷且益坚,不坠青云之志"等警策的句子后面画着圈。尤其对"落霞与孤鹜齐飞，秋水共长天一色"这一优美的句子表达了由衷的喜爱。上个世纪60年代初，他在和子女们的一次谈话中，一边背诵这篇诗序中的佳句，一边评论，谈兴正浓时，坐到桌前，悬肘挥毫，为他们书写下这一具有诗情画意的千古名句，留下了珍贵的墨迹。

杜甫的《北征》中有比、兴

毛泽东对诗人及其作品有个人的偏爱，但对他们的评价采取公正、客观的态度。

1957年，毛泽东在和臧克家等同志谈话时，毫不掩饰地表示对杜甫的诗"不甚喜爱"。但从故居藏书中看，他读过杜甫不少诗，仅圈画过的就有67首。成都会议时，从杜甫草堂处借阅过各种版本的杜甫诗集有12部108本，说杜甫的诗是"政治诗"。对杜甫的诗，毛泽东圈画三四遍的有《梦李白二首》、《咏怀古迹五首》、《蜀相》、《闻官军收河南河北》、《登高》、《登楼》、《阁夜》、《春望》、《佳人》等。在一本《注释唐诗三百首》的这些诗标题前，都画着大圈，标题后连画三个小圈。这说明毛泽东对杜甫的诗虽然"不甚喜爱"，但仍然大量地认真地阅读其作品，重视其精华，能背诵他的很多诗。1964年毛泽东由湖南返京，火车经过岳阳地段时，索笔手书了杜甫的《登岳阳楼》："昔闻洞庭水，今上岳阳楼。吴楚东南坼，乾坤日夜浮。亲朋无一字，老病有孤舟。戎马关山北，凭轩涕泗流。"这一手书墨迹，现由两位退休老工人刻制，装嵌在新修整的岳阳楼三楼上。

对杜甫的《北征》这首诗，毛泽东是肯定的。他把这首诗推荐给别人读。1965年，他在给陈毅同志的信中谈到写诗要用赋、比、兴的手法时说："杜甫之《北征》，可谓'敷陈其事而直言之也'，然其中亦有比、兴。"《北征》这首诗的写作背景是：唐朝"安史之乱"时，杜甫从长安逃至唐肃宗所在地凤翔，其时家在鄜州。这首长达700多字的五言长诗是杜甫由凤翔至鄜州探亲时写的。诗中分别叙述诗人回家探亲时忧国忧民的情怀，旅途见到的战争创伤；久别还家时家人的凄惨境况；切望以官兵为主力收复两京，对借兵回纥怀有的隐忧；最后叙述了对唐朝中兴寄予希望。杜甫在诗中采取"敷陈其事"的叙述所见、所闻、所思，但在形容旅途中见到的"山果""或红如丹砂"，"或黑如点漆"，即用比喻；"阴风西北来，惨淡随回纥",即用兴的手法。所以毛泽东说:"其中亦有比、兴。"

1923年,毛泽东写给杨开慧的《贺新郎·挥手从兹去》一词的"要似昆仑崩绝壁,又恰象台风扫寰宇"两句,原稿中本为"我自欲为江海客,更不为昵昵儿女语"(另一稿"不愿作昵昵儿女")。"江海客"引自杜甫写给当时名相张镐的诗:"张公一生江海客,身长九尺须眉苍。征起适值风云会,扶颠始知筹策良。"1937年毛泽东在与朱光等谈论书法、艺术等问题时,引用杜甫在《观公孙大娘弟子舞剑器行》一诗的序言中所说:"往者吴人张旭,善草书书帖,数常于邺县见公孙大娘舞西河剑器,自此草书长进,……。"毛泽东认为,杜甫这段话说出了舞蹈、戏剧等艺术与书法艺术是相通的,是至理名言。

杜甫是唐朝伟大的现实主义诗人。毛泽东把他与浪漫主义诗人李白相比,更为喜爱李白的作品。但这并不影响他对杜甫的诗作出客观而公正的评价,从中汲取有益的营养。

李白的诗"文采奇异,气势磅礴,有脱俗之气"

故居藏书里,有一份李白《梁父吟》的手抄本。它是用一寸大小楷体的毛笔字,抄录在16开毛边纸上的,共11页。右上角,有毛泽东用铅笔画着读过两遍的圈记。了解情况的同志说:这是毛泽东晚年,由于眼疾视力减退,为了读这首诗,特意让人用大字抄写出来的。在另一本1970年代出版的大字本《唐诗别裁集》的这首诗里,他在"君不见高阳酒徒起草中"、"指挥楚汉如旋蓬"两句旁,用红铅笔画着直线,在函套上也画着读过两遍的大圈。李白的这首诗,是他被排挤出长安后所作。诗中大量引用历史故事、神话传说中有为之士遭受的挫折,比拟自己的怀才不遇,控诉权奸当道的黑暗政治。诗人用"我欲攀龙见明主,雷公砰訇震天鼓;帝旁投壶多玉女……"暗示皇帝身边被小人包围,使他报国无门,壮志难酬。但是诗人并不绝望,从全诗一开头的:"长啸《梁父吟》,何时见阳春",到最后:"《梁父吟》,声正悲。张公两龙剑,神物合有时。风云感会起屠钓,大人峴屼当安之。"看得出他寄希望于未来,相信有才能的人,只要有机会,一定会实现自己的抱负,不应因受挫折而气馁。这是李白用世之心的积极方面。这首诗,气势磅礴,色彩缤纷,极富浪漫主义的文艺特色。毛泽东喜爱这首诗,早在1960年代,他就曾在五页红格信纸上,凭记忆手书过这首诗。

毛泽东晚年对李白这首政治上失意后的悲愤之作，从思想性和艺术性方面有着更深刻的理解，表露出特殊的倾心。

在一本《注释唐诗三百首》中，李白《将进酒》的标题前，毛泽东画着一个大圈，标题后连着画了三个小圈，天头上批注："好诗。"这首诗写道："君不见黄河之水天上来，奔流到海不复回！君不见高堂明镜悲白发，朝如青丝暮成雪！人生得意须尽欢，莫使金樽空对月。天生我材必有用，千金散尽还复来。烹羊宰牛且为乐，会须一饮三百杯。岑夫子，丹邱生，将进酒，杯莫停。与君歌一曲，请君为我倾耳听。钟鼓馔玉不足贵，但愿长醉不复醒。古来圣贤皆寂寞，唯有饮者留其名。陈王昔时宴平乐，斗酒千金恣欢谑。主人何为言少钱，径须沽取对君酌。五花马，千金裘，呼儿将出换美酒，与尔同销万古愁。"李白的这首诗虽有人生短促、及时行乐的消极方面，但是气概豪迈、感情奔放、艺术性很高。"天生我材必有用"是李白对自我充满信心的道白。李白那些强烈追求个性解放，不畏权贵，不崇拜偶像的诗，毛泽东都很欣赏。如《庐山谣寄卢侍御虚舟》中的"我本楚狂人，凤歌笑孔丘"；《梦游天姥吟留别》中的"安能摧眉折腰事权贵，使我不得开心颜"；《宣州谢朓楼饯别校书叔云》中的"弃我去者，昨日之日不可留。乱我心者，今日之日多忧愁。长风万里送秋雁，对此可以酣高楼"，"抽刀断水水更流，举杯消愁愁更愁"等诗句，毛泽东都在句旁画着着重线；好几本诗集中，这些诗的标题前都画着两个、三个圈；有的书中，标题前画圈，标题后还连画三个小圈。

也是在那本《注释唐诗三百首》中，毛泽东在李白的《蜀道难》这首诗的天头上画着一个大圈，批道："此篇有些意思"。毛泽东曾对他身边工作的一位同志称赞说："《蜀道难》写得很好，艺术性很高，对祖国壮丽险峻的山川写得淋漓尽致，把人们带进神奇优美的神话世界，使人仿佛到了'难于上青天'的蜀道上面了。"毛泽东还说："对这首诗，有人从思想性方面作各种猜测，以便提高评价，其实不必。"毛泽东对李白的这类诗，如《上三峡》、《鹦鹉洲》、《鸣皋歌送岑征君》、《梦游天姥吟留别》等都多次圈画。此外，他对李白的《赠汪伦》、《黄鹤楼送孟浩然之广陵》、《子夜吴歌》等诗，都很爱读，多次圈画。

李白是一位卓越的时代歌手，伟大的浪漫主义诗人。毛泽东赞扬他的诗"文采奇异，气势磅礴，有脱俗之气"。毛泽东的爱子毛岸英牺牲后，他忍受着自己内心的巨大痛苦，写信劝慰岸英的妻子刘松林，要她多读些李

白的诗,说李白的诗可以开阔胸襟。

"李贺诗很值得一读"

1965年,毛泽东在写给陈毅的信中说:"李贺诗很值得一读,不知你有兴趣否?"在一则批注中,他称赞李贺是"英俊天才",惋惜李贺的早夭。在一本他读过的《新唐书》第230卷《李贺传》中,他在天头上标写着"李贺"两个醒目的大字,在记载李贺写诗"未始先立题,然后为诗,如他人牵合程课者"等处,逐句加了旁圈。故居书房里藏有多种版本的李贺诗集。如《李长吉歌诗集》、《李长吉集》、《李昌谷诗集》、《李昌谷诗注》等。翻开这些书,每本都有毛泽东的圈画。在一本《李长吉歌诗集》杜牧所写的序言中,毛泽东多处画着曲线和圈。李贺流传于世的诗约有240首,毛泽东圈画过的有83首。有些诗圈画过四五次。

毛泽东圈画得较多的是李贺的《南园十三首》和《马诗二十三首》。这两组诗是诗人托物、托景、托事寄情,抒发自己对政治,对人生的抱负、见解和感慨的。毛泽东除了在几部李贺的专集中圈画了这些诗外,在《唐诗别裁集》中也作了圈画。而以《南园》中的:"男儿何不带吴钩,收取关山五十州。请君暂上凌烟阁,若个书生万户侯?"和"寻章摘句老雕虫,晓月当帘挂玉弓。不见年年辽海上,文章何处哭秋风?"两首圈画得最多。《致酒行》一诗中,诗人以汉朝的主父偃、唐太宗时的马周先遭厄运,后被重用的历史人物自勉自励,不以遭际"零落栖迟"、"幽寒"而气馁。诗的最后四句:"我有迷魂招不得,雄鸡一唱天下白。少年心事当挐云,谁念幽寒坐呜呃!"表达了诗人希望有一天自己的壮志得以实现的愿望。毛泽东在写《浣溪沙·和柳亚子先生》一词时,点化运用"雄鸡一唱天下白"这一诗句,形容全国解放后,由黑暗走向光明的中国,非常贴切自然。这也说明毛泽东对李贺的诗喜爱和理解都是很深的。

毛泽东还多次圈画过李贺的《秦王饮酒》、《金铜仙人辞汉歌》、《苦昼短》、《昆仑使者》、《官街鼓》等诗。诗人在这些诗里借历史人物和神话传说,或讽喻帝王求仙访道,谋取长生之术的愚妄;或指斥帝王纵情声色,导致国家衰亡的昏聩。它是诗人不满现实,不满统治阶级的呼声。诗的语言警策精辟,发人深省;意境、词句都充分体现诗人俏丽哀艳的艺术风格,毛泽东是很欣赏的。《金铜仙人辞汉歌》通过魏明帝搬迁汉武帝所铸金铜仙人这一段历史，用拟人化的表现手法，赋予金铜仙人以真挚深沉的思想感情，着力刻画了仙人离开京都长安时的哀伤、愤慨和对汉武帝的眷恋，以汉王朝的覆灭，借古寓今。"天若有情天亦老"，是写仙人离京时的感叹，诗义是深邃的。毛泽东在写《七律·人民解放军占领南京》一诗时，引用这一诗句并赋以新意。

杜牧盛赞李贺的诗为"骚之苗裔"。他的《巫山高》、《湘妃》、《神弦》、《雁门太守行》等诗，都被誉为"胎息《楚辞》"，也是毛泽东圈画得比较多的。毛泽东多次圈画过《雁门太守行》这首诗："黑云压城城欲摧，甲光向月金鳞开。角声满天秋色里，塞上燕脂凝夜紫。半卷红旗临易水，霜重鼓寒声不起。报君黄金台上意，提携玉龙为君死。"这首诗写元和年间在易水一带进行的平叛战争，全诗色彩浓重，气势悲壮，意境苍凉，是一幅有声有色的战斗画卷，反映诗人要求削平藩镇、统一国家的思想，风格很像《九歌》中的《国殇》。毛泽东对李贺的这类诗流露出喜爱。

李贺以他奔放的激情，瑰丽多彩的语汇，奇峭独特的构思，驰骋丰富的想象力于神话世界，写下一些游仙诗，如《天上谣》、《梦天》等。毛泽东在一本黄陶庵评本《李长吉集》中，对《梦天》中"遥望齐州九点烟，一泓海水杯中泻"两句末画着圈；在天头编者的评语："论长吉每道是鬼才，而其为仙语，乃李白所不及，九州二句，妙有千古"处，每句都圈点断句，很重视这一评论。

李贺写的那些反映民间疾苦的诗，如《罗浮山人与葛篇》，赞美葛布的精美和织葛老人的高超技艺；《老夫采玉歌》，刻画了蓝溪采玉老人的悲惨生活。这些诗反映了李贺同情人民的进步思想。李贺还写有描写音乐的诗，如《李凭箜篌引》、《申胡子觱篥歌》等，写得都很细腻生动。这些诗，毛泽东都多次圈画。

背诵李商隐的《马嵬》诗

史学家周谷城在回忆与毛泽东的交往时，提到过一件事。新中国成立后，一次，毛泽东请他到中南海书房谈今论古，一起游泳。兴之所至，周谷城随口背诵起李商隐的《马嵬》这首诗："海外徒闻更九州，他生未卜此生休。空闻虎旅传宵柝，无复鸡人报晓筹。此日六军同驻马，当时七夕笑牵牛……"背着背着，突然最后两句忘记了，接不上来。正在他十分尴尬的时候，毛泽东很自然地接口念道："如何四纪为天子，不及卢家有莫愁。"可见，毛泽东对李商隐的诗非常熟悉。《马嵬》是一首写安禄山之乱，唐明皇赐死杨贵妃的咏史诗。从故居藏书中看，这首诗毛泽东至少有三处圈画。李商隐写有很多咏史诗，借古讽今，笔触含蓄，立意精辟。毛泽东圈画过很多这类诗。如《贾生》："宣室求贤访逐臣，贾生才调更无论。可怜夜半虚前席，不问苍生问鬼神。"汉文帝召见贾谊这样有才能的人，不向他征询国家大事，却问鬼神之道，足见其昏庸。诗人不明说，却用"可怜"二字，讽喻是很深的。这首诗，毛泽东有六处圈画。《北齐二首》写北周大军出征灭齐，齐后主高伟仍在醉生梦死地过着腐朽享乐的生活；《隋宫》写隋炀帝淫游无度，不听谏言，等等。这些诗和七言古诗《韩碑》，毛泽东都分别圈画三至五遍之多。

无题诗是李商隐的独特创作，这些诗大部分是写爱情的，也有一部分咏史的内容，李商隐的爱情诗，辞藻朴实而自然，情致缠绵而不庸俗，有感人的艺术魅力。《无题》："相见时难别亦难，东风无力百花残。春蚕到死丝方尽，蜡炬成灰泪始干。晓镜但愁云鬓改，夜吟应觉月光寒。蓬山此去无多路，青鸟殷勤为探看。"毛泽东在这首诗的标题上连画三个圈，圈画过五遍。对含有"身无彩凤双飞翼，心有灵犀一点通"、"春心莫共花争发，一寸相思一寸灰"等著名诗句的无题诗，毛泽东画着大圈、小圈，流露出极为赞赏的心情。另外如《锦瑟》、《夜雨寄北》、《嫦娥》等诗，毛泽东都是多次圈画。

白居易"与琵琶演奏者有平等心情"

毛泽东深刻地理解诗人写作的思想感情，重视评价作品的思想性。

毛泽东在《注释唐诗三百首》中白居易的《琵琶行》这首诗的天头上，写着一段批注："江州司马，青衫泪湿，同在天涯。作者与琵琶演奏者有平等心情。白诗高处在此不在他处，其然岂其然乎？"他对这首诗的标题连画三个大圈，在诗中"同是天涯沦落人，相逢何必曾相识"句旁，一路密圈。白居易是唐朝新乐府诗歌运动的倡导者和突出代表。《琵琶行》借一个沦落天涯弹琵琶女子的一生遭遇，抒发自己政治上的坎坷身世，及与之共鸣的思想感情。深刻的同情和理解，使白居易的这首诗散发着异样的光彩，"同是天涯沦落人，相逢何必曾相识"，是饱浸着诗人血和泪的传世诗句。毛泽东说白居易与弹琵琶女子"有平等的心情",并称赞这是"白诗高处",真可谓一语点破这首诗的精髓!诗人白居易是弹琵琶女子的知音,毛泽东是诗人白居易的知音!

故居里还有一本平装的《白香山集》,其中《放言五首并序》的第三首,毛泽东对全诗都用红笔画满了着重线。这首诗是:"赠君一法决狐疑,不用占龟与祝蓍。试玉要烧三日满,辨材须待七年期。周公恐惧流言日,王莽谦恭未篡时。向使当初身便死,一生真伪复谁知。"1972年在批判林彪反革命罪行时,毛泽东引这首诗的后四句,对林彪作了刻骨逼真的评价。白居易的《草》:"离离原上草,一岁一枯荣,野火烧不尽,春风吹又生。远芳侵古道,晴翠接荒城,又送王孙去,萋萋满别情。"对这首诗,毛泽东也在四五本诗集中都作了圈画。白居易的这些诗,语言诵俗,富于哲理性,毛泽东是很爱读的。

对刘禹锡的诗"此种解释是错误的"

1975年春天,毛泽东同志已经80多岁高龄。有一次,他初次会见一位同志,问过姓名之后,问她:"会背刘禹锡的《西塞山怀古》这首诗吗?"接着自己铿锵有力地吟诵起来:"王濬楼船下益州,金陵王气黯然收。千寻铁锁沉江底,一片降幡出石头。人世几回伤往事,山形依旧枕寒流。从今四海为家日,故垒萧萧芦荻秋。"原来,这位同志的姓名恰好镶嵌在这首诗的最后一句里,因此毛泽东很快联想到这首他所熟悉的诗。从藏书中看,毛泽东对这首诗先后圈画过六遍。在一本《注释唐诗三百首》的这首诗标题前,他画着一个大圈,标题后又连画三个小圈。在另一本《唐诗别裁集》的这首诗标题前,他用红铅笔画了一个大圈。编者在诗后注释:"时梦得与元微之、韦楚客、白乐天各赋金陵怀古,梦得诗成,乐天览之曰:'四人探骊龙,子已获珠,余皆鳞爪矣'。遂罢唱。""梦得"是刘禹锡的字。毛泽东对这段注解,逐句加了圈点断句。

刘禹锡是中唐时期的优秀诗人,白居易极其钦佩他的诗歌才能,称他为"诗豪"、"国手"。他同时又是一位有着朴素唯物论的思想家,除写过《天论》等文章阐述自己的哲学思想外,在诗词中也常常闪烁着哲理的光辉。1959年,毛泽东在和他身边工作的同志谈话时,说:柳宗元是一位唯物主义哲学家,见之于他的《天对》,刘禹锡发展了这种唯物主义。毛泽东读过刘禹锡不少诗，很多诗都圈画过五六遍。

在一本《唐诗别裁集》中，毛泽东在诗人刘禹锡这个名字上面，用红铅笔画着一个大的圈记；旁边，用黑铅笔画着一条粗重的着重线；在《酬乐天扬州初逢席上见赠》一诗中，用红、黑两种笔迹作了圈画批注。这首诗为："巴山楚水凄凉地，二十二年弃置身。怀旧空吟闻笛赋，到乡翻似烂柯人。沉舟侧畔千帆过，病树前头万木春。今日听君歌一曲，暂凭杯酒长精神。"毛泽东用红铅笔在这首诗的标题前画着圈；在诗中"沉舟侧畔千帆过，病树前头万木春"两句诗旁；用红铅笔画着着重线。又用黑铅笔在这首诗的第一句前画着圈，每句诗后加了圈。编者注解中写道："沉舟二语，见人事不齐，造化亦无如之何。悟得此旨，终身无不平之心矣。"毛泽东对这段注解作了断句。在"造化亦无如之何"下画着着重线，批注："此种解释是错误的"。毛泽东为什么说这种解释是错误的呢？显然是编者没有弄清诗的精神。诗人的这首诗，是他在唐敬宗宝历二年冬，从和州刺史被征还京，和白居易在扬州相逢时所写："沉舟侧畔千帆过，病树前头万木春"的诗句，虽自比为"沉舟"、"病树"，但指出个人的沉滞算不了什么，世界还是要向前发展的看法，编者把它理解为一种消极的、在命运面前无能为力的人生哲学，显然是对诗人的一种歪曲。毛泽东不同意这种解释，指出它"是错误的"。

刘禹锡长期处于政治逆境之中，在感愤忧伤的情绪下，写过不少讽刺诗。他第一次被贬时，只有23岁，十年后被召还京都，写了一首著名的《玄都观桃花》："紫陌红尘拂面来，无人不道看花回。玄都观里桃千树，尽是刘郎去后栽。"因为这首诗对新贵有讽刺，再度被贬。14年的岁月过去了，诗人又被召回，写下了《再游玄都观》："百亩庭中半是苔，桃花净尽菜花开。种桃道士归何处？前度刘郎今又来。"他不顾政治上一再遭受的打击，仍用嘲讽的口吻写道："种桃道士归何处？前度刘郎今又来。"表现了政治上不畏强暴的硬骨头精神。毛泽东很喜爱这两首诗，曾经挥毫手书过。

毛泽东也很爱读刘禹锡的一些咏史诗。对《蜀先主庙》一诗，毛泽东批注："略好"。这首诗为："天地英雄气，千秋尚凛然。势分三足鼎，业复五铢钱。得相能开国，生儿不象贤。凄凉蜀故伎，来舞魏宫前。"诗人赞扬刘先主刘备，贬讥刘后主刘禅，全诗写得含蓄凝练，具有史论性质。《乌衣巷》一诗，毛泽东圈画过6次。诗人从感叹东晋豪门贵族王导、谢安的兴衰，借古讽今。诗的意味深长，发人思索。此外，对刘禹锡那些具有民歌风格的《竹枝词》、《杨柳枝词》等,毛泽东也都有不少圈画。

浓圈密点的罗隐诗集

故居的藏书中,有罗隐的两本诗集——《罗昭谏集》和《甲乙集》。毛泽东对其中很多首诗都画着浓圈密点,粗略地统计约有91首。

毛泽东圈画得比较多的是罗隐的咏史诗。如咏叹诸葛亮的《筹笔驿》:"抛掷南阳为主忧,北征东讨尽良筹。时来天地皆同力,运去英雄不自由。千里山河轻孺子,两朝冠剑恨谯周。唯余岩下多情水,犹解年年傍驿流。"毛泽东在这首诗的标题前画着三个大圈,每句诗末都画着圈,在第一句旁画着曲线,从第三句开始,一路密圈到底。《濬墓》:"男儿未必尽英雄,但到时来即命通,若使吴都犹王气,将军何处立殊功。"王濬是西晋大将,大练水师,破吴有功。毛泽东在这首诗的标题前画着两个大圈,头两句诗旁画有密圈。罗隐在这些诗里,名为咏史,实则是对自己一生怀才不遇的酸楚感叹。罗隐的另一些咏史诗很有独到的见解,如《西施》:"家国兴亡自有时,越人何苦进西施。西施若解倾吴国,越国亡来又是谁。"毛泽东在这首诗的标题前画着两个大圈,全诗都加了密圈。这类咏史诗,毛泽东还圈画过《焚书坑》:"千载遗踪一窖尘,路旁耕者亦伤神。祖龙算事浑乖角,将为读书活得人。"罗隐从另一角度写秦始皇的焚书坑儒,含蓄有新意,毛泽东对这首诗的最后两句,加了密圈。《秦帝》:"长策东鞭极海隅,鼋鼍奔走鬼神趋。怜君未到沙丘日,肯信人间有死无。"这首诗是讽刺秦始皇寻求长生不老之术的,毛泽东对前两句加了曲线,后两句加了密圈。《董仲舒》:"灾变书生不合闻,漫将刀笔指乾坤。偶然留得阴阳术,闭却南门又北门。"这首诗,对一代大儒董仲舒的评价,在封建社会里是颇为大胆的。毛泽东对此一路密圈到底。

罗隐是晚唐很有才气的诗人,曾被称为"黄河信有澄清日,后代应难继此才";同时,又是很不得志的诗人。在以科举取士的封建社会里,他因写有《馋书》讥讽时政,触犯了统治阶级,因而10次投考进士,10次落第,满腔怀才难展的悲愤,流露在作品中,既有比较清醒的揭露现实的一面,也有愤世嫉俗、消极和低沉的一面。如已成为广泛流传成语的"今朝有酒今朝醉"就是他《自遣》诗中的一句。这首诗是:"得即高歌失即休,多愁多恨亦悠悠。今朝有酒今朝醉,明日愁来明日愁。"毛泽东对这首诗一路密圈到底。又如《偶兴》："逐队随行二十春，曲江池畔避车尘。如今赢得将衰老，闲看人间得意人。"毛泽东对这首诗最后一句加了密圈。《东归别常修》："六载辛勤九陌中，却寻归路五湖东。名惭桂苑一枝绿，鲙忆松江两筋红。浮世到头须适性，男儿何必尽成功。唯惭鲍叔深知我，他日蒲帆百尺风。"毛泽东对全诗每句都加了圈，天头上画着大的圈记。罗隐在这些诗中流露的情绪是消极的，但这种消极不是醉生梦死、沉溺于声色酒肉的颓废；不是超脱尘世、遁入空门的虚无；这是一个有才华的人受压抑的血泪呻吟，是他对世事浮沉客观冷静的观察。从毛泽东对这些诗的圈画，可以隐约地感到他对诗人的同情。这种同情更鲜明地表现在对《嘲钟陵妓云英》一诗的圈画批注中。这首诗是："钟陵醉别十余春，重见云英掌上身。我未成名君未嫁，可能俱是不如人。"毛泽东对《罗昭谏集》中的这首诗最后两句，字字都画了密圈。在《甲乙集》的这首诗中，除圈点外，还批注："十上不中第"。毛泽东对这首诗的圈画和批注，是对诗人身世遭际的深刻理解。

毛泽东读过的一本《通鉴纪事本末》第220卷记载：唐末藩镇割据，江东纷扰，镇海、镇东节度使钱镠与黄巢所属孙儒旧部作战时，在杭州修筑城垒，"谓僚佐曰：'十步一楼，可以为固矣。'掌书记罗隐曰：'楼不若皆内向。'至是，人以隐言为验。"毛泽东对罗隐的话，逐字加了旁圈，批注："昭谏亦有军谋"。可见，毛泽东对罗隐的军事才能也是赏识的。

罗隐的写景诗，毛泽东也圈画了不少。如《七夕》："月帐星房次第开，两情唯恐曙光催。时人不用穿针线，没得心思送巧来。"毛泽东对最后两句不仅一路密圈到底，最后还画上一个大圈套两个小圈。《浮云》："溶溶泄泄自舒张，不问苍梧即帝乡。莫道无心便无事，也曾愁杀楚襄王。"《京中正月七日立春》："一二三四五六七，万木生涯是今日。远天归雁拂云飞，近水游鱼迸冰出。"这两首诗，毛泽东全诗都加了圈点，标题前分别画着两个大圈。《中秋夜不见月》："阴云薄雾上空虚（句末加双圈），此夕清光已破除（句末加双圈）。只恐异时开雾后，玉轮依旧养蟾蜍（句旁加密圈）。"毛泽东这些密密麻麻的圈画，流露出他的欣赏所至。

辛弃疾的词圈画得最多

毛泽东圈画过岳飞、张元千、张孝祥、苏轼、秦少游、李清照、萨都刺、纳兰性德等许多著名词人的作品。从故居藏书中看到的，他圈画得最多的还是辛弃疾的词，约98首。一部1959年中华书局影印出版的《稼轩长短句》，共有四册，每册的封面上，他都用粗重的红铅笔画着读过的圈记。书中有60多首词的标题上，也画了圈记，书中用黑、红两色铅笔画着圈、点、曲线。从圈画用的不同笔迹估计，这部书可能是他在不同时期内断续读完的。在他经常翻阅的几部《词综》里，对辛弃疾的词也是反复多次圈画。

辛弃疾的《永遇乐·京口北固亭怀古》："千古江山，英雄无觅，孙仲谋处。舞榭歌台，风流总被，雨打风吹去。斜阳草树，寻常巷陌，人道寄奴曾住。想当年，金戈铁马，气吞万里如虎。

"元嘉草草，封狼居胥，赢得仓皇北顾。四十三年，望中犹记，烽火扬州路。可堪回首，佛狸祠下，一片神鸦社鼓！凭谁问：廉颇老矣，尚能饭否？"另一首《南乡子·登京口北固亭有怀》："何处望神州？满眼风光北固楼。千古兴亡多少事？悠悠，不尽长江滚滚流！年少万兜鍪，坐断东南战未休。天下英雄谁敌手？曹刘。生子当如孙仲谋。"毛泽东多次圈画过这两首词，非常喜爱。熟悉他的田家英同志曾告诉臧克家同志说："毛主席某首诗的起头，是有意仿照辛弃疾《永遇乐·京口北固亭怀古》写的"。1957年3月，在一次由南京飞往上海的途中，当飞机飞临镇江上空时，毛泽东书写了《南乡子·登京口北固亭有怀》，并向同行工作人员解释这首词的意义和所用典故。京口北固亭在今江苏镇江东北，京口曾是三国时吴国孙权建都的地方。这两首怀古词是辛弃疾逝世前两年66岁时写的，他借赞扬孙权战胜北方敌人的武功，讽喻南宋统治集团投降主义的怯懦无能，并以廉颇自喻，表示为实现收复中原、统一祖国的理想，老骥伏枥，雄心不已的壮志。

辛弃疾是南宋伟大的爱国主义词人、军事家、政治家。早年参加过抗金义军，反遭主和派的打击，长期落职闲居，郁郁终生。他的词有相当数量是抒发对往昔战斗生活的怀念和壮志难酬的苦闷。毛泽东对这类词也圈画了不少。如《破阵子·为陈同父赋壮词以寄之》："醉里挑灯看剑，梦回吹角连营。八百里分麾下炙，五十弦翻塞外声，沙场秋点兵。马作的卢飞快，弓如霹雳弦惊。了却君王天下事，赢得生前身后名。可怜白发生。"陈同父即陈亮，是南宋著名的爱国词人，也是辛弃疾志同道合的密友。毛泽东对这首词，至少圈画两遍以上。在一本《词综》中，他在这首词的天头上画着一个大圈,还在中间加了一点。《水调歌头·舟次扬州和杨济翁、周显先韵》:"落日塞尘起,胡骑猎清秋。汉家组练十万,列舰耸层楼。谁道投鞭飞渡?忆昔鸣髇血污,风雨佛狸愁。季子正年少,匹马黑貂裘。今老矣,搔白首,过扬州。倦游欲去江上,手种桔千头。二客东南名胜,万卷诗书事业,尝试与君谋。莫射南山虎,直觅富平侯。"对这首词,毛泽东也最少圈画两遍。标题的天头上,画着大的圈记。他还细心地在一本《词综》里把"列舰耸层楼"中印错的"槛"字改为"舰"字。

辛弃疾的作品中也不乏描写细腻感情的抒情写景内容。毛泽东对辛弃疾这些优美动人的抒情词,也圈画了不少。如《太常引·建康中秋夜为吕叔潜赋》:"一轮秋影转金波,飞镜又重磨。把酒问姮娥:被白发欺人奈何!乘风好去,长空万里,直下看山河。斫去桂婆娑,人道是清光更多。"对这首词,毛泽东至少圈画过两遍,在天头上画着大圈。在《木兰花慢》这首词前,辛弃疾写有一段小序:"中秋饮酒将旦,客谓前人诗词有赋待月,无送月者,因用《天问》体赋。"这首词为:"可怜今夕月,向何处,去悠悠?是别有人间,那边才见,光影东头?是天外,空汗漫,但长风浩荡送中秋?飞镜无根谁系?姮娥不嫁谁留?谓经海底问无由,恍惚使人愁。怕万里长鲸,纵横触破,玉殿琼楼。虾蟆故堪浴水,问云何玉兔解沉浮?若道都齐无恙,云何渐渐如钩?"毛泽东在这首词的标题前连画三个大圈;对小序中的每句话加了圈点;对词中每个疑问句后,都画着一个大大的问号。辛弃疾是生活在七百多年前的一位词人,他细致地观察到月亮升落的天象,想象到月亮是旋转的,从我们这边看月亮是"去悠悠",而那一边可能"是别有人间"。王国维在《人间词话》讲到这首词时说:"词人想象,直悟月轮绕地之理,与科学家密合,可谓神悟。"1964年8月,毛泽东在和周培源、于光远两同志谈哲学问题时,认为辛弃疾这首词,和晋朝张华《励志诗》中的"太仪斡运,天回地游"都包含着地圆的意思。由此可见,毛泽东对这首词的着意圈画,除艺术上的欣赏外,还十分赞赏词人辩证思维的深刻性。

读婉约派柳永的词

毛泽东说过,词有婉约、豪放两派,各有兴会,应当兼读。读婉约派久了,厌倦了,要改读豪放派。豪放派读久了,又厌倦了,应当改读婉约派。并且说他的兴趣是，偏于豪放，不废婉约。故居书房里有柳永的一本《乐章集》，在这本专集和《词综》里，毛泽东圈画过柳永的 35 首词，有的词是反复圈画的。

柳永是北宋第一个专业词人，也是婉约派的代表人物。他出身于世代书香的官宦家庭，从小受到很好的文化熏陶，勤奋读书，吟课诗词，精通音律，多才多艺。只因为被宋仁宗斥责为"薄于操行"，致使他屡试不第，50 多岁才中进士，一生只做过屯田员外郎等小官，因而郁郁不得志。他的《鹤冲天》这首词，反映了他在政治上遭受打击后的消极心情。柳永在这首词里，傲然以"白衣卿相"自居，视"功名"为"浮名"，看得还不及"浅斟低唱"有意义，"忍把浮名，换了浅斟低唱"是词人宦途失意后玩世不恭的自我解嘲。毛泽东密密圈画了这两句词。

柳永多次外出漫游，动辄"经年"。这些漫游，开阔了他的眼界，写下了描写杭州市井富庶、风光壮丽的《望海潮》；也写下了抒发别恨离愁、景、事、情浑然一体，极富感染力的《雨霖铃》，等等。这些被称作柳永的代表作的词，毛泽东都有圈画。但圈画得比较多的是《乐章集》中的三首《满江红·桐州》，这三首词情景交融、真切动人。

柳永以他毕生的精力从事词的创作。他的《乐章集》存词 194 首，用了 17 个宫调，近百个词牌。其中只有四个调，21 个词牌是明显采用前人的，其他都是他创作的"新声"。他在开拓慢词，转变词风，使词从狭隘的上层社会返回市井里巷中，做出重大贡献。毛泽东重视他的词。

（张贻玖）

毛泽东读中国古代兵书

毛泽东的军事理论成就和战争指挥才能是举世公认的，国外的学者、专家给予了很高的评价。美国的亨利·基辛格在《核子武器与外交政策》一书中说："关于共产党军事思想的最好阐述，不见诸苏联的著作，而见诸中国的著作。""毛泽东……研究出了一套军事理论,这套理论表现出高度的分析能力,罕有的洞察力。"约翰·柯林斯在《大战略》一书中也评价毛泽东"是一位身经百战的指挥官","现代最优秀的战略家"。美国《海军陆战队》杂志在1965年的一篇文章中这样说:"在共产党人中,不断地集中注意于研究军事理论的,毛泽东是最杰出的一个。"日本的军事评论家宍户宽在《毛泽东军事思想的形成与发展》中,也认为毛泽东"是领导22年的中国革命战争并使之取得胜利的伟大的军事领导人,也是创造了堪称为真正的马克思主义军事理论的人民战争理论和战略战术的军事理论家。"这些评价并不过誉,的确,毛泽东是一位伟大的军事家,也是一位伟大的军事哲学理论家。这里要指出的是,他的军事哲学理论当然主要是来自马克思主义的军事学说和哲学学说,是来自其丰富的军事斗争实践,是在中国武装斗争的实践中对马克思主义军事哲学理论的继承、运用和发展。与此同时,毛泽东还十分重视对中国古代文化遗产包括军事理论遗产和哲学遗产的批判继承,汲取并改造中国古代兵书中的精华,借鉴中国古代战争史上的实践经验,以丰富和发展无产阶级的军事哲学理论。

一

我国古代研究军事问题的书籍汗牛充栋,十分丰富。仅军事科学院编的《中国古代兵法选辑》中所集纳的古代兵书或涉及军事的著作就达百余部之多,这些兵书大致可分为两类:一类是在经、史、子、集等综合性的古代典籍中涉及军事问题的篇章。如史书中的《左传》、《史记》、《后汉书》、《三国志》、《晋书》、《隋书》、《资治通鉴》、《宋史》、《明史》等。子书中的《孟子》、《荀子》、《韩非子》、《商君书》、《吕氏春秋》、《淮南子》、《鹖冠子》等,都有不少关于战争情况的记载和军事问题的论述。另一类是专门的军事著作。如著名的"武经七书",即《六韬》(相传为周·吕尚著)、《三略》(相传为秦·黄石公著)、《孙子兵法》(春秋·孙武著)、《吴子》(战国·吴起著)、《尉缭子》(战国·尉缭著)、《司马法》(战国时齐威王集学者撰)、《李卫公问对》(唐·李靖著)。此外,还有战国时隐士王翊著的《鬼谷子》、伪托诸葛亮著岳飞校的《兵函玉镜》、唐代李荃著的《太白阴经》、宋代曾公亮著的《武经总要》、明代戚继光著的《纪效新书》、清代年羹尧著的《治平胜标》，以及《古代兵略》、《武备集要》、《兵机汇集》、《兵法集鉴》等。其中价值最高、影响最大的，莫过于孙武著的《孙子兵法》以及后来发现的《孙膑兵法》。《道德经》这一哲学专著，从军事哲学的角度考察亦颇有价值，可以说是一部准兵书。

《孙子兵法》系春秋末年孙武所著，共13篇约6000余字，因此又称为《孙子十三篇》。这13篇是：计篇、作战篇、谋攻篇、形篇、势篇、虚实篇、军争篇、九变篇、行军篇、地形篇、九地篇、火攻篇、用间篇。内容博大精深，为历代兵家所推崇，列为《武经七书》之首，作为最重要的军事教材而流传至今。书中的一些基本的战略战术思想，如"知己知彼，百战不殆"、"攻其无备，出其不意"、"兵者，诡道也"、"上兵伐谋，其次伐交，其次伐兵，其下攻城"、"凡战者，以正合，以奇胜"等，都不失为真理性的认识。

此书在国外也盛名卓著，有着广泛的影响。它于唐代传入奈良时代的日本，被推崇为"兵学圣典"、"世界第一兵家名书"。作者孙武被尊为"武圣人"、"东方兵学鼻祖"、"武经冠冕"。日本一些著名将领，以书中的战略战术思想作为指导，成功地运用于实战之中。如日本战国时代的名将武田信玄把书中的"其疾如风，其徐如林，侵掠如火，不动如山"写在军旗上高悬于军门。日本将领八幡太郎在陆奥战役中，见雁鸟乱飞想起了《孙子》中的"鸟起者，伏也"，便判断敌军一定设有伏兵，便立即改变作战计划，脱离了险境。日本海军统帅东乡平八郎在日俄战争的对马海战中大败俄国海军，其制胜之道就是依据《孙子》中的"以逸待劳，以饱待饥"的战术思想，在日本海域内迎击远涉重洋、疲惫不堪的俄国舰队。此书传入欧洲后，军事家们都甚为重视。叱咤风云、驰骋欧洲的一代枭雄拿破仑，在戎马倥偬的战场上，还手不释卷地披阅《孙子兵法》。发动第一次世界大战的魁首德皇威廉二世，在战败后的侨居生活中方读到此书，当他读到"主不可以怒而兴师，将不可愠而致战，合于利而动，不合予利而止。怒可以复喜，愠可以复悦，亡国不可以复存，死者不可以复生"时，感慨万千，击节三叹，不无遗憾地说："在20年前，倘若读到这书，则……"德国著名军事理论家克劳塞维茨，他的多卷本军事名著《战争论》，就汲取了孙武的许多重要思想。美国国会防务问题高级专家、美国国防大学战略研究所所长约翰·柯林斯在其《大战略》一书中说："孙武是古代第一个形成战略思想的伟大人物。他于公元前400～前320年间写成了最早的名著《兵法》。《孙子十三篇》可与历代名著包括2200年后克劳塞维茨的著作媲美。今天没有一个人对战略的相互关系、应考虑的问题和所受的限制比他有更深刻的认识。"

毛泽东在阅读中国古代兵书和有关军事典籍时，十分注意对战例的研究，特别着力于那些以少胜多、以弱胜强的典型战例的研究。这与以武装斗争为主要形式的中国革命，长期处于敌众我寡、敌强我弱的形势有着密切的关系。他正是从中国革命武装斗争的需要出发，而注目于对中国古代这类典型战例的剖析。

在毛泽东的军事名篇中，就曾提到中国古代战争史上的楚汉成皋之战、新汉昆阳之战、袁曹官渡之战、吴魏赤壁之战、吴蜀彝陵之战、秦晋淝水之战等以少胜多、以弱胜强的著名战例。他还提到春秋战国时代围魏救赵之战、齐鲁长勺之战等战例，并对此进行了精辟的分析，从中汲取有益的经验。如袁曹官渡之战，作战的一方是袁绍集团，当时占据冀州、幽州、并州、青州等广大地域，物丰人稠，经济实力很雄厚；拥有精兵数十万，军事实力也很雄厚。而曹操集团当时占据以许昌为中心的中原地带，仅有兵力数万人，无论从经济实力和军事实力上都与袁绍集团大相悬殊。袁绍企图利用自己的优势直捣许昌，吞并曹操，夺取中原。在敌强我弱这种形势下，曹操采纳谋士意见，审时度势，运用灵活机动的战略战术。先是声东击西，解除了袁军白马之围，去掉了对许昌的威胁；并坚守官渡阵地，及时捕捉战机，奔袭袁军屯粮要地乌巢，以断其后勤供应。而袁绍则由于骄傲轻敌、刚愎自用；内部又不团结，互相攻讦。这就给曹军造成可乘之隙，伺机反攻，大破袁军，歼灭其精锐七万余人，最后以曹军对袁军的巨大胜利而告终。从此袁绍集团一蹶不振，曹操统一了华北地区。毛泽东正是从这类以少胜多、以弱胜强的典型战例中，总结出后发制人、声东击西；抓住弱点、捕捉战机；断其粮道、乱其军心等战略战术思想的。

毛泽东运用马克思主义观点，认真总结中国革命武装斗争实践经验，注意汲取中国古代兵书中的精华和中国古代战争实践的经验，撰写了一系列重要军事论著。除了已发表的《中国革命战争的战略问题》、《论持久战》等若干军事名著外，还有指挥战争特别是一些重大战役的大量文件、电报。

二

　　战争，作为一种特定的社会现象，它是否存在着固有的客观规律？这些规律是否能够认识和把握？如何才能认识并利用这些客观规律以取得战争的胜利？这是战争中的认识论问题。我国古代著名的兵法家，从其朴素唯物主义认识论出发，莫不给予肯定的回答，并进行了认真的研究。尤以《孙子兵法》对这一问题论述得比较深刻，在《孙膑兵法》中，亦有不少可贵的论述。《孙子兵法·地形篇》中强调："战道必胜，主曰无战，必战可也；战道不胜，主曰必战，无战可也。"《孙膑兵法·主客人分》中亦提出了战争"胜有道"的观点。这里的"战道"或"道"，既指战争的客观规律，又指依据战争客观规律而形成的战争指导规律。因而孙武强调只要将帅依据战争固有的客观规律来指导战争，即可不受国君的命令所左右，以保证战争的胜利。这种承认战争本身有其客观规律，将帅应遵循其固有的规律指挥战争的思想，是坚持了战争认识论中的朴素唯物主义思想，它与当时流行的视战争为神物，在战争指导问题上的唯心主义认识论形成了鲜明的对照。

　　对于战争本身固有的客观规律，人们是不可捉摸还是可以认识并加以把握呢？孙武和孙膑都作出了肯定的回答。《孙子兵法·形篇》中提出了"胜可知"的思想，《孙膑兵法·篡卒》中也得出了"知道胜"的结论。不仅指出了战争是有规律可循，因而战争的胜利是可以预知的，而且把"知"作为"胜"的前提，认为只要认识战争规律，并依据这一规律来指导战争，就有必胜的把握。应当说，这是战争认识论上的可知论，它同那种把战争看得扑朔迷离，因而认为战争规律也不可捉摸的不可知论，形成了鲜明的对照。其实对于这个问题，就是近代杰出的军事理论家如克劳塞维茨也未曾很好地得到解决。克劳塞维茨在《战争论》中就把战争比喻为"一条真正的变色龙"，从而认为"战争在人类各种活动中最近似赌博"，[①] 是充满偶然性因而难于认识的领域。相形之下，我国古代杰出的军事理论家孙武等人，是略胜一筹的。

　　既然战争是有规律可循的，那么如何才能认识战争的规律，在这方面

---

①　克劳塞维茨《战争论》第41、46页。

要认识和把握哪些主要内容呢？孙武对此作了较全面的概括。《孙子兵法·地形篇》提出了"知彼知己，胜乃不殆；知天知地，胜乃不穷"的命题。所谓"彼"、"己"是指作战敌我双方的政治、经济、军事等方面的情况。所谓"天"、"地"则是指作战时的天时、地利等方面的自然条件。孙武对这些方面的情况还作了详尽具体的考察和分析。如在《计篇》中，提出了"五事"、"七计"。所谓"五事"，"一曰道，二曰天，三曰地，四曰将，五曰法。"所谓"七计"，"曰：主孰有道？将孰有能？天地孰得？法令孰行？兵众孰强？士卒孰练？赏罚孰明？"这里，他从政治、天时、地利、将帅、法制等五个方面，把敌我双方优劣条件作比较，来探索战争胜负的情势。具体来说，从哪一方君主的政治开明，哪一方将帅的指挥才能高超，哪一方天时地利有利，哪一方法令能贯彻执行，哪一方军事实力较为强大，哪一方的兵卒训练有素，哪一方的赏罚严明等七项估计，来作出战争谁胜谁负的判断。

　　毛泽东对中国古代兵书深有研究。他的军事哲学批判继承和发展了古代兵书中的朴素的唯物辩证思想。他在《论持久战》中指出："我们承认战争现象是较之别的任何社会现象更难捉摸，更少确实性，即更带所谓'盖然性'。但战争不是神物，仍是世间的一种必然运动。因此，孙子的规律，'知彼知己，百战不殆'，仍是科学的真理。"① 这里，毛泽东特别强调指出，尽管战争这一社会现象更带有偶然性的特点，但它仍是一种客观的必然运动，不仅有其本身的规律，而且这一规律是可知的，即可以认识和把握的。他在《中国革命战争的战略问题》中还曾指出："中国古代大军事家孙武子书上'知彼知己，百战不殆'这句话，是包括学习和使用两个阶段而说的，包括从认识客观实际中的发展规律，并按照这些规律去决定自己行动克服当前敌人而说的，我们不要看轻这句话。"所谓学习阶段，也就是知的阶段，即认识客观实际，由物质到精神，由实践到认识的阶段。当达到对客观规律的认识时，就完成了认识过程的第一个飞跃。在这一阶段中，人们研究和认识的对象，是战争的敌我双方，因而对敌我双方的实际情况，都应有一个全面准确的了解，才能认识战争的规律。使用阶段，也就是行的阶段，即按照这些规律去决定自己的行动，克服当前的敌人。这就是由精神到物质，由认识到实践的阶段。按照这些规律所制订的作战方案、计划，

---

　　① 《毛泽东选集》第 1 卷，第 458 页。

采取的军事行动,从而战胜了当前敌人,这就完成认识过程的第二个飞跃。在这一阶段中,当然也涉及战争中敌我双方。任何明于知己、暗于知彼,或明于知彼、暗于知己的片面性,都绝不可能按照客观的战争规律来指导战争,达到克敌制胜的目的的。

对于这一思想,毛泽东在《矛盾论》、《实践论》、《关于正确处理人民内部矛盾的问题》等哲学专著中,又不断地加以丰富和发展。在《矛盾论》一书中,他引用了《水浒传》里"宋江三打祝家庄"的事例,来印证了孙武"知彼知己,百战不殆"这个辩证唯物主义认识论的命题。宋江三打祝家庄,两次都因情况不明,未掌握对方的真实情况和活动规律,因判断错误、方法不对而打了败仗。后来从调查情况入手,熟悉了盘陀路,拆散了祝家庄与扈家庄、李家庄的军事联盟,用了同西方历史上特洛伊木马计类似的方法,在敌人营盘里埋下了伏兵,里应外合,终于在第三次打了胜仗。通过这一生动的例证,使这个命题的含意,比在《孙子兵法》中本来的含意更加丰富,更为深刻了。

毛泽东不仅重视对一般战争规律的认识和利用,尤其重视对特殊战争规律的认识和利用。在《中国革命战争的战略问题》里,在开宗明义的第一章中,就首先着重地提出了这个问题。他强调指出:"我们不但要研究一般战争的规律,还要研究特殊的革命战争的规律,还要研究更加特殊的中国革命战争的规律。"他具体分析说,对一般的战争规律,这是任何指导战争的人都不能不研究、不能不解决的问题;对特殊的革命战争规律,则是任何指导革命战争的人不能不研究、不能不解决的问题;而对于更加特殊的中国革命战争的规律,则更是任何指导中国革命战争的人不能不研究不能不解决的问题。为此,他批判了那种只研究一般的战争规律而不研究特殊的战争规律,或只研究某一国家、某一时期特殊的战争规律,而不研究中国现时的革命战争的特殊规律等错误倾向。指出在研究战争指导规律时,"应该着眼其特点和着眼其发展。"毛泽东的这篇军事著作,正是在一般与个别、普遍与特殊相结合的思想指导下,侧重对中国革命战争的特殊规律,进行系统、深刻的阐述。毛泽东的《中国革命战争的战略问题》和《论持久战》这两部杰出的军事著作,就深刻地揭示了中国革命战争的特殊规律。前者在系统总结了土地革命战争正反两方面经验的基础上,深刻地揭示了中国国内革命战争的特殊规律;后者则在科学总结抗日战争以来的基本经验的基础上,深刻地揭示了中国民族解放战争的特殊规律。

三

　　根据中国古代兵书记载，朴素的两点论在战争中是运用得十分广泛的。这不仅在《孙子兵法》等专门的军事著作中是如此，甚至在《道德经》等专门的哲学著作中亦屡见不鲜。这种运用在军事领域内的朴素两点论，既包括一分为二的观点，又包括矛盾转化的观点，内容十分丰富。

　　这里所说的朴素两点论，首先是指一分为二的观点，即指在战争中所出现的一系列对立而又统一的矛盾范畴，以及如何正确认识和处理这些成对的矛盾范畴。上述孙武提出的"知彼知己，百战不殆"的命题中，"彼"和"己"即作战双方中的"敌"和"我"，这是战争中极为重要的一对矛盾范畴。在《孙子兵法·谋攻篇》中，不仅从正面揭示了"知彼知己，百战不殆"的真理，还从反面指出了"不知彼而知己，一胜一负；不知彼，不知己，每战必殆"的危害。也就是说，如果坚持两点论，对战争中敌我双方都了解，百战都不致失败；如果只持一点论，不了解敌人一方，只了解自己一方，只能胜负各半；如果对敌我双方均一无所知，只能落得个每战必败的可悲结局。在《孙子兵法》中，还提出了一系列战争中的矛盾范畴，如敌我、主客、众寡、利弊、攻守、进退、奇正、劳逸、治乱、虚实等，并对如何认识和解决这些矛盾进行了论述。如对利弊关系提出："智者之虑，必杂于利害。杂于利而务可信也；杂于害而患可解也。"① 即是说，两军相争时，将帅一定要同时考虑到利害两个方面。要在有利的情况下考虑到不利方面，事情就可以顺利进行；在不利的情况下考虑到有利的方面，祸患就可以解除。又如对攻守关系提出："攻而必取者，攻其所不守也；守而必固者，守其所不攻也。故善攻者，敌不知其所守；善守者，敌不知其所攻。"② 即是说，进攻必然得手，是因为攻击了敌人不易防守之处；防守必然牢固，是因为扼守敌人不易攻破之处。因此，善攻者，使敌不知如何防守；善守者，使敌不知如何进攻。这是对战争中攻守之间辩证关系绝妙的分析。再如对奇正关系提出："凡战者，以正合，以奇胜。故善出奇者，无穷如天地，不竭如江河。"③ 这是说，大

---

　　① 《孙子兵法·九变篇》。
　　② 《孙子兵法·虚实篇》。
　　③ 《孙子兵法·势篇》。

凡作战，一般均是以正兵当敌，以奇兵取胜。因此，善于出奇制胜的将帅，他的战法像天地那样变化无穷，像江河那样奔流不竭。这就要求通过奇正相生，创造有利态势，使军队在作战中能出奇制胜。类似论述，在《孙膑兵法》、《道德经》以及其他兵书中尚有不少，而出奇制胜的战例在我国古代战史上也是屡见不鲜的。

毛泽东把马列主义普遍原理运用于中国革命实践，特别是武装斗争实践的过程中，批判地汲取了中国兵书中朴素的两点论，对作战敌我双方作了精辟地分析，真正做到了"知彼知己"。如在《中国革命战争的战略问题》中，对国共双方的军事斗争，即红军同白军的斗争，就作了一分为二的具体分析，指明了中国革命战争的四个特点：第一个特点，中国是经过了1927年革命的、政治经济发展不平衡的、半殖民地的大国；第二个特点，敌人的强大；第三个特点，红军的弱小；第四个特点，共产党的领导和土地革命。紧接着，毛泽东又把这四个特点综合起来，一分为二地进行分析，指出第一个特点和第四个特点，规定了中国红军的可能发展和可能战胜其敌人；第二个特点和第三个特点，规定了中国红军不可能很快发展和不可能很快战胜其敌人，规定了战争的持久性甚至失败的可能性。他说："这就是中国革命战争的两方面。这两方面同时存在着，即是说，既有顺利的条件，又有困难的条件。这是中国革命战争的根本规律，许多规律都是从这个根本的规律发生出来的。"正是在运用一分为二的观点对敌我双方进行具体分析之后，才探索到了中国革命战争的规律，正确地指导了中国红军所进行的革命战争，在反"围剿"中取得一次又一次的胜利。又如在《论持久战》中，他对抗日战争的作战双方各自的情况进行一分为二的分析，指出：日本方面的长处有一，主要是其军力、经济力和政治组织力是强的。它的短处有三，一是其战争是退步的、野蛮的；二是其为一个人力、物力不足的小国；三是其国际形势的寡助。中国方面则相反，其短处有一，主要是其军力、经济力和政治组织力比较弱。它的长处有三，一是其战争是进步的、正义的；二是一个人多、地广、物博的大国；三是其国际形势的多助。这些，就是中日战争互相矛盾着的基本特点。他正是基于这些基本特点的分析，做到了"知彼知己"，从而有力地驳斥了"亡国论"和"速胜论"，预见到中日战争三个阶段的进程，得出了战争的持久性和最后胜利必然属于中国的科学结论。

对中国古代兵书中的矛盾转化思想，特别是《孙子兵法》和《道德经》

中以弱胜强的矛盾转化思想，毛泽东极为重视，在其军事辩证法中作了批判的改造和汲取。可以说，以弱胜强的矛盾转化思想，是毛泽东军事辩证法的本质特征和中心内容，贯串在他的全部军事著作之中。这是同中国革命长期处于敌强我弱的情况分不开的。无论是土地革命战争时期的红军、抗日战争时期的八路军和新四军、解放战争时期的人民解放军以至抗美援朝时期的中国人民志愿军，与当时的白军、日军、国民党军队、美国侵略军的对比来说，我军无论从军队数量和军事装备上都处于劣势，一开始时力量还非常悬殊。我军是长期处在敌强我弱的艰苦情况下进行战争的。中国革命战争的这一基本特点，使得毛泽东和我军的其他领导人，高度重视对以弱胜强的军事辩证法的研究。刘伯承元帅就说过：毛泽东军事学说"是人民以弱小武装战胜现代装备之强大敌人的军事学说"[1]。

《孙子兵法》中最精彩的、最有价值的部分是其矛盾转化的思想，即创造条件，促成敌我双方在强与弱、主动与被动的关系上发生于我有利的转化，从而达到克敌制胜的目的的论述。比如在众寡关系上，如何根据双方兵力的众寡来决定战略和策略，特别是在众寡悬殊的情况下，如何以我在数量上占劣势的军队，战胜数量上占优势的强敌，促使敌我优劣形势发生于我有利的转化，这是一个高超的军事艺术。对此孙武提出："十则围之，五则攻之，倍则分之"[2] 的策略。即我有十倍于敌的、占绝对优势的兵力，就要四面包围敌人，使之屈服；若有五倍于敌的优势兵力，就要进攻敌人；若只有一倍于敌的兵力，就要设法分散敌人，使我在局部上形成更大的兵力优势。他还进一步论述了"我专而敌分"的策略，指出："我专为一，敌分为十，是以十攻其一也，则我众而敌寡；能以众敌寡者，则吾之所与战者约矣。"[3] 这就是说，遇到另一种情况，敌军在数量上优于我军，或双方军队数量相等，则一定要使我军集中，敌军分散，从而形成我军在数量上的优势。他举例说，如双方均有十万之众，我军十万兵力是集中使用的，而敌军则被分为十处，每处仅有一万，我军以十万之师攻敌一万人，这样我以众敌寡，敌则寡不敌众，形成了我之绝对优势和敌之绝对劣势，我胜利在握是无疑的了，"胜可为也。敌虽众，可使无斗"[4]。又如在虚实关系

---

[1] 《刘伯承军事文选》第 476 页。
[2] 《孙子兵法·谋攻篇》。
[3] 《孙子兵法·虚实篇》。
[4] 《孙子兵法·虚实篇》。

上，他十分强调避实击虚的策略。他说："夫兵形象水，水之形避高而趋下；兵之形，避实而击虚。水因地而制流，兵因敌而制胜。"① 他用水作比喻，认为像水流的规律避高而流低那样，用兵力的规律则是避实而击虚。水因地势高下而决定流向，用兵则根据敌情决定方针。如何才能避实击虚呢？他认为，不仅要在两军交战时"避其锐气，击其惰归"②，而且还要采取"示形"的办法，制造假象，迷惑敌人。他精辟地指出："兵者，诡道也。故能而示之不能，用而示之不用，远而示之近；……实而避之，强而避之……攻其无备，出其不意。"③ 这是说，用兵打仗是一种诡诈行为，"兵不厌诈"，要采取"示形"的办法；本来能攻，却装着不能攻，本来能守，却装着不能守；本来要打，却装着不能打；本来要重用某人，却装着不用他；本来要从近处进攻，却装作要从远处进攻；本来要立即进攻，却装着不马上进攻，如此等等。以这些假象迷惑敌军，使之作出错误判断，造成我方以可乘之机，再采取神速行动，出敌意料之外，以取得军事上的胜利。毛泽东对中国古代兵书中这类思想，都认真加以提炼和汲取，以丰富其军事哲学。

毛泽东鉴于中国革命的敌人力量十分强大，敌我力量对比长期处于敌强我弱、众寡悬殊这一客观情况，非常重视在战斗中集中优势兵力。他指出："这里最重要的，是保存并集结最大而有活力的军队。"④ 他运用《孙子兵法》中"我专而敌分"的原则，采取"我专为一、敌分为十"的策略，以改变敌众我寡为敌寡我众的态势。毛泽东明确指出："我们的战略是'以一当十'，我们的战术是'以十当一'，这是我们制胜敌人的根本法则之一。"⑤ 因而他庄严地宣告："我们是以少胜多的——我们向整个中国统治者这样说。我们又是以多胜少的——我们向战场上作战的各个局部的敌人这样说。"⑥ 他坚持集中优势兵力的思想，从土地革命战争时期反"围剿"开始，就坚决反对所谓"全线出击"、"两个拳头打人"等军事平均主义的错误做法，坚决主张在一个时间段内，红军的主要作战方向只能有一个，而

---

① 《孙子兵法·虚实篇》。
② 《孙子兵法·军争篇》。
③ 《孙子兵法·计篇》。
④ 《毛泽东选集》第1卷，第217页。
⑤ 《毛泽东选集》第1卷，第220页。
⑥ 《毛泽东选集》第1卷，第222页。

不是两个或多个。认为只有这样才能"将敌军对我军的一个大'围剿',改为我军对敌军的许多个别的小围剿;将敌军对我军的战略上的分进合击,改为我军对敌军的战役或战斗上的分进合击;将敌军对我军战略上的优势,改为我军对敌军战役或战斗上的优势;将战略上处于强者地位的敌军,使之在战役或战斗上处于弱者的地位;同时,将自己战略上的弱者地位,使之改变为战役上或战斗上的强者的地位。"① 从第一次反"围剿"到第四次反"围剿"的胜利,证明了毛泽东关于集中优势兵力的思想的完全正确。

要改变敌我力量的强弱对比,使之发生于我有利的转化,再一个必要条件就是攻击敌军的薄弱环节。毛泽东明确指出:"弱军对于强军作战的再一个必要条件,就是拣弱的打。"② 在数量上和装备上都远远超过我军的敌军面前,要改变强弱对比,使之发生于我有利的变化,他认为可采取《孙子兵法》中"避其锐气,击其惰归"的办法。

要改变敌我力量的强弱对比,使之发生于我有利的转化,又一个必要的措施是乘敌之隙。换句话说,就是要发现和利用敌军的过失,甚至人工地造成敌军的过失。毛泽东认为可采用《孙子兵法》中"……强弱,形也。故善动敌者,形之,敌必从之。"这一关于"示形"的策略,制造假象迷惑敌人,使之作出错误判断,给我以可乘之隙而达到克敌制胜的目的。他说:"我们可以人工地造成敌军的过失,例如孙子所谓'示形'之类(示形于东而击于西,即所谓声东击西)。"③ 这里,最典型的战例莫过于1935年1月遵义会议之后,由毛泽东直接指挥的四渡赤水之战。

遵义会议后,中央红军在毛泽东直接指挥下,挥师北上,经桐梓、习水北渡赤水河。这时,四川军阀为了防止中央红军入川与川北的红四方面军会合,立即调集重兵沿川黔边境布防,敌军四处奔集。于是毛泽东便放弃了北渡长江的意图,突然甩开敌人,挥戈东指,再渡赤水河,重新占领桐梓、娄山关和遵义,消灭了贵州军阀两个师。他接着又挥师自遵义西时,占仁怀,由茅台三渡赤水河,再入川南。敌军大为震恐,急在川滇黔三省边界大修碉堡,企图封锁围歼红军。但毛泽东又指挥红军,突然由川南折回贵州,在茅台附近四渡赤水河,主力南渡乌江,直逼贵阳,并分兵一部,东击瓮安、黄平。这时正在贵阳亲自督战的蒋介石慌了手脚,急调云南军

---

① 《毛泽东选集》第1卷,第207~208页。
② 《毛泽东选集》第1卷,第192页。
③ 《毛泽东选集》第1卷,第193页。

阀部队入黔"保驾",又令薛岳和湖南部队在湘黔边境布防,防止中央红军东进与湘西的红二、六军团会合。但中央红军只以一部包围贵阳东南的龙里,虚张声势、迷惑敌人。主力则穿过滇黔公路,直插云南,正好与增援贵阳的滇军背道而驰。由于滇军主力全部东调,云南空虚,红军如入无人之境,直迫昆明,吓得龙云忙调各地民团到昆明守城。红军却虚晃一枪,向西北方向的金沙江挺进,胜利渡过金沙江。从此,把蒋介石的嫡系中央军和湘、黔、川、滇各地方军阀的几十万部队甩得远远的,彻底摆脱了被围追堵截的被动局面。

从四渡赤水,进逼贵阳、昆明,直到北渡金沙江这几次战役,中央红军在毛泽东的英明指挥下,运用了声东击西的灵活战术,迂回曲折,穿插于敌军之间。敌军以为红军向东却已向西,以为红军要渡江北上却又远程回击。"示形"于贵阳之东,造成敌军过失,把滇军调了出来,使红军得以争取时间,向防务空虚的云南西进。接着又"示形"于昆明之东,乘敌军忙乱之际,突然插向西北巧渡金沙江。这样,就处处主动,左右敌军,红军一动,全然打乱了敌军部署,不得不重摆阵势,使得红军得以从容休整。待敌军部署就绪,红军又出敌意料地指向别处,使之扑朔迷离、处处被动、经常挨打、疲于奔命。对于在四渡赤水之战中,运用"示形"以迷惑敌人而采取的声东击西的战术,毛泽东曾对陈毅说过,这是他一生中的"得意之笔"。的确,从这一典型战例中可清楚地看出,毛泽东在军事指挥艺术上运用之妙,堪称"用兵如神"。

要改变敌我强弱力量的对比,使之发生于我有利的变化,还要实行必要的战略退却,暂时放弃一些土地和城池。毛泽东引用了《道德经》中关于"将欲取之,必先与之"的策略来加以说明。他说:"关于丧失土地的问题,常有这样的情形,就是只有丧失才能不丧失,这是'将欲取之必先与之'的原则。如果我们丧失的是土地,而取得的是战胜敌人,加恢复土地,再扩大土地,这是赚钱生意。"[①] 他还用生活中一些通俗的事例来反复说明这个道理。如做生意,在市场交易中,买者如果不丧失金钱,就不能取得货物;卖者如不丧失货物,又从何得到金钱?在日常生活中,睡眠和休息虽然丧失了时间,却取得了明天工作的精力。同理,革命运动造成的损失是破坏,但取得的却是进步和建设。这是尽人皆知的平凡真理。他引用了

---

① 《毛泽东选集》第1卷,第195页。

《水浒传》中林冲和洪教头比武取胜的故事说："谁人不知，两个拳师放对，聪明的拳师往往退让一步，而蠢人则其势汹汹，辟头就使出全副本领，结果往往被退让者打倒。《水浒传》上的洪教头，在柴进家中要打林冲，连唤几个'来''来''来'，结果是退让的林冲看出洪教头的破绽，一脚踢翻了洪教头。"① 他还列举了中国古代战史上的楚汉成皋之战、新汉昆阳之战、袁曹官渡之战、吴魏赤壁之战、吴蜀彝陵之战、秦晋淝水之战等著名的大战役，说明都是双方强弱不同，由于弱者先让一步，后发制人，因而取得战争胜利的。他总结了中国革命战争的实践经验，指出，在四次反"围剿"中，实行必要的战略退却，"诱敌深入"，虽然暂时丧失了一些土地，但由于粉碎了敌人"围剿"，最后却恢复并扩大了土地。而第五次反"围剿"中，由于全然不讲退却，要"御敌于国门之外"，不愿暂时放弃一寸土地，其结果是这次反"围剿"的彻底失败，丧失了中央苏区全部土地，被迫进行了一次大搬家，不得不开始二万五千里长征，到陕北根据地才站住了脚跟。

毛泽东早在1928年5月土地革命战争初期，他与朱德就提出了适应当时情况的、带朴素性质的、游击战争的基本原则，即"敌进我退，敌驻我扰，敌疲我打，敌退我追"的十六字诀。到1931年第三次反"围剿"取得胜利后，就形成了全部红军的作战原则，从而超越了它最初的朴素性，得到极大的丰富和发展。他对此评价说："十六字诀包举了反'围剿'的基本原则，包举了战略防御和战略进攻的两个阶段，在防御时又包举了战略退却和战略反攻的两个阶段。后来的东西只是它的发展罢了。"② 这十六字诀作为土地革命时期在反"围剿"战争中的一条基本原则，甚至作为尔后的武装斗争中进行游击战争遵循的基本原则，当然主要是对土地革命战争实践经验的总结，特别是对游击战争实践经验的总结，但无疑是汲取了《孙子兵法》等兵书和我国古代典型战例中，关于"避其锐气，击其惰归"以及"示形"中的"声东击西"等重要策略思想的，所不同的则是充实了新的内容并赋予新的含意。

（毕剑横）

---

① 《毛泽东选集》第1卷，第187页。
② 《毛泽东选集》第1卷，第188—189页。

毛泽东读鲁迅著作

终身的爱好

在中国现代作家中，毛泽东十分爱读鲁迅的著作。还在延安时期，1938年1月12日，他给当时在延安抗日军政大学任主任教员的艾思奇写过一封信。他写道："我没有《鲁迅全集》，有几本零的，《朝花夕拾》也在内，遍寻都不见了。"① 这说明在写此信之前，毛泽东已经读过一些鲁迅的著作，但限于当时的客观环境，他还没能系统地读到鲁迅的著作。

1938年8月，鲁迅先生纪念委员会编辑的20卷本的《鲁迅全集》（内容包括鲁迅的著作、译作和他所整理的部分古籍）出版。这是我国第一次出版的《鲁迅全集》。书是在上海出版的，通过党的地下组织，从上海辗转到陕北根据地，毛泽东得到了一套。

《鲁迅全集》特印了200套编号发行的"纪念本"。这套"纪念本"，在每册的版权页上注明为"（非卖品）"。毛泽东得到的是第58号，封面是紫色的，书脊是黑色的，每卷的封底、封面的两角都是同书脊黑色一样的布料包角。这套书印装别致，做工精细，色彩协调。

毛泽东收到《鲁迅全集》之后，把书放在自己的办公桌旁。尽管当时战事忙碌，环境简陋，但他总是忙中找闲，在低矮的窑洞里秉烛夜读。后来新华社发表过一张毛泽东在延安枣园窑洞里工作的照片，办公桌上放着三卷《鲁迅全集》，这是毛泽东在延安爱读鲁迅著作的真实的历史记录。

毛泽东阅读鲁迅著作，同读其他著作一样，常常用笔在书上圈圈画画，一边读，一边画，文章读完了，书上也画满了直线、曲线、圈圈、点点、三角、问号等多种符号和标志，同时还留下一些简明的批语。

毛泽东阅读鲁迅著作十分认真。从他在书上批画的情形来看，凡是原书中文字排印颠倒、错字漏字的地方，他都把它一一改正过来。有的错字是容

---

① 《毛泽东书信选集》第118页。

易识别的,有的就不那么容易,例如,《鲁迅全集》第四卷,《二心集》中的《唐朝的钉梢》这篇文章里的一段文字:"那里面有张泌的《浣溪沙》调十首,其九云:晚逐香车入凤城,东风斜揭绣帘轻,慢迴娇眼笑盈盈,消息未通何计从,便须伴醉且随行,依稀闻道太狂生。"这首词中的"消息未通何计从"的"从"字,如果仅从词义来看,看不出是一个错字。从词律的音韵平仄看,显然是错了。毛泽东读到这里时,将"从"字改为"是"字。原词,据中华书局出版的《全唐诗》卷898所载,确实是"是"字,而不是"从"字。1981年新版《鲁迅全集》已改正。张泌的词在唐代并不十分引人注目,但毛泽东对他的词在延安时就记得这样准确,这说明毛泽东对唐诗是下了很大的功夫的,也从一个方面说明他读鲁迅著作仔细的程度。

经过较为系统地阅读鲁迅的著作,毛泽东对鲁迅著作的思想性、战斗性、人民性的了解更多了。后来毛泽东在著作、讲话、谈话、报告和一些书信中,多次谈到鲁迅和鲁迅的著作,并对鲁迅在中国革命和文化发展史中的地位作了很高的评价。在《新民主主义论》中,他称赞鲁迅是"文化新军的最伟大和最英勇的旗手","鲁迅是在文化战线上代表全民族的大多数,向着敌人冲锋陷阵的最正确、最勇敢、最坚决、最忠实、最热忱的空前的民族英雄。鲁迅的方向,就是中华民族新文化的方向。"1940年1月,陕甘宁边区文协在延安召开第一次代表大会,毛泽东和其他中共中央领导同志分别为大会题词。毛泽东的题词,一则是:"为建立中华民族的新文化而奋斗。"另一则就是:"鲁迅的方向就是中华民族新文化的方向。"在《在延安文艺座谈会上的讲话》中,他说:"鲁迅的两句诗,'横眉冷对千夫指,俯首甘为孺子牛',应该成为我们的座右铭。"他号召一切共产党员,一切革命家,一切革命的文艺工作者,"都应该学鲁迅的榜样,做无产阶级和人民大众的'牛',鞠躬尽瘁,死而后已。"①

毛泽东对于那套精装别致的《鲁迅全集》十分珍爱。他转移、行军到哪里,就把它带到哪里。在那戎马倥偬的战争年代,毛泽东不少的书籍和用品都丢弃了,可是这套20卷本的《鲁迅全集》却一直伴随着他。到中南

---

① 毛泽东在这篇讲话中还解释说:"'千夫'在这里就是说敌人……'孺子'在这里就是说无产阶级和人民大众。"1944年1月24日,山东省文协曾给中央总学委打电报,询问《讲话》中解释"千夫"的那句话是否有误,要求"请问明毛主席电示为盼"。2月8日,毛泽东在回电中坚持他原来的解释,并说:"鲁迅虽借用'千夫指'古典的字面,但含义完全变了。"

海居住之后，有一天，他在书房里阅读这套《鲁迅全集》，一边翻阅，一边饱含深情地对身边的工作人员说："这套书保存下来不容易啊！当时打仗，说转移就转移，有时在转移路上还要和敌人交火。这些书都是分给战士们背着，他们又要行军，又要打仗。书能保存到今天，我首先要感谢那些曾为我背书的同志们。"

1949年12月，毛泽东率中国党政代表团访问苏联。出访前夕，他亲手挑选了几本鲁迅的著作带走。在赴莫斯科的途中，他有时还读鲁迅的著作。

到了莫斯科，有不少外事活动。可是他还利用零星时间阅读鲁迅的著作。有一天，外事活动后回到住地，离开饭的时间不到半小时。这时，他就拿出一本鲁迅的著作读了起来。开饭的时间到了，工作人员把饭菜放在桌上，他都顾不上吃。工作人员走到他身边，轻声催他吃饭。他说："还有一点，看完就吃。"工作人员亲眼看到，他用笔在书上圈圈画画，还自言自语：说得好！说得好！一直把二十来页书看完才吃饭。他一边吃，一边笑着对工作人员说，我就是爱读鲁迅的书，鲁迅的心和我们是息息相通的。我在延安，夜晚读鲁迅的书，常常忘记了睡觉。

1956～1958年，人民文学出版社相继出版了带注释的10卷本《鲁迅全集》（只收著作，未收译文和古籍），并发行了单行本。毛泽东对这套新版的鲁迅著作也很珍爱，把它放在床上，经常利用夜晚时间和其他零散时间阅读。单行本上的许多篇章，他反复读了多次。看一次，他习惯在书上画一个圈；看两次，就画两个圈。1961年，毛泽东在江西的一段时间，把新版的《鲁迅全集》带在身边。毛泽东逝世后，报刊上发表过一张他站在书柜前看书的照片。他手里拿着的正在翻看的书，就是新版《鲁迅全集》。

毛泽东对鲁迅的每本集子以及许多文章，是什么时候写的，什么时候编的，什么时候出版过，都很注意。他在阅读时差不多在每册封面上都写有批注。例如，《且介亭杂文》一册，他在封面上批有："1934年作，1935年12月编"；《彷徨》一册的封面上批有："1924～1925年，1926年8月出版"，等等。《二心集》中的《对于左翼作家联盟的意见》一文，原书副标题上只写了"3月2日在左翼作家联盟成立大会讲"，他在阅读这篇文章的时候，当即在"3月2日"前添加了"1930年"。《上海文艺之一瞥》一文，副标题上只写了"8月12日在社会科学研究会讲"，他在"8月12日"前添加了"1931年"。

到了20世纪70年代初，毛泽东年近八十高龄，精力、体力等都远远地不如以前了，健康状况越来越差。就在这种情况下，他读鲁迅著作的兴趣未减。1972年9月，文物出版社出版了北京鲁迅博物馆编的《鲁迅手稿选集三编》（线装本）。这本书共有29篇鲁迅手稿，都是从尚未刊印的鲁迅手稿中选出来的。毛泽东得到这本书后，一方面读鲁迅的手稿，一方面欣赏鲁迅的墨迹。毛泽东生前很爱欣赏名家字画和那些书写名人诗词、著名警语、格言、楹联等的名人墨迹。鲁迅的这本手稿，都是在"语丝"稿纸上，用毛笔写的行书体墨迹，字迹清楚，运笔流畅自如，所以毛泽东常常翻看。手稿选集里有的字写得太小，他就用放大镜，一页一页往下看，一边看，一边还不时地用笔在手稿选集上圈圈画画。

毛泽东在1971年生病以后，用放大镜看书越来越困难。工作人员建议把鲁迅著作印成大字本。他说，国家目前还很困难，印大字本又要花钱。后来，有关方面一是为了毛泽东等老同志阅读鲁迅著作的方便，二是可以馈赠外宾，三是便于长久地保存鲁迅著作，于1972年特意将50年代出版的带有注释的10卷本《鲁迅全集》，排印成少量的大字线装本。这套线装本由北京、上海两地排印。因全书印刷的工作量大，不能一下子印出来，印好一卷，出版社就先送给毛泽东一卷。他收到一卷就看一卷。当时出版社并没有按原全集的顺序送，哪卷印好送哪卷。因为是线装本，字又较大，毛泽东看起来很方便。当时，他对这种新印的线装大字本读得很快，常常这卷看完了，下一卷出版社还没送来。就这样先后延续了几个月，全书才印装完毕。他收到全套的线装大字本的《鲁迅全集》时，也差不多又读了一遍。在这套新印的线装大字本的许多册的封面上，他同样画了一些红圈圈，在书中画了许多红道道。在有的封面上，他还亲笔写了"1975.8再阅"。

《鲁迅全集》第5卷《准风月谈·关于翻译（下）》，是篇谈文艺批评的文章。鲁迅在这篇文章里尖锐地批评了文艺批评界那种因为有点烂疤，就一下把整个苹果都抛掉的做法。鲁迅指出，"首饰要'足赤'，人物要'完人'"的思想是很错误的。鲁迅用吃烂苹果的例子来谆谆告诫人们要正确对待有缺点的人和文艺作品。毛泽东赞同鲁迅的见解。1975年，他在病中还叫工作人员给他读这篇文章。当工作人员读到有关的内容时，他高兴得连声称赞说："写得好！写得好！"

1976年9月，毛泽东逝世前夕，他卧室的床上，床边的桌子上、书架上，还摆放着这套新印的大字本《鲁迅全集》。有的是在某一页折上一个角，有的地方还夹有纸条，有的还是翻开放着的。这套书同其他大字本书一起伴随着毛泽东走完了生命的最后几年路程。

读鲁迅的小说和杂文

毛泽东对鲁迅的小说非常熟悉。他经常谈论鲁迅小说中的主人公，特别是阿Q。他曾说过："《阿Q正传》是一篇好小说，我劝看过的同志再看一遍，没看过的同志好好地看看。"他在讲话、谈话、报告和著作中，多次提到《阿Q正传》，教育全党正确对待犯错误的干部，要准许别人革命，不要当《阿Q正传》上的假洋鬼子，不准阿Q革命。他还提倡写文件要像《阿Q正传》那样通俗化、口语化。

毛泽东尤爱读鲁迅的杂文。鲁迅在他30多年的创作行程中，先后写了600多篇约135万字的杂文，出版了16本杂文集。这些杂文，无情地揭露了帝国主义、封建主义、军阀和国民党反动派在中国造成的黑暗和罪恶，反映了我国人民革命的历史潮流，是二三十年代中华民族伟大精神的结晶，是中国文苑中的奇葩。

毛泽东读鲁迅的杂文著作，十分用心理解、思索，还时有发挥。在《花边文学·正是时候》一文里有这样一段话："倘是旧家子弟呢，为了逞雄，好奇，趋时，吃饭，固然也未必不出门，然而只因为一点小成功，或者一点小挫折，都能够使他立刻退缩。这一缩而且缩得不小，简直退回家，更坏的是他的家乃是一所古老破烂的大宅子。"毛泽东读到这段话时，在"吃饭"后面添加了"夺权"两个字。这样就把"旧家子弟"的本质更深入地揭示出来了。

毛泽东也经常运用鲁迅杂文中的思想和言论来阐明自己的观点，表明自己的主张。

1937年10月19日，延安陕北公学举行鲁迅逝世周年纪念大会，毛泽东在这个大会上发表了《论鲁迅》的讲话。在这个讲话中，他用鲁迅《论"费厄泼赖"应该缓行》一文中的"打落水狗"的思想来教育人们。他说："鲁迅在一篇文章里，主张打落水狗，他说，如果不打落水狗，它一旦跳起来，就要咬你，最低限度也要溅你一身的污泥。所以他主张打到底。"他号召广大人民群众学习和发扬鲁迅"打落水狗"的革命精神，说："现在日本帝国主义这条疯狗，还没有被我们打下水，我们要一直打到他不能翻身，退出中国国境为止。"

1942年2月8日,毛泽东在延安干部会上发表了著名的《反对党八股》的重要讲演。在这次讲演中,他多次引用鲁迅杂文里的话。譬如,洋八股,这是五四运动以后由一些浅薄的资产阶级和小资产阶级知识分子发展起来的东西,经过他们的传播,长时期地在革命队伍中存在着。鲁迅批判这种洋八股说:"八股无论新旧,都在扫荡之列……例如只会'辱骂'、'恐吓'甚至于'判决'……这也是一种八股。"毛泽东运用鲁迅的思想和言论,针对当时文风不正的实际情形说:"党八股也就是一种洋八股。这洋八股,鲁迅早就反对过的。"还说:"空话连篇,言之无物,还可以说是幼稚;装腔作势,借以吓人,则不但幼稚,简直是无赖了。鲁迅曾批评这种人,他说:'辱骂和恐吓绝不是战斗。'"就在这个报告会上,毛泽东把他亲自审阅编定的《宣传指南》的小册子分发给每一个与会的人。这本《宣传指南》里收入了鲁迅论创作的一封信,即《答北斗杂志社问》一文。为了便于和推动人们的学习,毛泽东在讲演中专门对《宣传指南》作了解说。鲁迅谈创作有八条,他详细地解说了四条,指出:鲁迅说,文章写好后"至少看两遍",至多呢?他没有说,我看重要的文章不妨看它十多遍,认真地加以删改,然后发表。① 《宣传指南》是延安整风运动22个必读文件之一,并被编入《整风文献》。

阅读和书写鲁迅的诗

毛泽东也爱读鲁迅的诗。鲁迅的诗和他的文一样,是鼓舞人们前进的号角。它在中国诗歌史上是独树一帜的。1938年出版的《鲁迅全集》第7卷中收进的鲁迅的新诗、旧体诗,毛泽东都曾用心地读过。1959年1月,人民文学出版社出版的鲁迅著作单行本《集外集》、《集外集拾遗》中的诗作,不少诗的题目旁都画了圈。1959年3月,文物出版社刻印了一册线装本的《鲁迅诗集》,全集共收诗47题54首。这本诗集,毛泽东从头至尾读过,有的诗篇他读过多遍,不少的诗他能背下来。诗集中有一首叫《湘灵歌》的诗,是1931年3月5日,鲁迅写赠给日本友人松元三郎的。"湘灵"是古代楚人神话里的湘水女神。据史书记载:"湘灵,舜帝的妃子,在湘水里溺死,成为湘夫人。"鲁迅借用这个神话中的传说人物表达了自己对国民党反动派血腥屠杀共产党人和革命群众的强烈憎恨,以及对死难者的哀思。

---

① 《反对党八股》(1942年2月8日),《毛泽东新闻工作文选》第87页。

毛泽东在读完这首诗的末句"太平成象盈秋门"后，在旁边批注："从李长吉来"。李长吉就是唐代诗人李贺。李贺《自昌谷到洛后门》中有"九月大野白，苍岑竦秋门"。

  毛泽东还很爱书写鲁迅的诗。他生前有一段时间，每次练习书法，差不多都要书写鲁迅的诗句。他为什么这样爱好书写鲁迅的诗句呢？一次他在书写鲁迅诗句时曾这样说过：书写鲁迅的诗句，既可以进一步理解诗的内容，又可以进一步了解鲁迅。平时有友人请他题字、题词时，他也常书录鲁迅的诗句赠之。鲁迅的两句诗"横眉冷对千夫指，俯首甘为孺子牛"，他最爱书写。1945年10月在延安时，他就书写过鲁迅的这一诗句。1958年，在武昌召开党的八届六中全会期间，著名粤剧演员红线女随团应邀为全会演出。演出结束后，在毛泽东等领导同志登台接见的时候，红线女请求毛泽东给她写几个字，毛泽东高兴地答应了。当晚，他书写了："横眉冷对千夫指，俯首甘为孺子牛"。第二天，叫工作人员将此题词转交给了红线女。毛泽东在书写的鲁迅诗句前面写了一段类似小引的文字："1958年，在武昌，红线女同志对我说，写几个字给我，我希望。我说：好吧。因写如右。"最后落款："毛泽东，1958年12月1日。"

  外国朋友来访时，毛泽东也常书写鲁迅诗句相赠。1961年10月7日，毛泽东在中南海会见日本以黑田寿男为团长的日中友好协会祝贺国庆节代表团十名成员、以三岛一为团长的民间教育代表团10名成员等共24名日本朋友时，非常高兴地将鲁迅1934年5月30日的著名诗作"万家墨面没蒿莱，敢有歌吟动地哀。心事浩茫连广宇，于无声处听惊雷"，书赠给日本朋友。他对日本的朋友们说："这一首诗是鲁迅在中国黎明前最黑暗的年代里写的。"他怕日本朋友看不懂鲁迅的这首诗，还特意让郭沫若帮助翻译一下。郭沫若在《翻译鲁迅的诗》中说道："鲁迅这首诗，是在去世前不久，写赠给一位日本的社会评论家新居格的。新居访问中国在上海拜访了鲁迅，鲁迅写了这首诗赠他。其用意是：当时的中国在三座大山的压迫之下，民不聊生，在苦难中正在酝酿着解放运动；希望来访的客人不要以为'无声的中国'真正没有声音。"[①] 毛泽东那奔放流畅、刚劲潇洒的书作，既充分表达了对日本朋友的笃厚情谊，也真挚地表达了对诗作者鲁迅的敬仰和思念。后来，日中文化交流协会事务局局长白土吾夫说过："40年前，鲁迅写

---

① 见1961年11月10日《人民日报》。

那首诗给日本友人，15年前毛主席书赠鲁迅的诗给日本朋友们，这些，在今天都有伟大的现实意义，也有深远的历史意义。""我们日本人民团结起来，走同中国友好的道路，继续前进。尽管在斗争的道路上有曲折，但我确信，一定会取得最后胜利。"① 鲁迅、毛泽东都已离开了我们，然而他们诗书合璧的佳作却成了中日两国人民友好史上的丰碑。

（徐中远）

毛泽东读《红楼梦》

毛泽东很喜欢读《红楼梦》，自己反复读，也劝人反复读。他多次谈过应该怎样读《红楼梦》。1964年8月18日在北戴河，毛泽东找几个哲学工作者谈话时这样说道：

《红楼梦》我至少读了五遍……我是把它当历史读的。开始当故事读，后来当历史读。什么人都不注意《红楼梦》的第四回，那是个总纲，还有《冷子兴演说荣国府》、《好了歌》和注。第四回《葫芦僧乱判葫芦案》，讲护官符，提到四个家族："贾不假，白玉为堂金作马；阿房宫，三百里，住不下金陵一个史；东海缺少白玉床，龙王来请金陵王；丰年好大雪（薛），珍珠如土金如铁。"《红楼梦》写四大家族，阶级斗争激烈，几十条人命。统治者二十几人（有人算了说是三十三人），其他都是奴隶，三百多个，鸳鸯、司棋、尤二姐、尤三姐等。讲历史不拿阶级斗争观点讲，就讲不通。《红楼梦》写出二百多年了，研究红学的到现在还没有搞清楚，可见问题之难。有俞平伯、王昆仑，都是专家。何其芳也写了个序，又出了个吴世昌。这是新红学，老的不算。蔡元培对《红楼梦》的观点是不对的，胡适的看法比较对一点。

---

① 见1976年10月20日《人民日报》。

这段话从《红楼梦》谈到"红学",本文也就进一步介绍毛泽东是怎样读《红楼梦》的。

毛泽东对《红楼梦》评价极高。他在《论十大关系》中说过,我国"工农业不发达,科学技术水平低,除了地大物博,人口众多,历史悠久,以及在文学上有部《红楼梦》等以外,很多地方不如人家,骄傲不起来"。这里提到《红楼梦》,固然有幽默的成分,确实也是引以为豪。《红楼梦》足以卓立于世界文学名著之林而无逊色。如同意大利的但丁、英国的莎士比亚、法国的巴尔扎克、俄国的托尔斯泰是他们各自民族的骄傲和世界人民的骄傲一样,《红楼梦》的作者曹雪芹是我国人民也是世界人民的骄傲。

把《红楼梦》当故事读,是读小说的初浅层次。把《红楼梦》当历史读,进到了读小说的较深层次。

1962年1月在扩大的中央工作会议上,毛泽东在谈到西方资本主义的发展从17世纪开始经过了好几百年的时候说:"17世纪是什么时代呢?那是中国的明朝末年和清朝初年。再过一个世纪,到18世纪上半期,就是清朝乾隆时代,《红楼梦》的作者曹雪芹就生活在那个时代,就是产生贾宝玉这种不满意封建制度的小说人物的时代。乾隆时代,中国已经有了一些资本主义生产关系的萌芽,但是还是封建社会。这就是出现大观园里那一群小说人物的社会背景。"

1958年8月,毛泽东在审阅和修改陆定一的《教育必须与生产劳动相结合》这篇文章时,加写了这样一段话:"中国教育史有人民性的一面。孔子的有教无类,孟子的民贵君轻,荀子的人定胜天,屈原的批判君恶,司马迁的颂扬反抗,王充、范缜、柳宗元、张载、王夫之的古代唯物论,关汉卿、施耐庵、吴承恩、曹雪芹的民主文学,孙中山的民主革命,诸人情况不同,许多人并无教育专著,然而上举那些,不能不影响对人民的教育,谈中国教育史,应当提到他们。"[①]

"人民性"一词,毛泽东不多用,但在这里用了。"人民性"的含义,同《新民主主义论》中用的"民主性"(吸收中国古代文化的"民主性的精华"),大致是一个意思。

---

① 《教育必须与生产劳动相结合》,载《红旗》1958年第7期。

《红楼梦》作为"民主文学",它的"人民性"或"民主性",表现在哪里呢?毛泽东说得很有分寸:"不满意封建制度。"仅此而已,没有夸大和拔高。不满意封建制度的什么?毛泽东着重的是作者、书中人物不满意封建制度对人的摧残;是作者、书中人物对封建家族中被迫害、被侮辱和被毁灭的人们的同情;是作者、书中人物对妇女的尊重;是作者、书中人物在黑暗和丑恶中对光明和美好的向往与追求。

　　毛泽东把《红楼梦》和《金瓶梅》加以比较。他说:《金瓶梅》是《红楼梦》的祖宗,没有《金瓶梅》就写不出《红楼梦》。但是,《金瓶梅》的作者,不尊重女性,《红楼梦》、《聊斋志异》是尊重女性的。① 这对于理解《红楼梦》之成为"民主文学"是很重要的。他还说过:有些小说如《官场现形记》,光写黑暗,鲁迅称之为谴责小说。只揭露黑暗,人们不喜欢看。《金瓶梅》没有传开,不只是因为它的淫秽,主要是它只暴露黑暗,虽然写得不错,但人们不爱看。《红楼梦》就不同,写得有点希望嘛。②

　　把《红楼梦》当历史读的又一个意思,是要通过《红楼梦》所描写的四大家族的衰败,来了解整个封建统治阶级的衰败。

　　把点明金陵四大家族(贾、王、薛、史)"一损俱损,一荣俱荣"的第四回,以及《冷子兴演说荣国府》,作为《红楼梦》全书的总纲,发前人之所未发,是卓有见地的。"脂戚本"第四回总批有一首七绝,头两句是:"请君着眼护官符,把笔悲伤说世途。"这也是有识之语,但还没有用它来总括全书。在毛泽东看来,《红楼梦》全书,也就是一部四大家族衰败史。在四大家族中,《红楼梦》其实只写了一个家族——贾府。从一家看四家,从四家看代表整个封建统治阶级的百千个"大族名宦之家"。清代二知道人在《红楼梦说梦》一书里说得好:"太史公纪三十世家,曹雪芹只纪一世家……然雪芹纪一世家,能包括百千世家。"③

　　贾府衰败的原因,冷子兴作了评论。毛泽东有一次提到这一点。他说:《红楼梦》第二回上,冷子兴讲贾府"安富尊荣者尽多,运筹谋划者无一",讲得太过。探春也当过家,不过她是代理。但是贾家也就是那么垮下来

---

① 毛泽东1961年12月在中央政治局常委和各大区第一书记会议上的谈话。
② 毛泽东1962年8月在中央工作会议核心小组会上的谈话。
③ 一粟编《古典文学研究资料汇编·红楼梦卷》第3卷,第102页。

的。① 冷子兴还说过，贾府这个大家族"今日的儿孙竟是一代不如一代了"。这就是说，一个家族垮下来，首先在于这个家族的人垮了下来。安富尊荣养成一代又一代无用的膏粱纨袴。贾府的爷们，哪个不是如此！唯一一个有思想、有才华、有个性的，却是这个家族和这个制度的逆子——贾宝玉。这样的家族，这样的阶级，还能有什么前途呢？

曹雪芹笔下的贾宝玉是封建家族的逆子，并不说明曹雪芹主观上要反对封建制度。毛泽东说：曹雪芹写《红楼梦》还是想"补天"，想补封建制度的"天"，但是《红楼梦》里写的却是封建家族的衰落。可以说是曹雪芹的世界观和他的创作发生矛盾。② 这个分析，很容易让我们想起恩格斯评论巴尔扎克的话："他就看出了他所心爱的贵族的必然衰落而描写了他们不配有更好的命运……这一切我认为是现实主义最伟大的胜利之一。"③

把《红楼梦》当历史读，还有一个意思，是要通过《红楼梦》来形象地了解中国封建社会的生活。

毛泽东曾对他的表孙女说过：你要不读一点《红楼梦》，你怎么知道什么叫封建社会？④ 刘少奇有一次同毛泽东谈话，刘少奇说：《红楼梦》讲到很细致的封建社会情况。毛泽东也说：《红楼梦》写的是很精细的社会历史。⑤

关于封建社会的生活，毛泽东首先着眼的是阶级斗争。《红楼梦》反映封建社会的阶级斗争，有它的局限性。它没有直接描写农民和他们的斗争。它主要写了封建大家族的内部及其周围的社会生活中的各种不同性质和情况的阶级斗争。毛泽东要人们注意对贾府的人口作阶级的分析。三十多个主子，三百多个奴隶，他们之间既有鲜明的阶级分野，又处在极其复杂交错的阶级关系之中。毛泽东要人们注意对书中令人瞩目的几十桩人命案件作阶级分析，这些人命案件也有不同的性质和情况，但都暴露了封建统治的残忍和罪恶。简单地贴阶级标签是不能深入历史的，但分析历史、分析《红楼梦》描写的人物和事件的钥匙，的确是阶级分析。离开这个钥匙，离

---

① 毛泽东1963年5月在杭州会议上的讲话。
② 毛泽东1964年8月关于坂田文章的谈话。
③ 引自《马克思恩格斯列宁斯大林论文艺》第22页。
④ 毛泽东1965年与王海容的谈话。
⑤ 毛泽东1961年12月在中央政治局常委和各大区第一书记会议上的谈话。

开历史唯物主义,的确不可能分析清楚。

同时,毛泽东注意的,也不止是阶级斗争。比如:

他注意到了《红楼梦》里反映出来的中国封建社会土地买卖的问题。他说过:我国很早以前就有土地买卖。《红楼梦》里有这样的话:"陋室空堂,当年笏满床。衰草枯杨,曾为歌舞场。蛛丝儿结满雕梁,绿纱今又糊在蓬窗上。"这段话说明了在封建社会里,社会关系的兴衰变化,家族的瓦解和崩溃。这种变化造成了土地所有权的不断转移,也助长了农民留恋土地的心理。①

他注意到了《红楼梦》里反映出来的中国封建家长制的动摇。他说过:我国家长制度的不能巩固是早已开始了。《红楼梦》中就可以看出家长制度是在不断分裂中。贾琏是贾赦的儿子,不听贾赦的话。王夫人把凤姐笼络过去,可是凤姐想各种办法来积攒自己的私房。荣国府的最高家长是贾母,可是贾赦、贾政各人又有各人的打算。②

总之,把《红楼梦》当历史读,这是读小说的一个重要的视角,一个高明的视角。马克思主义者读《红楼梦》这样的小说,尤其不能忽视这个视角。恩格斯就是这样读小说的。他说过,巴尔扎克"在《人间喜剧》里给我们提供了一部法国'社会'特别是巴黎'上流社会'的卓越的现实主义历史,他用编年史的方式几乎逐年地把上升的资产阶级在 1816~1848 年这一时期对贵族社会日甚一日的冲击描写出来……在这幅中心图画的四周,他汇集了法国社会的全部历史。我从这里,甚至在经济细节方面(如革命以后动产和不动产的重新分配)所学到的东西,也要比从当时所有职业历史学家、经济学家和统计学家那里学到的全部东西还要多"③。列宁也是这样读小说的,他说过:"托尔斯泰是俄国革命的镜子。"④ 这不就是把巴尔扎克、托尔斯泰的小说当作历史读吗?

但是,我们也不要把这个重要的视角当作唯一的视角,而排斥其他。

---

① 毛泽东 1959 年 12 月至 1960 年 2 月读苏联《政治经济学(教科书)》(社会主义部分)的谈话。

② 毛泽东 1959 年 12 月至 1960 年 2 月读苏联《政治经济学(教科书)》(社会主义部分)的谈话。

③ 《致玛·哈克奈斯(1888 年 4 月初)》,《马克思恩格斯选集》第 4 卷,第 462~463 页。

④ 《列夫·托尔斯泰是俄国革命的镜子》,《列宁选集》第 2 卷,第 369 页。

比如，艺术的视角，人物塑造和语言运用的视角，以至于版本的沿革，作者及其身世的考证，同外国作品的比较等，也都是阅读《红楼梦》、特别是研究《红楼梦》必不可少的视角。在各自的视角里，都可以有所发现，作出有价值的研究。各种视角的综合，才能对《红楼梦》作出全面的研究。

　　这里还要提到，毛泽东自己，也不是只限于历史这一个视角。他对《红楼梦》中人物的塑造和语言的运用也很欣赏。他多次谈到凤姐这个人物写得好。他在文章和谈话中经常引用《红楼梦》中的故事和语言，并同我们的现实生活联系起来。例如：在"三反"的时候，用"贾政做官"的故事，来教育共产党员干部警惕受人包围；在1957年3月1日最高国务会议的结束语中，用王熙凤对刘姥姥说的"大有大的难处"来说明大国的事情也并不那么好办；在1957年的宣传工作会议上，用王熙凤说过的"舍得一身剐，敢把皇帝拉下马"来鼓励立志改革的志士仁人；在访苏的时候，用林黛玉说的"不是东风压倒西风，就是西风压倒东风"来比喻国际形势；在1958年召开的成都会议上，用小红说的"千里搭长棚，没有不散的筵席"来说明聚散的辩证法和"没有一件事情不是相互转化的"。毛泽东要求理论文章、政治演说也要注意创造"新鲜活泼的、为中国老百姓所喜闻乐见的中国作风和中国气派"，而引用中国文学作品中的人物、故事、语言是途径之一。《红楼梦》大概是毛泽东最常引用的。这也是毛泽东读《红楼梦》的一个特点。

（龚育之　宋贵苍）

毛泽东读报章杂志

　　毛泽东有时把读报看得比读书更重要、更紧迫。"一天不读报是缺点，三天不读报是错误。"这是从延安时期流传下来的毛泽东的一句名言。毛泽东如此重视读报，我自己是有亲身体会的。大概是1951年，有几次因为没有把当天收到的报纸及时送阅，毛泽东不高兴了，说："我是要看新闻，不是要看旧闻。"这个尖锐的批评一直印在我的脑子里，鞭策着我后来的工作。

毛泽东从青少年时代就养成读报纸杂志的习惯。他曾经是梁启超主编的《新民丛报》，同盟会主办的《民主报》、《民报》的热心读者，后来更是陈独秀主编的《新青年》的热心读者。这些报刊给毛泽东以深刻的影响，尤其是《新青年》，对毛泽东的思想转变起了重要的推动作用。

在革命战争年代，特别是井冈山时期，因受敌人严密封锁，读报十分困难。在战争中要打胜仗，就要知己知彼，读报纸则是了解敌情的一个重要渠道。那时毛泽东常常为看不到报纸而焦急、苦恼。1928年，有一次他专门派出一个营去打谭延闿的家乡茶陵县的高陇，搜罗了一批报纸上山，战斗中还牺牲了一些干部和战士。1929年，下井冈山到了赣南闽西，可以看到报纸了，情况大为改善。毛泽东为此而高兴的心情，可以从当时红四军前委给中央的一个报告中反映出来。报告说："在湘赣边界时，因敌人的封锁，曾两三个月看不到报纸，去年9月以后可以到吉安、长沙买报了，然亦得到很难。到赣南闽西以来，由于邮路极便，天天可以看到南京、上海、福州、厦门、漳州、南昌、广州的报纸，到瑞金县可以看到何键的机关报——长沙《民国日报》，真是拨云雾见青天，快乐不可言状。"有时毛泽东还把读到的报纸新闻及时地摘报中央。1932年4月20日，毛泽东率红军占领了漳州，5月3日即将4月26日以前上海、香港、汕头等地的报纸新闻，摘要电告苏区中央局、中央政府和中央军委。摘报的内容，从国际形势到国内形势，从中日战事到中苏关系，从国民党内部的分裂情况到国民党对付红军的军事策略，以及打下漳州以后，在国民党内部引起的惊慌和帝国主义蠢蠢欲动的消息，共16条，写得提纲挈领，简明扼要。

如果说，毛泽东在青少年时代嗜读报刊是为了增进知识，寻求救国救民的真理；那么，在紧张的战争岁月，以更加迫切的心情如饥似渴地阅读报纸，则是直接为了革命战争的需要。

正如他在《中国革命战争的战略问题》中所说的："为着了解敌人的情况，须从敌人方面的政治、军事、财政和社会舆论等方面搜集材料。"[①]

抗日战争时期，延安处于相对稳定的环境，国民党统治区出版的报纸

---

① 《毛泽东选集》第1卷，人民出版社1991年第2版，第201页。

刊物比较容易收集到，毛泽东订阅的报刊多起来了。有一个不完全的统计，上个世纪40年代初期，他订阅的报刊，至少有三四十种。①

延安《解放日报》是根据毛泽东的提议，将《新中华报》、《今日新闻》合并出版的。这份党中央的机关报一直是在毛泽东的关怀和指导下成长起来的。毛泽东不仅亲自为它撰写社论，还直接计划安排组稿工作。他读到报上的好文章、好新闻，立即通知各报转载，广为传播，有时读到一篇好作品，可以兴奋地一口气读到天亮。

中国的抗日战争是世界反法西斯战争的重要组成部分，没有世界战争的全局在胸，要指导抗日战争取得胜利，是不可能的。毛泽东在阅读国内报刊的同时，还天天阅读专门刊登外国电讯的《参考消息》（后改名《今日新闻》），有重要新闻随时批给其他中央同志和有关同志传阅。现在还完整地保存着毛泽东的一批珍贵的手稿，是他在1942年11月至1943年1月间，为研究国际问题而专门摘录的外国电讯稿，按16个国家分类。

全国解放后，毛泽东阅读的报纸杂志数量更多了，范围更宽了，不只是哲学和社会科学的，还有文学的、自然科学的。上至天文，下至地理，以至讲琴棋书画之类的报刊文章，都在他喜爱或涉猎之列。他每年订阅的报刊，包括出版社赠送的，都在百种以上。在1956年他开始考虑适当摆脱一些政务、用更多的时间研究理论问题后，从1958年起，我们又给他增订了全国各主要高等院校出版的综合性的学报或社会科学方面的学报。

毛泽东阅读报刊也是有所侧重的。每天必读的报纸有：《光明日报》、《人民日报》、《文汇报》、《大公报》、《解放军报》、《工人日报》、《中国青年报》、上海《解放日报》、《天津日报》等。经常看的杂志主要有：《哲学

---

① 根据当时为毛泽东管理图书的史敬棠回忆，订阅的报纸有：《中央日报》、《扫荡报》、《大公报》、《益世报》、《新华日报》、《新蜀报》、《时事新报》、《商务日报》、《新民日报》、《秦风报》、《工商日报》、《西京日报》、《前线日报》、《新工商》、《大刚报》、《新中国日报》、《光华日报》、《国家社会报》等。刊物有：《世界知识》、《群众》、《经济建设季刊》、《人与地》、《中农月刊》、《财政评论》、《四川农情报告》、《农业推广通讯》、《中国农村》、《四川经济季刊》、《中国农民》、《新闻周报》、《文化杂志》、《经济论衡》、《西南实业通讯》、《国论》、《新经济》、《民主周刊》、《文萃》、《中苏文化月刊》、《国讯》等。1941年3月1日，毛泽东曾致电周恩来、董必武，请他们订阅一批报纸书刊，除上述目录中以外的，还有《四川经济参考资料》、《贵州经济》、《日本对支经济工作》、《列强军事实力》、《中外经济年报》、《中外经济拔萃》。

研究》、《历史研究》、《新建设》、《文史哲》、《经济研究》、《红旗》、《学术月刊》、《文艺报》、《诗刊》、《文物》、《科学画报》、《大众科学》以及《自然辩证法研究通讯》、《现代佛学》等,有时还翻阅中国科学院出版的某些刊物。他最喜欢读的是有关哲学、历史、中国古典文学的文章,所以对《光明日报》的《文学遗产》、《哲学》、《史学》等专栏特别有兴趣;而对《人民日报》在一个时期比较缺少理论文章和学术文章提出过意见。1964年,他说过:"《人民日报》要注意发表学术性文章,发表历史、哲学和其他的学术文章。"又说:"《人民日报》要搞理论工作,不能只搞政治。《人民日报》最近组织一些学术讨论,这样做好。"后来《人民日报》加强了理论方面的内容,得到毛泽东的称赞,他说:"现在,《人民日报》有看头了,理论上加强了,也有一些有意思的东西。"①

毛泽东对报刊上有争论的问题尤为关注。有时为了研究一个问题,还召集有关专家和人员共聚一堂,进行自由的、无拘束的交谈和讨论。

从1955年起,我国学术界对形式逻辑与辩证法问题在报刊上展开了讨论,1956年达到高潮,这个讨论引起了毛泽东浓厚兴趣。有关这方面的情况,前面的文章已有叙述,这里不再多说。

从1958年以来,我国哲学界在报刊上开展了关于矛盾的同一性与斗争性、思维与存在有没有统一性的问题的讨论。② 凡属这方面的重要文章,毛泽东几乎都要看的。1958年6月24日他曾邀集一些同志谈论发表在1956年第2期《哲学研究》的《对"矛盾的统一性"的一点意见》一文,该文对苏联《简明哲学辞典》关于同一性的解释③提出了不同意见。1960年11月12日,毛泽东看到当天《人民日报》登载的一篇关于矛盾的同一性和斗争性的讨论的综合介绍,当即要我们把文中提到的分别刊登在《新建设》、《光明日报》、《学术月刊》、《文汇报》上的几篇不同观点的文章全部找给他。

对苏联哲学界讨论社会主义社会的矛盾问题的文章,毛泽东也很注意。

---

① 以上引语见《毛泽东新闻工作文选》第127—128页。
② 应当指出,思维与存在有没有统一性的讨论,后来引到政治问题上去整持有不同观点的人,这是错误的。
③ 《简单哲学辞典》指出,不能把"像战争与和平、资产阶级和无产阶级、生和死等等现象"认为是同一的。

1958年2月1日，他要看这方面的文章，我们收集了一批送给他。当时苏联有一位哲学家写信给毛泽东，并寄来他的一篇关于社会主义社会矛盾的文章，毛泽东对这篇文章很重视。

同阅读书籍一样，毛泽东阅读报刊也常常写一些批注，发表自己的见解，有的还批给别人看。例如，1959年12月27日，《光明日报》文学遗产专栏里发表了《如何评价〈文赋〉》一文。作者对陆机《文赋》的价值和在文学批评史上的进步意义，作了比较充分的肯定，不同意相反的观点。毛泽东将此文批给一些同志看，并说这是"一篇好文章"。

毛泽东还注意根据报刊文章中的合理意见，纠正工作中的缺点和错误。1958年全国掀起了除"四害"（老鼠、麻雀、苍蝇、蚊子）运动。对于应不应该消灭麻雀，科学界有不同的意见。有的赞成，认为利大于弊；有的不赞成，认为弊大于利；有的认为利弊相当。在刊物上展开了对这个问题的讨论，各抒己见。毛泽东要我们把各种不同观点的文章收集起来送给他。我们还整理了一个简单材料附上。毛泽东仔细看了这些材料。1960年3月16日，他在为中共中央起草的关于卫生工作的指示中改变了消灭麻雀的决定，提出"麻雀不打了，代之臭虫，口号是'除掉老鼠、臭虫、苍蝇、蚊子'"。接着，3月24日他在天津会议上重申了这个改变，说：这两年麻雀遭殃，现在我提议给麻雀恢复"党籍"。科学界的意见，对毛泽东作出这个决定，起了重要作用。

在学术上，毛泽东比较注意鼓励不同意见的自由争论和自由讨论，认为这是发展科学的必由之路。即使有人对毛泽东的著作提出不同的观点，他也同样认为应当允许自由谈论，不应当去禁止。1956年，来中国讲学的一位苏联学者向中国陪同人员谈了他对毛泽东《新民主主义论》中关于孙中山世界观的论点的不同意见。有同志认为这"有损于我党负责同志威信"。此事反映到毛泽东那里，他立即写信给刘少奇、周恩来等说："我认为这种自由谈论，不应当去禁止。这是对学术思想的不同意见，什么人都可以谈论，无所谓损害威信。""如果国内对此类学术问题和任何领导人有不同意见，也不应加以禁止。如果企图禁止，那是完全错误的。"[①] 1965年，高二适写了一篇与郭沫若争鸣的文章《〈兰亭序〉的真伪驳议》，7月18

---

① 《毛泽东书信选集》第510页。

日，毛泽东为这篇文章的发表问题写信给郭沫若，说："笔墨官司，有比无好。"几天之后，高二适的文章在《光明日报》上发表了。

毛泽东把报刊作为了解国内情况和学术理论动态的重要渠道，同时也通过报刊了解国际情况和国际知识。一天几万字的《参考资料》是他每日必看的重要刊物，像读书一样地圈点批画。毛泽东十分重视这个内部刊物，是他制定国际战略和对外政策的重要参考材料之一。有重要内容的，常常批给别人去看或印发会议。他除了看重要新闻，对《参考资料》刊登的西方资产阶级政治活动家的回忆录，也很有兴趣。他说，这些回忆录里写了许多过去我们不知道的帝国主义国家内部的矛盾和斗争的情况，很值得看看。

毛泽东对国外情况的熟悉，常常使得一些著名外国记者为之惊讶。1960年斯特朗在回忆她1946年同毛泽东的那次谈话时说："他首先问我美国的情况。美国发生的事有许多他知道得比我还详细。这使我惊讶……他像安排打仗的战略那样仔细地安排知识的占有……主席对世界大事的知识是十分完备的。"毛泽东对于纷纭复杂的国际形势发展趋势的预见性和观察国际动向的敏锐性，同他认真地、一天也不间断地阅读和研究大量国际问题资料，是分不开的。

（逄先知）

毛泽东与逻辑学

阅读逻辑学书，关心有关逻辑问题的学术讨论，这是毛泽东读书生活的一个侧面。

逻辑是思维和表达的工具，世界上第一部逻辑学著作便是用《工具论》来命名的。毛泽东十分重视方法、工具的掌握和运用。他重视哲学，爱读逻辑学书，提倡学习逻辑知识，也是出于对"工具"的考察和获取的愿望。

在逻辑学领域，毛泽东求贤问业，切磋琢磨，钩深致远，还有一些独到的见解。

伦理学、论理学与《穆勒名学》

说到毛泽东早年读逻辑学书的情况，最值得一说的首先是关于读《穆勒名学》的事了。

1912年，青年毛泽东在湖南省立图书馆自学期间，读了很多书。据斯诺《西行漫记》中记载，毛泽东后来回忆说那时他读了"约翰·斯图亚特·穆勒的一部关于伦理学的书"（a book one thics by John Stuart Mill）。这本书很可能是《穆勒名学》的误记。

在辛亥革命前后，逻辑学对中国人来说还是一门比较生疏的学问。严复译《穆勒名学》和《名学浅说》，"这两部书当时很负盛名，可是能读的人并不多"。① 19岁的毛泽东读了《穆勒名学》，增长了逻辑知识，掌握了思维的逻辑技术，也形成了时刻检查自己思维和表达的逻辑性的良好习惯。1920年11月26日，毛泽东给新民学会会员罗学瓒写信，谈论四种常见的"论理的错误"，包括以感情论事、时间上以偏概全、空间上以偏概全、以主观概客观。他说："我自信我于后三者的错误尚少，唯感情一项，颇不能免……我于后三者于说话高兴时或激烈时也常时错误，不过自己却知道是错误，所谓明知故犯罢了。"② 虽然他说的四种错误并不都是我们今天所理解的逻辑错误，但这反映了他注意从逻辑学的角度辨别正误，反思、发现自己的不足。

30年代苏联哲学教科书

延安时期，毛泽东"发愤读书"，读得最多的要数哲学书了。当时他精读并作了大量批注的主要是30年代的苏联哲学教科书（李达的《社会学大纲》也没摆脱苏联学者的影响）。1930年苏联哲学界开展反德波林学派的斗争以后出版的哲学著作，都是把形式论理学看作形而上学的、唯心论的东西加以否定的。直到1940年为止，这种观点一直占据主导地位。毛泽东读到的哲学教科书，都专设章节批评形式论理学尤其是同一律的客观基础。毛泽东无形中受到了这种看法的影响。

---

① 冯友兰：《哲学回忆录》，载《中国哲学》丛刊第2辑。
② 《新民学会资料》，人民出版社1980年版，第120页。

李达、雷仲坚合译西洛可夫、爱森堡等合著的《辩证法唯物论教程》,毛泽东读过多次,在上面的批注也最多。该书在谈到否定观时有这么典型的一段话:"辩证法的否定,和形式的,形而上学的论理学的否定,在哪一点上不同呢?在形式论理学,所谓否定是绝对的否定。形式论理学把否定看作完全的取消……形而上学的论理学,没有看见过程内部的矛盾的发展,过程之自己的否定。"这里存在着一个未加任何论证的等式:形式的论理学=形而上学的论理学=形而上学。通过一个算术中的"等量代换",结果一切本应对形而上学说的话全都转给形式论理学了。

在这段话旁边,毛泽东用毛笔写了一段批注:"形式论理学的错误在于把否定看作过程与过程间的外的否定,再则看作绝对的否定,这是完全不理解现实的看法。"这些话若作为批评形而上学的否定观,是十分中肯的,但对于形式逻辑来说,就不合适了。

在毛泽东于1937年7、8月份写的《矛盾论》中,原来有一节讨论"形式论理的同一律与辩证的矛盾律",其中也是混淆了形式论理学与形而上学,对形式论理学作了类似于苏联教科书那样的批评。解放后着手编辑整理出版《毛泽东选集》时,毛泽东于1951年3月8日写信给田家英等人,指出《矛盾论》中"论形式逻辑的后面几段,词意不达,还须修改"。后来《矛盾论》正式发表时,论形式逻辑的那一节全部删去了。

《矛盾论》发表时所作的"删节",表明毛泽东的认识前进了。人类对形式逻辑性质、对象的认识,经历了一个深化、发展的过程。30年代苏联哲学教科书引起的对形式逻辑的误解,则是人类这个总认识过程中的一个阶段,而且是一个必经的阶段。毛泽东个人恰好经历了这个认识阶段。

毛泽东对形式逻辑性质的认识发生变化,可能与苏联学术界1950年开始的关于逻辑问题的讨论有关。从他读书接受的观念来看,时间也许还早些。这要追溯到1938年他读潘梓年的《逻辑与逻辑学》了。

潘梓年的《逻辑与逻辑学》

写作《矛盾论》之后半年,1938年春天,毛泽东读了刚出版的潘梓年著《逻辑与逻辑学》。

那时,毛泽东刚读完李达著《社会学大纲》,正在读克劳塞维茨的《战争论》。3月24日,《战争论》读到第110页。他在3月25日的"读书日记"中写道："潘梓年同志寄来了他所作一册《逻辑与逻辑学》，本日看至93页，颇为新鲜。"

毛泽东为了读刚收到的潘著《逻辑与逻辑学》，放下原来正在读的书，这说明他对逻辑学的兴趣似乎不亚于对战争理论的兴趣。一天读93页书，打破了他这一段时间读书进度的纪录。按照他的"读书日记"的记载，这前后的几个月中，他每天读书的数量一般是20至30页，最多的一天也只读了55页。

接下去，毛泽东只用3天时间，一口气读完了这本学术著作。①

《逻辑与逻辑学》不像哲学教科书那样只附带地谈一下逻辑的性质，而是一本成体系的逻辑学书。毛泽东说它"颇为新鲜"，大概是指它把逻辑学分为方法和技术两个部分。该书的篇章结构基本上也分为方法论和技术论两部分。作为思维方法的逻辑学是辩证法。方法论部分的三个章节分别是辩证法的基本规律、辩证诸方法、思维历程。形式逻辑被当作逻辑术，技术论部分的三个章节分别为观察法、统计法、推演法。

潘书关于方法和技术的区分，在观念上有了新的转机。形式逻辑虽然"从方法的地位降而为技术"，只是"充当一名技师"的角色，但它毕竟有了存在的价值和地位。虽然潘书在对形式逻辑性质的叙述中还有前后不一致、自相矛盾之处，但它把逻辑区分为方法论和技术论的观点，显然引起了毛泽东的注意。它那自相矛盾的体系也集中暴露出了当时把形式论理学与形而上学混为一谈的错误。后来50年代末毛泽东嘱咐重印逻辑专著，潘书也被作为"比较重要的和有影响的逻辑学著作"收入《逻辑丛刊》，于1961年重印。这个重印本，毛泽东一直保存着，现在我们在毛泽东故居的卧室中还可以看到它。

"颇为新鲜"这个感受，是毛泽东对潘书的褒奖，也反映出毛泽东的思想倾向性。如果说爱森堡、李达等人当时把形式论理学混同于形而上学必然导致抛弃形式逻辑的话，那么潘书试图在方法和技术这两个名义下把辩证法和形式逻辑结合起来，各司其职，共为思维所用，则是树立起了逻辑学的权威。这个新见解是潘梓年独立思考的成果，用他本人的话说，"是敢想敢说的成果"。它在中国近现代逻辑学史上，起过承先启后的作用。

---

① 在毛泽东的"读书日记"中，3月26日记："潘书，PP. 94—174"。27日记："PP. 175—204，完"。28日记："《战争论》PP. 112—122"。

周谷城、王方名的文章

建国初期，我国大学中使用的逻辑学教科书是从苏联译过来的。这时在苏联学术界占主导地位的逻辑观点又支配了我国的学术界。

自从1940年斯大林提倡干部学习形式逻辑，苏联的逻辑学领域开始复苏了，各种观点竞相著书立说。在之后的数十年间，占优势的一直是30年代哲学教科书观点的延续，即认为形式逻辑是形而上学的基础，有阶级性、有党性，因而否认形式逻辑，只承认辩证逻辑。1950年，斯大林发表《马克思主义和语言学问题》，逻辑学界也展开了讨论。由于上述观点与斯大林批评的马尔的语言学说相类似，在这次讨论中处于被批评的地位，在《哲学问题》杂志关于逻辑问题讨论的"总结"中，甚至把持有这种观点的人，斥为"马克思主义庸俗化者"。继之而起占主导地位的观点，是承认形式逻辑，但认为它与辩证逻辑是低级与高级的关系。其代表性教科书，斯特罗果维契的《逻辑》，很快被译成中文，成为流行的教科书。

毛泽东读了斯特罗果维契的《逻辑》一书，不同意它对形式逻辑地位的看法。毛泽东有个特点，在他自认为不懂或不甚懂的科学领域，格外谨慎。对于逻辑学，直到后来他读了很多专著、论文，已形成了自己一套逻辑观之时，仍旧很谦虚，自称"无多研究"，还"不敢有所论列"[①]。因而，在1956年以前，他对《逻辑》一书为代表的逻辑观没有随便品评。

1956年，《新建设》2月号上发表了周谷城的《形式逻辑与辩证法》一文。该文提出了新的见解：形式逻辑的对象是推论方式，它的法则只是对推论过程的形式规定，它的任务侧重于依据大前提如何推论，却不追问大前提是怎样成立的；它对任何事物都没有主张，因而没有观点上的倾向性，没有阶级性；它既可为辩证法服务，也可为形而上学服务；既能为正确的主张服务，也能为错误的主张服务；在认识活动中，"辩证法是主，形式逻辑是从；主从虽有别，却时刻不能分离"。对辩证法与形式逻辑关系的这种"主从"说，对于当时流行的"高低级"说是一种挑战。

"风乍起，吹皱一池春水。"中国50年代那场关于逻辑问题的讨论，就以对周谷城的这个观点的不同看法之间切磋的形式拉开了序幕。

---

① 《毛泽东书信选集》第544页。

周谷城的文章一登出,毛泽东就注意到了。他十分欣赏这篇文章的探索精神和新见解。

1957年2月16日,毛泽东召集中央报刊、作家协会、科学院负责同志开会。当谈到批评要有说服力时,毛泽东说:《新建设》上周谷城写了一篇逻辑问题的文章,我看也不错。

毛泽东的赞许态度,对周谷城本人也流露过。当时参加讨论的文章绝大部分都是和周谷城"商榷"的。毛泽东鼓励周谷城,不要怕,积极写文章,继续辩论。他们之间还有下面这么一段有趣的对话:

周说:我的意见很少人赞成,我很孤立,成了众矢之的。

毛泽东告诉他:你的意见有人赞成,并不孤立。

周说:怕不见得。如果有人赞成,那当然好。

毛泽东说:人民大学的刊物《教学与研究》上,有人写文章,和你的观点相同。

周说:我没看见。

毛泽东表示:我可以叫人寄给你看看。

这次谈话的地点在上海。毛泽东回到北京后,叫人给周谷城寄去了几本刊物,有关地方还折角做出记号。

1957年4月10日,毛泽东接见《人民日报》负责同志和有关人员。在谈到哲学界正在讨论的形式逻辑问题时,毛泽东说,周谷城的观点比较对。还说:我曾告诉周谷城,人大有个王方名,他的观点和你相同。

上面提到的毛泽东和周谷城在上海的谈话,在1957年4月10日以前。在这之前,王方名在《教学与研究》上与周的观点相似的文章共三篇,分别登在当年的第1、2、4期上,均署名"求实"。这三篇文章,对三个流行的逻辑观点提出了质疑。第一篇是对所谓形式逻辑是"初步规律"的说法的质疑。第二篇是对所谓形式逻辑的客观基础是事物的相对稳定状态和质的规定性的说法的质疑。第三篇是对形式逻辑内容和体系方面的质疑。毛泽东对这三篇文章相当欣赏。①

1957年4月11日,毛泽东在中南海颐年堂邀集逻辑学界、哲学界人士

---

① 经毛泽东建议,王方名的几篇文章还汇集成一小册子《论形式逻辑问题》,1957年10月由中国人民大学出版社作为《教学与研究》丛书出版。

研讨逻辑学讨论中提出的问题。周谷城、王方名都在场，此外还有金岳霖、冯友兰、郑昕、贺麟、费孝通等人。这次聚会在周谷城和王方名之间，起到了牵线搭桥的作用。毛泽东从中撮合说：你们两人的观点很接近，可以做学术上志同道合的朋友。

这次谈话，除了论及各人的专业经历、研究成果和一些逻辑问题之外，毛泽东还以自己的革命实践经验为话题，说到领导革命必须实事求是、独立思考；搞科学研究，也必须实事求是、独立思考。不能让自己的脖子上长别人的脑袋，即使对老师，也不要迷信。

在当时学术界的气氛中，毛泽东强调这一点，有特别的意义。它包含着对周、王二人勇于探索的理论勇气的鼓励，也包含着对逻辑学界的期望。当时周谷城的逻辑观点在讨论中的处境确如他自己所说的，很孤立，成为众矢之的。当然，赞成他的主要观点的逻辑学专家是大有人在的，不过他们没有参加这场讨论。坚持"高低级"之说、并在讨论中批评周谷城的"主从"说的作者们，主要是靠援引马克思主义经典著作中的结论，具体说是引恩格斯的一个比喻。在《自然辩证法》中，恩格斯把使用"固定不变的范畴"比喻为"就好像是逻辑的初等数学"。[①] 在《反杜林论》中，恩格斯又说："初等数学，即常数的数学，是在形式逻辑的范围内活动的，至少总的说来是这样；而变数的数学——其中最重要的部分是微积分——本质上不外是辩证法在数学方面的运用。"[②]

毛泽东是富有洞察力的。他准确地把握住了争论的焦点。他强调科学研究要实事求是，独立思考，正是从科学态度的角度来解决问题，指出方向。这样，他既从根本上指出了学术讨论应该坚持的原则性的立场，又含蓄地表达了自己的思想观点倾向，也起到了保护学术讨论中占少数却比较正确的一方。这是哲人的智慧，政治家的艺术。

毛泽东当时没有明确说出自己的看法，主要是因为"问题还在争论之中"。出于对学术讨论自由的维护，对专家学者的尊重，他并不掩饰自己的观点，也不避讳什么教条。在私下里，他就和周谷城说过。他夹用英语很风趣地说：formal logic 本来就是 formal 的，它是一门独立的学问。

1965年12月在杭州，毛泽东更明确地说：说形式逻辑好比低级数学，辩证逻辑好比高等数学，我看不对。形式逻辑是讲思维形式的，讲前后不

---

① 《自然辩证法》，人民出版社1971年版，第182页。
② 《反杜林论》，人民出版社1970年版，第132页。

相矛盾的。它是一门专门科学,同辩证法不是什么初等数学和高等数学的关系。数学有算术、代数、几何、微分积分,它包括许多部分。形式逻辑却是一门专门科学。任何著作都要用形式逻辑,《资本论》也要用。形式逻辑对大前提是不管的,要管也管不了。那得由各门科学来管。他还举例说明,各个阶级可能从不同的前提出发进行推理,政治上互相对立的派别会从对立的前提作推理,得出的结论也相反,但并不妨碍他们的推理都是合乎形式逻辑的。换句话说,毛泽东认为形式逻辑不管前提的思想内容,因而没有阶级性。

在上世纪50年代后期的逻辑学讨论中

毛泽东关于形式逻辑性质的正确见解,来源于认真地读书(逻辑学书籍和论文)和思考。在逻辑学讨论中,他始终密切注意各种观点的文章,跟踪阅读,广收博览。

1958年6月19日,毛泽东给机要秘书高智写了一封信:

高智同志:

请你在上午找一本1956年一月号的《新建设》;再将《哲学研究》1957年全年六期(第四期已到)找来为盼!

毛泽东
六月十九日上午七时

《新建设》1956年全年各期,1957年全年各期都找来,更好。马特和周谷城两篇在《人民日报》发表的文章,在江青那里,请给我于上午找来。

据高智回忆,毛泽东当时是在研究形式逻辑。"马特和周谷城两篇在《人民日报》发表的文章",分别指《人民日报》1958年4月15日刊登的马特《关于逻辑问题的讨论》、6月14日刊登的周谷城《六论形式逻辑与辩证法——略答马特》。马特的文章是对讨论情况的综述,但带有倾向性,而且把争论看作"两条不同的学术路线的斗争",批评周谷城、王方名的观点"是一条逻辑理论中的修正主义路线"。附带说一句,在那次讨论中,马特是坚持斯特罗果维契观点的主要代表。周谷城的《六论》与马特的文章是针锋相对的。

周谷城的文章刚登出,毛泽东就请周谷城从上海到北京中南海来共同讨论逻辑问题。6月17日晚上,毛泽东在中南海游泳池同周谷城专就逻辑问题进行了长谈。毛泽东对逻辑问题的讨论移到《人民日报》上展开这个新情况十分关注。他认真读了这两篇文章,并把这两天的报纸收藏起来,留待仔细研究。

毛泽东借《新建设》和《哲学研究》,显然也是查阅有关逻辑学方面的文章。有关逻辑问题的讨论最初是在《新建设》上展开的。毛泽东要该刊1956年第1期,可能是想了解讨论开始前的情况。在他这张条上开列的刊物中,关于逻辑的文章,《新建设》上有15篇,《哲学研究》上有两篇。

1958年7月1日,在毛泽东开列的一张索书条上,要该年"1至6月的《哲学研究》",可能是继续查有关逻辑学的文章。

1960年3月24日,毛泽东向其他同志推荐《哲学研究》1959年第1期和第12期,1960年第1期和第3期。毛泽东还建议政治局委员人人都订一份《哲学研究》。当然,这一时期,毛泽东关心的主要是思维与存在的统一性问题的讨论,感兴趣的主要是工农兵学哲学、用哲学的文章。这期间的《哲学研究》上面有关讨论逻辑问题的文章,可能他也都看到了。

在这次关于逻辑问题的讨论过程中,毛泽东多次邀集有关人士谈逻辑问题。前面已经分别提到,1957年4月10日以前在上海和周谷城谈过一次,同年4月11日和周谷城、王方名、金岳霖等谈过一次,1958年6月17日晚上和周谷城又谈一次。除了这些之外,毛泽东还多次召集理论界的有关人员聚谈当时讨论中提出的逻辑问题。

1957年3月15日,毛泽东在中南海颐年堂召集康生、陆定一、陈伯达、胡乔木、胡绳、田家英等聚谈过一次逻辑问题。在这次谈话中,毛泽东反复强调了两个观点:一是形式逻辑与辩证法之间没有低级、高级之分(毛泽东还举了很多例子进行说明);一是形式逻辑是普遍适用的,没有阶级性。

1958年6月26日,毛泽东在中南海游泳池再一次聚谈逻辑问题。参加的有康生、陆定一、陈伯达、胡绳、田家英、周谷城。从下午5时45分一直谈到晚上11点半。

此后的几年中,毛泽东一直关注着逻辑学研究的进展。

朱波的两篇文章

1965年10月8日上午，毛泽东在谈话中提到：《光明日报》今天有篇文章，谈逻辑的。他指的是朱波的《形式逻辑同一律客观基础的探索》一文。该文既不同意把形式逻辑的同一律与客观事物规律等同起来，又不同意把它与客观事物完全割裂开来，而认为它反映的是思维的确定性，它的客观基础是客观事物的确定性。

就在这次谈话中，毛泽东不无遗憾地指出：我们的党员研究哲学，就是不研究逻辑。

1965年12月，《红旗》杂志第12期上刊登了《充足理由律在形式逻辑中的地位和作用》一文，署名邵友勋，其实还是朱波所写。该文提出，充足理由律能否作为形式逻辑的一个规律，要看对它如何理解：要求推理前提真实可靠这样意义上的充足理由是不存在的，要求人们在思维过程中具有连贯性、论证性（前提与结论之间有逻辑联系、前提是推出结论的理由）这样意义上的充足律是有的，它属于形式逻辑的一个要求，也与形式逻辑一样，没有阶级性。

毛泽东读了这篇文章。对这个问题他有自己的看法。1965年12月在杭州的那次谈话中，当有人提到朱波这篇文章时，毛泽东说：什么充足理由律？我看没有什么充足理由律。不同的阶级有不同的理由。哪一个阶级有充足的理由？

毛泽东这里说的"理由"，即推理的前提、论证的论据。人们常说的充足理由律是相对于推论和证明而言的，它包括两方面的要求：（1）理由（即前提、论据）的内容真实；（2）理由能必然地推导出结论，换句话说，推论的形式正确。① 一个推论或论证的真实正确要靠这两条共同做保证。由于形式逻辑是撇开内容，仅从形式方面来研究推理论证的，而真实与否是认识的内容问题，涉及作为前提的命题的思想内容，毛泽东从这个意义上否认充足理由律在形式逻辑中的地位，是完全正确的。② 至于把"充足理由律"仅限制在形式方面，仅理解为结论必须在形式上逻辑地包含于前提之

---

① 对这一条逻辑要求的表述，各书还有些细微的差别。

② 对这个问题的看法至今还存在着很大的分歧，坚持认为要保留充足理由律的看法，是一家之见。现在，逻辑学界比较多的人不赞成这种见解。

中，能否继续保留在形式逻辑之中呢？这倒是一个很有意思的问题。

毛泽东那段话是否有认识论上的含意，即他是否也否认理由在内容的真实可靠性上有一致的标准呢？从字面上看，毛泽东是持否定观点的。这个问题比较复杂，与本文主旨无关，不再详细分析。这里只从原则上指出，要区分价值判断和事实判断，毛泽东否认的是价值判断中存在各个阶级共同的充足理由。如果误以为对于事实判断各个阶级也有权自立标准，各行其是，那么在理论上势必导致否认客观真理的存在。

《逻辑学论文集》与《逻辑丛刊》

1959 年 7 月 28 日，毛泽东在给康生的信中谈道："我有兴趣的，首先是中国近几年和近数十年关于逻辑的文章、小册子和某些专著（不管内容如何），能早日汇编印出，不胜企望！姜椿芳同志的介绍甚为有益，书目搜编也是用了功的，请你便时代我向他转致谢意。"①

毛泽东提议编印逻辑论文集和专著，并不是在这封信中才提出的。根据章士钊 1959 年 5 月为重版《逻辑指要》所写的序言来推断，早在 5 月份以前已分别着手做这两件事了。章士钊在这份后来未用的序言（手稿）中说，"近日"中央政治研究室逻辑组和人民出版社哲学组的同志为重印《逻辑指要》的事宜"见访，并提示校勘质疑若干条，知两君已于鄙著浏览有素……自后，余自行拎阅一遍，稍有增改"。5 月份章士钊已把《逻辑指要》全书校改完毕。逻辑学文章篇目的"搜编"自当也已基本完成，送毛泽东阅览。当时这两件事是由两个单位分工做的，中共中央马恩列斯著作编译局分工负责收集、编辑逻辑学论文集，中共中央政治研究室分工负责挑选、编辑逻辑学"专著"。姜椿芳当时任编译局副局长，编辑逻辑学论文集的工作即由他负责，"书目搜编"可能指的就是搜集编印的论文篇目。

毛泽东说逻辑学论文篇目的"搜编也是用了功的"，大概指其搜集的篇目数量上齐全，编排上既照顾到了发表时间的先后顺序，又照顾到专题性。在此之前，《哲学研究》编辑部编过一本《逻辑问题讨论集》，于 1959 年 4 月出版发行。但这个集子"并不是把所有的逻辑文章都选入"，甚至有些争论中的文章"也未收入"。要了解新中国成立以来逻辑学研究的全貌、争论

---

① 《毛泽东书信选集》第 564 页。

的背景，只读这个"讨论集"是不够的，因而需要另编一套"论文集"。姜椿芳等人编的《逻辑学论文集》，收入了1953年以后发表的全部逻辑学论文，共150篇，分为6集。其中第3、4集是两个专集。第3集收入的主要是苏联译文，第4集收入的主要是数理逻辑和中国逻辑思想史论文。这套论文集1959年8月印出，可惜始终未公开出版。

中央政治研究室的逻辑组担负起了挑选"专著"的任务。他们编的一套《逻辑丛刊》，由三联书店出版了。这套书共11本，分别是《逻辑与逻辑学》（潘梓年著）、《逻辑》（金岳霖著）、《逻辑指要》（章士钊著）、《新论理学》（张子和著）、《名学纲要》（屠孝实著）、《名理探》（傅汎际译义，李之藻达辞）、《穆勒名学》（穆勒原著，严复译述）、《名学浅说》（耶方斯著，严复译）、《辨学》（耶方斯著，王国维译）、《论理学纲要》（十时弥著，田吴炤译）、《逻辑史选译》（齐亨等著，王宪钧等译）。① 毛泽东一直把这套重刊的逻辑书保存在身边。

毛泽东不满足于看逻辑学论文，他还希望系统地看全部"专著"；他不满足于只了解"近几年"的讨论情况和各种见解，还希望了解中国"近数十年"的研究概况、认识的历史发展；他不仅对西方的逻辑感兴趣，也想对中国传统的逻辑思想有更多的了解。1958年他就和周谷城说到过这样的意思。他说最好把古今所有的逻辑书都搜集起来，印成一部丛书，还在前面写几句话，作为按语。② 为"写几句话"的事，还有一段有趣的插曲。

《毛泽东书信选集》中收入了1958年7月28日毛泽东给周谷城的一封信。信中说：

> 两次热情的信，都已收到，甚谢！大著出版，可资快读。我对逻辑无多研究，不敢有所论列；问题还在争论中，由我插入一手，似乎也不适宜。作序的事，不拟应命，可获谅解否？③

周谷城在逻辑学方面的"大著"是论文集。一本是以周谷城的逻辑学论文为主体的论文集《形式逻辑与辩证法问题》。它以周谷城1956年那篇文章

---

① 这11本"专著"是从解放前出版的数十种逻辑书中挑选出来的，它们都是较有代表性和参考价值，影响较大的。
② 周谷城：《回忆毛主席的教导》。《毛泽东同志八十五诞辰纪念文选》，第191页。
③ 《毛泽东书信选集》第544页。

为开卷篇，一批一驳，依次展开，共20篇论文，其中周谷城的占10篇。另一本是《形式逻辑与辩证法》，收的全是周谷城个人的逻辑论文。"大著"指的是哪一本并不重要，"作序"一事多少有点误会。从周谷城方面说，既然毛泽东说要印逻辑丛书，这本论文集是否在列，他是不清楚的；毛泽东又说过在前面写几句话，周谷城以为毛泽东愿意写几句话。从毛泽东方面说，要他"作序的事"是就某本具体的"大著"而言的。他不愿作序，显然是为了维护逻辑界自由讨论的学术气氛，维持逻辑学界"百家争鸣"的局面。

读报刊杂志上的论文，便于及时了解学科研究的前沿和最新成果。但对于系统地研究来说，查借不方便，随手翻阅也很麻烦。毛泽东组织人汇集专题文献，为逻辑学研究做了一项基础工作。

章士钊《逻辑指要》及重版序言

《逻辑丛刊》收入的11本逻辑专著，现已确知其中有三本为毛泽东读过。前面谈到的《穆勒名学》和《逻辑与逻辑学》是解放前读的，第三本即章士钊的《逻辑指要》，是解放后读的。在收入《逻辑丛刊》之前，毛泽东读了它的初版本。

据章士钊为此书所写（未用）的那个序说："北京解放后，一日，主席毛公忽见问曰：'闻子于逻辑有著述，得一阅乎？'予蹴蹋答曰：'此书印于重庆，与叛党有关，吾以此上呈一览，是侮公也，乌乎可？'公笑曰：'此学问之事，庸何伤！'……越三月，公见召，以原书确于案。"毛泽东"辗然相谓曰：吾于此书已一字不遗者××阅一通。多少年来吾览此类述作亦夥矣，然大抵从西籍迻译得来，不足称为专著，独子剌取古籍材料，排比于逻辑间架之中，在同类书中，为仅见……吾意此足以为今日参考资料，宜于印行。"这也是《逻辑指要》得以选入《逻辑丛刊》的原因之一。

《逻辑指要》的初版本，是1943年在重庆出的。其中有一篇自序说："今岁二月，吾为国民参政会事，于役重庆，议长蒋公以精神之学教天下，审国人用智浮泛不切，欲得逻辑以药之，而求其人于吾友张君劢，君劢不审吾学之无似，为之游扬。公遂虚衷自牧，不耻下问，并督为讲录，俾便览观……于返港之明日，伸纸吮笔，纵其所之。"毛泽东既然知道章士钊的著述，这些情况也不会一无所知。"学问之事，庸何伤！"表明在这件事上，毛泽东是以科学的态度来看待学术与政治之间关系的。一个人的政治态度只能历史地去看待。人民需要继承、吸收历史上一切有价值的思想文化成果。章士钊在逻辑学中是有独到之处的。他早于1918年就在北京大学讲授过逻辑学,影响很大,曾先后几易大教室仍坐无隙地,一时传为佳话。《逻辑指要》即根据这些讲课提纲整理出来的。该书"以欧洲逻辑为经,本邦名理为纬",运用西方形式逻辑的框架,系统地叙述了中国古代尤其是先秦的逻辑思想。虽然对有些史料的分析不乏牵强之处,但它独辟蹊径,开创了新的研究领域,论证了一个真理,即"逻辑之名,起于欧洲,而逻辑之理,存乎天壤"。他用确凿的史料驳斥了中国无逻辑的偏见谬论,在中国近代逻辑学史上,是一件空前的事。

毛泽东对《逻辑指要》的评价是中肯的。"足以为今日参考资料",这是难得的褒奖。《逻辑指要》的价值,与其说在逻辑理论的创新方面,不如说在中国逻辑研究的开拓方面。当然,草创也难免于粗糙,空前的东西并不绝后。章士钊后来曾说它"是一部逻辑发展史匆遽而紊乱的速写"。"花香不在多。"就这些已足够"宜于印行","为今日参考资料"。

毛泽东十分关心章士钊《逻辑指要》的重版事宜。1959年6月7日,他在给章士钊的信中说:"各书都收,读悉,甚谢!实事求是,用力甚勤,读金著而增感,欲翻然而变计,垂老之年,有此心境,敬为公贺。既有颇多删补,宜为几句说明。即借先生之笔,为之筹策。"接着附上了为其代拟的一篇"说明"。[①] 当时毛泽东正在感冒病中。信中说:"我害了一个月感冒,前书未复,方以为歉。忽得6日信,极为高兴,倚枕奉复。"

从毛泽东代拟的"说明"来看,章士钊在6日的信中较详细地谈了自己修改《逻辑指要》的情况。毛泽东代拟的"说明",从文体上来说,是一篇十分精彩的"重版序言"。它既谈了重印旧作的由头、修改情况,又联系到当时学术界的背景,谈了对旧作的态度。总共不过二百四五十字,容纳了这么多的信息,字字着意,句句含理。

过了一周,6月14日,章士钊重新写出了"重印说明"。除前面加了一段有关该书写作经过和一些自我评价性的话外,基本上吸收了毛泽东代拟的"说明"的内容,有很多还是原话照抄上的。1961年正式刊印的《逻辑指要》,采用的即是这份"说明"。

毛泽东到了晚年,读逻辑书的兴趣仍旧很浓。他让有关方面把有的逻

---

① 《毛泽东书信选集》第559~560页。

辑学书印成大字本来读。

1965年2月13日,毛泽东在一本《近代逻辑史》封面上写了一个批语:"田家英同志:此书印成大字本10000册,这种小字本是不适合老头子读的。"

《近代逻辑史》是苏联巴·谢·波波夫所著,1964年12月刚由上海人民出版社出中译本。它正好满足了毛泽东希望了解西方逻辑学史的愿望。顺便说一句,《逻辑丛刊》重印了解放前出版的较为有影响的逻辑学专著,至于解放后出版的各种逻辑学书,毛泽东几乎搜集全了。

(高　路)

毛泽东与自然科学

不能说,毛泽东是一个自然科学素养很高的人。这是容易理解的,完全可以从他的经历、他的环境和他所承担的使命,就是说,从历史条件加以说明。人是历史造就的。不可以脱离具体的历史条件苛求于前人。

这篇文章里想要介绍和说明的倒是,作为一个求知者,作为一个思想家、哲学家,毛泽东对学习和涉猎自然科学是颇为注意的,对某些问题表现了浓厚的兴趣,发表过一些深刻的见解。就这些而言,应该说,还是他值得称道的长处。

"多向自然科学学习"

毛泽东向斯诺讲述过自己青年时代追求新知的经历,说他在湖南师范学校求学的五年中,"想专修社会科学,我对自然科学并不特别感兴趣"。[1]这是1913~1918年的事。值得注意的是,1921年新民学会在长沙的会员开新年大会,讨论"改造中国与世界须采用什么方法的问题"(毛泽东发言,赞成"俄式"方法和"激烈方法的共产主义"即"列宁的主义")之后,

---

[1] 见斯诺《西行漫记》,三联书店1979年版,第121页。

在讨论会友个人的计划时，毛泽东发言："觉得普通知识要紧，现在号称有专门学问的人，他的学问，还止算得普通或还不及。自身决定三十以内只求普通知识，因缺乏数学、物理、化学等自然的基础科学的知识，想设法补足。"① 这一年毛泽东28岁，"三十以内"，还有两年。毛泽东还说："两年中求学方面，拟从译本及报志了解世界学术思想的大概。唯做事则不能兼读书，去年下半年，竟完全牺牲了（这是最痛苦的牺牲）。以后想办到每天看一点钟书，一点钟报。"②

这段话之所以值得注意，是因为当毛泽东明确选择马克思列宁主义这门科学和这条革命道路的时候，同时强调了学习自然科学基础知识的必要。他并不以学生时代对自然科学不甚感兴趣为正确或无所谓，相反，他要设法补足由于这种偏颇而造成的知识结构上的缺陷。现在我们不能详知，那两年中他在多大程度上挤出了学习自然科学基础知识的时间。看来，紧张繁重的革命工作，首先是建党工作，使他不得不在读书方面继续作出"最痛苦的牺牲"。但是我们知道，终其一生毛泽东都注意尽可能挤出时间，从书籍报志中了解一点世界自然科学学术思想的"大概"。延安时期如此，③北京时期如此，直到逝世前几年，眼力很差了，他还收藏和阅读一些特地印成大字的自然科学书刊。④

从1921年这一段话，联想到1941年的另一段话。那是毛泽东1月31日写给在苏联上学的两个儿子岸英、岸青的信中的话："唯有一事向你们建议，趁着年纪尚轻，多向自然科学学习，少谈些政治。政治是要谈的，但目前以潜心多习自然科学为宜，社会科学辅之。将来可倒置过来，以社会

---

① 《新民学会会务报告》（第2号）。《新民学会资料》，人民出版社1980年版，第32页。

② 《新民学会会务报告》（第2号）。《新民学会资料》，人民出版社1980年版，第33页。

③ 延安时期毛泽东搜集的藏书中有不少自然科学书籍，如商务印书馆出的汤姆生《科学大纲》、辛垦书店出的普朗克《科学到何处去》、秦斯《环绕我们的宇宙》、爱丁顿《物理世界的本质》等。1949年，中国人民政治协商会议第一次会议开会前，毛泽东邀请商务的创始人张元济等同游天坛，曾向张说：他读过商务出的《科学大纲》，从中得到很多知识。

④ 如达尔文的《物种原始》、杨振宁的《基本粒子发现简史》、《动物学杂志》、《化石》杂志、《自然辩证法》杂志等。

科学为主，自然科学为辅。总之注意科学，只有科学是真学问，将来用处无穷。"① 这里讲了政治和科学的关系——谈政治要以学科学为基础；又讲了学科学中自然科学和社会科学的关系——先以学习自然科学为主，然后再学社会科学，撇开这段话可能针对的具体背景不谈，我认为，就一般意义而言，这个主张是很有道理的。从科学发展史来看，最先成为科学的是自然科学，然后社会科学才成为科学。对社会的研究早就有了，上升为科学，从总体说，是以马克思主义诞生为发端。先成为科学的自然科学，对于社会科学之发展成为科学，从科学思想、科学方法、科学精神，都产生了很大的影响。人们的学习过程在一定程度上要大致地重复人类的认识过程，这种历史和逻辑的统一、"精神古生物学"和"精神胚胎学"② 的统一，合乎系统发育和个体发育统一的规律。所以，对于年纪尚轻的人，有意识地按照这个规律来指导他们的学习，是很有益处的。当然，这是我对毛泽东这一主张的一种体会。他如何形成这一主张，信中没有细说理由。一个可以想见的显著理由，就是系统地学习自然科学基础知识，如果年轻时没有获得或抓住机会，成年后便很难有时间和条件。在这个问题上毛泽东同许多人一样，是过来人。所以，他谆谆告诫年纪尚轻的人，要抓住机会潜心"多习自然科学"，频频督促我们的干部，要以钉子精神挤时间学习，包括"学一点自然科学"。

进化论与救亡图存

毛泽东向斯诺列举年轻时代给他以深刻印象的西方著作时，提到一本自然科学书，就是达尔文的《物种原始》。

严复译出赫胥黎宣传达尔文学说的著作《天演论》（原名《进化论与伦理学》），于1898年出版，在中国知识界立即掀起巨大的波澜。被帝国主义"虎视鹰瞵"，即将遭到"瓜分豆剖"的中国（1894年孙中山《兴中会宣言》中语），先觉者欲奋起救亡图存，从"物竞天择"、"优胜劣败"、"适者生存"的进化论中，找到了警醒和激励国人的思想武器。所以，进化论在当时的中国，与其说是作为一种自然科学学说，毋宁说是作为一种社会学说，引起人们的注意，受到人们的欢迎。现在，从马克思主义观点看问

---

① 《毛泽东书信选集》第166页。
② 《马克思恩格斯选集》第4卷，第215页。

题，人们常常批评用生物进化学说来解释社会现象是社会达尔文主义。我当然不认为社会达尔文主义是科学的。但是，像进化论这样重大的自然科学思想成果，不能不影响人们的世界观和历史观。马克思不是说过吗？"达尔文的著作非常有意义，这本书我可以用来当作历史上的阶级斗争的自然科学依据。"① 我认为，进化论对人们世界观、历史观的影响，是汇合为"从自然科学奔向社会科学的强大潮流"② 中的一股潮流。

毛泽东也是从这样的角度来看待进化论的。他曾经说过，为了抵御帝国主义，"中国人被迫从帝国主义的老家即西方资产阶级革命时代的武器库中学来了进化论、天赋人权论和资产阶级共和国等项思想武器和政治方案，组织过政党，举行过革命，以为可以外御列强，内建民国。但是这些东西也和封建主义的思想武器一样，软弱得很，又是抵不住，败阵下来，宣告破产了"。这失败，不是作为自然科学学说的生物进化论的失败，这个生物学学说被事实证明为真理，是不败的；这失败，是朴素的进化论历史观的失败，由此导致马克思主义世界观和历史观（它以包括进化论在内的重大成就为其自然科学依据）在中国的传播和胜利。

毛泽东晚年还提到过达尔文、赫胥黎和《天演论》。

1970年，他在一个批示中写道："《人类在自然界的位置》请找一本给我。《天演论》前半是唯物的，后半是唯心的。"这两本书都是赫胥黎写的。他对《天演论》的这个评价，显然是依循马克思主义的一个常说的观点：旧唯物主义，自然科学的唯物主义，在研究自然界的时候是唯物主义的，一旦进入社会历史领域就不能贯彻唯物主义了。

1974年英国前首相希思来中国访问，会见毛泽东时，送给毛泽东一张达尔文的照片（有达尔文的签名和达尔文自己写的话："这是我的确十分喜欢的一张照片，同我的其他照片比，我最喜欢这一张"），还有达尔文《人类原始及类择》的第一版，是达尔文的后人提供的。

毛泽东说：达尔文，世界上很多人骂他。

希思说：但我听说，主席很钦佩达尔文的著作。

毛泽东点头，说：嗯！我读过他的书。帮他辩护的，叫 Huxley（赫胥黎）。

希思点头，说：他是十分杰出的科学家。

---

① 《马克思恩格斯书信选集》第127页。
② 《列宁全集》第20卷，第189页。

毛泽东说：他自称是达尔文的咬狗。

这里说的是赫胥黎为捍卫达尔文学说，同攻击达尔文学说的人激烈辩论的故事。

毛泽东钦佩达尔文的著作为世人所知，不仅是由于斯诺那本书的传播。毛泽东在自己的著作和谈话中，多次提到达尔文和进化论。其中最重要的一次，是在《关于正确处理人民内部矛盾的问题》中。在这个讲话的论述"百花齐放，百家争鸣"的一节里，他说："历史上新的正确的东西，在开始的时候常常得不到多数人承认，只能在斗争中曲折地发展。正确的东西，好的东西，人们一开始常常不承认它们是香花，反而把它们看作毒草。哥白尼关于太阳系的学说，达尔文的进化论，都曾经被看作错误的东西，都曾经经历艰苦的斗争。"

遗传学与百家争鸣

党中央和毛泽东提出百家争鸣方针，有多方面的历史背景，其中一个重要方面，是自然科学发展的历史经验教训。哥白尼日心说和达尔文进化论的经历，是过去时代的历史教训；遗传学的经历，则是社会主义时代的历史教训。这个历史教训，发生在苏联，也发生在中国。

大家知道，李森科发动的、在1948年全苏农业科学院会议上达到高潮的对遗传学中摩尔根学派的粗暴批判，是苏联在自然科学领域进行的一系列批判中影响最大、最恶劣的一起。那次会后不久，这个批判随着报刊上的介绍和苏联专家来华讲学而在我国传开。我国有关的大学和研究机构中，广泛组织了对李森科报告的学习，并在某种程度上仿效苏联的做法，用行政手段和政治压力取缔了摩尔根学派的课程讲授和研究工作。这种不正常情况，在苏联，在我国，都持续了相当长时间，以后才逐步得到纠正。

在这期间，毛泽东曾三度注意到遗传学的问题。

第一次是1950年。

当时，有一些人向中央反映，一所大学由于仿效苏联做法粗暴对待摩尔根学派学者，引起党和自然科学家关系的紧张。这所大学的领导人得知后，给刘少奇写了一个报告，为自己申辩。7月15日，刘少奇将这个报告送毛、周、朱及中宣部和教育部领导人传阅。7月16日毛泽东批道："这个报告里所表现的作风是不健全的"，这位同志"思想中似有很大毛病"。同一天毛泽东还批阅了反映同一问题的另一份材料，指出必须彻查这个学校的领导，"并作适当的处理"。查处的结果，解除了这位同志在大学的领导职务，先在会议上后来又在报纸上批评了他对待知识分子和对待科学问题的简单粗暴的做法。

这是党中央纠正这方面错误的开端，虽然仅仅是范围和程度很有限的开端，但毕竟是有了开端。后来陆定一在阐述党的百家争鸣方针的由来时，曾提到这次批评。

第二次是1956年，即在提出"十大关系"和"双百方针"的时候。

这里先讲一点背景。从1952年年底开始，苏联科学刊物上陆续发表了一些对李森科某些学术观点表示不同意见的批评文章。这种情况的出现，同斯大林《马克思主义和语言学问题》一文的发表是有关系的。因为这篇文章批评了苏联学术界某些权威的"军阀式统治制度"，指出"没有不同意见的争论，没有批评的自由，任何科学都不可能发展，不可能有成就"①，从而引起了苏联学术界气氛的若干变化。斯大林逝世后，苏共党的报刊进一步批评了李森科企图压制学术争论的错误行为，还陆续揭露了李森科学阀作风的一些事件。苏共二十大后不久，李森科辞去农业科学院院长职务。中国的刊物和报纸，对这些作了介绍和报道。毛泽东显然注意到了遗传学领域的这些动向。

1956年4月，毛泽东看到一份材料，是东欧一位党的负责干部的谈话记录，谈他们国内遗传学家对强制推行李森科学派观点的反映。4月18日，毛泽东在这份谈话记录上给当时任中宣部副部长的张际春写了几句话："此件值得注意，请中宣部讨论一下这个问题。讨论时，邀请科学院及其他有关机关负责同志参加。陆定一同志回来，请将此件给他一阅。"

一个星期以后，4月25日，毛泽东在中央政治局扩大会议上讲"十大关系"。在讲"中国和外国的关系"的时候，他强调对外国的东西必须有分析有批判地学，不能盲目地学，对苏联经验也应当采取这样的态度；并说："过去我们一些人不清楚，人家的短处也去学。"学习苏联李森科那一套，就被举出作为盲目学习人家短处的一个例子。

4月28日，毛泽东在政治局扩大会议上提出：百花齐放、百家争鸣，我看这应该成为我们的方针。艺术问题上百花齐放，学术问题上百家争鸣。

---

① 《斯大林选集》下卷，第521页。

他还说：讲学术，这种学术可以，那种学术也可以，不要拿一种学术压倒一切，你如果是真理，信的人势必就会越多。5月2日，毛泽东在最高国务会议上作关于"十大关系"的讲话。在参加会议的各方面代表人物发言之后，毛泽东再一次讲话，正式宣布：艺术方面的百花齐放的方针，学术方面的百家争鸣的方针，是有必要的。他说：百家争鸣是诸子百家，春秋战国时代，二千年前那个时候，有许多学说，大家自由争论，现在我们也需要这个。他指出：在中华人民共和国宪法范围之内，各种学术思想，让他们去说。在说这些话的时候，他一再举了自然科学方面"像李森科这样的问题"作例子。

在毛泽东这些讲话和他给中宣部领导同志那封信的推动下，经中宣部建议，中国科学院和高等教育部这年8月在青岛召开了遗传学座谈会。这是百家争鸣方针提出后，我国为认真贯彻执行这个方针，系统地纠正过去的错误而召开的一次影响很大、很好的学术座谈会。它同全苏农业科学院1948年8月会议形成鲜明的对比。

第三次是1957年春天。

《关于正确处理人民内部矛盾的问题》这篇讲话作过之后不久，毛泽东读到遗传学家李汝祺教授发表在《光明日报》上的文章《从遗传学谈百家争鸣》。这是李汝祺参加青岛遗传学座谈会后，谈会议收获和自己意见的一篇文章。4月30日，毛泽东写信给胡乔木："此篇有用，请在《人民日报》上转载。"他还亲自代《人民日报》拟了一个按语："本报编者按：这篇文章载在4月29日的《光明日报》，我们将原题改为副题，替作者换了一个肯定的题目，表示我们赞成这篇文章。我们欢迎对错误作彻底的批判（一切真正错误的思想和措施都应批判干净），同时提出恰当的建设性的意见来。"

"发展科学的必由之路"——这就是毛泽东替作者换上的题目。这个简明而精辟的论断，是对科学发展规律的重要概括，对百家争鸣方针的深刻阐述。

关于机床设计发展战略的讨论

毛泽东比较爱看《光明日报》，因为这张报比较注意登理论文章，能给他较多的关于学术思想的信息，包括有关自然科学学术思想的信息。

除了前述的要求《人民日报》转载《光明日报》上李汝祺文章的事例以外，还有一个事例，就是要求《红旗》杂志转载《光明日报》上关于机床设计的文章。

1960年8月，在哈尔滨召开了全国第一次自然辩证法座谈会。提交会议的文章中，有一批是结合当时技术革新的发展而研究和写出的。"蚂蚁啃骨头"（小机床加工大工件），"积木式机床"，是当时引人注目的技术革新成果。哈尔滨工业大学的一些教师就这个问题作了分析和研究，写了《从设计"积木式机床"试论机床内部矛盾运动的规律》一文，在会上已引起注意。会后，此文在《光明日报》哲学专刊上发表了。毛泽东看到这篇文章，请《红旗》杂志加以转载，并代《红旗》杂志编辑部给作者写了下面这封信。

中共哈尔滨工业大学机械系机床
及自动化专业分总支委员会同志们：

　　看了你们在1960年11月25日《光明日报》上发表的文章，非常高兴，我们已将此文在本杂志上转载。只恨文章太简略，对六条结论使人读后有几条还不甚明了。你们是否可以再写一篇较长的文章，例如一万五千字到二万字，详细地解释这六条结论呢？对于车、铣、磨、刨、钻各类机床的特点，也希望分别加以分析。我们很喜欢读你们的这类文章。你们对机械运动的矛盾的论述，引起了我们很大的兴趣，我们还想懂得多一些，如果你们能满足我们的（也是一般人的）要求，则不胜感谢之至。

信末原署"毛泽东1960年11月28日"，后来改署为"《红旗》杂志编辑部1960年12月6日"。

这封信当然给作者们很大鼓励。他们原来的文章，转载在《红旗》1960年第24期上。他们按照信的要求写出的第二篇文章《再论机床内部矛盾运动的规律和机床的"积木化"问题》，《红旗》在1961年第9、第10期上予以发表，还加了一个按语。按语说了前面那封信的要求，说了这篇文章的论点还可以讨论，还有不同意见，还需要经过实践的检验，并且表示希望："如果每一个专业，每一个科学研究机关，每一个生产单位，都能用从实际出发，具体地分析具体矛盾的方法，抓住他们自己业务中的一个特殊性的矛盾，用一定的时间（哈尔滨工业大学研究机床内部矛盾运动的同志，从1958年10月开始，到这篇文章的写成，共用了两三年的时间），进行深入的、系统的、全面的研究，那就可以预期，我们的科学研究工作将获得愈来愈多的成果，将出现更加繁荣的百家争鸣、百花齐放的景象。"

半年以后，在《红旗》1961年第24期上，发表了一篇关于机床内部矛盾问题的讨论综述，介绍了这个问题上的不同看法。

这两篇文章和当时的讨论，有些关于矛盾的分析和议论，从哲学方法上说可能有不同的评价（是不是有搬弄概念的缺点），但是主要的、实质的东西，是对机床发展方向的分析和预测。经过二十余年的实践，文章所作的预测的科学性到底怎样，这是应该由机械学家们来判断的事情。最近有同志写文章，认为那两篇文章是我国从宏观上从综合上讨论技术发展战略问题的较早的文献，而这类研究正是现在应该大力提倡的。我觉得这个评论是有见地的。

毛泽东说，他"很喜欢读这类文章"，"还想懂得多一点"。这说明他对哲学研究同技术研究的结合，对技术发展的思路和战略的探讨，表现了很大的兴趣和关注。

坂田文章和《自然辩证法研究通讯》的复刊

毛泽东爱读《自然辩证法研究通讯》杂志这件事，我知道以后，是很高兴的。因为于光远同志创办和主持这个杂志，我是参与其事了的。

1956年制定自然辩证法研究工作12年规划的时候，大家建议在哲学研究所设立自然辩证法组，并创办一个通讯性质的杂志。这两条建议当年都付诸实施了，于光远兼任这个研究组的组长，《自然辩证法研究通讯》杂志（季刊）即由这个组负责编辑。创刊号上刊载的就是自然辩证法研究规划草案及其所列项目的二十几份说明书。杂志办到1960年年中停刊。当时整顿刊物，说哲学研究所应集中力量办好《哲学研究》，《自然辩证法研究通讯》的任务由《哲学研究》承担就行了。事实上《哲学研究》不可能完全承担，于是《自然辩证法研究通讯》于1963年秋天复刊。复刊第一期是8月出版的，其中重点文章之一，是日本物理学家坂田昌一的《基本粒子的新概念》，从苏联《哲学问题》杂志转译过来的。

这个杂志发行量不大，开头不过二千份，后来也不过一万份。读者圈大致限于自然辩证法工作者和一些对自然辩证法有兴趣的教师和学生。哲学界多数人都不大注意。然而毛泽东注意到了。这一情况,我们最先是1963年年底知道的。

1963年12月16日,中央科学小组的聂荣臻、张劲夫、韩光、于光远、范长江等同志到颐年堂向毛泽东汇报新的科学技术十年规划。谈话中,毛泽东问起这个杂志,说:有一本杂志《自然辩证法研究通讯》,中间停了很久,现在复刊了,复刊了就好。现在第二期已经出了。这个刊物哪里出的?①

于光远向毛泽东说明了情况,回来告诉了我们。

1964年8月18日,在北戴河,我参加了毛泽东同几位哲学工作者的谈话。这次毛泽东又讲到这个杂志,特别讲到杂志上刊登的坂田昌一的文章,赞赏坂田关于"基本"粒子并不是最后的不可分的粒子的观点。根据我当时整理的谈话记录,毛泽东是这样说的:

> 列宁讲过,凡事都可分。举原子为例,不但原子可分,电子也可分。可是从前认为原子不可分。原子核分裂,这门科学还很年轻。近几十年来,科学家把原子核分解了。有质子、反质子,中子、反中子,介子、反介子,这是重的,还有轻的。至于电子同原子核可以分开,那早就发现了。电线传电,就利用了铜、铝的外层电子的分离。电离层,在地球上空几百公里,那里电子同原子核也分离了。电子本身到现在还没有分裂,总有一天能分裂的。"一尺之棰,日取其半,万世不竭。"这是个真理。不信,就试试看。如果有竭,就没有科学了。世界是无限的。时间、空间,是无限的。空间方面,宏观、微观,是无限的。物质是无限可分的。所以科学家有工作可做,一百万年以后也有工作可做。听了些说法,看了些文章,很欣赏《自然辩证法研究通讯》上坂田昌一的文章。以前没有看过这样的文章。他是辩证唯物主义者,引

---

① 毛泽东还读过《自然辩证法研究通讯》1964年第1期发表的我所辑的《马克思主义者关于科学实验的论述》这份材料,在题目上画了一个大圈,在马恩列部分的导语下画了道道;读过这个杂志1964年第2期上发表的席泽宗写的《宇宙论的现状》,在文章结尾部分的论述下画了道道。

了列宁的话。①

8月24日，在北京，毛泽东又找于光远、周培源到中南海他的卧室，谈坂田文章，并且比较系统地谈了他对自然界辩证法的一些见解。讲到宇宙的无限：宇宙从大的方面是无限的，从小的方面也是无限的，是无限可分的；讲到细胞的起源；讲到地球和人类的未来；讲到认识的主体和认识的工具；讲到哲学就是认识论，等等。

当时，正在举行北京科学讨论会，坂田昌一作为日本代表团的团长参加了会议。8月23日，毛泽东接见与会的各国科学家时，同坂田握手，并说自己读过他的文章。这引起坂田的惊讶和喜悦。后来游颐和园，于光远向坂田说明了毛泽东从哪里读到坂田的哪篇文章，告诉他毛泽东非常重视他引用列宁关于电子不可穷尽的论述，非常重视他关于"基本"粒子可分的见解，还告诉他，毛泽东在1957年莫斯科会议上就说过一分为二是普遍现象，原子分为原子核和电子，原子核又分为质子和中子，质子又有反质子，中子又有反中子……坂田很感兴趣，说：可惜他原来不知道毛泽东1957年讲过这些意见，如果早知道，他的文章一定会引用的。坂田回国以后，多次写文章讲到毛泽东的这一见解。

因为毛泽东对坂田文章这样重视，坂田又说过他那篇文章苏联译得不甚准确，我们找人从日文重新译出这篇文章，题目按原文恢复为《关于新基本粒子观的对话》。听说毛泽东对人说过，这样的文章，专门名词、专门知识一般读者不懂，应该作些注释。我们又组织人作了一批注释。根据毛泽东几次谈话的精神，我们替《红旗》编辑部起草了一个较长的按语，连

---

① 准确地说，列宁在《唯物主义和经验批判主义》中所说的原话是："电子和原子一样，也是不可穷尽的。"坂田引用的就是这句话。（《唯物主义和经验批判主义》第262页）

此外，列宁在《哲学笔记》中，在黑格尔"有限性中包含着无限性"这些话旁边，还批了这样的话："应用于原子和电子的关系。总之就是物质的深远的无限性……"（《哲学笔记》第114~115页）

恩格斯1867年6月16日致马克思的信中，早就指出过：分子、原子不是"可分性的极限"，而是"分割的无穷系列"中的各个关节点，它们"并不结束这个系列，而是规定质的差别"。（《马克思恩格斯全集》第31卷，第309页）

可见，物质的无限可分性，物质分割的无穷系列，物质的不可穷尽性，物质的深远的无限性，说的都是一个意思。

同译文、注释一起，在《红旗》杂志1965年第6期发表。随后在科学界和哲学界进行了一系列讨论，《红旗》1965年第9期还发表了一个讨论专辑。

这些活动，对自然辩证法的学习和研究起了较好的影响。因为它着眼于引导，要求把哲学的探讨同自然科学的具体研究结合起来，而不是离开这种具体研究去谈玄。

当时我国有一群理论物理学家，致力于基本粒子的研究。毛泽东强调的"基本粒子"可分的思想，本是从物理学家那里来的，反过来又影响这群物理学家去认真探索"基本粒子"以下层次的粒子。他们把这种粒子称为层子，建立了基本粒子结构的层子模型，发表了一批研究论文。这些成果在当时是站在前沿的工作。在这前后，西方物理学家发展了关于基本粒子重粒子结构的"夸克"学说。"夸克"大致相当于"层子"。从那时以来，这方面研究工作取得长足的进展，"基本"粒子有更深层次的结构，在物理学界已得到公认。

毛泽东逝世后，1977年在夏威夷开了第七届粒子物理学讨论会。诺贝尔物理学奖金获得者格拉肖在追述了物理学家如同剥葱一样逐层深入研究物质结构的历程之后，说了这样一段很有意思的话：

> 洋葱还有更深的一层吗？夸克和轻子是否都有共同的更基本的组成部分呢？许多中国物理学家一直是维护这种观念的。我提议把构成物质的所有这些假设的组成部分命名为"毛粒子"（Maons），以纪念已故的毛主席，因为他一贯主张自然界有更深的统一。

这个建议并不是对粒子命名的一个具体建议。这个建议表示了一个科学家对一个哲学家的深刻见解的敬意。

"不搞科学技术，生产力无法提高"

作为革命领导人和国家建设的领导人，毛泽东也多次强调过自然科学在国家建设中的重要作用，强调过为了建设必须学习自然科学。

1940年在革命根据地延安，成立了自然科学研究会，毛泽东是发起人之一，在成立会上发表了讲话。"自然科学是人类争取自由的一种武装。"

"人们为着要在自然界中得到自由,就要用自然科学来了解自然,克服自然和改造自然。"① 这些名言就是在这次讲话中提出来的。1942年在《经济问题与财政问题》这本书中,毛泽东把聚集在边区的科学技术人员,称为"建立工业的指导力量"。②

建国前夕,毛泽东在《论人民民主专政》中说:"严重的经济建设任务摆在我们面前。我们熟习的东西有些快要闲起来了,我们不熟习的东西正在强迫我们去做。"③ 这里面就包含要学习自然科学和技术。

第一个五年计划开始,毛泽东一再号召我们,不仅要学习马克思、恩格斯、列宁、斯大林的理论,而且要学习苏联先进的科学技术,来建设我们的国家。④ 强调学习苏联有当时的历史背景,照搬苏联经验有严重的消极方面。但是,把学习科学技术的任务同学习马列理论的任务相并列,反映了形势的发展和认识的前进,是有重大积极意义的。

1955年全国党代表会议上,毛泽东指出:"我们进入了这样一个时期,就是我们现在所从事的、所思考的、所钻研的,是钻社会主义工业化,钻社会主义改造,钻现代化的国防,并且开始要钻原子能这样的历史的新时期。"他说:"只要我们更多地懂得马克思列宁主义,更多地懂得自然科学,一句话,更多地懂得客观世界的规律,少犯主观主义错误,我们的革命工作和建设工作,是一定能够达到目的的。"

1956年党中央专门召开知识分子问题会议,毛泽东讲话,号召全党努力学习科学知识,同党外知识分子团结一致,为迅速赶上世界科学先进水平而奋斗。⑤

在党的八大的一次预备会议上,毛泽东进一步提出这样一个重要论点:我们对新的科学技术还不懂,还要作很大的努力。现在中央委员会是一个政治中央,还不是科学中央,将来,中央委员会就是科学委员会了。胡耀邦纪念马克思逝世一百周年的讲话中,特别引用了毛泽东这个论点。

1958年年初,毛泽东要求全党工作的着重点转到技术革命和经济建设上来,并且说:"提出技术革命,就是要大家学技术,学科学。""过去我们

---

① 见1940年3月15日《新中华报》。
② 《毛泽东选集》,东北书店1948年版,第815页。
③ 《毛泽东选集》第4卷,第1417—1418页。
④ 见《新华月报》1953年3月号。
⑤ 参见《新华半月刊》1956年第4号。

有本领，会打仗，会搞土改，现在仅仅有这些本领就不够了，要学新本领，要真正懂得业务，懂得科学和技术，不然就不可能领导好。"

毛泽东也深感自己需要学习。1962年，他在七千人大会上说过："拿我来说，经济建设工作中间的许多问题，还不懂得。工业、商业，我就不大懂。对于农业，我懂得一点。但是也只是比较地懂得，还是懂得不多。要较多地懂得农业，还要懂得土壤学、植物学、作物栽培学、农业化学、农业机械，等等；还要懂得农业内部的各个分业部门，例如粮、棉、油、麻、丝、茶、糖、菜、烟、果、药、杂等；还有畜牧业，还有林业。我是相信苏联威廉斯土壤学的，在威廉斯的土壤学著作里，主张农、林、牧三结合。我认为必须要有这种三结合，否则对于农业不利。所有这些农业生产方面的问题，我劝同志们，在工作之暇，认真研究一下，我也还想研究一点。但是到现时止，在这些方面，我的知识很少。"

1963年12月，聂荣臻等同志向毛泽东汇报新的10年科学技术规划的时候，毛泽东说了一段极重要的话：科学技术这一仗，一定要打，而且必须打好。过去我们打的是上层建筑的仗，是建立人民政府、人民军队。建立这些上层建筑干什么呢？就是要搞生产。搞上层建筑搞生产关系的目的就是为了解放生产力。现在生产关系是改变了，就要提高生产力。不搞科学技术，生产力无法提高。

历数毛泽东的这些论述，我们看到，毛泽东在解放后强调自然科学和技术的重要性的时候，都是他把注意力比较地着重放在经济建设上的时候。如果一直按这样的指导思想贯彻执行，我国经济发展和科学发展当会另有一番气象。可惜的是毛泽东未能贯彻始终地坚持这些正确思想。相反，在社会主义改造基本完成以后，他却反而越来越强调"以阶级斗争为纲"。而在大抓所谓阶级斗争的时候，这些重视自然科学的思想就被冲淡了、搁置了。这种情况虽有起伏，总的趋势是愈演愈烈，直至演变为十年"文化大革命"，严重地损害了经济建设，也严重地损害了科学发展。这是历史的悲剧。现在党中央总结历史经验教训，坚定不移地把全党工作重点转移到经济建设上来，因而也就把科学发展摆到重要的战略地位上来。只有在这时，毛泽东重视自然科学的那些正确思想，才能恢复它的原貌并获得新的发展。

（龚育之）

毛泽东学英语

学英语是毛泽东读书生活的一个部分。我于1954年秋到毛泽东办公室担任他的国际问题秘书,前后有12个春秋。在这段时间里,我除了秘书工作外,大部分时间帮助他学习英语。从那以后,20年过去了,但毛泽东学习英语的生动情景,仍然历历在目。最近我查阅了毛泽东生前阅读过的英文书刊,访问了一些在他身边工作过的同志,并查阅了我当时的笔记,以便使我的回忆和叙述更真切一些。

"决心学习,至死方休"

毛泽东历来十分重视中国语言和外国语言的学习,并主张把学习本国语言和学习外国语言,学习现代汉语和学习古代汉语结合起来。

新中国建立以后,毛泽东多次提倡干部学习外语。1958年1月在《工作方法六十条》(草案)中,他建议在自愿的原则下,中央和省市的负责同志学一种外国文,争取在5年到10年的时间内达到中等程度。1959年庐山会议初期,他重申了这一建议。在70年代,他还提倡60岁以下的同志要学习英语。

毛泽东在延安时期自学过英语。但是,由于当时严酷的战争环境,他的学习受到很大限制。全国解放以后,有了较好的学习条件和环境,学习英语成为他的一种爱好。

1954年,我到他身边工作时,他已年逾花甲。他第一次同我在一起学英语是在同年的11月,在广州越秀山的游泳池畔。他在游泳后休息时,想读英语,便让我坐在他身边的藤椅上。当时我的心情有些紧张。他问我是什么地方人,多大年纪?当我谈到我的籍贯是江苏,童年生活在保定,"七七"事变后才举家迁到北京时,他便谈到保定有个莲花池,原是为北洋军阀头子曹锟修的花园,进而谈到曹锟用5000银元一张选票的手段收买500多名"猪仔议员",贿选总统的丑史。毛泽东神态安详,谈笑自若,使我紧张的心情很快平静下来。

毛泽东那时熟悉的单词和短语还不很多,我们先从阅读英文版《人民中国》、《北京周报》杂志、新华社的英文新闻稿和英文参考的新闻、通讯、时事评论和政论文章入手,以后逐步学习《矛盾论》、《实践论》、《莫斯科会议宣言》的英译本。

《毛泽东选集》第四卷1960年出版以后,毛泽东特地给我写了一封信,要求阅读这一卷的英译本。他的信是这样写的:"林克同志:选集第四卷英译本,请即询问是否已经译好?如已译好,请即索取两本,一本给你,另一本交我,为盼!"1960年的"莫斯科会议声明"发表以后,12月17日,他又写了一信,说:"莫斯科声明英文译本出版了没有?请你找两本来,我准备和你对读一遍。"

此外,毛泽东还读过一些马列主义经典著作的英译本,如《共产党宣言》、《哥达纲领批判》、《政治经济学批判》以及一些讨论形式逻辑文章的英译本。

在学习马列主义经典著作英译本时,毛泽东曾经遇到过不少困难。因为这些经典著作英译本的文字比一般政论文章的英文要艰深些,生字也多些。但是,毛泽东不畏困难。1959年1月,一位外宾问他学习英文的情况时,他说:在一字一字地学。若问我问题,我勉强答得上几个字。我要订五年计划,再学五年英文,那时可以看点政治、经济、哲学方面的文章。现在学了一半,看书不容易,好像走路一样,到处碰石头,很麻烦。他对我也说过,他"决心学习,至死方休"。他还诙谐地说:"我活一天就要学习一天,尽可能多学一点,不然,见马克思的时候怎么办?"

带着字典,学习英译政论书籍

毛泽东说话,湖南口音很重,有些英语单词发音不准。他就让我领读,他跟着读。有时,他自己再练习几遍,请我听他的发音是否合乎标准,并让我纠正他发音不准的地方,以便他掌握发音要领。遇有生疏的单词或短语,在我领读、解释字义和解释语法结构之后,他便用削得很尖的铅笔,在单词上注明音标,并在书页空白的地方,用密密麻麻的蝇头小字注明每个单词和短语多种不同的字义。在《共产党宣言》和《矛盾论》英译本上，他从第一页直到最后一页，都作了详细的注；直到晚年，每当他重读一遍时，就补注一次。只是，由于他年事已高，视力减退，已不能用蝇头小字，而是用苍劲的大字作注了。

学英语离不开字典。毛泽东身边经常放着两部字典，一部英汉字典，一部汉英字典，备他经常查阅。每次到外地视察工作时，也都带着字典。考虑到他的工作繁重，为了节省他的时间，对他未学过的单词，我常常事先代他查好字典。但是他往往还要亲自看看字典上的音标和注解。为了学习英语的需要，自1961年到1964年，他多次要过各种辞典和工具书，如《英华大辞典》（郑易里、曹成修主编）、《汉英字典》（美国出版）、《英汉字典》、《现代汉英辞典》（王云五校订，王学哲编辑，商务印书馆出版）、《中华汉英大辞典》、《综合英汉大辞典》增订本（商务印书馆1948年出版）、《汉英分类词汇手册》（北京外国语学院编）、《汉英时事用语辞汇》等。对当时收集到的汉英辞典，他都不满意，曾希望能出版一部好的汉英辞典。至今，毛泽东在中南海的住地仍然保存着他生前用过的《世界汉英字典》（盛谷人编，世界书局1935年出版）和《英汉四用辞典》（詹文浒主编，世界书局1939年出版）等。

为了学习英语的生活用语，毛泽东还阅读过《基础英语》和《中国建设》等。在1961年到1964年期间，他还要人把《初中英语》、《中级英语》课本、《英语学习》杂志、外语学院编的《英语》修订本、北京大学英语系编的《英语教材》和《英语语法》等图书送给他。

毛泽东学习英语的重点，放在阅读政论文章和马列主义经典著作上。因为这些文章和著作的内容，他非常熟悉，学习时，可以把注意力放在句型变化和句子的结构以及英语词类的形式变化上。有些文章和经典著作，他学习过多遍。《矛盾论》的英译本他就先后学习过三遍，并在封皮的内页记下了三次阅读的时间：1956年5月10日开始读第一遍；1959年10月31日开始读第二遍；1961年10月9日开始读第三遍。他反复学习的目的，是为了加强记忆和加深理解。他对汉语的起源、语法、修辞都有深刻的了解，常常喜欢把英语同汉语的语法、修辞作比较，或者提出问题进行讨论。他说："我学英语是为了研究语言，用英语同汉语来比较。如果有机会，我还想学点日文。"后来由于他工作实在太忙，学习日语的愿望未能实现。

广泛谈论其他问题

在学习英语的过程中，毛泽东很喜欢谈论问题。这些问题涉及面广，远远超过了语言的范围。即使在学习马列主义经典著作的英译本时，他也十分注意密切联系中国的实际，特别是当前的实际。1956年7月16日，他读到英文本《共产党宣言》1872年德文版序言中的一段话："这些基本原理的实际运用，正如《宣言》中所说的，随时随地都要以当时的历史条件为转移。"这时，他说，可惜教条主义者不懂得这个道理。《共产党宣言》序言中还有另一段话："关于共产党人对各种反对党派的态度问题所提出的意见（第四章）虽然大体上至今还是正确的，但是由于政治形势已经完全改变，而当时所列举的那些党派大部分已被历史的发展进程所彻底扫除，所以这些意见在实践方面毕竟是过时了。"读到这里，毛泽东说，以中国的情形来看也是这样，从清朝的康梁保皇派到袁世凯、北洋军阀时期的研究系（后来的政学系）、吴佩孚、曹锟、段祺瑞、张作霖、青海的五马……都被历史的进程扫掉了，唯有民族资产阶级的党派存在下来。

1957年2月27日，毛泽东发表了《关于正确处理人民内部矛盾的问题》的讲话。1957年4月24日，他读英文本《矛盾论》时，对人民内部矛盾的理论作了进一步的发挥。他具体分析了农业合作社存在的六大矛盾及其解决办法。他说：第一个矛盾是国家与农业社之间的矛盾，其中包括国家计划与农业社机动性的矛盾，农业税、价格与农业社的矛盾；第二个矛盾是农业合作社与生产队之间的矛盾，农业社管理委员会权力太集中是民主办社的障碍，解决办法是给生产队一些有利于搞好生产的权力，例如，实行三包（包工、包产、包开支）制度，在一定范围内进行农副业生产管理、施行增产措施的权力；第三个矛盾是农业合作社与社员之间的矛盾，解决办法是农业社的积累与社员的收入要有适当的比例；第四个矛盾是穷队与富队之间的矛盾，解决办法是各负盈亏；第五个矛盾是社员与社员之间的矛盾，解决办法是贫农不要占中农和富裕中农的便宜，对他们的意见不要采取粗暴的态度，否则不利于贫农与中农的团结，不利于生产；第六个矛盾是干部与群众之间的矛盾，解决的办法是定期公布财务账目，干部参加生产，遇事及时同群众商量。后来读英语时，毛泽东还谈到，分配制度是关系到五亿农民的大事，如果不解决这个问题，就不能说是一盘棋，甚至半盘棋都谈不到。整社必须解决这个问题，否则整社是整不好的。

毛泽东在学英语时常探讨历史问题。1959年3月1日，《光明日报》"文学遗产"专栏刊登了一篇论柳宗元的文章。毛泽东对这篇文章的观点有不同的看法，对我们说：柳宗元是一位唯物主义哲学家，见之于他的《天论》，刘禹锡发展了这种唯物主义；而这篇文章无一语谈到这一大问题，是个缺点。在这之前，毛泽东还谈到翦伯赞关于曹操的一篇文章，说：曹操结束汉末豪族混战的局面，恢复了黄河两岸的广大平原，为后来的西晋统一铺平了道路。他还说：《三国演义》的作者罗贯中不是继承司马迁的传统，而是继承朱熹的传统。南宋时，异族为患，所以朱熹以蜀为正统。明朝时，北部民族经常为患，所以罗贯中也以蜀为正统。同年5月，毛泽东还谈到，他要写一部自辛亥革命到蒋介石登台的大事记。他说，蒋介石集团本身的变化可以不写，但是蒋介石登台后的军阀战争要写进去。孙中山当临时总统，蔡锷反袁世凯，蒋桂之战，蒋冯阎之战等都要写进去。

毛泽东还谈到他自己写的几首词的主题思想。1957年5月21日，他在学英语休息时说，《沁园春·雪》这首词是反封建的，"惜秦皇汉武，略输文采；唐宗宋祖，稍逊风骚"，是从一个侧面来批判封建主义制度的，只能这样写，否则就不是写词，而是写历史了。《念奴娇·昆仑》这首词的主题思想是反帝的。《菩萨蛮·黄鹤楼》是描述大革命失败前夕，心潮起伏的苍凉心境。《水调歌头·游泳》这首词是反映社会主义建设的。1962年4月21日，他还谈到《浪淘沙·北戴河》一词写作的缘由。他说，李煜写的《浪淘沙》都是婉约的，没有豪放的。因此，他以《浪淘沙》的词牌写了一首豪迈的词。

毛泽东在学英语时还经常纵论国际形势。他对国际事务的了解和对世界历史知识的熟悉，使他常从战略高度考虑问题，对未来表现出明晰的预见性。1957年12月12日，在戴高乐当政之前五个月，毛泽东就非常注意欧洲中立主义的发展。他说，要继续进行观察。1958年5月戴高乐当政时，国际大多数舆论认为，欧洲的政局将向右转。但毛泽东明确认为，戴高乐当政有利于欧洲中立主义的发展。后来的历史发展证明了他的论断是正确的。

一种特殊的休息

毛泽东学英语，善于利用一切可以利用的时间。他常常说："要让学习占领工作以外的时间。"这里的学习固然是指读书，但也包含积极休息的意思。他利用业余时间学英语，是他的一种特殊的休息。1959年1月，他接见巴西外宾说：学外文好，当作一种消遣，换换脑筋。

毛泽东经常在刚刚起床，在入睡之前，在饭前饭后，在爬山、散步中间休息时，以及游泳之后晒太阳时学英语。1955年11月，他在杭州休息时，游兴很高，接连攀登了南高峰、北高峰、玉皇顶、莫干山等处。在攀登途中，他常常要停下来略作歇息，这时往往坐下来学习英语。在多次攀登北高峰之后，他曾诵诗一首："三上北高峰，杭州一望空；飞凤亭边树，桃花岭上风。热来寻扇子，冷去对美人；一片飘飖下，欢迎有晚莺。"在攀登莫干山时，他口诵《莫干山》诗一首："翻身复进七人房①，回首峰峦入莽苍。四十八盘才走过，风驰又已到钱塘。"

50年代和60年代，是毛泽东学英语兴致最高的时候。他在国内巡视工作期间，无论在火车上，还是在轮船上，随时都挤时间学英语。有时哪怕只有个把小时也要加以利用。1957年3月17日至20日，他先后在天津、济南、南京和上海的上千人或几千人的干部大会上作报告，讲人民内部矛盾问题。当时的工作很紧张，但在旅行中仍以学习英语为乐趣。1958年9月10日至21日，他巡视长江流域的湖北、安徽、江苏、上海、浙江等省市，沿途参观工厂、矿山、学校、公社，大部分行程是乘汽车，每天都要乘车六七小时，途中十分辛苦，即使如此，学起英语来仍很有精神。

使人难忘的是，即使在飞机上的短暂时间或者出国访问期间，他学习英语的兴致丝毫不减。1957年3月19日11时至12时，由徐州飞往南京途中，他书写了元人萨都剌的《徐州怀古》词后，即学英语。3月20日13时至14时，由南京飞往上海途中，他的大部分时间也在学英语；当飞机飞临镇江上空时，他书写了辛弃疾的词《南乡子·登京口北固楼有怀》，并向我解释了这首词的意思和词中的典故。这一年11月，他到苏联参加莫斯科会议，当时住在克里姆林宫。有时早上天色未明，他就让我同他一起学英语。在会议期间，他的英语学习没有中断过。

毛泽东在长时间的开会、工作或会见外宾之后，也常常以学英语作为一种调节。例如，1960年5月6日至10日，他在郑州连续会见非洲十二

---

① 指汽车。

国、拉丁美洲八国等四批外宾后,多次以学英语作为休息。同年5月27日,他在上海会见蒙哥马利,两人谈得很融洽,休息时又读了一会儿英语。

(林　克)

读有字之书,又读无字之书

毛泽东重视书本知识,也重视实际知识;既提倡读有字之书,也提倡读无字之书,历来反对死读书,读死书。

1938年3月15日,毛泽东在抗大三大队毕业典礼上,对学员们说:社会也是学校,一切要在工作中学习。学习的书也有两种,有字的讲义是书,"无字天书"——社会上的一切也是书。

读无字的书,即向社会学习,向实际学习,向群众学习。这个思想,在青年时代的毛泽东的头脑里就已经萌生。1914年,他在湖南第一师范读书时整理的课堂笔记《讲堂录》中,有这样一段话:"闭门求学,其学无用。欲从天下国家万事万物而学之,则汗漫九垓,遍游四宇尚已。"1917年夏,他邀同学肖子昇,利用暑假,以"游学"方式,游历了湖南长沙、宁乡、益阳、沅江、安乡五县农村,广泛接触社会生活。1918年夏,又和蔡和森到湖南益阳、沅江、岳阳、汉寿等县农村进行了半个多月的实地考察。1919年,他评论戊戌维新时期的湖南思想界,在肯定其进步意义的同时,又指出那时的思想界"很少踏着人生社会的实际说话"。① 1920年后,当他刚刚成为一个马克思主义者的时候,他所读的马列主义著作,比起他的同代人如蔡和森、邓中夏、恽代英、瞿秋白等是较少的。但是由于他注重实践,注重对中国现实社会的了解,一旦掌握了马克思主义的基本原理,就能够很好地同中国革命的实际结合起来,解决中国革命中的问题。在这个根本点上,他是出类拔萃的。

毛泽东一生中做了大量社会调查,这对于他了解中国的历史和现状,

---

① 毛泽东:《健学会之成立及进行》。载1919年7月21日《湘江评论》临时增刊第1号。

对于他将马克思主义普遍原理同中国革命实际相结合，解决中国革命问题，起了重要的甚至是决定性的作用。在大革命时期，他通过调查研究，对中国社会各阶级的历史和现状作出了科学分析。在井冈山时期，通过农村调查，制定了井冈山土地法。30年代初，通过寻乌调查，比较系统地了解了城镇商业、地主、富农的情况，提出了一些解决富农问题的政策。通过兴国调查，得出关于中国农村土地占有情况的基本概念，解决了贫农、雇农的问题。通过一系列农村调查，他逐步形成了一套解决农村土地问题的正确政策。他还做了其他方面的一些调查，包括革命根据地的政权、经济、文化教育等。在社会主义建设时期，他的调查研究做得少了，但是为了寻找一条适合中国情况的建设社会主义的道路，他曾用了一个半月的时间，做了一次系统的经济问题调查，写出了《论十大关系》。60年代初，为了纠正工作中的错误，解决经济困难问题，他亲自组织调查组，分赴浙江、湖南、广东做农村调查。在这个基础上，于1961年3月召开广州会议，主持制定农村人民公社工作条例，对继续扭转困难局面，恢复和发展农业生产，起了重大作用。

在这次广州会议上，毛泽东讲了一段他在作战中间做调查的故事。他说：凡是忧愁、没有办法的时候，就去调查研究；一经调查研究，问题就出来了，问题就解决了。打仗也是这样，凡是没有办法的时候就去调查研究。在反对第二次"围剿"兵少的时候，很不好办。那个时候，我跟彭德怀两个人，跑到白云山上，跑了一天，在山上一看，看到了左平，看到了很多地方。我说，彭德怀把你的三军团全部打包抄，一军团打正面，敌人一定会垮下去。如果不去看呢？就每天忧愁，就不知道如何打法。

毛泽东在总结他做调查研究的经验的时候说：用马克思主义的基本观点，做周密的调查，是了解情况的最基本的方法。只有这样，才能使我们具有对中国社会问题的最基础的知识。又说，他用开调查会的方法得到了很大的益处，"这是比较什么大学还要高明的学校"。毛泽东在向社会做调查这个大学校里学到了许多无法从书本上得到的知识。

毛泽东重视读无字的书，强调向社会学习，向实际学习，向群众学习，是根基于马克思主义认识论的一个基本思想，即"实践是认识的基础"。

毛泽东常说，他从来没有想到自己去搞军事，去打仗。后来自己带起队伍打起仗来，上了井冈山。在井冈山先打了一个小胜仗，接着又打了两个大败仗，于是我们总结经验，产生了打游击的十六字诀："敌进我退，敌驻我扰，敌疲我打，敌退我追。"① 正如他后来所说的："读书是学习，使用也是学习，而且是更重要的学习。从战争学习战争——这是我们的主要方法。"②

毛泽东之所以成为伟大的军事家，并不是因为他读了多少兵法书，更不像有人所说的那样，毛泽东指挥打仗是靠《孙子兵法》，靠《三国演义》。据毛泽东说，那时他还没有读过《孙子兵法》。毛泽东之所以成为伟大的军事家，最主要的是他有丰富的领导革命战争的实际经验。他是从长期革命战争实践中，逐步认识和掌握人民战争的规律的，并从理论上加以概括。毛泽东的军事名著《中国革命战争的战略问题》是怎样写出来的呢？如果没有他亲身经历的战争中的胜利和失败，不经过第五次反"围剿"的失败，不经过长征，能写出来吗？显然是不可能的。当然，为了系统地总结战争经验，军事理论书籍是不可不读的，他曾说，因为要写《中国革命战争的战略问题》，倒是逼他研究了一下资产阶级的军事学。③ 从一些材料来看，毛泽东比较集中地阅读一些军事理论书籍，包括《孙子兵法》等，主要是在这个时候。毛泽东的科学著作，不仅是他个人的革命实践经验的总结，更是全党的革命实践经验的总结。他曾说过：1921 年建党后，经过了 14 年，牺牲了多少党员、干部，吃了很多苦头，才懂得了如何处理党内关系、党外关系，学会走群众路线。不经过那些斗争，我的那些文章也是写不出来的。④

毛泽东在他的许多讲话和谈话中，引证古今中外的历史事实，反复说明一个道理：一个人光有书本知识是不行的，一定要投身到社会生活中去学习实际的知识，这是最丰富最生动的知识。

他常讲《史记》上写的赵括"纸上谈兵"的故事，说明只有书本知识没有实际经验是不行的。战国初期，赵国名将赵奢的儿子赵括，自幼读了不少兵书，谈起兵法，头头是道，连他父亲都难不倒他。但是赵奢认为赵括不能当大将。后来秦国攻赵，赵括接受兵权，打起仗来照搬兵书，结果被秦军围住，赵军 40 万全军覆没，赵括自己也被射死。毛泽东还说，刘邦为什么能打败项羽？因为刘邦同贵族出身的项羽不同，比较熟悉社会生活，

---

① 毛泽东 1964 年 8 月 24 日与周培源、于光远的谈话。
② 《毛泽东选集》第 1 卷，人民出版社 1991 年第 2 版，第 181 页。
③ 毛泽东 1961 年 3 月 13 日在广州会议上的讲话。
④ 毛泽东 1956 年 9 月 10 日在八大预备会上的讲话。

了解人民心理。屈原如果继续当官,他的文章就没有了。因为丢了官,才有可能接近下层社会生活,才有可能产生像《离骚》这样好的文学作品。知识往往是经过困难、经过挫折才得来的。

毛泽东还进而说明,仅仅从读书不读书来判断问题是不行的。他说,三国时吴国的张昭,是一个经学家,在吴国是一个读书多、有学问的人,可是在曹操打到面前的时候,就动摇,就主和。周瑜读书比他少,吕蒙是老粗,这些人就主战。可见,光是从读书不读书、有没有文化来判断问题,是不行的。当然,毛泽东也强调了没有文化的要努力学习文化,也讲过吕蒙读书的故事,讲我们的军事干部都要读书学习,提高文化水平和理论水平。

毛泽东认为,社会和自然界是一个大学校,那里面的东西——无字的书,多得很,学之不尽,取之不竭。他说,孙中山是中国民族民主革命的领袖。他的三民主义,不是从学校的书本里学的,而是在学校外面的大学校里学的。马克思的学问也不是在学校的书本里学到的,是在英国、法国、德国等处看书看事而学的。所看的事,有资产阶级和无产阶级打仗,有法国资产阶级革命、巴黎公社革命和英国劳工运动,还了解了中国革命,后来写了许多书,成为马克思主义的创始人。①

中国有两位杰出的古代地理学家深为毛泽东所称赞,一位是明朝的徐霞客,一位是《水经注》作者北魏的郦道元。毛泽东在1958年1月28日的最高国务会议讲话中说:明朝那个江苏人,写《徐霞客游记》的,那个人没有官气,他跑了那么多路,找出了金沙江是长江的发源。"岷山导江",这是经书上讲的,他说这是错误的,他说是"金沙江导江"。同时,我看《水经注》作者也是一位了不起的人。他不到处跑怎么能写得那么好?这不仅是科学作品,也是文学作品。毛泽东为什么如此称赞徐霞客和郦道元?除了他们的文章写得好,主要是因为他们经过亲身游历和实地考察,获得了大量的书本上没有的东西,并且有新的发现,敢于否定书本上已有的定论,提出自己的科学论断。特别是徐霞客,22岁出游,30年间,足迹及于16个省区,以坚韧不拔的毅力,越过千山万水,克服千难万险,对祖国的山川源流、地形地貌、岩石洞壑、动物植物,直到民情风俗等,做了大量调查和观察,给后世留下了珍贵的地理资料和知识。他对金沙江是长江的

---

① 毛泽东1938年8月22日在中央党校的讲话。

源流的发现，否定了《禹贡》的"岷山导江"的定论，推倒了陈陈相因的旧说。徐霞客这种追求真理的实践精神，赢得了毛泽东的高度评价。

就在1961年3月召开的那次广州会议上，在讲到做调查的时候，毛泽东说，他很想骑马跑跑两条大江（指长江、黄河）。1964年，年逾古稀的毛泽东，真的准备要去实现他的这一愿望，骑马沿黄河而上，直到黄河源头，对黄河两岸做一次系统的社会调查和自然考察。他还准备组建一个智囊团随行，吸收一些科学家参加，有搞天文的，搞地理的，搞地质的，搞历史的等。这件事以后虽然没有实现，但却说明了毛泽东追求实际知识、在广阔天地里读无字之书的强烈愿望至老不衰，当年邀同学少年游学的赤子之心犹在。

人们都知道毛泽东送毛岸英上劳动大学的动人故事。毛岸英长期住在苏联，对中国的社会情况不大熟悉。他回国不久，毛泽东让他跟一个劳动模范一起劳动，学习农业生产知识。后来，又派他去参加土改，学习阶级斗争知识，进一步了解中国社会的特点；建国后，又让他参加抗美援朝战争，接受战争考验。毛泽东一方面鼓励毛岸英用功读书，一方面鼓励他广泛接触社会，接触实际，接近群众，经受锻炼，学习实际知识的本领，做一个有益于人民的人。毛泽东对毛岸英的这种要求，实际上也是对广大青年的期望和要求。

早在40年代，毛泽东在批评党内的主观主义的时候，曾经说过，有两种不完全的知识，一种是现成书本上的知识，一种是偏于感性和局部的知识，这二者都有片面性，只有使二者互相结合，才会产生好的比较完全的知识。又说，我们反对主观主义，必须使上述两种人各向自己缺乏的方面发展，必须使两种人互相结合。有书本知识的人向实践方面发展，然后才可以不停止在书本上，才可以不犯教条主义的错误。有工作经验的人，要向理论方面学习，要认真读书。毛泽东提出的既要读有字之书，又要读无字之书，也就是这个意思。

（逄先知）

病中诵读《枯树赋》

　　毛泽东从青少年起就酷爱读书，酷爱学习，我亲眼见到他的晚年仍然是"生命不息，学习不止"。他那么大年龄，那么多病痛，仍然想方设法看报读书，一个伟人孜孜不倦的精神使我毕生难忘。

　　俗话说人老眼花，看书吃力。老人家不像我们年轻人的视力，高度数的眼镜都不顶用了。毛泽东晚年在1973年以前是一手举着书报，一手拿着放大镜看。开始用的是一枚象牙柄的放大镜，分量不轻。这样看书阅文件是够累的，我们真佩服他那种惊人的毅力。从1971年开始主席身体素质明显下降，入冬开春老是生病，书籍文件照样经常做伴。我们在他身边的工作人员为了减轻他的劳累，想法为他改做了一枚塑料框的放大镜。

　　到了1974年，毛泽东对我说他看东西感到模糊，我们还以为放大镜的度数不够，开始采取措施，把他需要看的书印成大字体，一些文件来不及印成大字，我就读给他听。重要的文件和参考消息，他硬要自己看，我们采取用大字抄摘，或者印放大件。看着看着，老人家仍然感到模糊，开始他又不让我把眼病告诉别人，也不让医生看，后来没办法在武汉请医生看了，确诊是老年人最讨厌的白内障，他眼病继续发展，逐渐双目失明。1975年中央批准治疗方案，请著名眼科医生唐由之给主席眼睛动手术，很不容易把一个眼睛治好了，医生千叮万嘱要毛泽东少看书、多休息。但毕生为国事操劳、终生勤奋读书的毛泽东哪里能离开书报文件？大家实在劝阻不了。连卧床休息他也要看书。医生只好给配制几副眼镜，如右侧卧看时，戴没有右腿的眼镜，左侧卧时戴没有左腿的眼镜。

　　到了1976年更是多灾多难。新年不久周恩来逝世，毛泽东忍着极大的悲痛，在病中挺过了一个痛苦的春节。到5、6月间，健康状态更是明显恶化，6月初毛泽东突患心肌梗塞，把我们工作人员和医护人员急坏了。这次病得那样突然，那样危重。中央采取不同寻常的措施，一面积极组织抢救，一面把毛泽东的病情开始向中央各部委、各省市自治区党政军负责同志通报，这在我国还是一次未有过的先例。过去我们国家领导层和人民群众，可能出于对毛泽东的崇敬和神化，不敢承认和宣布毛泽东的病情，对1972年毛泽东休克的紧急抢救也秘而不宣，幸亏毛泽东生命力强，医护人员及时抢救过来，让我们转悲为喜，这一次抢救成功又值得庆幸。

我们心中一块石头刚刚落地没几天，7月初朱德又突然逝世。不到半年时间，毛周朱并肩战斗近半个世纪的三位老战友已痛失两位。老人家在精神上很难承受这许多次的突然刺激，他那时的痛苦心境是很难用语言描述的。后来在他的病情趋于平稳稍有好转时，由于这段时间诸多的不愉快的事情加重了他的怀念故旧和寂寞悲凉之感。他只好诵诗读赋，以寄托自己的感情。

有一天，毛泽东让我找来古人庾信（南北朝时期著名的文学家）的一首赋《枯树赋》。这首赋毛泽东是早已熟读过的，前些年他还嘱印过大字本，全赋大部章节他都能背诵下来，即使是在这病魔缠身的晚年仍能背出，今天他特意指名让我找这首赋读给他听。这是一首以树喻人、曲折动人、读来令人感慨万分的赋。

在他的病床边，我读着这首赋，读得很慢。毛泽东微闭着双目，体味那赋中描述的情景，回顾着自己一生经历……

毛泽东让我连续读了两遍，他边听着，边默记着。后来他说自己背诵。此时，他虽不能像过去那样声音洪亮地吟诗，但他仍以那微弱而又费力的发音，一字一句地富有感情地背出：

"……此树婆娑，生意尽矣！至如白鹿贞松，青牛文梓，根柢盘魄，山崖表里。桂何事而销亡？桐何为而半死？……昔年种柳，依依汉南；今看摇落，凄怆江潭；树犹如此，人何以堪。"

稍许，毛泽东又让我看着书，他慢慢地背第二遍。老人家的记忆力真是惊人，他背得很好，除少数几处需偶尔提示一下句首外，均全部背诵自如了。他的声音，他背诵时的表情至今历历在目，令我终生难忘，感慨万千。

我读了两遍，毛泽东背了两遍，近半个小时，已超过医生的规定时间，为了不使老人家太劳累，只好停住，请他休息。其实，那天老人家精神还好，也许本来可以边背边讲，可惜我当时只顾得医生的叮嘱，不敢引老人家多说话，不敢让他动感情。以至于没有听他细谈，没有让他讲出此时此刻的心境和感想。至今想起，还十分遗憾！如果当时不要急于劝阻，听他慢慢谈，这该是多好的学习机会啊！

究竟是这首赋对人间事物描写得真切、透彻，还是它抒发了毛泽东自己的感慨，这不是用几句话能说明白的，用我贫乏的语言和词汇是难以描述的。后来毛泽东常常想起来就吟诵着这首赋，直到他不能讲话为止。这是他诵读的最后一首赋，也是我为他最后一次读诗读赋。自此他因听力减退只能用那刚做过白内障手术的一只眼睛自己看书、看文件了。

（张玉凤）

周恩来："活到老、学到老"

"20世纪只有少数人比得上周总理对世界历史的影响。在过去25年里，我有幸会见过的100多位政府首脑中，没有一个人在敏锐的才智、哲理的通达和阅历带来的智慧方面超过他，这些使他成为一位伟大的领导人。"发出这番感叹的，是深富欧美文化修养的美国前总统理查德·尼克松。尼克松的话表明，周恩来那渊博而精深的知识，敏锐而出众的才智，都达到了超凡的境界，就连许多国家的首脑也不能不为之折服。

的的确确，周恩来内悉国情，外悉世界大势的非凡能力，在中国以致在世界都是极为罕见的。他同国内同志研究工作，常常使那个领域的专家答不出他提的问题。他接见外国客人，常使客人们为周恩来对他们国家情况了解的深度和精确而发出惊叹！

周恩来认为，书籍在历史上的作用是不言而喻的。他把俄国革命民主主义者、唯物主义哲学家、著名作家赫尔岑的一段非常精彩的话铭刻在心：

"书籍——这是这一代对另一代在精神上的遗训，这是行将就木的老人对刚刚开始独立生活的年轻人的忠告，这是行将下岗的人对前来接替他的人的命令。人类的全部生活，会在书本上有条不紊地留下印记；即使种族、人群、国家消失了，书籍将永存下去。书籍是和人类一起成长起来的，一切震撼智慧世界的学说,一切打动心灵的热情都在书籍里结晶形成……书籍——它是未来的纲领,因此我们要尊重书籍!"

一生酷爱读书的周恩来,无论是在条件艰苦的战争年代,还是和平时期,他都保持着好学的良好习惯,都想方设法挤出时间看书学习。

1935年8月,红军在四川毛儿盖、卓克基一带地区休整,准备过草地。长征以来过度的疲劳,使周恩来在出发前六七天时,突然病倒了。第一天,体温39.5度;第二天烧得更厉害了,整日昏迷不醒;经过医生急救,第三天体温才渐渐降下来,神智也才清醒了一些。周恩来的病刚好一点,也仅仅能勉强坐在铺上,他就要学习,叫警卫员拿文件、书报给他看。警卫员们了解他的心情,知道学习已经成了他的习惯。平时行军如果骑马,他手里一定拿一本书,边走边看。但是,他现在身体很弱,所以他们故意少给他一点书看,让他多休息一会儿。周恩来就给警卫员们讲故事,讲革命道理,讲当前的国内外大事,教导他们要好好学习马列主义,将革命进行到底。

后来,在南京、在重庆,周恩来与国民党反动派进行针锋相对的斗争,常常忙得一天只能休息四五个小时,可他一刻也不放松学习,一有时间,就广泛阅读。

40年代初,周恩来在重庆坚持斗争时,无论工作多么繁忙紧张,无论斗争多么尖锐复杂,都争取一切可能来看书,而且看的书范围很广。哲学、科学、文艺、政治理论等方面的书,他都看。当时爱国知识分子中有一个交流学习心得的读书会,参加者有许涤新、胡绳、杜国庠、翦伯赞、侯外庐、王寅生等。周恩来也常去参加。当大家讨论热烈的时候,他通常是静听不语。周恩来与会时,读书会的成员想说什么就说什么,想问什么就问什么,大家丝毫不觉得拘束。有时,他自己也发言,那是一种完全以平等身份发表意见、探讨问题的发言。事实上,周恩来的意见只要一经提出,总是被大家接受、采纳,奉为原则。他的意见有这样的力量,并不是由他的地位所决定的,而是由他在大量的学术问题上,就如同在政治问题上一样,都有着敏锐的洞察力、透彻的分析力、准确的判断力所决定的。

毫无疑义,这种洞察力、分析力和判断力,来源于他的广泛阅读。他通晓许多领域内的科学知识,因而能够发表精湛的见解,能够博得大家的赞叹。

建国后,周恩来作为中华人民共和国总理,操持政务达26年之久。他总理国内外大事，日理万机，可他仍然一刻也不放松学习，从来没有间断过对理论问题的钻研。

周恩来办公室的书柜中，放满了《新华日报》、《毛泽东选集》、《马克思恩格斯全集》、《列宁全集》等经典著作，还有一些辞书工具书，因为他经常需要查证核对一些著作、文件、资料、日期、数字，这样便于他随时取用。在翻阅书籍的时候，周恩来极其认真细致。在《联共（布）党史简明教程》，特别是其中第四章第二节，即关于辩证唯物主义和历史唯物主义一节中，周恩来在书上逐字逐句圈点画线，还密密麻麻写了许多批注，都是对书中阐述内容的概括和对精神实质的理解，可见当时他看得非常仔细。

在日常的学习中，周恩来也非常重视读书。他对社会主义建设这样一个新的历史时期的性质、特征和任务，很注意学习，有过认真的思考。斯大林的《社会主义经济问题》刚出来，周恩来就要求大家一起学习。当时苏联的《政治经济学》教科书还没翻译过来，周恩来得知其中有章节专门论及发展中国家尤其是中国的问题的时候，他嘱咐齐燕铭尽快组织翻译出来，供大家参考学习，并组织办公室人员学习讨论。

当时，周恩来唯一自己给自己封的"官"就是西花厅的学习小组组长，由在他身边担任财经秘书的吴群敢担任学习小组秘书，他规定两个星期讨论一次。学习秘书必须了解每个人的自学状况，集中大家提出的问题，要有充分的准备才进行讨论。周恩来虽然很忙，但只要大家有所准备，就定好日期由他主持开会讨论。

在百忙中，周恩来一有时间就阅读书报，有时在飞机上、火车上他都是手不释卷。

三年暂时困难时期，周恩来经常到各省市视察、处理工作。在飞机上，他还学习马列和毛泽东著作，批文件，找人谈话，有时从上飞机一直忙到飞机即将降落。机组乘务员看了，心里很不安，有时就悄悄走过去劝说总理休息一下，可是没有用。有人统计过，周恩来在近百次的飞行中，没有一次是乘机休息，在几百公里甚至更短的航程中，他也不忘阅读书报。由此可见，他真正做到了见缝插针地看书学习。

有人做过统计，《周恩来选集》下卷共收入周恩来在社会主义革命和社会主义建设阶段的著作56篇，计31万字。像一根红线贯穿其中的，是以论述社会主义现代化建设问题为中心，是为把我国建设成为强大的社会主义现代化国家而奋斗。

周恩来写作这些文章,曾参考了250余种马、恩、列、斯、毛的著作和其他有关书籍。可见,他是真正博览群书,既通晓马克思主义、又通晓许多领域内的科学知识的伟大学者。

正因为周恩来特别重视学习,所以他要求夫人邓颖超要努力学习,适应时代的要求,跟上时代的步伐,站在时代的前列。1959年3月18日,他用"翔宇"这个30年前用过的名字给邓颖超写了一封信,信中写道:

"'三八'之日虽未通话,却签了一个贺卡,而且还是三十年前的笔名,你看了也许引起一些回忆。老了,总不免有些回忆。但是这个时代总是要求我们多向前看,多为后代着想,多向青年学习。偶一不注意,便有落后的危险,还得再鼓干劲,前进前进啊!"

1972年,周恩来不幸得了癌症。他自己知道这个情况,许多老一辈无产阶级革命家劝他休息,全力进行治疗。74岁高龄的周恩来,面对"文革"的现实,对人民事业的责任感使他不能够只顾休息。他采取了相反的做法——更加不分昼夜地工作,还从百忙中抽出时间阅读书报,不断学习新知识,了解新情况,内悉国情,外度世界大势。周恩来在病中阅读过的《毛主席诗词三十九首》和刊有毛主席词二首的《诗刊》这两本书,一直放在他临终的床头。

"活到老,学到老,改造到老",这是周恩来的名言,也是他自身的写照。他用自己的行为完全实现了自己的诺言。

(余 之)

周恩来读苏联《政治经济学(教科书)》

周恩来读苏联《政治经济学(教科书)》的背景

新中国成立后,作为全国政务尤其是经济建设的"总管家",周恩来很少有时间坐下来集中读书,这是由他日理万机的客观条件决定的。然而,作为一个杰出的马克思主义者，周恩来对理论指导实践的渴望和对新知的渴求，却是始终如一的。当"大跃进"和人民公社化运动严重地破坏了国民经济，搞乱了人们的思想时，周恩来要求冷静下来思考社会主义建设规律、读点理论著作的愿望，更加强烈。正在这时，毛泽东于1958年11月9日写信给中央、省市自治区、地、县四级党委委员，建议读斯大林的《苏联社会主义经济问题》和《马恩列斯论共产主义社会》，强调："要联系中国社会主义经济革命和经济建设去读这两本书，使自己获得一个清醒的头脑，以利指导我们伟大的经济工作。"对这一建议，周恩来非常赞同和重视。在某种程度上来说，周恩来早就急切地希望全党认真研究社会主义建设中的理论问题。这一希望，也反映在家庭生活中。当郑州会议结束后，中央决定11月21日至27日在武昌召开政治局扩大会议时，周恩来于11月17日抽空给邓颖超写信说："连日下午中央在开会讨论郑州会议的文件，现在还没结束，内中关于两个过渡两个阶段，都有所探讨，望你加以注意研究，以便见面时与你一谈。"对于社会过渡、所有制、社会阶段以及商品生产等重大问题，如何正确认识和处理，早已成为周恩来和邓颖超注意研究、探讨的重点。

  11月下旬，在中央宣传部的内部刊物上登载了中国科学院经济研究所整理的有关苏联《政治经济学（教科书）》（简称《教科书》）第三版的重要修改和补充的材料。毛泽东立即提议参加武昌会议的同志阅读，并指示给每人发一本《政治经济学（教科书）》。周恩来就是在这个时候开始详细阅看这本书的。武昌会议期间，周恩来经常深夜抽出一定时间读书。1959年1月，《教科书》修订第三版正式出版发行。是年六七月间，在庐山会议前期，毛泽东拟定了关于庐山会议所要讨论的18个问题，其中第一个议题就是"读书"。毛泽东提出："有鉴于去年许多领导同志、县、社干部，对于社会主义经济问题还不大了解。不懂得经济发展规律，有鉴于现在工作中还有事务主义，所以应当好好读书。""中央、省、市地委一级委员，包括县委书记，要读苏联《政治经济学（教科书）》（第三版）。时间3至6个月，或1年。""去年有了一年的实践，再读书会更好些。学习苏联，要读《政治经济学（教科书）》，教科书有缺点，但比较完整……他们的缺点我们不要去学，但在去年，把苏联一些好的经验也丢了。"根据这一要求，周恩来又对《教科书》进行了一些研读。庐山会议后，党中央于当年秋冬重新强调学习《教科书》，刘少奇在海南岛，毛泽东先后在杭州、上海和广州，分别组织了学习苏联《政治经济学（教科书）》读书小组，周恩来受到启发。1960年1月，周恩来在上海出席中央工作会议时，赞同毛泽东提出的"中央各部门的党组，各省、市、自治区党委，应组织起来读《政治经济学（教科书）》，先读下半部（社会主义部分）"的建议。1月31日和2月11日，周恩来先后两次到广州见毛泽东，2月11日还见了邓小平，向他们谈了组织《教科书》读书小组的事。

1960年2月13日，周恩来到广东从化，召集李富春、李雪峰、陶铸、宋任穷、吴芝圃、许涤新、薛暮桥、王鹤寿、吕正操、陈正人等国务院、书记处、部分部委和中南局的有关领导同志组成了《政治经济学（教科书）》读书小组。这个小组，前后用了20天时间，把《教科书》的社会主义部分近27万字的内容通读、研讨了一遍。其间，曾邀请《红旗》杂志社副总编辑胡绳到组内作辅导。胡绳参加过毛泽东组织的读书小组，并整理了毛泽东在读《教科书》时边读边议的谈话记录。这一以笔记形式整理的谈话记录，胡绳在周恩来的读书小组内作了宣读，后来又留在周恩来手中。周恩来对毛泽东的谈话内容作了仔细的研究和深入的思考。3月6日，周恩来回京，次日把胡绳留下的两本笔记送给毛泽东看，并说："我们已告诉参加学习同志，只能在省、市委书记处和各部、委党组中学习使用，不下传。"

从2月13日~3月2日，周恩来在从化《政治经济学（教科书）》读书小组的研讨会上共作过三次系统发言。每次发言之前，他都先写出比较详细的提纲；发言之后，由参加学习的同志作了记录。周恩来的发言记录，在4月份他出访时，经李富春、薛暮桥等人商议，以"从化读书会学习笔记"形式印发国家计委、经委、建委等部委的读书小组和党组，作为学习材料，对这些部委的领导干部学习《教科书》起了重要的指导作用。从周恩来三次发言的内容来看，第一次（即2月23日）着重讲了"过渡问题"，阐述我国过渡时期的五条基本方针；第二次（即2月25日）主要阐述上层建筑尤其是思想意识与经济基础的关系及其前者的先导作用；第三次（即3月2日）主要讲学习《教科书》的方法，并对整个学习作了总结。

周恩来读《教科书》的态度和方法

对于读《政治经济学（教科书）》的态度、方式、方法问题，周恩来在读书过程中反复地作过强调。读书小组刚组成，他就明确提出：必须批判地学习，采取批判的态度和方法。在刘少奇和毛泽东的读书小组中，同样如此。毛泽东在1960年1月上海工作会议上提倡组织学习小组时就专门说过："国庆节以前，把苏联经济学教科书读完。读的方法是用批判的方法，不是用教条主义的方法。"毛泽东和周恩来所强调的"批判"之意，并不是全盘否定，而是实事求是地进行分析、评论，对正确的东西加以肯定、学习、借鉴，对错误的东西加以否定、舍弃。在学术问题上，"批判"一意，是与不加分析、盲目接受的教条主义做法相反的。"批判"的态度，是周恩来历来坚持的学习态度和思考风格。早在他青年时期接受马克思主义时，就具备"审慎求真"的批判性态度，从不盲从。周恩来与中国其他真正的马克思主义者一样，在革命时期就饱尝了教条主义的危害，历经了千辛万苦，才探索出一条适合中国社会发展的革命道路。但是，进入建设新中国的时期以后，由于主观上存在的"左"倾思想和客观上苏联模式的影响及苏联老子党的做法，教条主义的东西始终在时隐时现地干扰中国共产党。"大跃进"和人民公社化运动中存在的严重问题，再次向中国共产党提出了进一步清理教条主义的客观要求。这一要求是符合周恩来反对"洋"冒进、瞎指挥和共产风的思想的。因此，借学习苏联《政治经济学（教科书）》的机会，从理论上批判教条主义，重新思考建设问题，这是读书小组首先要解决的课题。

周恩来在2月23日的发言中开宗明义地提出："我们这次学习是运用毛泽东思想批判地学习《政治经济学（教科书）》。"在2月25日的发言中，讲到思想意识、上层建筑变革问题时，又引发了对苏联《教科书》的态度和方法问题："苏联当时只是一个社会主义国家，为了避免与资产阶级形式上的对立，在法律、司法方面，有许多形式上与资本主义国家相同，甚至在某些原则问题上妥协，这是错误的。我们批判了这些，批判了《政治经济学（教科书）》。但是，我们的人民大学还在用《教科书》当教本，这也是矛盾的。我们中央负责同志都到北大、清华去作报告，就是没有去人大，吴（玉章）老说过好几次。我们的马列主义教科书和教员都是从那里出来的。"周恩来在讲话中对中央社会主义学院、中央党校、国际关系学院等学校使用教本的情况也提出了看法，认为："我们的实际和理论有矛盾。"周恩来所说的人民大学使用《教科书》的问题，侧重点是在担心部分教员和学生缺乏批判态度上面，而不是否定大家学习这本《教科书》。在他看来，只有掌握了批判的武器，解决好理论与实际的矛盾，才能达到教书、育人的目的，也才能有利于中国的社会主义建设。3月2日下午，读书小组召开了"学习《政治经济学（教科书）》（下册）结束会"，周恩来对这次学习作了总结。他在开场白中又一次讲到了学习的方法问题："毛泽东同志告诉我们要批判地学习《政治经济学（教科书）》。怎样批判地学习呢？这次学了20天，仅仅是学习的开始。精读一下，20天是不够的，参考资料那么多；如果要把各个问题研究一下，不是两个月，时间要更长。学习是长期的问题。要分析这本书哪些是对的，哪些是错的，好的加以肯定、发展，错的加以否定、批判；批判要有武器，就是要以马列主义、毛泽东思想作武器来批判，这样才完全……在我们的学习中，掌握和运用这个武器，本身也就是学习。运用这个武器，要有个实践过程，需要有个时间，不能说我们就马上会用了，顺手拈来就行了，不要看得太容易，还要有个长期的过程，要看作是个不断学习、实践、发展的过程。这次学习是需要的，通过这次学习，基本上是提高了一步，还要继续学习下去。"这一总结性的发言，首先明确了批判的态度和方法即是马列主义的科学态度和方法，是实事求是的、分析的态度和方法；其次表明，理论学习是必要的，无论从理论发展还是从实践前进的角度，都是有益的；再次强调，理论学习是长期的任务，要学会运用批判的武器，真正把正确的理论用于指导实践，还需要不断的学习的实践。这次发言，进一步概述了周恩来对待《政治经济学（教科书）》、对待这次学习、对待理论思考的态度和方法。

（杨明伟）

周恩来读苏联小说《旅顺口》

记得还是在1950年冬天，抗美援朝战争正在紧张进行。我们日夜轮班，注视战局的发展变化。当时我担心敌人在辽东半岛登陆，便利用工作之余读读苏联名著、获斯大林奖的小说《旅顺口》，想从中得到一点在辽东半岛设防的启示。一天晚上，我见总理在办公桌前实在困得不行，抹了几次清凉油都不管用，就劝他休息，明天再办。他说："不行，还有几件事必须今晚处理完，否则睡不成觉。"于是我又劝他出去散会儿步。这个办法还真灵，总理一出办公室，月明星稀，寒风拂面，他顿时精神焕发。一边走一边问："雷英夫，你最近在干什么？"我说："前方正利用麦克阿瑟骄傲自大的特点，故意示弱，主动后撤30公里，诱敌深入，准备聚歼敌人的主力。但不知麦克阿瑟肯不肯上钩？"总理挥手打断了我的话。"我是问你在工作之外干些什么？至于诱敌深入的事，必会成功的。"我马上报告："我在看《旅顺口》。"总理略感惊奇："啊，你在看《旅顺口》？看了多久了？""半个多月了。""看完了吗？""没有，我看得慢。""为什么慢？""好多地名在地图上找不到，有时为一个地名要猜半天。"总理一听，哈哈大笑："对着地图看小说，军人作风，典型的军人作风嘛。你这样当然要花好多时间了，怪不得慢嘛。但是，小说中好多地方是虚构的，你怎能找到呢？你看到哪一段啦？"听我说后，他又问："感觉怎么样？"我直通通地说："不怎么样，不像外边吹得那么好。"我发现总理似乎也看过这本小说，便问："总理，你看过这本书吗？""我看过，是今年1月在去莫斯科途中的火车上看的。"接着，他告诉我，对这本书的印象很坏，很多地方实在看不下去。第一，这本书宣扬的是沙俄侵略战争、掠夺战争的那一套。第二，这本书的主导思想完全违背了列宁的教导。旅顺口陷落时，列宁有篇文章讲得很清楚，说这是掠夺性反动性的战争。第三，书中极尽丑化中国人之能事，里面的中国人不是特务、奸商，就是妓女、骗子。把中国人写成这个样子，实在令人气愤。第四，书中宣扬的英雄马卡洛夫，不过是在沙俄腐败的军队中做了一点技术性的修补、改革。这个小军官比那些腐败透顶的将军们稍微好一点，可他对沙皇的反动制度和侵略政策是完全拥护的。这样的人有什么值得宣扬的？

  总理这段议论，十分精辟。我在不知不觉中上了生动的一课，这课学的就是如何用马列主义的立场、观点、方法去分析文艺作品。没想到日理万机的周总理还有时间看小说，而且对《旅顺口》这部名噪一时的作品有这么深刻的分析。

（雷英夫）

周恩来读毛泽东诗词

对诗词艺术有着深厚修养的周恩来,对毛泽东诗词格外推崇和喜爱。他由衷地赞美说:"毛泽东诗词气魄雄伟、诗意盎然,每每看到都是很好的艺术享受。"下面记述的是周恩来与毛泽东诗词的四个真实故事。

一字不苟

1957年1月25日,毛泽东的18首古体诗词在《诗刊》创刊号上集中发表。它像一股和煦的春风,吹遍了我们这个有着诗歌传统的国度。人们竞相传抄吟诵,形成了一个学习和研讨毛泽东诗词的热潮。

1958年7月,正在外地视察工作的周恩来由广州来到上海。12日晚,正在上海开会的铁道部代理部长吕正操,兴致勃勃地来到周恩来的住地,向其请教毛泽东《浣溪沙》词中的一个字如何解释。

原来吕正操和第一机械工业部部长赵尔陆等人,开会之余,在研讨毛泽东1950年10月和柳亚子先生《浣溪沙》词的传抄稿时(他们当时尚未读到正式发表的诗作),对首句"长夜难明赤悬天"中的"悬"字不知如何解释。于是,他们推举早在西安事变时就与周恩来相识的吕正操前去讨教。可是,周恩来看了传抄稿后,对"悬"字应作何解释,一时也说不清楚。

13日清晨,周恩来与其理论秘书范若愚谈及此事,他们经过一番推敲后,将"赤悬天"勉强解释为"赤日当空"、"赤日悬空"的意思。适逢赵尔陆部长因事来见周恩来,周遂将以上解释托赵转告给吕。可是,赵离开后,周恩来心里仍感到有些不踏实,怀疑传抄稿是否有误。于是又托人找来了正式发表的毛泽东诗词,经过核对,果然是传抄稿将"赤县天"的"县"字,误写成了"悬"字。一字之差,竟引得众多猜测。为防止以讹传讹,周恩来立即给吕正操打电话相告,不料时值中午,吕正在午睡。周恩来怕影响吕休息，便随手写了一封短信，派人给他送去。

吕正操午睡醒来之后，看到了周恩来亲笔写给他的信：

正操同志：

昨晚被你考住。今晨与范若愚同志谈，将"赤悬天"勉强解释为"赤日当空"、"赤日悬空"的意思，并托尔陆同志转告。现取阅主席诗词原本，方知为"长夜难明赤县天"并非"赤悬天"。赤县神州，大家懂得，自不费解。想以电话告，适你午睡，便以书代话，并望转告尔陆。

周恩来
七·十三

看完信后，吕正操的眼里充满了激动的泪水。从这一纸短笺中，可以看出周恩来对同志是多么谦虚诚恳、多么体贴入微，而对毛泽东诗词又是那样敬重求真，可谓一字不苟。

受赠《满江红》

1963年元旦，《光明日报》的《东风》副刊上，发表了郭沫若的一首长调词作《满江红》。这首词充满了大无畏的革命豪情，是针对当时的国际形势有感而发的。词曰：

沧海横流，方显出英雄本色。人六亿，加强团结，坚持原则。天垮下来擎得起，世披靡矣扶之直。听雄鸡一唱遍寰中，东方白。

太阳出，冰山滴；真金在，岂销铄？有雄文四卷，为民立极。桀犬吠尧堪笑止，泥牛入海无消息。迎东风革命展红旗，乾坤赤。

1963年年初，正在杭州的毛泽东读到郭沫若的《满江红》以后，十分欣赏，认为这是一首理直气壮、富有激情的佳作。特别是其中的"桀犬吠尧"、"泥牛入海"两个典故，用得很切合实际。但反复吟诵之后，似乎又觉得把反动势力的声势看得过重了一些，什么"沧海横流"、"天垮下来"、"世披靡矣"，未免有些夸大。于是，毛泽东开始酝酿要写一首和词。

据在毛泽东身边工作的同志回忆，1月9日的晚上，毛泽东在屋子里踱来踱去，口中低声吟哦。坐下来写几句，不满意，把纸揉成一团，扔进纸篓；又站起来踱步，吟哦；然后再坐下来写。如此坐下起来，起来坐下，反复多次，终于写出了《满江红·和郭沫若》这首词。

初稿写成之后，毛泽东并没有立即寄给郭沫若，而是首先想到了白天刚刚来到杭州、准备治疗痔疮的周恩来。于是，他展纸挥毫，飞龙走蛇地书写了这首词的全文，特意题写上"书赠恩来同志"几个字，又细心地附笔告诉他："郭词见一月一日《光明日报》。"书写完以后，毛泽东亲手用中式大信封将词稿装好，当晚即派人"送交周总理"。

周恩来收到毛泽东书赠的词稿后，非常高兴，立即拜读再三。词曰：

小小寰球，有几个苍蝇碰壁。嗡嗡叫，几声凄厉，几声抽泣。欲学鲲鹏无大翼、蚍蜉撼树谈何易。正西风落叶下长安，飞鸣镝。

千万事，从来急；天地转，光阴迫。一万年太久，只争朝夕。革命精神翻四海，工农踊跃抽长戟。要扫除一切害人虫，全无敌。

手捧散发着墨香的词稿，周恩来不仅分享到战友创作的喜悦，而且心中也激荡着强烈的共鸣，一股对敌人敢于蔑视、敢于斗争、敢于胜利，对未来充满希望、充满信心、充满乐观的情感油然而生。

这份毛泽东书赠周恩来的词稿，是两位战友之间深厚友谊的象征。它一直由邓颖超同志珍藏着，成为珍贵的革命文物。1976年周恩来和毛泽东相继逝世后，邓颖超于1977年1月22日将其上交给了中央办公厅。词稿原件现在中央档案馆保存。中南海毛泽东故居的东厢房里，还陈列着词稿的复制品。

需要指出的是，上面抄录的是毛泽东手书《满江红·和郭沫若》词稿的原文。1963年12月，该词在收入《毛主席诗词》和《毛主席诗词三十七首》，由人民文学出版社和文物出版社分别出版之前，毛泽东又作了精心修改。将"欲学鲲鹏无大翼"改为"蚂蚁缘槐夸大国"；"千万事"改为"多少事"；"革命精神翻四海，工农踊跃抽长戟"改为"四海翻腾云水怒，五洲震荡风雷激"。

精益求精

为了庆祝中华人民共和国成立15周年，周恩来成功地策划导演了有3000名文艺工作者参加演出的大型音乐舞蹈史诗《东方红》。

为了突出地表现毛泽东思想和党领导的人民武装斗争在我国新民主主义革命历程中的重要作用，周恩来亲自选定了毛泽东的三首富有伟大历史转折意义的诗词——《西江月·井冈山》、《七律·长征》和《七律·人民解放军占领南京》，作为音乐舞蹈史诗《东方红》中的三个重点节目。他多次叮嘱创作人员，一定要写出最好的曲子，用最好的演员来演唱。但在最初审排时，这三首毛泽东诗词歌曲的气势和效果都不够理想。于是，周恩来又立即动员北京所有的著名作曲家都来参加创作，以便从中择优挑选。

几天之后，晨耕谱曲的《西江月·井冈山》、沈亚威谱曲的《七律·人民解放军占领南京》、吕远和唐河分别谱曲的《七律·长征》脱颖而出。在两首高质量的《七律·长征》曲谱难分伯仲之时，周恩来又委托音乐组负责人、著名作曲家时乐濛，从两支曲谱中各取精华，再有机地合二为一。

演奏人员按照新曲谱，经过一番紧张的排练之后，周恩来再次亲临现场审看。他在充分肯定这三首曲谱较前有了显著提高后指出：我们要以精益求精、后来居上的精神来对待这次创作和演出活动。曲谱相对来说，《西江月·井冈山》比《七律·长征》和《七律·人民解放军占领南京》更好一些。这是由于古诗的格律太严，谱成新歌曲是有困难。词就好谱些。旧诗如何谱曲，如何破格，是音乐家们的难题。毛主席的诗词还不断地修改，何况我们写的东西。将来毛主席诗词的音乐改了，我们还要听一听。

就这样，在周恩来的指导下，经过众多文艺工作者的精心锤炼，使这三首毛泽东诗词歌曲的政治内容与艺术旋律十分完美地结合在了一起，以其震天撼地的磅礴气势，极富感染力地本质地再现了当年的历史，并画龙点睛地深化了《东方红》的创作主题。正式演出后，受到了国内外观众的普遍赞誉。这三首凝聚了周恩来和众多文艺工作者心血与智慧的毛泽东诗词歌曲，至今仍然可以在广播中、影视里、舞台上听到和看到。它已成为深受人们喜爱的经典曲目。

革命前辈们的读书生活

最后的微笑

1975年9月20日，医生在给周恩来施行最后一次大手术时发现，癌细胞已扩散至全身，无法医治了。

12月中下旬，周恩来病势危重，时常进入昏睡状态。

1976年元旦，从昏睡中醒来的周恩来，从广播里听到了新发表的毛泽东1965年所作的两首词——《水调歌头·重上井冈山》和《念奴娇·鸟儿问答》。这两首词，早在1965年9月25日毛泽东于写成后不久，就批送给了邓颖超，并开玩笑说是在邓的"压迫"下"从命"而写的。周恩来当时就亲眼目睹过，并留下了深刻的记忆。10年后，躺在病榻上的周恩来再次聆听到这熟悉的词句，好似一股暖流涌遍全身，心中感到无比欣慰。他立即示意工作人员去买回刚刚发行的印有毛泽东这两首词的小薄本，并读给他听。当工作人员读到词的末句"不须放屁，试看天地翻覆"时，他的嘴角绽出了几丝笑纹，甚至可以听到隐隐的笑声。

这是周恩来逝世前的最后一次微笑。

这次微笑很短暂，剧烈的疼痛很快又使他抿紧了双唇，额头上沁出细密的汗珠。但他仍坚持着示意，要工作人员把诗词本放在枕下。以后，每逢从昏睡中醒来，他都要抚摸诗词本和听读这两首词。直到1月8日周恩来逝世时，这个薄薄的诗词本依然压在他的枕下。

（孙向忠）

刘少奇的读书生活

1948年11月24日，在河北省西柏坡村，刘少奇在戎马倥偬中度过了他的50岁生日。为了表示对老战友的祝贺，朱德特意赠诗一首，其中写道："少奇老亦奇，天命早已知。幼年学马列，辩证启新思。献身于革命，群运见英姿。人山人海里，从容作导师。真理寻求得，平生能坚持。为民作勤务，劳怨均不辞。"这首诗描绘出了刘少奇的一个显著特点：为了寻求真理而坚持学习。他所以能够"为民作勤务，劳怨均不辞"，所以能够"人山人海里，从容作导师"，就在于他一生都在坚持学习革命理论，孜孜不倦地探求真理。不管是在青少年时期，还是成为党和国家的领导人之后；不管是在硝烟弥漫的战争年代，还是在和平环境中，刘少奇都给人们留下了一个刻苦读书、勤于思索的形象。本文记载的，就是刘少奇坚持读书的几个片断。

从小村深夜的灯光谈起

1939年年底，抗日战争正处在极其艰难的时候。担任中共中央中原局书记的刘少奇，来到了新四军江北指挥部。

一天深夜，新四军的支队司令员张爱萍去看望刘少奇。这是敌后的一个小村庄，村里寂静无声，一片漆黑。张爱萍看看表，已经是深夜一点钟了，他不禁犹豫起来：少奇同志工作辛劳，这么晚一定睡下了，现在去会不会影响他休息呢？这时，他忽然看到一所房子里透出隐约的灯光。走近一看，正是刘少奇住的院落。他先把刘少奇的秘书刘彬从睡梦中推醒，问道："少奇同志休息了吧？""休息？"刘彬看看表说，"还早着呢！"便领张爱萍向刘少奇的住房走去。进屋一看，刘少奇正在小油灯下专心致志地读书。只见书页上满是红色、蓝色的圈圈点点和批写的字。桌上，放着许多文件和报纸。看到张爱萍进来，刘少奇才把书合上，和他谈起了学习和工作。从刘少奇屋里出来，天已透亮了，张爱萍看着那摇曳的灯光，看着刘少奇映在窗户上的身影，不禁想到，以前总觉得战事紧张，没时间学习，难道自己还有少奇同志忙吗？刘彬看出了张爱萍的心思，说，少奇同志工作再忙也要挤时间读书，几乎每天都要到深夜，这已经成为他的习惯了。

刘少奇酷爱学习，从不放过点滴时间。1942年，他奉调从苏北回延安工作，尽管路途遥远，而且一路上的形势十分险恶，但他仍带了许多书籍，一有机会就读起来。在近一年的时间里，刘少奇跋涉万里，越过日伪103道封锁线，途中还参加了滨海、沙区、太岳区三次大的反"扫荡"战斗，可谓历尽艰辛。可就在这极其危险的敌后环境下，他不但指导了沿途各地的工作，而且抓紧一切时间读书，把中国历史和中国哲学史比较系统地学了一遍。

路过微山湖时，刘少奇在铁道游击队的掩护下住了几天。虽然离敌人的炮楼很近，但刘少奇镇定自若，坐在一条小船上，白天用竹竿挑起一块被单遮阳，晚上点上小油灯，照样读书、谈工作。有一段时间，他还曾在赣榆县大树村住了几天。老乡们看到刘少奇屋里的灯总要亮个通宵，看到他不是捧一本书，就是伏在桌上写，隔一会儿又到院子里转转，还朝天上看看。鸡叫了，东方发白了，老乡起来喂牲口了，他还没有睡。乡亲们不知这个陌生人是谁，都很奇怪。有的人就说，共产党有一个星相先生，天天晚上观星测云，能知过去未来之事，怪不得他们老打胜仗呢！原来，他们把刘少奇当成了星相先生。

从炭子冲来的读书迷

一个人的秉性、爱好，往往在少年时代就显露了出来。刘少奇的少年时代，给人留下的是爱读书的印象。

湖南省宁乡县的西南，有一个山清水秀的小山村——花明楼炭子冲。1898年11月24日，刘少奇就诞生在这里。他8岁进私塾，15岁上县城玉潭小学，18岁考上宁乡中学。在动荡的社会环境里，他孜孜不倦地学习，为自己的成长打下了坚实的基础。

1916年，刘少奇从玉潭小学毕业了。他的成绩单上，各科成绩都是"优"，在全校名列第一。学校特为他发了"红榜"，并派专人送到他的家里。这个成绩，是他刻苦学习换来的。许多人还记得，有一个冬天，刘少奇上学时因路滑跌倒把棉衣弄湿了，老师叫他烘干衣服再上课。就在这短短的烘衣服时间里，他也没有忘记读书。不知不觉棉衣烧着了，老师闻到烟味跑了过来，他自己却没有察觉，正看书看得入神呢！由于刘少奇读书入迷，家里书也多，加上他排行第九，大家送了他个外号，叫"刘九书柜"。考上宁乡中学以后，他学习更认真了。现在中国革命博物馆还保存着他在那时亲手制作的一个竹笔筒，笔筒上刻有一幅松鹤图和《松鹤赋》，上面端端正正地刻了"卫黄作"三个字，他以此来鞭策自己坚持不懈地学习。

提起"卫黄"这个名字，还有一段来历。刘少奇原名刘渭璜，在他小学毕业时，正值窃国大盗袁世凯接受了日本帝国主义提出的灭亡中国的"二十一条"。刘少奇义愤填膺，把自己的名字改为"卫黄"，意为保卫炎黄子孙。改名字说明刘少奇从小就有远大的抱负，正是这样一个远大的抱负激励着他自觉地去学习。

少年时期的刘少奇在读书时养成了勤于思考的习惯。宁乡县博物馆还保存着他当年读过的《资治通鉴》等书，书页上的许多眉批和符号，显示着他的勤奋和聪颖。尤其值得提到的是，一般人看《资治通鉴》往往偏重于政治斗争、宫廷之乱，而刘少奇当时就非常注意经济问题，认为经济斗争是不容忽视的，这同他以后的一贯思想是紧密联系的。他还善于从历代作家的文章和书籍中批判地吸取有益的东西，如"先天下之忧而忧，后天下之乐而乐"，"学而不厌，诲人不倦"，"人皆可以为尧舜"等，就是从这些书中吸取的营养。在他的许多著作中，他非常自如地运用这些成语，把它们同实际的革命斗争联系起来，给了广大群众以深刻的教育。

延安的同志对他刮目相看了

1939年盛夏的一天，在延安马列学院窑洞外面的广场上，师生们正在聚精会神地听课。讲课的人就是刚从北方局回到延安不久的刘少奇，他讲的题目是《论共产党员的修养》。这个问题是当时党内亟待解决的。刘少奇讲得深入浅出，循循善诱，在师生中引起了极大的反响。许多人说，我们党还有这样一位理论水平高的领导同志，真了不起。毛泽东看了这个讲稿以后非常高兴，马上给当时在中央宣传部工作的吴黎平写了一封信，说刘少奇这篇讲稿写得很好，"提倡正气，反对邪气"，是一篇很重要的文章，应该快发表。文章在《解放周刊》上刊登后，有力地促进了党的思想建设。

刘少奇在当时的中央领导人中，是比较年轻的一个。虽然人们对他在北方局工作中打开新局面的显著成绩十分敬佩，但由于他参加中央领导工作时间不长，加上长期在白区工作，延安的一些同志对他还不很了解。自从他在延安作了几次演讲之后，人们对他刮目相看了。"少奇同志理论水平高"，成了大家对他的一致评价。

然而，刘少奇的理论水平却是得来不易的。1920年，刘少奇在上海外国语学社学俄文，为去苏联学习做准备。据当时和刘少奇一起学习的肖劲光回忆，"少奇同志几乎没有什么个人爱好，从不闲聊天，也不随便上街"，"看见他的时候，多是在学习俄文，阅读《共产党宣言》，思考着中国革命问题。"1921年，少奇等一批中国青年到了苏联，主要学习政治、国际工人运动史和俄文。革命刚刚胜利的苏联，各方面条件都十分困难。中国同学白天上课，晚上站岗，星期天还要做工，每天的食物定量却只有一小块黑面包和几个土豆。有几个人受不了，想退学。但刘少奇始终很坚定，学习得非常认真。通过学习，他不但掌握了许多革命理论，而且更加坚定了为共产主义而斗争的信念。

刘少奇回国后，坚持用马列主义理论指导工作，但却受到了王明"左"倾冒险主义领导的排斥和打击，并被撤了职。为了解决革命中遇到的问题，他更加如饥似渴地学习马列著作。他在这一时期写的许多重要文章，如《肃清关门主义和冒险主义》、《关于白区职工运动的提纲》等，既是他对当时在党内盛行的"左"倾错误路线的批判，也是他运用革命理论指导现实斗争的经验总结。后来，他在谈到这一段经历时深有感触地说，越受打击越要钻研马克思主义，这样就能学出成绩来。

刘少奇不仅钻研理论书籍，而且注意阅读报刊杂志，并善于通过它们来了解群众的动态，了解斗争的形势，用于指导工作。1936年春天，红军长征刚到达陕北不久，刘少奇便被派到白色恐怖笼罩着的天津，主持党的北方局的工作。当时北方地区的党组织已经遭到敌人的很大破坏，而且相当一部分同志中还存在着"左"倾错误的严重影响，这就使得贯彻党的抗日民族统一战线政策遇到许多障碍。在极其困难的条件下，刘少奇一方面自己写文章宣传党的新政策，一方面注意阅读和研究各种报刊，了解社会各阶层的动向。1936年2月，国家社会党机关报《自由评论》上刊载了该报编辑张东荪的一篇文章，对中国共产党的政策和纲领提出了异议。刘少奇认真研究了这篇文章，并以"陶尚行"为笔名写了题为《关于共产党的一封信》的文章，详尽地阐述了党的方针政策，驳斥了社会上存在的对共产党的种种偏见和谬论。这篇文章在《自由评论》上发表之后，在社会各阶层中引起了极大的反响，大大促进了党的抗日民族统一战线的建立和发展。

对于宣传抗日救亡的进步报刊，刘少奇更是认真阅读，而且热情地写稿支持。1936年5月，他得知邹韬奋要创办《生活日报》，便敏锐地感觉到这将是一块宣传抗日的阵地，立刻以"莫文华"为笔名写信表示祝贺。他写道："我认为贵刊应成为救国人民阵线的指导者与组织者，成为千千万万各种各色群众的权威的刊物。"一个月后，刘少奇又给邹韬奋写了第二封信，对当时党内严重存在的关门主义作了深刻的分析，鼓励《生活日报》大胆地开展抗日统一战线工作。"莫文华"这两封信的发表，有力地支持了《生活日报》的工作，使它在宣传抗日民族统一战线政策方面发挥了很好的作用。

刘少奇就是这样，一方面刻苦地钻研革命理论，同时又注意以理论来指导现实斗争，在斗争中运用和检验学习的成果，使自己的理论水平有了长足的进步，成为全党公认的理论家。

把休假的时间用来读书

全国解放后，刘少奇担负着党和国家的重要领导工作。1958年毛泽东提出中央领导同志分成一线二线以后，刘少奇在第一线主持党和国家的日常领导工作。紧张繁忙的工作使得他实在抽不出整块的时间进行读书学习，刘少奇对此总是感到十分遗憾。他是多么希望有一个时间能够坐下来系统地学一点东西啊！

但是，这样的机会简直没有。于是，他只好利用治病休假的时间了。解放后刘少奇的两次休假，都是在读书中度过的。

第一次是1951年秋天。刘少奇由于工作劳累病倒了，毛泽东要他到杭州去休假一个月。刘少奇感到这正是读书的好机会，于是在动身的时候，他把厚厚的几本《中国通史》塞进了行李包。

西子湖畔，杨柳依依，风景优美。但是，刘少奇对这些没有多少兴趣，而是埋头攻读起了《中国通史》。他想到，全国解放了，我们党成了执政党，领导一个几亿人口的大国建设社会主义，这是多么艰巨的事业！因此，必须熟悉历史，借鉴历史，从我国几千年的文明史中汲取有用的经验。每天，他戴着老花镜，一连几个小时地坐在屋子里看书。他一边读，一边思考，手里拿着一支铅笔，不时在书上圈圈点点，写上眉批，有的书页的空白处，竟全部写满了。刘少奇的"坐功"是有名的，有时他一天十几个小时坐着读书，常常忘了吃饭。

几大本《中国通史》读完了，新书变成了旧书，刘少奇的休假也结束了。

另一次休假是在1959年11月。刘少奇因肩周炎发作，中央决定要他到海南岛去休息治疗一段时间。这对刘少奇来说，又成了集中学习的机会。

这一回，他决定系统地学习一下政治经济学。那时，在全国已经搞了一年多的"大跃进"运动，经济建设中暴露出了一系列问题。为此，刘少奇已经在全国跑了不少地方，作了大量的调查研究，正需要从理论上认识这些问题。就这样，他带着《政治经济学教科书》第三版第四、五、六、七分册，到了海南岛。

海岛的秋天，阳光明媚，树木葱茏，一派南国风光。但刘少奇的心思不在这上头，读书本、钻理论，才是他的兴致所在。对这一次学习，刘少奇十分重视，简直把它搞成了一次"正规化"的学习。他专门请了薛暮桥、王学文两位经济学家当老师，辅导学习。还把身边的秘书、警卫员、医护人员等都组织起来，让他们一起参加学习讨论。

11月10日，刘少奇主持了第一次学习讨论会。他把身边的工作人员召集拢来，认真地说："对这次学习，我先谈几点建议。第一，我们的讨论会采取座谈方式，谁有话就讲，会上可以展开辩论；第二，在我们的学习会上，不分上下级，大家都是学员，不要有拘束；第三，这里学习所讲的话，不要到处去讲，如果要讲，只能当作自己的意见讲，错了自己负责；第四，有些内容比较难懂，同志们有看不懂或不理解的地方，可以请教薛暮桥、王学文二位老师。我们的会议，大家可以讲话，也可以不讲话，不要拘束。"

后来，讨论会进行过多次。一个国家元首和他的服务人员在一起平等地读书讨论，这实在是古今中外历史上极为罕见的事。在刘少奇主持下，这些讨论会的发言都很热烈，有时甚至还展开小小的争论呢！

一个多月时间，就这样在读书中很快地过去了。刘少奇在这次读书中，联系我国实际，作了多次重要的发言，其中许多精辟的见解，直到今天仍有现实指导意义。

学而不厌，诲人不倦

刘少奇是我们党的杰出的马列主义理论家，读书学习既是他的工作需要，也是他的终生爱好。刘少奇的理论修养之深，看书学习之勤，在我们党内是出名的。

刘少奇对学习历来是特别重视的。早在1939年，他在《论共产党员的修养》这一著名著作中，就把马列主义理论修养和各种科学知识的修养作为共产党员必须具备的修养之一。他把缺乏理论知识的人称为"爬行的马克思主义者，看得不远，迷失方向"（《刘少奇选集》上卷第416页），只有掌握了理论和各种科学知识，"学得好就站起来了，不爬行了；过去未想通的，现在可以想通了，眼界宽阔了，天地大了"。（《刘少奇选集》上卷第417页）

1941年,他在华中局工作时,孙冶方曾写信向他反映有些同志不重视理论学习,甚至把在党校认真读书的党员指责为学院派。刘少奇为此专门给孙冶方写了一封回信,严肃地批评了这些同志的思想。他从大革命失败的教训,讲到革命理论的重要。他分析说,中国党有个极大的弱点,就是理论准备不够,因此,中国党过去的屡次失败都是由于指导上的错误。他指出,任何想要有马列主义修养的人,都必须经过埋头读书和研究的阶段。

在中国革命就要胜利的1948年,党中央决定创办马列学院,由刘少奇兼任院长。在对马列学院第一班学员的讲话中,他指出,不是说胜利了,马克思的书就不要读了,恰恰相反,特别是革命胜利了,更要多读理论书籍,熟悉理论,否则由于环境的变化,危险更大;因为以前在山头上,事情还简单,下了山,进了城,问题复杂了,要管理全中国,事情更艰难了。所以,他要求学员们"两耳不闻窗外事,一心只读圣贤书",窗外事可以问一问,但不要因此不安心,要紧张一点,下功夫多读一些马列和毛主席著作,借以提高自己的理论水平和工作水平。

刘少奇要求别人多读书,他自己更是这样。几十年来,他从未间断过学习。在战争年代,他经常长途跋涉,转战南北,但总是随身带着很多书,一有机会就看。他的《论共产党员的修养》等著作,谈古论今,旁征博引,内容翔实丰富,那是读了多少书的结果呵!解放后,条件好了,他对学习就更用功夫了。他在中南海办公室里的书架上,摆满了马恩列斯和毛泽东的著作,还有《资治通鉴》等历史书以及各种各样的书籍。刘少奇经常阅读这些书籍,并在书里夹了许多纸条和书签。刘少奇读书范围很广,但他同时也非常注意精读。他认为,应该学好关键性的东西,也就是要学好马列经典著作,只有这样,才能解决实践中遇到的问题。刘少奇还不止一次地强调,学习理论一定要有艰苦的、独立思考的精神,不能依赖听报告和教员讲课,不作独立的、艰苦的工作,就不能了解和掌握真理。

阅读当天的报刊、资料,是刘少奇每天的必修课。哪怕工作再忙,他也要把当日送来的报纸、参考资料以及兄弟党的报纸认真看完,才算结束一天的工作。刘少奇习惯于夜间工作,每天后半夜两点钟左右,是他离开办公室"下班"的时间。但回到卧室他也不马上睡觉,常常是盘腿坐在床上看当天的国内外参考资料,有时一看又是两三个小时。刘少奇能一连几个小时盘着腿坐在床上看书,这还是他在战争年代长期练出来的本领呢!

凡是毛泽东提倡读的书,刘少奇一定找来认真阅读。1965年,毛泽东在《后汉书》中的"李固传"、"黄琼传"上批了"送刘、周、邓、彭一阅"。刘少奇立即认认真真地进行了研读。有一次，毛泽东在一次会议上讲到了《资治通鉴》中的一个典故，刘少奇为了深刻理解毛泽东引用这个典故的现实意义，回来就仔细查阅《资治通鉴》，并把这部书放在手头，在很长一段时间里经常翻看它。

刘少奇自己勤奋好学，也要求、鼓励其他同志多读书多学习。在开会发言和找人谈话等许多场合，他多次用自己作为例子，说明读书的必要和好处。他曾经讲到，自己读过孔孟的书，"洋学堂"的书，一直到五四运动以后读了马列的书，终于逐渐成为马克思主义者。他要求每个同志都要刻苦学习马列和毛主席的书。

刘少奇十分重视干部群众的学习和教育，这方面的工作，一直是他分管的。他兼任过中共中央马列学院院长，并多次去讲课。解放初期，中南海办了一个干部业余补习学校，帮助中央机关的一些干部职工提高文化水平，刘少奇还亲自担任校长，尽量参加每届的开学、毕业典礼，对学员们亲切地讲话，勉励大家从各方面提高自己。

刘少奇对他的警卫员、护士、保育员等身边工作人员的学习，更是无微不至地关怀。他对他们说："你们还年轻，国家建设需要有文化的人，你们要多学习一些，争取为党多做些工作。"中南海业余补习学校开办后，刘少奇尽量让他们去参加听课学习。有一天夜里，刘少奇和王光美特意来到保育员们住的宿舍，高兴地查看她们在补习学校学习的作业本，并把作业本上写错的字、算错的题，一个个地改正过来。

"对自己，'学而不厌'，对人家，'诲人不倦'"，毛泽东提倡的这两句话，可以说是对刘少奇一生热爱读书学习的确切写照。今天，我们在党的领导下，正在进行着开创社会主义现代化建设新局面的紧张战斗，有多少新的事物需要我们去认识，有多少新的领域等待我们去开拓，而这一切，又是多么需要我们去努力刻苦的学习！因此，刘少奇等老一辈无产阶级革命家毕生勤奋好学的精神，在今天是多么需要发扬光大啊！

（黄　峥　周志兴）

刘少奇读苏联《政治经济学（教科书）》

1958年的"大跃进"和人民公社化运动，是我国社会主义建设发展史上的一次巨大挫折。这两个运动中刮起的"共产风"，对国民经济造成的破坏，在人们思想上引起的混乱，是十分严重的。为了帮助各级干部掌握马克思主义基本经济理论，提高思想认识，纠正工作中的一些错误，毛泽东多次号召广大干部，包括高级干部，在认真学习斯大林的《苏联社会主义经济问题》的同时，要学习苏联科学院经济研究所编写的《政治经济学（教科书）》社会主义部分。刘少奇积极响应毛泽东的号召，在党的领导人中间，率先学习苏联《政治经济学（教科书）》。

带头组织学习小组

1959年11月初，刘少奇到达海南岛，准备集中一段时间学习苏联《政治经济学（教科书）》。为了研究政治经济学的一些基本理论和了解我国经济学界对一些重要经济理论的争论意见，刘少奇请求中央有关部门派出两名经济学家参加他的读书小组活动。11月2日，他给中央办公厅主任杨尚昆等负责人写了这样一封信：

尚昆并富春、康生、一波同志：

　　我们昨日一天到达，不觉疲劳。此间天气同北京的夏天相同。
　　我们拟在此读完政治经济学第二册，同秘书医生等组成一个学习小组，按计划读书，并开小组会。但在这里还没有熟悉政治经济学古典著作的人，了解当前经济理论性问题的人也没有。因此，想请你们物色两个熟悉古典政治经济学的人，其中至少一人又了解一些当前经济理论性问题，即日来到这里，参加我们的学习小组，并做一些学习的辅导工作。如何？请你们务予帮助。他们来时，请带一些古典政治经济学著作，和若干经济问题的材料。

我们在此大约最少可以学习半个月，多则可以学二十多天，一本书，当然可以读完，并且还可能对当前经济形势提出一些问题和意见，作为经济工作的参考。

来人请带夏季服装。

祝你们工作顺利！

刘少奇
一九五九年十一月二日

11月4日，杨尚昆等负责人经研究，提议派著名经济学家王学文、薛暮桥参加刘少奇读书小组。11月7日，王、薛二人前往海南岛。

11月11日，学习小组开始讨论苏联《政治经济学（教科书）》。参加学习小组读书讨论的，还有广东省委负责同志陶铸、林李明等。读书讨论会开了八次，直到11月22日结束。在每次讨论会上，刘少奇都发表了意见。这次读书活动，是刘少奇对社会主义经济建设问题，对科学社会主义理论的一次重要的反思。

论社会主义社会的"基本"矛盾

在讨论《政治经济学（教科书）》（以下简称"政治经济学"）的发言中，刘少奇很注重社会主义社会的"基本"矛盾。

问题是这样提出的：

在11月17日的讨论会上，薛暮桥介绍我国学术界对社会主义社会的"基本"矛盾有四种不同的意见，即（1）人们平等地从事劳动而在经济上还没有完全消灭差别的矛盾；（2）新的社会主义关系同资本主义社会斑痕和残余之间的矛盾；（3）日益增长的社会需要和社会生产发展水平之间的矛盾；（4）生产力和生产关系之间的矛盾。薛暮桥说，在学术界，多数同志倾向于第三种意见，即生产和需要的矛盾是基本经济矛盾。

在薛暮桥的介绍里，"基本矛盾"和"主要矛盾"两个概念，是混用的。这是因为当时并没有严格区分，刘少奇发言也没有加以区别。

在薛发言时，刘少奇作了插话，认为"基本"矛盾问题牵涉对社会主义社会的性质的认识。他还说了这样一些意思：社会主义社会是尚未成熟的、带有旧社会斑痕的共产主义社会。有资产阶级和工人阶级的矛盾，有资产阶级的思想政治基础、社会基础、思想习惯、生活习惯等，但是社会主义社会中，总的矛盾是生产和需要的矛盾，中间夹杂着阶级矛盾。

在19日讨论这个问题时，刘少奇进一步指出：新的与旧社会残余的矛盾是存在的，思想战线的斗争还很激烈，但逐渐缩小。多种经济变成为单一的社会主义经济后，主要的是生产与需要之间的矛盾。就是这种矛盾促进生产的发展。社会需要是包括生产和生活需要，包括物质需要和文化需要，是全体人民的需要。

与这个问题相联系，刘少奇也对斯大林关于社会主义经济规律的表述提出了异议。他说：社会主义基本经济规律提"最充分满足"人民需要，恐有困难，我们只能是有限度地满足。今天限制一点，明天就可以多满足一点。刘少奇的这个看法，比较符合社会主义的实际情况。

刘少奇关于"基本矛盾实际上是主要矛盾"的看法，尽管在表述上不太准确，但其思想还是八大决议的思想。

在八大决议提出我国的主要矛盾是人民对于经济文化迅速发展的需要同当前不能满足人民需要的状况之间的矛盾的论断以后，毛泽东对这个问题的思想经历了一个由肯定到否定的根本转变。在《关于正确处理人民内部矛盾的问题》中，毛泽东是肯定八大的这个思想的。但是在反右派斗争扩大化之后，他对社会主义阶级斗争发展规律作了错误的分析，因而在这年10月的八届三中全会上，否定了八大决议关于主要矛盾的正确思想，提出无产阶级和资产阶级的矛盾、社会主义道路和资本主义道路的矛盾，仍然是我国社会的主要矛盾的错误论断。

对于毛泽东关于主要矛盾的认识的变化，刘少奇在那时也是跟着变了的。在八大二次会议上，刘少奇作报告指出："整风运动和反右派斗争的经验再一次表明，在整个过渡时期，也就是说，在社会主义社会建成以前，无产阶级同资产阶级的斗争，社会主义道路同资本主义道路的斗争，始终是我国内部的主要矛盾。"但是，任何人的思想都不是直线式的，有时也可能发生反复，形成曲线。刘少奇读"政治经济学"关于主要矛盾的上述意见正是这样。

毛、刘二人在主要矛盾问题上的认识变化都是不小的，但是情况很不一样。如果说毛泽东由正确到错误的变化是180度，那么刘少奇由正确到错误再回到正确的变化,则可以说是360度。刘少奇的变化,至少说明他对两个阶级、两条道路的斗争是主要矛盾的说法发生了怀疑,对八大的思想还是认为有道理的。当然,学术界认为生产与需要的矛盾是主要矛盾的意见,对他是有影响的。

论社会主义社会的两类矛盾

严格区分两类不同性质的矛盾和正确处理人民内部矛盾的理论,虽然是由毛泽东完整地提出的,但是刘少奇对这个理论有特殊的贡献。

1951年,刘少奇在《国营工厂内部的矛盾和工会工作的基本任务》的笔记中,认为矛盾可以分为"在根本上敌对的不能和解的矛盾"和"在根本上非敌对的可以和解的矛盾"这样两类不同性质的矛盾;"工人阶级和人民内部的矛盾"是"可以和解也应该调和的矛盾",可以"用同志的、和解的、团结的办法来处理"。(《刘少奇选集》下卷第92页,第93页,第94页)在这里,刘少奇虽然不是从全社会范围内,而是就一个工厂企业来提出问题的,但是他明确地将矛盾分为两类,提出要用不同的方法解决不同性质的矛盾,并明确地使用了"人民内部矛盾"这个科学概念,在党的领导人中间却是前所未有的。在理论上,这一大功劳不可抹灭。

在1957年2月,毛泽东发表《关于正确处理人民内部矛盾的问题》之后,刘少奇在宣传毛泽东的思想时,往往运用他自己的习惯表达方式。这年4月,他在《如何正确处理人民内部矛盾》的讲话中,发挥了他在1951年的思想,继续指出:矛盾可以分为对抗性的矛盾和非对抗性的矛盾两类,敌我矛盾是对抗性的,人民内部矛盾基本上是非对抗性的。还说:对人民内部矛盾"不采取斗争的办法而采取'团结——批评——团结'的办法";如果是"强调斗争,不讲道理,使矛盾激化",而不是"强调团结,强调统一",使矛盾缓和,"妥协解决",那是违背"处理人民内部矛盾的方针的"。(《刘少奇选集》下卷第302页,第308页)

在这次讨论"政治经济学"时,刘少奇在11月22日,也是最后一次的发言中,进一步发挥了上述思想。他指出:对抗性的矛盾,从它的根本性质来讲,社会主义社会是没有的;从它的斗争形式来讲,这种斗争形式是有的。两类矛盾,不可混淆。在讲对抗矛盾的根本性质时,不可把对抗矛盾当作非对抗矛盾,但在把对抗当作斗争形式时,非对抗的矛盾可以采取对抗的斗争形式。如夫妻打架，夫妻本来不是对抗矛盾，但可以是对抗的形式，对抗一下，然后和解。对抗性矛盾，必须采取对抗斗争来解决，但在某些时期，可以采取非对抗的形式来解决。工人阶级和资产阶级的矛盾是对抗性的，但资产阶级愿接受非对抗的斗争形式解决，矛盾解决了，对抗矛盾可以和解。

在这里，不妨将刘少奇关于两类矛盾的论述同毛泽东关于两类矛盾的论述作一比较研究。

一方面，从宏观上说，从总的指导思想来看，两人的基本观点是一致的。他们都强调严格区分两类不同性质的矛盾，对不同性质的矛盾应采取不同的方法来解决。他们都认为，敌我矛盾和人民内部矛盾之间，对抗性矛盾和非对抗性矛盾之间，没有不可逾越的鸿沟，在一定条件下，两者可以互相转化。

另一方面，从微观来看，就两人的立论、侧重点和表述方式而言，应当承认，是有区别的。

第一，两人所立的矛盾系统不完全一样。毛泽东是直接从政治着眼，将社会矛盾首先区分为敌我矛盾和人民内部矛盾两大类，这是他立论的基石。在肯定了社会矛盾的政治性质之后，再从哲学上揭示和阐述其特征，说明它们的对抗性和非对抗性。刘少奇的论述，则更多的是先从哲学上提出问题，将社会矛盾首先区分为对抗性矛盾与非对抗性矛盾，然后将其运用到政治领域，指出敌我矛盾和人民内部矛盾分别属于哪一种性质。简单地说，毛泽东的矛盾系统的逻辑，比较多的是从政治到哲学；刘少奇的逻辑则比较多的是从哲学到政治。

第二，毛泽东在《矛盾论》中论述过矛盾的对抗形式和非对抗形式问题，但在《关于正确处理人民内部矛盾的问题》中提出两类不同性质的矛盾理论时，却没有强调矛盾的斗争形式问题。

从上面所引的刘少奇的讲话来看，他讲两类矛盾时，是同时强调矛盾的根本性质和矛盾的斗争形式这两个方面的。应当说，这样的分析更深了一层，有助于严格区分两类矛盾。因为对抗性矛盾是从根本性质而言的，并非指对抗的斗争形式；而具有对抗的斗争形式者，并不一定就是对抗性质的矛盾。强调矛盾的斗争形式这个方面，能强化将表现为对抗的矛盾作具体分析的这个意识，避免将采取了对抗形式的非对抗性矛盾误作对抗性矛盾处理。

第三，在论述解决人民内部矛盾的方法时，毛泽东爱使用"民主方法"的说法；在讲"团结——批评——团结"的公式时，往往是将"批评或者斗争"同时并用的，即认为在人民内部也可采用在"批评"这个等级上或"批评"的意义上的"斗争"的方法。刘少奇则不同。他爱用"和解"、"妥协"、"调和"等说法来表述人民内部矛盾的解决方法。他讲的"团结——批评——团结"的公式里是不包括斗争的，并且是相对立使用的。他认为"斗争"的方法只适用敌我矛盾，不适用于人民内部；在人民内部用"斗争"方法，违背正确处理人民内部矛盾的方针。

实践证明，在政治上把"批评"和"斗争"加以区分有利于正确处理人民内部矛盾。"文化大革命"期间，一些整人的人正是钻了将"批评"与"斗争"混用的空子，在引用"团结——批评或者斗争——团结"的公式时偷梁换柱，既在"批评"的幌子下搞残酷斗争，又把残酷斗争说成是所谓爱护性的"批评"，严重混淆了两类不同性质的矛盾。

关于人民内部的领导与被领导的矛盾

刘少奇一贯重视人民内部的相互关系问题。在上面提到的1951年那篇笔记中，他认为管理机关与工人群众之间的矛盾，是"国营工厂的内部基本矛盾"，并由这个矛盾构成"国营工厂内部的各种关系"，形式"完全新的社会主义的生产关系"。[①] 上面提到的1957年4月的那篇讲话，进一步认为"人民内部的矛盾，现在是大量地表现在人民群众同领导者之间的矛盾问题上。更确切地讲，是表现在领导上的官僚主义与人民群众的矛盾这个问题上"。[②] 这里是就全社会而言，不是就某一个具体单位讲的，可见，他把这个矛盾放在了非常重要的地位上。

在学习政治经济学时，刘少奇从分析生产关系与生产力这个基本矛盾的角度，又多次谈到了这个问题。在11月13日的发言中，他在分析人们在劳动中的相互关系时，说：正确处理劳动者相互间的关系是个大问题。集中的问题，又是领导和被领导的关系。厂长可以用官僚主义的态度对待劳动者，也可以用国民党的态度来对待劳动者。怎样使大家干劲十足，心情愉快呢？以普通劳动者姿态出现，和工人一起干（以身作则，起模范作

---

① 《刘少奇选集》下卷第93页
② 《刘少奇选集》下卷第303页

用），劳动者就干劲十足，心情愉快。还说：重要的问题是讲劳动者相互关系中的领导与被领导的关系，领导的各个环节的关系。"干部和群众一道干，劳动者情绪高了，生产力也就出来了。"

在11月16日的发言中，刘少奇还指出，公有制还不能保证同志式的合作和真正一致。他认为，相互关系方面的问题多得很，在农村、工厂，干部不参加劳动，不下车间，就有问题。我们现在是采取"两参一改三结合"、干部参加劳动等方法，来解决这个问题。

在11月22日的最后发言中，刘少奇进一步指出：人与人的关系中，重要的一部分是领导与被领导的关系。这个问题，应提到经济学上，提到生产关系上来理解。搞不好会妨碍生产力发展。还说：我们干部参加生产一般是做粗活，如果说要创造价值，是创造不了多少的，主要是为了去掉官僚主义。相互关系中有官僚主义，群众看了就不高兴。它"妨碍着生产，使社会生产力不能全发挥出来"。

在这里，刘少奇把领导与被领导的矛盾提高到经济学上来认识，把改善关系与发挥生产力的潜能相联系，是非常卓越的思想。

刘少奇的这些思想同毛泽东读"政治经济学"所发表的意见完全一致。毛泽东认为，所有制问题基本解决以后，最重要的问题是管理问题。全民所有的企业，集体所有的企业，都有一个如何管理的问题，这也就是人与人的关系问题。在这方面是大有文章可作的。所有制的性质在一定时期内，是相对稳定的，在劳动生产中人与人的关系，却是可以不断变化的。例如，我们的国营企业，解放以后，一直是社会主义全民所有制的企业，而在这十年中间，人与人在劳动生产中的关系，变化却是很大的。在这方面，我们做了很多文章。要领导者采取平等态度待人。他还指出，对企业的管理，采取工人群众、领导干部和技术人员三结合，干部参加劳动，工人参加管理，不断改革不合理的规章制度，等等。这些方面都是属于劳动生产中人与人的关系。这种关系是改变还是不改变，对于推进还是阻碍生产力的发展，都有直接的影响。

不仅如此，刘少奇和毛泽东还都认为苏联《政治经济学（教科书）》忽视了劳动生产中人与人的相互关系，忽视了领导与被领导之间的矛盾。在他们看来，这是苏联教科书的一个严重缺点。

刘少奇和毛泽东都把劳动生产中人与人的关系看成社会主义生产关系中的重要关系，并从生产关系与生产力的矛盾这个视角来认识领导与被领

导之间的矛盾的意义，这个观点有重要的现实性。经济体制改革，实际上也是生产关系方面的重大变革。在改革的过程中，正确处理领导与被领导的关系，克服官僚主义，充分调动劳动者的生产积极性，仍然是需要努力探索解决的重要问题。

关于社会主义的商品生产

1958年的"共产风"，其主要表现之一就是否定商品生产。在学习"政治经济学"的过程中，刘少奇很重视这个问题。他说：商品的作用，商品存在的原因、性质、定义，社会主义商品和资本主义商品的比较，哪些变了，哪些还没有变。先区别有何不同，然后再说统一性，有哪些是遗留下来的。相同于过去，区别于将来，将来两种所有制没有了，按劳分配变了，商品性质也要变。生产资料的商品性质与消费资料的商品性质有哪些不同，还有价值、价格与货币等问题，也要研究。

刘少奇对否定商品生产的"共产风"是反对的。他明确指出：武汉、郑州会议时，有些同志认为商品将要很快地消灭，这种看法是错误的。

为了批判否定商品生产的错误观点，刘少奇论证了商品存在的长期性。

首先，刘少奇认为，这是由社会主义社会的性质决定的。在他看来，社会主义社会是一种过渡性质的社会，是共产主义的低级阶段。它既不是资本主义的，也不是共产主义的；既区别于资本主义，也区别于共产主义。尽管其最基本的性质属于共产主义的范畴，是共产主义的半成品，但因为它刚从资本主义社会产生出来，有许多斑痕脱离不了，许多资本主义的东西仍要采用，如商品、货币、银行等。这些虽然是旧的形式，但内容变了，还要加以利用。要"把它作为工具促进生产，为社会主义服务"，正如利用政党、军队、国家这些形式一样。"这些旧形式不是一下子便消灭的，什么时候消灭？要看条件。"

刘少奇还从哲学上的形式与内容这对范畴的关系来说明商品存在的长期性，指出：新内容总是在旧形式中发展，发展到一定程度，把旧形式冲破。现在商品货币的发展，还未完全冲破旧形式和扬弃它的外壳。社会主义保留着许多资本主义的旧形式，但还没有到扬弃旧形式的程度。

其次，刘少奇从商品生产产生的原因上进行了分析。苏联《政治经济学（教科书）》认为，商品生产存在的原因有三种：一是因为有社会分工；

二是两种所有制的存在；三是按劳分配的原则。刘少奇不完全同意教科书的分析，认为社会分工不是商品产生的原因。他说：商品最初是在两个部落之间产生的。在一个部落内不发生商品关系。如果把社会分工作为商品的产生原因，那么将来分工还要多，商品就会更发展。社会分工必然产生交换，但交换可以是商品交换，可以不是。交换在将来也是必需的，等价交换还是有的。他还指出：我们要预见到将来商品怎样消灭，但消灭还是将来很久的事。刘少奇同意苏联教科书所讲的两种所有制并存是商品生产存在的理由，但是他进一步指出：如果没有两种所有制了，也恐怕还需要有商品。因为有些消费需要按劳分配，消费资料有价值，生产资料也要按价值计算。因此，他强调：只要有按劳分配存在，哪怕是两种所有制消灭了，商品仍会存在，不过商品的性质变了。劳动力当然不是商品了，但仍要采取商品的形式。既是商品，就需要一种计算方式。货币是等价物，就是作为商品交换的媒介。所以我以为，只要不取消按劳分配，商品生产就不能取消。

在当时，这是一个十分重要的创见。在党的领导人内，像刘少奇这样对商品生产问题作深刻分析的还不多见。

刘少奇对社会主义的商品生产问题还有一个贡献，就是他比较早地对生产资料是不是商品的问题提出了自己的看法。斯大林在《苏联社会主义经济问题》中认为生产资料不是商品。1956年11月，周恩来在党的八届二中全会上发言讲到生产资料问题时，刘少奇插话说，生产资料不是商品，这个观点恐怕还值得研究。在1958年11月郑州会议上，毛泽东同与会的负责人一起读《苏联社会主义经济问题》，表示不同意斯大林的意见，指出：斯大林讲的"生产资料不是商品"，我们不同，又是又不是，生产资料在我们这里还有一部分是商品。刘少奇同意毛泽东的意见。1958年年底，苏联修订的《政治经济学（教科书）》第三版，修改了原来的观点，也认为生产资料和消费资料都是能够流通的商品。在研读这个修订本时，刘少奇重申了他的观点，认为生产资料要按价值计算，是社会主义的商品。并且，他开始考虑生产资料怎样供应的问题了。他说：生产越来越复杂，生产资料的分配是个大问题，没有一个强有力的机构来担负这件事，是要出乱子的。

这是一个重要思想的萌芽。这以后，刘少奇负责指导生产资料流通的改革工作。在1962年3月到1965年9月，他听取物资工作的汇报期间，提出"物资工作就是个市场，是生产资料的市场"，"物资部门实际上是商业部门"，因此主张成立"管理生产资料的商业部"。当然，他提出的这个主张与我们党在十一届三中全会以后这几年允许生产资料进入市场流通的政策是不同的，其着眼点还是为了加强物资的统一管理，而不是放权分利，并使其商品化；但是，相对于长期实行的统一调拨的"死办法"来说，这毕竟是一个改革。由于历史的原因，这个主张未能得到实施。

从上面所引的刘少奇分析按劳分配是商品生产存在的原因的论述中，可以看到，刘少奇已提出了社会主义社会的劳动力是不是采取了商品形式的问题。斯大林既不承认生产资料是商品，也不承认劳动力是商品，不承认有剩余价值，称资本为流动资金和固定资金（生产资金）。在刘少奇看来，劳动力不是商品，但可以采取商品形式。教科书讲有剩余产品，而不敢讲有剩余价值，不讲有盈利，刘少奇认为，这不是实事求是。他批评教科书说：我们采取了许多旧名词，但是内容变了。譬如我们习惯讲很痛"心"，而不讲痛"脑"，用衷"心"而不讲衷"脑"，旧名词是改不掉的，这有什么妨碍呢？在社会主义社会，劳动力实质上不是商品，固定资产也不是剥削，剩余价值也不是个人占有，为什么不敢讲？教科书在解释旧名词时，不能忸忸怩怩故意回避。

刘少奇认为劳动力不是商品，但要采取商品形式，这也是一个十分重要的思想。十二届三中全会通过的《关于经济体制改革的决定》明确指出：社会主义社会是在公有制基础上的有计划的商品经济的社会，当前的任务是要大力发展商品经济。因此，在理论上要改变过去的许多不符合实际情况的固定观念，重新研究社会主义的商品经济规律和特点。劳动力是不是商品，社会主义社会允不允许剥削现象存在，这些问题既是当前理论界热烈讨论的问题之一，也是社会主义初级阶段探讨的新问题。刘少奇在上世纪50年代末不可能对这些问题作出科学的回答，但也表现了他对社会主义经济问题的深刻思考和一定的理论胆识。

对共产主义社会的一些看法

苏联《政治经济学（教科书）》设了专章讲共产主义社会问题。在"共产风"的影响下，我们国家在那个时期议论共产主义问题也较多。在读"政治经济学"时，刘少奇对这个问题也谈得较多。他主要谈了这样几个思想：

（一）共产主义社会的历史将是很长的。刘少奇认为，社会主义向共产主义的过渡是个短暂的阶段，而共产主义则可能有几万年、几十万年漫长的历史。他说：共产主义有多久？长得很。假如地球存在一百万年的话，那么共产主义社会是九十九万五千年，而有阶级的社会不过只有几千年罢了。他还援引马克思的话来加以论证，指出：马克思曾说，共产主义以前的历史是不自觉的，真正的人类历史还未开幕。正戏还未上演，正戏是从共产主义开始演的。以前的历史是社会前史，现在是正史。阶级社会是短暂的，只有共产主义社会才是很长的。

（二）共产主义社会将分若干小阶段。共产主义社会既然是漫长的，就不可能没有发展。有发展，社会就显出阶段性了。刘少奇认为，共产主义社会，还有社会主义社会，都将分若干阶段。他说：共产主义分两个阶段，两个阶段又可以分为许多小阶段。社会主义社会中也有几个小阶段，共产主义也可以分几个小阶段。他在另一次发言中，还说：共产主义社会是人类社会的一个发展阶段，现在我们是低级阶段，将来还有中级阶段，高级阶段。

从广义的共产主义来讲，社会主义是共产主义的低级阶段。低级阶段怎样向高级阶段过渡呢？刘少奇认为，要实现过渡，一个是产品极大丰富，一个是人民觉悟大大提高。提高到什么程度？就是要为了共产主义能愿意暂时牺牲个人利益。

（三）共产主义的按需分配将逐步实现。刘少奇认为，共产主义实行按需分配，也是先满足基本生活资料，然后才逐步扩大到其他方面。他说：按需分配，是逐步实现的。有些能够满足，先从衣、食的需要开始，让人们先满足吃、穿的需要，然后有什么东西，可以满足什么东西，"不是所有的东西在一个早上都能做到，而是逐步的"。他还举新产品为例说，新产品总会有的，而新产品在一个相当时期内总是满足不了需要的，当某一种新产品普遍大量生产了，又有新的新产品出现。因此，在他看来，按需分配采取逐步实现的方式是确定无疑的。

在上述几个问题上，刘少奇的观点与毛泽东的观点表现了惊人的一致，甚至连表述的语言也几乎一样。毛泽东读"政治经济学"时，也把人类社会的历史同阶级社会的历史相比较，认为阶级存在的社会不过几千年，而地球还会存在不知多少万年，这么长的历史都将是共产主义社会。基于这一认识，毛泽东指出：共产主义"可能要经过几百个阶段。能够说到了共产主义,就什么都不变了,就一切都'彻底巩固'下去吗"?毛泽东也认为共产主义的按需分配是逐步实现的,不可能一下子完全满足全社会的需要,"可能是主要的物资能充分供应了,首先对这些物资实行按需分配,然后根据生产力的发展,推行到其他产品中去"。

共产主义社会对我们来说,还是遥远的未来。刘少奇、毛泽东的这些看法是否科学,留给历史去评判。但是,这些想法同马克思、恩格斯对于未来社会的一些设想一样,对于研究共产主义的理论来说,还是有价值的。

刘少奇读"政治经济学",一方面发表了许多真知灼见,另一方面也没有超越历史,在谈话中讲了不少"左"的观点。例如,把政治思想战线上的社会主义革命当作中国社会主义革命的重要经验进行总结;把贯彻物质利益原则同加强思想政治工作加以对立,贬损或否认物质鼓励的作用;把商品经济与计划经济对立,认为商品是资本主义的形式;强调集体所有制向全民所有制过渡,把坚持两种公有制形式并存的观点当作错误倾向加以批判,等等。这些观点在现在看来显然是错误的。从20世纪50年代到80年代,随着社会主义实践的发展,社会主义的许多观念发生了重大变化。刘少奇的观点不可能不打上那个时代的印记。人非圣贤,孰能无过?我们今天研究老一辈革命家的思想,反思历史,探讨理论,自然不可苛求于前人。

(石仲泉)

朱德的读书生活

1940年6月一天的夜晚,延安杨家岭中央大礼堂内座无虚席,中央宣传教育部正在举行延安在职干部学习周年总结大会。在这次总结活动中,朱德被大家推举为"模范学生"。大家热烈地欢迎他讲几句话,朱德操着浓重的四川口音谦逊地说:"前方后方很多同志都说我是一个模范学生,老实讲,怕算不上。因为我小的时候读了些'诗云'、'子曰'很多要不得的东西,要重新学起,一面学新的,一面还要丢旧的,我只知道一句俗话:'做到老,学到老,还有三分学不到'……"话讲得朴实无奇,但在座的同志们都深深领会到其中蕴含的深刻道理和体会。朱德的一生,是中国人民寻求解放的缩影。从辛亥革命、护国战争、北伐战争,到南昌起义、抗日战争、解放战争,他几乎无役不与。如果追寻一下他的革命足迹,那么,读书学习则是必不可少的一笔。在重大的历史转折关头,是读书探索使他判明了正确的方向,在艰难困苦的环境里,是博览群书给他带来了信心、乐观和朝气。下面,我们透过朱德读书生活的几个侧面,会看到朱德是一位孜孜不倦探求真理的革命家、军事家,同时也是一位热爱生活,情趣广泛的普通人。

一 从《公车上书》到《共产党宣言》

1895年是中国人民蒙受耻辱的一年。腐朽的清政府在甲午海战中失败后,俯首签订了丧权辱国的《马关条约》。消息传出,深深激怒了每一个具有爱国心的中国人。当时在京应试的各省举人,由康有为牵头起草了一份万言书呈奏朝廷,反对割地求和,主张变法图强,这就是轰动一时的《公车上书》。这篇奏文,唤醒了中国的知识阶层,也震撼了朱德幼小的心灵。那年,9岁的朱德正在家乡席聘三先生的私塾里读书。席先生年近七旬,是一位疾恶如仇的爱国知识分子。他把《公车上书》拿到课堂上高声朗读,痛骂清政府奴颜婢膝,鼓励学生学习西方科学,使国家摆脱贫弱状况。《公车上书》给朱德留下的印象远比《幼学琼林》、《四书》、《五经》要深刻得多,它使这位身处僻壤的农家子弟看到了一个更广阔的现实社会,在朱德幼小的心灵里开始装下了国家的大事。当时,他对康有为、梁启超充满钦佩之情,自称是改良主义的信徒。

戊戌变法的风潮过后,朱德感到家乡的小天地已经满足不了他的求知欲望了,他渴望学到更多的东西,渴望自己能成为一名救国救民的志士。

1909年,朱德远离家乡,步行七十多天,千里迢迢赶到昆明,考进了云南陆军讲武堂。云南讲武堂是仿照日本的士官学校办的,教学、训练都很严格,每天上课六个钟头,下操两个钟头。除了艰难的军事学外,还开了地理、数学、历史和国际问题等课程。朱德除了全力以赴上好课,还如饥似渴地阅读所能搜寻到的新书报刊。那时，蔡锷正担任云南新军第十九镇第三十七协的协统（相当于旅长），协司令部与讲武堂毗连，蔡锷的办公室四周堆满了中文和日文书籍，朱德常常光顾这里。蔡锷很喜欢这个壮壮实实、质朴勤奋的年轻人，允许他到自己办公室来借阅书报。朱德在这里读过孟德斯鸠的《法意》（中译本），读过记述美国华盛顿一生以及俄国彼得大帝改革政治的书籍。最使他感兴趣的是共和派的秘密报纸，这些报纸猛烈抨击形形色色的帝制派，批判改良主义观点，主张武力推翻清朝封建统治。这些宣传在朱德心里引起强烈的共鸣，他入学不久，在孙中山的民主革命思想的影响下秘密加入了同盟会，从一个改良主义的信徒变为立志推翻清王朝的革命党人。

辛亥革命爆发后，朱德被蔡锷指定为连长，和云南义士一起参加了攻打云贵总督衙门的战斗，很快打垮了清政府在云南的封建统治。辛亥革命的胜利局面令朱德十分振奋，他把全部追求和理想都倾注在民主共和制上。然而不久，由于资产阶级的妥协，革命党人浴血奋战的成果被袁世凯窃取了。为了维护共和制，朱德又参加了蔡锷发动的讨袁护国战争，并在战斗中率领一个团的兵力多次打退北洋军，成为当时的滇军名将。可是，令朱德不解的是，袁世凯倒台后，军阀混战非但没有停止，而且愈演愈烈，自己东征西战近十年，仍无法换来人民的安宁和国家的稳定，他对资产阶级共和制大失所望，对以前所读过的资产阶级治国理论也产生了很大怀疑，中国的出路何在？朱德深深陷入了苦闷之中。

俄国十月革命成功的消息传到中国时，朱德正担任滇军旅长，驻守在四川泸州。国际上的这场风暴和国内各种思潮的涌现，使他急切地想了解这一新事物的性质和内容，他和挚友孙炳文、戴与龄以及知识分子家庭出身的新婚妻子陈玉珍还有他的两个弟弟共同组成学习小组，学习俄国革命经验和介绍世界各种新思潮的报刊。《新青年》和《新潮》成为这个小组的主要读物。朱德后来回忆当时的情况说："我已亲身认识到用老的军事斗争的办法不能达到革命的目的，加上受十月革命的影响我深深感到有必要学习俄国的新式革命理论和革命方法，来从头进行革命。"为了寻求真理和学习革命经验，朱德毅然辞掉高官厚禄，到马克思的故乡德国去了。

朱德到德国时已经36岁，为了更好地阅读马克思、恩格斯的书籍，他顽强地学习德文，并到格廷根大学去旁听政治经济学和哲学等课程。凭着这股钻研精神，不久，朱德就可以看德文版的《共产党宣言》了。他不仅反复研读《共产党宣言》，还学习了《社会主义从空想到科学的发展》、《唯物史观》、《共产主义运动中的"左"派幼稚病》、《帝国主义是资本主义的最高阶段》等书。马克思、恩格斯、列宁的精辟论述，渐渐释解了长久郁积在朱德心中的苦闷和疑团，革命理论将他引入一个崭新的天地。他在讲述这段经历时说："经过许多艰难困苦，我终于找到了一条道路，只有这一条唯一的道路，才能使中国走到真正的民主共和国，才能最后实现没有剥削，没有压迫的社会。这条道路就是马克思主义的道路！"

从读《公车上书》到读《共产党宣言》，这段学习、探索救国出路的艰苦历程长达二十多年。正是基于此，朱德对掌握马克思主义理论的重要性体会至深。从他在德国加入中国共产党，决心献身共产主义事业起，几十年来，他始终保持着初读《共产党宣言》时的那股热情和钻研精神，一直是党内公认的学习模范。1960年党中央号召领导干部学习马克思、恩格斯、列宁、斯大林、毛泽东的30本书，朱德工作之余，出去散步时也要带上一本，走累了就坐下来读一段，并与随行人员讨论一会儿。从1960年到1966年，他在护士协助下，记了十多本学习笔记。为了系统理解马克思主义发展史，他还根据《马克思主义的三个来源和三个组成部分》、《卡尔·马克思》、《马克思传》等著作，亲笔写了马克思主义发展历史阶段提纲。

十年动乱中，朱德的读书活动也未停止过。从他留下的读书笔记来看，"文革"期间读的最多的是马克思、列宁的哲学著作，特别是对历史唯物主义和自然辩证法的中心思想，他都写了详细的提纲。

1974年，被林彪、江青反革命集团关押七年半之久的肖华刚被放出就马上去看望朱德，向朱老总诉说林彪一伙对他的迫害。朱德语重心长地对他说："要振作精神呀，共产党员，受点委屈不算事儿。瑞金、井冈山，二万五千里长征，那么多困难，那么多挫折，我们都踏着熬过来了，现在这点磨难能让我们丧失信心吗？我们不能灰心呀！"谈到林彪时，朱德沉默良久，缓慢而严肃地说："在井冈山的时候，他林彪才是一个营长哟，怎么能说井冈山会师是他林彪和毛主席会师呢！历史就是历史，他们胡闹不行的。这几年，不过是历史的一个插曲，革命总是要经历曲折反复的，凡是违背唯物辩证法的东西，别看它眼前兴时得很，但从长远的观点看，最后在历史上总是站不住脚的。"他叮嘱肖华多读一些哲学书籍，当朱德了解到肖华的家被抄了三次，已经一掠而空时，就打开自己的书橱，让肖华挑选一些马克思、列宁和毛泽东的哲学著作，带在身边学习。

1976年5月,也就是朱德逝世前不久,他收到成仿吾送来的《共产党宣言》新译本。这是成仿吾同志经过近一年的努力,根据1848年的德文原本,对自己1938年翻译的《共产党宣言》重新校正后出版的。5月19日书送到朱德手里,5月20日他就一口气读了一遍。随后又把旧译本拿来对照着读。书一读完,朱德不顾90高龄,执意要去看望成仿吾,二人一见面,没聊几句便将话题转到了《共产党宣言》新译本上。朱德称赞成老做了一件很有意义的工作,称赞新译本通俗好懂,可以一口气读下来。他再三强调有了好译本,才能弄懂弄通马克思主义。他兴致很高地和成仿吾讨论着这本书的基本观点。当时,谁也不曾料到,一个多月后朱德便与世长辞了。朱德接触的第一本马克思主义经典著作是《共产党宣言》,他临终前最后精读的一本马克思主义经典著作恰巧还是《共产党宣言》。这不是偶然的巧合,这里包含着一位坚定的马克思主义者活到老、学到老的决心和毕生致力于共产主义事业的信念。

二 "游击博士"的理论与实践

1940年的一天,在八路军总部的小松林里,集合着许多八路军的军事干部,朱德正在给他们上军事课。他讲道:"任何军事理论都不能机械地当公式来学习,只有那些不怕打败仗的笨家伙们才会一成不变地去搬用外国的军事理论。"当他分析到游击战术适合中国当时的国情时,幽默地说:"我们为什么不运用游击战术呢?世界上只有我们才可以称为游击博士。"从此,"游击博士"的称号不胫而走,朱德成为干部战士心目中极受尊敬的一位"游击博士"。

作为军人,朱德深知学习军事经验和军事理论的重要性,"将不知古今,乃匹夫之勇"的古训常激发他涉猎古籍,寻求历史的借鉴。1916年至1920年他在泸州驻防时曾读过不少古书,至今泸州市图书馆还收藏着1900多册他当年购置的经史子集。在这些书中,朱德最喜欢读《史记》、《三国志》、《孙子兵法》以及《曹刿论战》、《子鱼论战》、《烛之武退秦师》;贾谊的《治安策》;晁错的《守边劝农疏》、《言兵事疏》等名篇。他读史,惯于用军人眼光总结历史上军事成败的经验教训。他推崇曹操在危难之际大力施行屯田政策的魄力,认为这是曹操统一北方、战胜群雄的胜利之本。读史使朱德获得许多教益,1938年他在同安娜·路易斯·斯特朗交谈时曾说过:"学习运用游击战和多变的战法,我在中国一千多年前写的古典名著《三国志》里曾找到过最好的教材。"

朱德到德国后,为了学习外国的军事经验,特意买了一部德文版的第一次世界大战主要战役汇编,并请一位在德皇军中当过将军的男爵讲解战役的打法。以后又到苏联学习军事理论。他如饥似渴地涉猎古今中外的军事著作和作战经验,从孙子的《计篇》、《谋攻篇》,到克劳塞维茨的《战争论》;从秦穆公、晋襄公的"崤山之战",曹操、袁绍的"官渡之战",到英法两国之间的"百年战争",法国和普鲁士之间的"普法战争",以及俄国人民抵抗法国拿破仑军队入侵的"祖国战争"等中外著名的战役都成为他研究学习的对象。但是朱德并不因袭套用书本经验,尤其是当他走上马克思主义道路,掌握了历史唯物主义和辩证唯物主义这一锐利武器后,更深刻、清醒地认识到:写在书上的作战经验是用鲜血换来的,应当格外珍惜,但是事物是变动的,情况是迁移的,绝不容许用一成不变的老章法来指挥军队。他把我军的用兵主张精练地概括为"有什么枪打什么仗,对什么敌人打什么仗,在什么时间地点打什么时间地点的仗。"多年来,他就是运用这一原则领导我军走向胜利的。

1927年南昌起义失败后,朱德率领起义军余部两千五百多人向闽赣一带退却。当时,这支军队四面受敌,处境十分艰难。行军途中不断有人掉队、离队,到赣南安远时,全军只剩下七百多人。在这危急关头,朱德意识到,如果不立即实行军事战略的转变,从正规战转为游击战,全军就有灭顶的危险。但是那时这支部队的指挥员不少是从黄埔军校毕业出来的,学的是正规战那一套,很多战士参加过北伐战争,打的也都是正规战。因此要使部队实行战略转变,并非是一件易事。朱德一面耐心地给大家上军事课,讲战术问题,一面以连排为单位将部队分散出去打游击,通过实践总结经验。经过朱德多方面的努力,终于比较顺利地完成了这个转变,使我党培育的这部分革命精华得以保存和发展。1928年4月,当朱德率部上井冈山与毛泽东会师时,他带上去的部队和农军已经达到一万余人,为创建中国工农革命武装建立了不可磨灭的功勋。

当时间推进到1947年时,解放战争形势的发展与20年前恰成鲜明的对比,游击战已经不适应这一历史的转折了,夺取敌人盘踞的大中城市,打攻坚战,成为我军迫切需要解决的新课题。对于打攻坚战,朱德在理论上并不陌生,但他为了更好地领导我军完成从运动游击战到阵地战的转变,在我军攻打石家庄时，坚持深入前线亲自审问俘虏，调查敌人设防情况，组织部队反复练习攻坚战术，对作战的各种准备工作作了周密的部署。当参战部队运用朱德总结和创造的战法一举攻克石家庄后，朱德又花了四天时间，找了三十多名参战人员谈话，写出了《打下石家庄的意义和经验教训》一文，使我军攻打大城市的第一个成功经验得以在各战场迅速推广，加速了解放战争的进程。朱德就是这样，在艰苦的革命年代，他不但能认真学习古今中外的军事理论和战略战术，而且能够不拘泥成法，运用所学理论探索中国革命战争的特殊规律，不断总结建军作战的实践经验，并重新上升到理论的高度。

朱德是一位求知欲望很强的人，他对新的知识，新的见解，总是保持着浓厚的兴趣。战争年代，他担负着我党我军繁重的领导职务，每天要批阅大量电文，研究作战方案，考虑军队建设，关注根据地人民的冷暖生计，但他丝毫不因此而放松学习。马背上，油灯下，行军途中，都是他的读书场所。他想方设法利用一切条件提高自己和部队的军事理论水平。抗日战争开始后，曾有一批国民党中高级将领陆续来延安投身革命，为了提高我军的战略战术和调动这部分人员的积极性，1942年中央军委成立了高级参谋室，由朱德亲自领导。在朱德组织下，高参室成立了战略研究会，每周举行一次战略战术讨论会。朱德总是第一个到会，坐在会议室里，抓紧会前时间或看书报文件，或与高参交谈。在开会中，他十分用心地听高参们发言，边听边记，认真学习。他还组织高参室编写了《中国军阀战争史》、《帝国主义德国的军事策略》等专题材料来教育部队。

由于朱德学多识广，学习融会贯通，因此常常能用浅显通俗的语言点明错综复杂的理论问题。当年，基层干部、战士和老乡们都很喜欢听他讲话，从他拉家常般的谈话中受到过很多启发。至今，山西武乡县砖壁村的老人们还记得，抗日战争时期朱德随八路军总部驻在这里时，给大伙儿讲解毛泽东的著作《论持久战》的情景。他生动地把抗日军民比作灯芯，把日本侵略军比作灯油，说："别看日本鬼子貌似强大，最后总是灯芯把灯油熬干！"他的讲述，使老乡们对抗战胜利的信心更足了。朱德曾用"喝汤"和"啃骨"不会是一样的动作来比喻打强敌与打弱敌的不同手段。为了使战士们认识到把战斗经验总结上升为战术理论的重要性，他启发大家说："你们的作战经验很多，但就像一大篓子钱，是散的；战术就是钱串子，可以把那些钱都串起来，用的时候，要用哪个，就拿哪个。不要把经验老是散着装在篓子里背着,成了包袱,用不上,有些经验,几千年来就有了,成了战术,成了理论,你们有的人还不知道,反而还骄傲,说战术是'教条'。"经他一讲,干部战士很快便领会了,掀起了学习的热潮。

"虎略龙韬尽革新,半生戎马为人民",这是1946年朱德同志60寿辰时董必武对朱德的诗赞。朱德在军事上的伟大贡献,是他刻苦读书,总结并发展前人经验的生动体现,也是他学习马克思主义,弄通、运用辩证唯物论的必然结果。

三 情趣爱好与博览群书

按照一些人对领袖模式的理解,他们想象的朱德是一个威武、严厉的人,是一个没有业余生活,无暇顾及个人爱好的军事统帅。其实,朱德是一位情趣广泛,热爱生活的人,他喜欢写诗,爱好书法,喜欢养兰花……这些爱好与他的读书活动密切相关,每当拿到这些方面的书籍,常常使他不愿释卷。这些爱好丰富了他的知识,调节了他的精力,同时也使他的读书生活更为多彩。

朱德曾对人说过:"我十年寒窗,只有三门功课,一门是'学而时习之';一门是'天对地,雨对风';还有一门是'永字八法'。"后两门功课就是学习作诗和学习书法的基本训练。但是朱德真正用心钻研作诗和书法还是从投身军界以后开始的。1916年到1920年他驻守四川泸州时,战事不多,生活基本安定。他把当地一些文人学士聘请到军部辅导自己读书。当时有位叫朱青长的前清举人,是川南名诗人,他被请来专门教朱德写诗填词。朱德还同滇军第二军军长赵又新等人参加"怡园诗社",组织"东华诗社"、"振华诗社",常常聚会赋诗言志,在当时编印的《江阳唱和集》中,就收集有朱德赋写的十八首律诗。

朱德对于古代诗歌形式,比较喜欢白居易的"元和体",爱读《白氏长庆集》、《元氏长庆集》。他认为白居易的许多诗反映民众的喜怒哀乐,平易通俗,笔触所及,没有不达的情意。但他不喜欢白居易晚年作品中的消极颓废思想,他说,白氏晚年的"醉貌如霜叶,虽红不是春",比起青少年时期的"野火烧不尽,春风吹又生"的战斗性来要差得多了。

朱德一生写了很多诗,有鞭挞军阀混战的,有抒发抗战情怀的,也有歌颂社会主义辉煌成就的。他写诗都是直抒胸臆，以诗言志，有很强的感染力。如1939年春，他在大好春光下，想到国民党统治区的黑暗和华北抗日根据地的蓬勃兴盛，心头感慨万端，决心不学东晋士大夫在中原沦陷时去空洒热泪，而要学岳飞北伐金人的壮志，以血肉之躯赶走日本侵略者。他当即写下一首《太行春感》：

远望春光镇日阴，太行高耸气森森。
忠肝不洒中原泪，壮志坚持北伐心。
百战新师惊贼胆，三年苦斗献吾身。
从来燕赵多豪杰，驱逐倭儿共一樽。

朱德的诗风，一如他的为人一样，平易、豪爽，磊落坦荡。1959年2月17日他游广东肇庆七星岩时，留下这样一首诗：

七星降人间，仙姿实可攀。
久居高要地，仍是发冲冠。
开心才见胆，破腹任人钻。
腹中天地阔，常有渡人船。

七星岩有些很大的岩洞，有渡船，有小桥，游人可以自由进出划船赏景，朱德借景抒怀，表达了他的广阔胸怀和伟大气魄。

书法是朱德的业余爱好。在泸州时期，他黎明即起，先出早操，然后临写北碑，天天如此，从不间断。全国解放以后，朱德又以学习黄庭坚的书法为主。每日工作繁忙，他就利用午饭和晚饭前后的空隙，练二十多分钟的字。每当到外地视察，总要随身带上一个特制的扁木箱，把笔、墨、砚台分放在大小不同的方格内，最上面摆着字帖和宣纸，打开箱子随时都可以写字。

由于爱好书法，朱德常以阅读书法专著和浏鉴名家碑帖为乐事。据他身边的工作人员回忆，他曾仔细研读过康有为的《广艺舟双楫》，其中在《孝文皇帝吊殷比干墓文》、《高贞碑》、《崔颜墓志》、《西门豹碑》（隶书）等碑目上都画有圈记。他对于《广艺舟双楫》中的"执笔第二十"曾逐句圈点，一再推敲。对于《汉溪书法通解》中的执笔图，也曾按图练习过

"拨镫法"。在黄庭坚的碑帖中,他最喜爱《戒石铭》和《幽兰赋》。《戒石铭》是走到哪里就带到哪里,《幽兰赋》系多幅长轴,被他挂在书橱前,经常临写。1963年5月,朱德参观了洛阳龙门石窟,当地文物部门送给他一套《龙门二十品》。他看了十分高兴,当晚又拿出来一一翻阅,并饶有兴味地给身边的随行人员讲解北碑体裁俊伟、笔力深厚、隶楷错变的特点。他对一些书法专著独崇南帖或北碑,不以为然,对于讥颜体"丰肥拙厚",讽柳体"骨存肉削",也认为是褊狭之见。他认为在书法上各种流派有各自的特点和长处,应该遍观各家之长摘而临之。他曾写过这样一首诗来表明自己的态度:

> 杜陵评书贵瘦硬,此论偏狭不可凭。
> 长短瘦瘠各有态,玉环飞燕谁敢憎。

由于朱德长期坚持临帖练字,工力较深,一直到晚年他的墨迹都保持着苍劲古朴之风。1975年3月,他书写的"革命到底"四个大字,笔力雄厚,全然不像九旬老人之笔。这是朱德留给我们的最后一个条幅,表达了他对"四人帮"一伙的反抗和对同辈后辈的勉励。

除了写诗和读帖练字,朱德对养兰花也有十分浓厚的兴趣。他有一部日本小原荣次郎编著的三册《兰华谱》,这本书收集了大量兰花的品种来源及生长方面的资料,内容十分丰富。朱德在家经常读它,外出视察时,每到兰花的产地,他都要向花农学习栽培知识,请教书中不懂的地方。1960年他去福建视察,专门向福州园林处的技术员了解建兰的品种,并拿出《兰华谱》,指着谱中一段记载:"建兰由中国秦始皇使者徐福携来,种于浚河,又名浚河兰",对大家说:"浚河兰引种于建兰,可见中日早就友好往来,交流文化了。"朱德又指着谱中的"栽培月令口诀"和"兰易十二翼"让技术人员一一解释。两年后他再次去福州视察,特地买了《兰华谱》赠送给园林技术人员,鼓励他们普遍搜集建兰品种,编写一本《建兰谱》。

朱德是我党我军杰出的无产阶级革命家,他的杰出之处就在于一生追求真理,追求真知,无论是学习马克思列宁主义、毛泽东思想,还是学习其他知识,他都本着老实认真的态度、顽强坚韧的毅力,实事求是,持之以恒。从他读书生活的几个侧面,我们也可见其精神。在这方面,正如朱德自己总结的:"学习好比人身的血要流动一样不能停息,只有经常学习,才能懂得为何革命,如何革命!"

(沈学明)

朱德读史籍

历史是一面镜子。读史是古往今来无数志士乐此不疲的学习活动。他们涉猎史籍,评说千秋功过,从朝代的兴衰更替,治国的成败得失中去寻求历史的借鉴。这种评史活动同样是一面镜子,它往往能反映出读者的思想风貌。

1916年护国战争结束后,朱德因战功卓著被晋升为滇军旅长,驻防在四川泸州。从这时起,直到1920年前,他的生活是比较安定的。他曾利用这一时机在泸州购置了一批古籍,结交当地文人学士披览群书,学习和总结历史经验,1918年8月至1919年4月,他精读了《史记》和《三国志》,并留下批语100余处。

朱德读史,最显著的特点是十分重视学习历史上军事成败的经验教训。从读史批语看,他在读书中最为留意,最有感触的问题,概括起来有以下四点:

一 从民心的向背看战争的胜负

在《史记·秦本纪》中,有这样一段记载:公元前627年,秦穆公不听老臣蹇叔、百里奚的劝阻,为了扩充疆土而袭击郑国。出兵途中被郑国商人弦高发觉,弦高一面用牛犒劳秦师拖延时间,一面派人回国告急,迫使秦军不得不退兵。朱德读到此处,批道:"师屈(曲)为老。"他十分赞成"师直为壮,曲为老"的古训,认为打仗就要有理有义,理直则气壮,理曲则气衰,不义之战不得人心,是不会有战斗力的。对秦穆公后来大败于殽山,他认为是势所必至,"师出无名,焉得不大败!"

朱德读《三国志》时，很称赞曹操在力量十分弱小的时候，敢于举兵讨伐残暴骄横、不可一世的董卓，曾写道："成大事者起兵以义。"尽管曹操出师不利，他还是批道："敢战者成功，不敢战者不成功。"他对东汉末年军阀割据给老百姓造成的苦难寄予很大同情，写下了"兵乱年荒必相连系"，"乱世贼匪多，能平匪者得民心，终成功"等批语。朱德那时候之所以十分强调义战，强调师出有名，一方面表明了一个正直的军人对战争所持的态度，另一方面也不能不看到这是对当时军阀混战十分不满，对人民苦难满怀同情的流露。护国战争后，反袁联合战线随着袁世凯的灭亡而分裂，继袁而起的北洋军阀段祺瑞继续实行卖国独裁统治，许多所谓革命党人转眼间变成了新军阀，他们忙于扩充势力，抢占地盘，不惜置人民于水火之中。尽管那时朱德还不可能运用马克思主义观点深刻认识引起军阀混战的原因，但他站在同情和关切人民疾苦的立场上，对这种不义之战是很愤慨的。这期间他曾写下许多诗句："年年争斗逼人来，如此江山万姓哀"，"久受飞灾怜百姓，长经苦战叹佳兵"等都表达了这种沉重的心情。同时，朱德作为一名接受了民主主义思想的军人，渴望为共和、为国民革命作战，而不愿意卷入军阀混战的旋涡中充当不义之战的牺牲品。但在军阀当政之时，他处于军人行列又常自感难以摆脱这种命运，看到辛亥革命的成果已付诸军阀混战的炮火，朱德心中是苦闷和忧虑的。这些批语所发出的感慨，正揭示了当时朱德的这种心理活动。

二 从经济、政治条件的变化看军事实力的强弱

东汉末年，魏蜀吴三国的创业者最初都不具备与世族豪强争雄的实力，但他们后来纷纷崛起，打败强者形成鼎足而立的形势，这引起朱德浓厚的兴趣。他在读《三国志·魏志·武帝纪》时，读到曹操在军事重镇芍陂（今安徽寿县南）推行屯田政策，曾眉批"留薪办法"，认为曹操当年大规模屯田以解决基本生活资料不足之难，实在是一种远见卓识，是曹操得以战胜群雄、统一北方的关键原因。朱德把建立根据地视作军队立足的根本，他看到孙策在中原战败后渡江南下，在江东建立根据地，"数年间遂有江东"时，对于孙策、孙权乘北方混乱之时向江南扩大地盘，积蓄力量以图发展的做法是很赞赏的，他写道："乱世有大志无力者，均远避，养力以待，后多成功。"他对刘备于建安十六年（公元211年）才入蜀夺取益州建

立蜀汉政权很不以为然，写下了"此时方得根据地，可为（谓）差矣"。在他看来，蜀汉政权的经济和军事实力都远不如曹魏与孙吴，其重要原因之一就是刘备长期作为依附势力而存在，建立根据地比魏吴晚了近20年。朱德就是这样从古代军事力量的兴衰变迁中总结着经验教训。通过这些眉批不难看到，朱德后来在创建革命军队、开辟革命根据地和推行"南泥湾政策"等方面所作出的伟大贡献都不是偶然的，是与他早年读史获得的教益分不开的。

三 从选用人才看事业的成败

在朱德手批《史记》和《三国志》中，有许多批语是评论人才优劣的。他十分重视用人问题，认为古往今来没有哪一项事业的兴衰不和人才的优劣联系在一起。他对刘邦、项羽、曹操、袁绍、孙权、刘备、诸葛亮等人都有所评论，有自己的独到见解。

曹操是历史上争议很大的人物，朱德很称赞曹操的军事指挥才能，认为曹操善出奇兵，战术灵活，因此往往以弱胜强。同时朱德也肯定曹操有着政治家的远见，能够审时度势，挟天子以令诸侯，为自己及时"正名"，造成政治上的极大优势。但是朱德认为曹操用人只重才干而不问品德，对此，他很不满意。曹操几次下令求贤，声称不管生活多么不检点的人，即使偷窃、盗嫂的，只要有才干都可"唯才是举"。对此，朱德批判他："尚才不尚德，乱平而人心丧尽"，"功则有之，德则未也"。朱德一向把品德摆在衡量人才优劣的首位，因此他反对曹操的这种用人方针。

袁绍，是东汉末年最强大的割据势力的代表。但是在朱德眼中，袁绍无论是从个人品质、胸襟气度，还是从指挥才能上来衡量，都远远不配统领千军万马，他不过是依仗显赫的家世扬威一时罢了。袁绍与曹操争雄，受命官阶不肯低于曹操，朱德批他："不屑居人下，又无特长，何能成事"！"人思自利未有不解体者。"袁绍在官渡之战中依仗武器装备精良，低估了曹操的力量，结果被曹操打得一蹶不起，朱德认为这是必然结局："无能之将兵，恃器械而为雄，终不可恃。"最令朱德愤慨的是袁绍的用人政策，他读《袁绍传》，看到袁绍对手下许多能谋善断之人疑忌之心颇重，为了维护既得利益，将地盘"令诸儿各据一州"，结果引起袁家诸子的自相残杀。为此，朱德谴责他："人才如此之多而卒至于灭亡者，有才而不能用也。""尽用亲戚子侄是此家常事，以之享福则可，以之兵权焉有不自杀者？爱之甚，杀之甚也。"

诸葛亮，是治理蜀汉的杰出人才，历史上对他的才智德行和贡献无不充分肯定。朱德并不否认诸葛亮的长处，但他认为诸葛亮在用人上的一些过失是很值得后人记取的。他对诸葛亮重用马谡不以为然，曾批道："溺爱不明，慎者不免。""武侯之帅才有限。"他读完《刘封传》、《彭羕传》、《廖立传》、《李严传》后，认为这几个人都是很能干的，是蜀汉政权的有功之臣，只是因为他们刚猛难制，恃才傲物或批评朝政言辞过激就被杀或被削官为民，这就暴露了诸葛亮用人上的缺点，他很为此感到痛惜，在这些传记中写下了"所以败也。不容将何能克敌？亮、备之不成事也在此"，"亮忌才"等批语。

朱德对这些人物的评论，反映出朱德早年对使用人才的一些见解。他重视道德品质，重视实际才干，主张任人唯贤，反对培植私党，更反对妒忌和损害人才。这些见解在以后的革命历程中得到不断完善和深化，对朱德的思想作风和工作作风都产生了深刻的影响。

四 很注重评论军人的志向和品格

朱德是我们党内德高望重的无产阶级革命家，他的品格和为人是全党全军全国人民所深慕敬仰的。从他身上展现的优秀品德和献身精神既是长期革命斗争中锤炼出来的，也是中华民族优秀的思想传统熏陶的结果。从手批《史记》和《三国志》中可以看出，朱德常以历史上的志士仁人为榜样，他钦佩周武王伐纣的大将风度，钦佩姜太公八十高龄仍为民治国修政的精神，更佩服西汉名将霍去病忧国忘家的伟大抱负。他在霍去病的名言"匈奴未灭，臣无以家为"的旁边手批"军人格言"四个字，表示要学习这种精神。当他看到袁绍由于儿子有病而放弃袭击曹操的战机时，曾谴责他："以家为重，何能保国？"《史记·吴太伯世家》记载了吴王之弟季札出使鲁国时，对《诗经》中《周南》、《召南》的赞美，朱德从《召南》中的诗句"勤而无怨"中受到启示，写道："勤而无怨，必能兴邦"，表达了自己尽心竭力报效祖国的志向。

作为一个军人应该具备什么样的品格和风貌，这是朱德在读史中注意寻觅和借鉴古人的问题。《三国志·魏志·三少帝纪》记述了一段尚书何晏向魏帝曹芳的进言："善为国者必先治其身，治其身者慎其所习。所习正则其身正，其身正则不令而行；所习不正则其身不正，其身不正则虽令不从。"何晏说这番话的目的是希望身为人君的魏帝能树正气，习正风，以身作则。朱德对这番议论有同感，批道："人人皆宜，不必人君。"他认为每个人都应该本此去做，树立公心，不谋私利，胸怀坦荡，这样才能一呼百应，不令而行。他对将私利摆在首位的狭隘意识是鄙视的，三国时期蜀汉大将魏延与杨仪长期不和，诸葛亮死后二人火并，杨仪不仅杀了魏延而且诛其三族。朱德对此批道："军人不能与人有私仇。"他赞许历史上那些功成身退不图虚名的人物，嘲笑猎取功名的做官观念。看到范蠡在越国胜利后弃官从商，致富后又散尽家财，他写道："范蠡千古奇人也，能弃功名富贵，而功名富贵常随也。世之急急（汲汲）名利者反以杀身，而不能效范蠡之为人也。"这些批语都生动地展示了朱德的品格和道德观。

通过以上几个侧面的介绍可以看出，朱德阅读《史记》和《三国志》时，对重要的历史事件和历史人物都经过一番比较分析和深入思索，因此他能从中得到许多有益的启示。这些历史经验是一笔精神财富，充实和丰富了朱德的思想，它对朱德从旧民主主义者转变为马克思主义者有着不容忽视的积极作用。

（沈学明）

朱德读《共产党宣言》

朱德是一位好学不倦，而且能深入钻研的老模范。他坚持地体现了"活到老，学到老"的革命精神。

朱德在年轻时代曾经参加了我国民族民主革命的武装斗争，但是当他升到较高的领导层时，他感到这不是正确的道路，而在伟大的十月革命的影响下，毅然转变方向，到马克思、恩格斯的故乡去取革命的"经"。很快他就找到了革命的组织，并立即加入了在柏林的中国共产党支部。当时主要的工作是学习马列主义，他是学习的积极分子。在组织学习中他积极为大家服务，勤勤恳恳，从不嫌累，虽然他在同志们中间年长许多，但总是吃苦在前，享受在后。

1926年，他回国参加革命斗争。他参加了"八一"起义，在南下严重失败的危急关头，集合残部，经过顽强战斗，终于到达井冈山，同毛泽东秋收起义的部队会师，在毛泽东领导下成立了第一支强大的工农红军。从此，在几十年间他成为我们敬爱的总司令，为中国革命建立了不朽的功勋。他在战斗与工作的剩余时间，总是以好读书、爱劳动受到广大干部和群众的格外尊敬。

我从1975年年初，根据中央批准，开始对马恩著作的中文译本进行校正，首先对我自己1938年从德文译出的《共产党宣言》进行了比较严格的校正工作（该译本曾经有人根据俄文修改过，这次根据1848年的德文原本，在几个助手的帮助下进行了校正）。经过了近一年的努力，在各方面的协助下，《共产党宣言》的新译本终于出版了。

1976年的5月18日，我把新译的《宣言》送呈朱委员长。他大概19日收到，20日就看了一遍。这本他很熟悉的马克思主义经典著作，大号字他自己看，小号字由秘书念给他听。

21日的早晨，朱德的秘书要我接电话，说朱德要来看我。我请他转告，他90高龄了，还是我去看望他。但很快我就接到回电，他一定要来。

果然，朱德按时来到我的宿舍。我向他表示歉意，是我应该去看望他。他笑了一下，立刻把话题转到我的《宣言》的新译本上面来。

他说：好懂，很好。他并且说明，若是不好懂，他是不能一口气看下去的。

他强调指出，这是根本性的工作，因为这部经典著作讲的都是一些根本问题，如阶级斗争问题、民族与国家问题、家庭与妇女问题等，都讲得很清楚。现在许多问题讲来讲去，总是要请教马克思、恩格斯，总得看《宣言》是如何讲的。

他指示，弄通马克思主义很重要，为了弄通，要有好译本。这个新译本很好，没有倒装句，好懂。他还郑重指出，做好这个工作有世界意义。

他还详细了解我有多少个助手，这个新译本花了多长时间。他指示还应该多培养几个接班人，并说，这个工作很重要，他就把我这里当个"点"，时常来。

当我问到他的健康情况时，他说，中央对他照顾得好，消化情况不坏，他还每天坚持带游泳圈在水里泡一泡。

在临别前,他指示我工作一定要跟上形势,要保重身体,并着重指出,我们队伍中老同志不多了。我陪他坐车环绕校园看了一下,就和他握手分别了。没想到这是我最后一次见到我们敬爱的总司令,一个多月之后他就和我们永别了。

在这短短的见面中,他对我的鼓励与教育是非常诚挚与非常深刻的。我对这一切都十分感动。但是我当时并不是完全理解他所讲的话的全部意义的。比如,对他所讲的,做好这个工作有世界意义这句话,当时我只觉得这是对我的工作过分鼓励,使我愧不敢当。后来我在工作中逐渐感到他的话确是真理。

(成仿吾)

读碑临帖　一生不辍

一

朱德很爱好书法。这种爱好,是他从小养成的习惯。他自己曾说过:我十年寒窗,只有三门功课,一门是"学而时习之";一门是"天对地,雨对风";还有一门是"永字八法";这后一门功课,就是学习书法。

朱德从6岁入学到18岁读私塾这段时间里,每天都要练毛笔字。他说:我刚开始写字时,名曰"描红",其实是"描黑"。因为印刷的红字,只有有钱人家的子弟才能买得起,像我们这些穷人家的孩子,只好"描黑"了。他说的"描黑",就是由老师以正楷在竹纸上写一首诗,名曰"字格",学生将"字格"套在麻头纸内,依照映出来的字影描写。当时这种方法叫"写仿"。朱德的启蒙钟老师,给他写的第一篇"字格"是:"一去二三里,烟村四五家。亭台六七座,八九十枝花。"据朱德说:这种"字格",大概一个月一换。

朱德学习书法，比较集中地有三个时期。

第一个时期，是从6岁到18岁读私塾这段时间。朱德脱离"字格"之后，开始临帖，他当时临的是柳公权的《神策军碑》。

第二个时期，是从1916年到1920年率护国军驻军泸州这段时间。他在戎马倥偬之余，除练习书法外，还组织了"颐园诗社"，并且学会了打洋琴。据当时和他相处过的老人回忆，他在泸州时，学的是北碑。北碑，包括北魏、北齐、北周等碑，但不知他具体临的是什么碑。最近翻阅他看过的《广艺舟双楫》一书，发现他在《孝文皇帝吊殷比干墓文》、《高贞碑》、《崔颎墓志》、《西门豹碑》（隶书）等碑目上，都画有圈记。可能当时以一碑为主，兼学别样。1963年5月4日，朱德参观洛阳龙门石窟时，当地文物部门送给他"龙门二十品"一套，他看后十分高兴，说他曾学过魏碑。当天晚上在翻阅"龙门二十品"时，他边看边议论说：北碑——特别是北魏之碑，体裁俊伟，笔气深厚，隶楷错变，无体不有，所谓"体庄茂而宕以逸气，力沉着而出以涩笔"是也。到了唐宋时代，书法集南派之伟丽俊逸，北派之古朴苍劲，南北特点，兼收并蓄。

第三个时期，是全国解放后至1976年这段时间，朱德以学习黄庭坚的书法为主，偶尔也阅写一下其他碑帖。他认为黄庭坚的字，肉丰而苍劲，态浓而意淡，巧藏于拙，秀出于伟。在黄庭坚的碑帖中，他最喜爱的是《戒石铭》和《幽兰赋》。《戒石铭》的正文大字，仅有"尔俸尔禄，民膏民脂。下民易虐，上天难欺"16个字，连同后记，不过一百多字，但朱德对于此帖，经常临摹，并且是走到哪里就带到那里。《幽兰赋》系多幅长轴，悬挂于他的书橱之前，这也是他经常临写的黄字。由于朱德长期临摹黄字，所以他晚年的书法苍劲古朴，深得山谷笔意。

二

朱德对于书法，仅是业余爱好。因为他年届高龄，工作很忙，既要阅批各种文件，又要参加各种会议，还要看书学习和阅读报章杂志，同时还经常外出参观访问，所以他的时间是很紧的。对于书法，朱德的本意是：一是艺术爱好，二是休息脑子，三是活动筋骨手腕。因此，他练字的时间，多在午饭和晚饭前后，或者是在阅读书籍文件后休息之时。他每次练字的时间，大概在二十分钟以内。

朱德用的毛笔，大中小都有，但经常用的是长锋狼毫，这种笔产自湖北，是董必武给他推荐的。此外，也常用"二纯羊毫"和"汉壁羊毫"。

朱德用的墨，系由安徽买来。警卫员每天都要磨墨，但有时也用墨汁。

朱德练字时爱用白麻头纸，后来因为这种纸不好买，改用黄表纸。练字时，将大张黄表纸裁为六开，然后按格书写（纸下垫有画好的方格）。

朱德的砚台有好几个。其中比较珍贵的有史可法用过的大方砚。但他最喜爱并且经常使用的，是朝鲜议会代表团送给他的雕龙方砚。这个砚台雕刻精美，前低后高。下有木座，上有木盖。遗憾的是，有一位同志磨墨时，误将热水倒入砚内，致使砚台中间炸了一条裂缝。

朱德到外地视察工作时，照例要携带"文房四宝"。他特制有一个扁木箱，将笔墨砚以及墨盒、墨水分放在大小长方不同的格子内，并以小木楔固定。字帖和纸张等放在上边。外出时，无论乘车乘船，打开木箱，随时可以写字。

朱德认为：纸墨笔砚的适当与否，对于书法的好坏关系极大。古人所谓"善书者不择笔"的说法，那是在书法上造诣极深的人的见解。其实，同是一个人，不仅用笔好坏，字态妍媸各异，就是用狼毫与羊毫，字形也有不同。在用墨方面，也很有讲究，墨浓则笔滞，墨稀则笔滑。可见，纸墨笔砚对于书法的关系不小。他抄过米海岳的一段话："东坡谓：砚之发墨者必损笔，不损笔则退墨，二者难兼，非独砚也。大字难结密，小字常局促。真书患不放，草书苦无法。茶苦患不美，酒美患不辣。万事无不然，可发一大笑也。"朱德认为苏东坡这段话，很有点辩证法思想，因为世界上万事万物，利弊相连，只能根据情况，两利择其大，两害取其轻而已。

三

朱德对书法原来就有较深厚的基础，但他直到古稀之年，仍然注意基本功的锻炼。我亲自看到，他对执笔的方法，就反复研究过。他对于《广艺舟双楫》中的"执笔第二十"，曾逐句圈点，一再研读。对于《汉溪书法通解》中的执笔图，曾按图练习过"拨镫法"、"平覆法"等方法。所谓"拨镫法"，即以大指紧撅笔管，笔管紧靠中指无名指尖，虎口间圆活如马镫，五指分别掌握抉、压、钩、揭、抵、拒、导、送，使笔管转动自如。所谓"平覆法"，就是双钩双挑，平腕覆掌，实指虚拳。食指中指谓之"双钩",名指小指谓之"双挑"。因为掌覆,所以腕平;因为拳虚,所以指实。就我所知,朱德的执笔法,基本上是"平覆法"参用"拨镫法"。其他"握管法"、"单包法"、"拨镫枕腕法"、"平覆枕腕法"等,只是照图试过,并未经常使用。

朱德练习书法时,行笔较慢,一笔不苟。他认为缓笔定形势,忙则失规矩。匆匆作书,点画尚或失之,精妙又从何来?

朱德在书法上很注意结构。他认为汉字是方块字,总的精神要掌握分间布白,上下齐平。大字贵结密,小字贵开阔。如果结构不好,"一点失所,若美人之病一目;一画失节,如壮士之折一股。"1961年10月17日,他作了一首诗:

>　　书法以精巧,用笔重结构。
>　　字无百日功,人人学得透。

朱德认为,有了楷书的基本功,然后行书草书等,才能运用自如,才能做到:横如列阵排云,直如倒笋垂露,戈如百钧弩发,点如危峰坠石,牵如万岁枯藤,纵如惊蛇激水。他常引用张从绅的话说:"笔法不精,虽善犹恶;字形拂妙,虽熟犹生。"

四

朱德认为初学书法时,当以一家为主,先形似而后神似,然后遍观各家之长,摘而临之。杨子云说过:"能观千剑,然后能剑"。如蜜蜂酿蜜,广采百花,香甜自成。这就是博采众长的意思。他对于一些书籍中独宗南碑如魏碑,很不以为然。对于讥颜真卿之"丰肥拙厚",讽柳公权之"骨存肉削",也认为是褊狭之见。他认为在书法上各代有各代的特点,各家有各家的长处。丰肥多浑厚,刚瘠显清秀。在他的笔记本上有这样一首诗:

>　　杜陵评书贵瘦硬,
>　　此论未公吾不凭。
>　　长短瘦瘠各有志,
>　　玉环飞燕谁敢憎。

朱德认为，中国的书法艺术，将随着汉字的不断改变而不断发展。他的意见是：汉字始于象形，从甲骨、钟鼎和籀字的体形来看，奇古生动，各尽物态。到了秦分（即小篆），裁构整齐，一变古态。到了汉分，削繁成简，形成隶体。到了汉朝末年，改觚为圆。由隶正之间，发展为真书。同时，行书、草书、飞白并出，盛极一时。

朱德认为，书法由繁趋简，这是大势所趋。"钟表兴则壶漏废"，是任何人也扭转不了的。因为繁难者人所共畏，简易者人所共喜。人心所向者荣，人心所背者衰。书法的发展，也不能例外。

（沈毓珂）

邓小平的读书生活

邓小平酷爱读书。

他五岁开始读书，先入私塾启蒙，七岁转入新式小学，高小毕业后考入中学。他学习勤奋、刻苦努力。无论寒冬酷暑，道路泥泞，从不间断一次课。因而，他总是班里学习成绩最优秀的学生。据说，他少年时代聪颖过人，书读三遍即可背诵。

然而，动荡的岁月和多变的社会，迫使邓小平不能"一心只读圣贤书"。16岁那年，他萌发了去西方寻求真理的念头。

这一年，邓小平登上法国邮轮昂得莱蓬号，踏上留法勤工俭学的旅途。初到异国土地，首先遇到的第一个问题就是语言不通，无法与人交流。为攻克语言关，邓小平付出了极大的努力：清早，在茂密的法国梧桐树下经常出现他手捧书本，轻声朗读法语的身影；白天，他前往巴约公学补习法语；夜晚，利用做工的时间着意倾听法国人之间的谈话。由于一天到晚生活在法国人中间，有较好的语言环境并且有较大的压力，特别是由于有刻苦、用功的学习态度，在不长的时间之内，邓小平的法语水平有了明显的提高。自掌握了法语之后，邓小平很快地适应了在法国的学习生活。在这个国家，他有一个巨大的收获，那就是，结识了周恩来、赵世炎、李富春等一大批有理想、有抱负的中国留学生。在他们的帮助和带动下，邓小平的思想有了一个大的飞跃。他努力学习马克思主义，迅速成为一名年轻而出色的共产主义战士。5年的留法岁月，令邓小平终生难忘，也为他日后的革命活动打下了重要的基础。

为了壮大革命力量，培养政治骨干，经组织联系，邓小平被安排赴莫斯科深造。

22岁的时候，经组织安排，邓小平来到十月革命的故乡——苏联，进入莫斯科中山大学，开始进行马克思主义理论的系统学习。在这里，他充分利用良好的学习条件，阅读了大量的马克思、列宁的书籍，系统学习了中国革命运动史、通史、马克思主义哲学、马克思主义政治经济学、经济地理、列宁主义等重要课程。邓小平读书认真，钻研刻苦，政治理论素质提高得很快。他经常参加一些自由辩论或学生讨论会，以增强自己的论辩能力。参加辩论时，邓小平力求语言简朴有力，切中要害，常驳得对方理屈词穷，无言可对。因而，被同学们称为"小钢炮"。在莫斯科的学习生活，奠定了邓小平的马克思主义理论基础。

邓小平早年的读书经历，给他后来的革命活动和生活带来了巨大帮助和精神安慰。

从苏联回国后，在战争岁月中，邓小平的工作虽然很繁忙，但仍然抽空读书，并且帮助身边的工作人员提高文化素质。为参加培训革命骨干训练班的讲课工作，邓小平在油灯下熬夜编写教材。讲课时，他深入浅出，循循善诱，常采用启发式教学方法，使课堂生动活泼，很受学员们欢迎。

邓小平对书有着特别的感情。打仗行军时，组织上分配给他的马，他舍不得骑，却把书和文具驮在马背上，自己宁可步行。

抓紧时间读书，是邓小平在战争年代的一大爱好。1946年4月的一天，下级干部曾克来到邓小平的住处，向邓小平、刘伯承、张际春等上级领导汇报工作。曾克进屋后，邓小平离开桌子同他打招呼，然后，走到门外让警卫员去请刘伯承和张际春副政委。曾克注意到，在屋里靠近窗旁的一张方桌上堆满了书和杂志，一本打开的外文书摆放在桌子的正中间，看得出来，自己刚进来的时候，邓小平才把书放下。曾克为无意中打扰了邓小平读书而感到不安。刘伯承、张际春到后，曾克忙从书包里拿出了晋冀鲁豫边区创办的综合性的文化刊物——《北方杂志》给他们看。刘伯承、邓小平看后十分满意。此后，这种杂志经常摆放在邓小平的书桌上。

随着岁月的流逝，邓小平对读书有了更深刻的理解。读书，不仅能增长知识，还能给人以精神寄托。

1969年，邓小平被下放到江西监管劳动。经过批准，他把自己在北京的书逐步运往江西。每天劳动之余就伏案读书，有时一直读到深夜。这个时期，他最喜欢的是《史记》这部书，几乎百读不厌。

1970年的一天，报纸上登载出人民文学出版社即将出版一批古典名著的消息，这对当时文化生活处于饥渴状态的中国人来说无疑是一个福音。身在江西一隅的邓小平也高兴地看到了这则消息。他找到江西省革命委员会党的核心小组办公室的秘书赵子昌，请他代为购买这批书籍。赵子昌跑了很多地方，终于将全套《三国演义》、《红楼梦》、《水浒》、《西游记》共11本买了回来。邓小平接到这四套古典名著，非常高兴。抚卷凝思，别有一种感情充溢在心中。四套新书散发着油墨的芳香，在邓小平最困难的时候，给他的精神安慰，给他单调的生活增加了色彩。

邓小平的女儿毛毛，熟知父亲读书的爱好，她后来在文章中这样回忆道："在那谪居的日子里，父母抓住时机勤于攻读，特别是父亲，每日都读至深夜。那几年中，他们读了大量的马列著作，读了《二十四史》以及古今中外的其他书籍。对他们来说，能有时间如此坐下来读书，确也是难得的机会。我们到江西探亲时，父亲常给我们讲一些历史典故，有时还出题考我们。母亲也时常给我们讲述、议论一些书中精辟之处。在读书中，他们抚古思今，受益匪浅。我父亲为人性格内向，沉稳寡言，五十多年的革命生涯养成了临危不惧、遇喜不亢的作风，特别是在对待个人命运上，相当达观。在逆境之中，他善于用乐观主义精神对待一切，并用一些实际的工作来调节生活，从不感到空虚与彷徨。在江西那段时间，他就主要用劳动和读书来充实生活，陶冶精神。"

在邓小平的革命斗争生涯中，有两个学识渊博，资历非凡的人对他有着重要的影响。一个是毛泽东，博古通今，谈吐中用典贴切，妙趣横生，意境深远；另一个是刘伯承，对知识孜孜以求，戎马倥偬仍书不释手。邓小平也是博览群书，学而不倦。进城以后，每天上午9时至10时许，他都会在书房读报，或听秘书读国内外报刊新闻摘要，每当听到一些有兴趣的新闻时，他会叫秘书重读一遍。在读书看报中，邓小平掌握了丰富的知识和国际国内的大量信息，这无疑是他聪慧睿智的一个重要原因。

自1989年11月，完全离开党和国家的领导岗位，正式离休以后，邓小平心里仍时刻挂念、关注着祖国的前途和命运。每天在家中,他最主要的事就是读书看报。这成为他了解掌握国际、国内动态的重要渠道之一。

邓小平的读书生活对他的革命生涯和日常生活发生了重要影响,也为之增添了多彩的情趣。

(王立新)

邓小平的读书生涯

邓小平是一位伟大的革命家和战略家,也是一位学识渊博的理论家和学问家。孜孜不倦的读书生活伴随着邓小平的一生,并和他的革命生涯、思想作风及理论创造紧密地联系在一起。回顾邓小平的读书生涯,有助于我们更好地把握邓小平理论的思想脉络和精神实质,并且可以从中获得深刻的启迪。

邓小平一生酷爱学习,喜欢读书。从邓小平读书生涯所经历的相对集中的时期及其产生的影响来看,有三个阶段特别突出:一是少年时期在家乡的读书生活;二是青年时期在欧洲的留学经历;三是"文革"中在流放江西时的那段特殊读书岁月。

广安上学阶段。邓小平从1909年私塾发蒙到考入广安县中学,在家乡度过了十年的读书生活,奠定了扎实的文化知识功底。五四运动爆发后,在县立中学读了不到一年书的邓小平离开学校,加入到赴法勤工俭学的队伍之中。从此结束了他在广安的读书生涯。这10年读书生活对邓小平一生的影响是非常大的。主要体现在三个方面:一是通过接受传统文化的熏陶,奠定了比较深厚的国学根底。正是由于早年所受传统文化的影响,邓小平一生对传统典籍颇感兴趣。二是通过进步思潮的影响,使爱国主义思想在邓小平幼小的心灵中扎下了根。在读初小的时候,老师不仅经常讲述"扬州十日"和"嘉定三屠"一类的故事,还介绍过《革命军》等进步书刊。到念高小时,他又进一步接触了"德先生"和"赛先生"等进步思潮。五四运动爆发后,邓小平还在广安参加了声援活动。这些经历不仅对他爱国情操的培育产生了影响，而且激发了他追求救国救民真理的决心。三是练就了一手好字。从私塾开始，邓小平不仅书读得好，字也写得不错。至今还在他的家乡流传着其从小能认真练字且成绩出众的故事。经过写字课的严格训练，他奠定了良好的书法基础，直到晚年他写的字依然是那样遒劲有力，别具一格。

欧洲留学阶段。邓小平从留法勤工俭学到赴苏联学习，度过了在欧洲六年多不平凡的留学生活。在此期间，他比较系统地学习了马克思主义理论，成长为一名坚定的共产主义者。1920年夏，年仅16岁的邓小平告别祖国，踏上赴法勤工俭学的征途。邓小平在法国生活了5年又2个月，其勤工俭学的生活是异常艰辛的。除了刚开始在诺曼底的巴耶中学学习约5个月时间外，就再没有踏进学校的大门。邓小平在讲到他在法国的留学生活时说："我在法国的五年零两个月期间，前后做工约四年左右（其余一年左右在党团机关工作）。从自己的劳动生活中，在先进同学的影响和帮助下，在法国工人运动的影响下，我的思想也开始变化，开始接触一些马克思主义的书籍，参加一些中国人的和法国人的宣传共产主义的集会，有了参加革命组织的要求和愿望，终于在1922年夏季被吸收为中国社会主义青年团的成员。"邓小平在法国所读的主要是《共产党宣言》、《共产主义ABC》等书籍。正是这些书籍，对他世界观、人生观和价值观的形成起到了关键的作用，使邓小平实现了从一个民主主义者到共产主义者的历史转变。1926年年初，邓小平离开法国，来到了十月革命的故乡。在莫斯科，他先进东方大学，不久转入中山大学。通过邓小平在莫斯科学习期间所写的一份简短自传，我们可以清楚地看到他当年的学习和思想情况："我过去在西欧团体工作时，每每感到能力的不足，以致往往发生错误，因此我便早有来俄学习的决心，不过经济困难使我不能如愿以偿"。"我更感觉到我对于共产主义的研究太粗浅"，"所以，我能留俄一天，我便要努力研究一天，务使自己对于共产主义有一个相当的认识"（《质朴的〈邓小平自传〉》，载2001年3月21日《党史信息报》）。中山大学的学制是两年，但邓小平只学习了近一年时间，便受党的派遣，于1927年春回到了阔别多年的祖国，踏上了新的革命征程。欧洲六年多的留学生涯，正是邓小平世界观形成的关键时期。与许多同龄人相比，他不仅在年龄较轻的时候就接受了马克思主义，而且是在马列主义的诞生地进行的。经过六年多的留学生活，邓小平从一个质朴的青年成长为一位坚定的共产主义者。这是邓小平的幸运，也是中国人民的幸运。

江西读书阶段。"文革"期间,邓小平在谪居江西的岁月里,经过三年又四个月的勤奋读书,进一步深化了对"什么是社会主义、怎样建设社会主义"的认识。从1969年10月~1973年2月,邓小平在江西省新建县望城乡的一座庭院里谪居了三年又四个月的时间。这时已年近古稀的邓小平不仅离开了忙碌的工作岗位,也远离了中国政治斗争的旋涡。而这恰好为他提供了一个难得的读书和思考的机会。在这一阶段,邓小平差不多每天上午去工厂参加劳动,下午和晚上的时间主要用来读书,而且"每日都读至深夜"(《邓小平在江西的日子》,中共党史出版社1997年2月第2版,第129页)。在所读的书中,除了大量马克思、列宁、毛泽东的著作外,还有不少中国历史、中国文学、外国文学以及哲学时政等方面的书。邓小平的女儿在讲到父亲在江西这段特殊的读书生活时说:"在孤寂的年代,靠着读书,可以疏解寂寞,可以充实生活,可以增长知识,可以陶冶情操,可以安静心灵。父母亲都喜欢看书,在闲暇的午后,在万籁俱静的夜晚,书,陪伴着他们共度岁月。"(毛毛:《我的父亲邓小平:"文革"岁月》,中央文献出版社2000年6月第1版,第150页)邓小平晚年这次全面系统并且长达三年之久的读书生活,意义实在重大。正是在边读书边思考的岁月里,邓小平对"什么是社会主义、怎样建设社会主义"的思路更明确,信念更执着,意志更坚定。后来,邓小平在讲到他的这段经历时说:"那件事(指"文革"),看起来是坏事,但归根到底也是好事,促使人们思考,促使人们认识我们的弊端在哪里。""现在的方针政策,就是对文化大革命进行总结的结果。最根本的一条经验教训,就是要弄清什么叫社会主义和共产主义,怎样搞社会主义。"(《邓小平文选》第3卷,人民出版社1993年,第172页)

爱好古典史书、武侠书的邓小平

邓小平曾坦言:"我读的书并不多。"他的女儿邓榕回忆,邓没看过马恩全集,看的是选集,通读了列宁全集。他还喜欢外国人物传记,主要是跟"二战"、跟他自己的军事生涯有关的，比如苏联的朱可夫回忆录等。

邓最喜欢中国古典史书——这点与毛泽东相似，他熟读过《资治通鉴》，通读《二十四史》，特别爱看《三国志》。另一和毛相似之处是，他也喜欢看地图——他们都曾是这个疆域辽阔大国的最高领袖。邓出差时，总要带两本地图册，一本是《中华人民共和国地图集》，一本《世界地图》，到哪儿都要查看自己身处何处。与毛不同的是，邓读书，但不以"评论家"的身份自居。他的儿子邓朴方回忆说，"他看书从来不在上面写字，连个道儿都不画，熟记在心，融会贯通，他也没有记日记的习惯。"

据公开报道，邓小平还是武侠大师金庸在内地最早的一批"粉丝"，"你书中的主角大多历经磨难才成大事，这是人生规律。"这是邓对金庸小说的评点，也是对自己亲身经历的写照。1970年代，当金庸小说在内地尚为禁书之时，恢复工作的邓小平从江西返回北京后不久，就托人从境外买了一套金庸小说。

在党内，邓被认为是"实践派"的代表，以"猫论"闻名于世。"他喜欢看写鬼的书。"卓琳曾透露，邓非常喜欢《聊斋志异》，有时外出，还让工作人员拆成活页，带几篇偷闲着看。有人还专门考究邓看聊斋的动机：《聊斋志异》手稿本卷三《驱怪》篇末，有"异史氏曰：黄狸黑狸，得鼠者雄！"狸者，猫也。翻译成白话就是："不管黄猫黑猫，只要抓住老鼠就是好猫！"邓小平的"猫论"，与其何等相似！

小平同志是怎样读书的

对书情有独钟

政治家大多有浓厚的读书情结，古今中外的领袖人物往往都是博览群书的。邓小平也非常喜爱读书，并且善于从书籍中汲取人类文明的既有成果，用于指导革命、建设和改革实践。

原江西省新建县拖拉机修造厂曾经是邓小平"文革"期间下放劳动的地方。当年,邓小平一边劳动一边学习,除学习马列主义著作外,还读了《二十四史》、《资治通鉴》、《民国演义》、《三国演义》、《西游记》等历史和文学名著,借以充实生活,陶冶情操。邓榕回忆:离开北京时,经过批准,他把藏书的大部分都带走了。在江西的日子里,书籍成了他最好的朋友。按监管规定,他平时不得随便外出,不得与外人接触。父母二人每天上午到工厂劳动,下午在园中耕作。晚饭后,清扫完毕,听一会儿新闻广播,然后读书看报。父亲和母亲非常爱看书,特别是父亲,每日都读至深夜。在那几年中,他读了大量的马列著作,读了《二十四史》以及古今中外的很多书籍。对他们来说,能有这么多闲暇时间坐下来读书,确也是难得的机会。我们到江西探亲时,父亲常给我们讲一些历史典故,有时还出题考我们。

从这个回忆看,"每日都读至深夜",表明了邓小平的勤奋;"读了大量的马列著作,读了《二十四史》以及古今中外的很多书籍",表明读书面之广;"常给我们讲一些历史典故",表明读书之实效。当时,邓小平身边除监管人员外,没有其他工作人员,秘书不在身边,读书完全靠自己掌握。这是一种自觉、勤勉的学习,真正是如饥似渴。大家多认为,这次长时间、系统的读书活动,使小平同志对极"左"的一套进行了大彻大悟式的思考,头脑中刮起了拨乱反正的思想风暴。这就为他以后提出和推行改革开放政策提供了重要的准备。

坚持终身读书

邓小平坚持终身读书。刘英曾回忆,长征途中,邓小平从中央秘书长调任红一军团宣传部部长,她曾整理邓小平留下的一个铁皮箱子,里边都是一些书籍和文件。抗战时期担任过邓小平秘书的刘复之回忆:"他好读书,在艰苦的战争岁月,我几次在行军出发前整理文件挑子,箱子里总装几本书,有马列的书,也有小说。我清楚地记得有一本是列夫·托尔斯泰的《战争与和平》。"读书读报也是邓小平退休生活的一项重要内容。2004年8月至9月国家博物馆举办了《世纪伟人邓小平》的展览,有一间复原的办公室留给大家印象很深,这个房间40平方米左右,沙发布套已旧,书柜里摆着他喜欢看的《史记》、《资治通鉴》等书。作为职业政治家,他工作时每天要阅读大量的文电、资料，这也是他读书的重要内容。退休后邓小平非常重视从书报中寻求知识、了解社会。关于退休后他读书读报的情况，女儿邓林这样回忆："到了晚年，爸爸爱看武侠小说。他说看武侠小说不用动脑子，轻松、消遣。办公室为他订了十几种报纸、杂志，他每一份都读得非常仔细、认真。报纸成为爸爸退休以后了解社会、与社会沟通的渠道。"

读书效率高

邓小平的记忆力好，读书很有效率。据曾在1979年邓小平访美期间担任卡特总统中文译员的黄子尚先生回忆，1979年邓小平在布莱尔国宾馆会见了美国新闻界代表，当时黄先生也在场。其间美国哥伦比亚广播公司著名电视节目主持人沃尔特·克朗凯特向邓小平提了一个问题，问的是什么黄先生已记不清了，但他却清楚地记得，当时邓小平微笑着回答说："克朗凯特先生，昨天你似乎问过我同样的问题，我今天的回答还是一样的。"黄先生没有想到，邓小平的记忆力会如此惊人。要知道，邓小平的访美日程安排得满满当当，每天要回答很多记者的提问，但克朗凯特昨天提到的问题邓小平却记得清清楚楚。看得出来，邓小平对美国的情况也相当了解。在这次给卡特做翻译的过程中，黄先生多次发现，邓小平不时提到美国的钢产量等具体经济数字，连卡特总统都感到吃惊不已。女儿邓榕回忆说："他的记忆力惊人。他的数学计算能力，心算、口算能力极强。经济数字几乎过目不忘，打桥牌也是，特别会算牌。""他博览群书，通读《列宁全集》，熟读《资治通鉴》，爱读人物传记，但不在书上写一字一句批注。"邓朴方这样回忆说："他看书从来不在上面写字，连个道儿都不画，熟记在心，融会贯通，一切都是在脑子里，这是一种精神的领悟。他也没有记日记的习惯。"

读书方法得当

邓小平读书，从来不死记硬背，不读死书，而是特别着眼于运用，着眼于联系实际问题进行思考，着眼于用书本知识正确指导新的实践和新的发展。这是他的一个鲜明特点。1993年1月3日，邓小平在浙江杭州时给孙辈们写了一封信。信中写道：我16岁时还没有你们的文化水平，没有你们那么多的现代知识，是靠自己学，在实际工作中学，自己锻炼出来的，十六七岁就上台演讲。在法国一待就是五年，那时话都不懂，还不是靠锻炼。你们要学点本事为国家作贡献。大本事没有，小本事、中本事总要靠自己去锻炼。这封信，反映了他尊重实践、反对死读书的一贯思想。比如，对学习马克思主义著作，邓小平向来反对只背本本，拘泥于马、恩具体论述的做法，非常重视联系实践的发展进行学习。60年代，他反对把马列主义和毛泽东思想对立起来，就反映了他的这种科学态度。1960年3月，邓小平批评那种要以毛泽东思想为纲学习政治经济学的意见，他指出："毛泽东同志在政治经济学上是有发展的，但是，讲初期的发展时期的资本主义，总是马克思和恩格斯，总是《资本论》；讲帝国主义，总还是列宁的《帝国主义是资本主义的最高阶段》；讲社会主义，列宁和斯大林都有，毛泽东同志也有重要的发展。所以，不能只讲以毛泽东思想为纲学习政治经济学，否则人家问你研究帝国主义以哪个著作为纲，你怎么答复？扯不清楚。当然，对于帝国主义的论述，毛泽东同志有发展，例如关于帝国主义是纸老虎的论断。但是，《资本论》和《帝国主义是资本主义的最高阶段》已经把关于资本主义和帝国主义的基本的理论问题解决了。"邓小平强调，对待毛泽东思想是一个很严肃的原则性的问题，不要庸俗化，庸俗化对我们不利。他批评一些人搞对毛泽东思想的庸俗化，看似抬高了毛泽东思想，实则贬低了毛泽东思想。

读书内容广泛

与专门做学问的人相比，甚至与党内其他领袖如毛泽东、刘少奇相比，邓小平读书的数量是少的。邓小平坦言："我读的书并不多。"话虽这样说，他读的书还是非常广泛的。邓小平什么书都看，中外古典名著、历史人物传记、时事评论专辑乃至整本整册的二十四史，他通通都喜欢读。邓榕回忆："我父亲没有看过《马克思恩格斯全集》。看的是《马克思恩格斯选集》，通读了《列宁全集》。除了中国历史书，他还喜欢外国的人物传记。看得非常多。还有就是外国古典小说，西方古典名著都看过，喜欢雨果。特别喜欢托尔斯泰的《战争与和平》。""老爷子爱看地图，出差总带着两本地图册，一本是《中华人民共和国地图集》，一本《世界地图》，到每个地方都要打开地图知道自己的方位。还爱看字典辞典，常看的有《中国古今地名》、《中国人名大辞典》。""他最喜欢中国古典史书，特别是《资治通鉴》，家里有两套，其中一套是线装本。《资治通鉴》不知道看过多少遍了，应该叫熟读。他通读《二十四史》。喜欢里面的前唐书和后汉书。老爷子还特别爱看《三国志》。他看书的特点是博览群书，兴趣广泛。政治人物的传记看得多，主要是跟"二战"、跟他自己的军事生涯有关的，比如苏联的朱可夫回忆录等，他很注意地看过。还有国内的比如聂荣臻回忆录等。"邓林也回忆，爸爸出差时有时候也带一两本《聊斋志异》、诗词一类的书，抽空就翻翻。由此观之，邓小平读书的内容十分广泛。

最受影响的书

邓小平爱读、对他影响也最大的是马、列、毛的书。他读马列的书，最早接触的是《共产党宣言》和布哈林的《共产主义ABC》。1992年邓小平在南方谈话中就是这样说的："我的入门老师是《共产党宣言》和《共产主义ABC》。"在法国勤工俭学的5年多一点时间，邓小平前后做工约4年左右。他曾回忆道："从自己的劳动生活中，在先进同学的影响和帮助下，在法国工人运动的影响下，我的思想也开始变化，开始接触一些马克思主义的书籍，参加一些中国人的和法国人的宣传共产主义的集会。有了参加革命组织的要求和愿望，终于在1922年夏季被吸收为中国共产主义青年团的成员。"1926年1月，法国警方曾对邓小平居住的旅馆进行了"抄家"。搜查报告如下："执行警察局局长的命令，今天早晨五时四十五分至七时，在布洛涅·比扬古尔对下列三家旅馆进行了搜查。""搜查这三家旅馆的目的，是为了查找从事共产主义宣传的中国人。""在卡斯德亚街3号旅馆的5号房间里，发现了大量的法文和中文的宣传共产主义的小册子（《中国工人》、《孙中山遗嘱》、《共产主义ABC》等）。中文报纸，特别是莫斯科出版的中国共产主义报纸《进步报》。""名叫邓希贤、傅钟和Ping Suen Yang的三个人在这个房间里一直住到本月7日。他们昨天突然离去"，"这些中国人看来是活跃的共产主义分子"。

劝人读书

邓小平自己读书，也推荐好看的书给别人读，要求别人读书。在战争年代艰苦的环境中，邓小平经常向指战员"劝学"。在他领导下的129师，很多放牛娃成长为高级将领，有一位将军曾满怀深情地说："我这给地主老财放牛的娃娃，刚参加革命时，连扁担大的'一'字都不认识，后来当了八路军指挥员，常常记不住刘师长的作战命令，我只好结绳记事，解下裤腰带来打疙瘩，一遍遍摸着疙瘩复述，自己吃苦不说，还可能误事。后来刘司令员、邓政委要求我们学文化，我一咬牙，攻下了文化关，能看书报、看命令、记日记，自己觉得心明眼亮了，浑身都增添了力量。"据一位当年在刘邓手下工作的同志回忆："1942年，正是敌后抗战处于极其艰苦的时期。我们在太行根据地司政机关驻地涉县五堡村，举行集会庆祝'七一'党的生日。小平同志作了重要报告。他在报告中说：作为一个革命者，在任何情况下，都要把学习当作自己的政治任务……这句话，看来易懂，其实具有极为深刻的内容，给我的印象最深。从此，我就把它作为座右铭，不时地提醒自己，一定要努力实践小平同志的教导。"曾任129师作战参谋、后任成都军区副司令员的陈明义回忆抗战时期邓小平"劝学"的情况时说："对学文化，邓政委一直十分重视，抓得很紧。每次小组会和个别谈心，他都勉励大家要好好学习政治、军事和文化科学知识，以适应革命战争发展的需要。并告诫我们：'能打仗，还要补上文化这一课，才能更好地理解党的路线、方针、政策和战略思想，才能更好地掌握军事技术。'他在西河头驻地专门召开了干部会进行动员，语重心长地说：'我们的红军干部战士，不要因为不识字，背起工农知识分子的金字招牌。这个金字招牌没有用。'部队学文化的空气越来越浓，但有些同志不会学以致用。一位工农出身的领导干部做下级的思想工作，对方就是不吭气、不表态，回去就睡觉了。这位领导干部于是向师里发了一个电报，反映这位同志的思想情况，电文说：'表态而眠'。邓政委反复琢磨也不懂其意，于是给刘伯承师长看，刘师长也不知所云。邓政委用这个生动的例子教育我们，学文化不能一知半解，不但要学，还要学会用，尤其要学会写军事应用文。"

  邓小平多次号召人们学习马克思主义的著作。比如，1985年9月，在中国共产党全国代表大会上，邓小平在讲了许多问题以后，对在座的中央委员会成员讲："现在我还想提出一个新的要求，这不仅是专对新干部，对老干部也同样适用，就是要学习马克思主义理论。"他有针对性地讲："或者会有同志问：现在我们是在建设，最需要学专业知识和管理知识，学习马克思主义理论有什么实际意义？"邓小平结合自己学习马克思主义著作的体会说:"这是一种误解。马克思主义从来不是教条,而是行动的指南。我们现在要建设有中国特色的社会主义,时代和任务不同了,要学习的新知识确实很多,这就更要求我们努力针对新的实际,掌握马克思主义基本理论。因为只有这样,才能提高我们运用它的基本原则基本方法,来积极探索解决新的政治经济社会文化基本问题的本领,既把我们的事业和马克思主义理论本身推向前进,也防止一些同志,特别是一些新上来的中青年同志在日益复杂的斗争中迷失方向。"这一号召,对后来各级领导干部的学习热潮起到了极大的推动作用。

陈云读马列著作毛泽东著作

1937年冬,陈云从苏联回国内延安后,就任中央组织部部长,他抓住了延安相对稳定的学习条件,强调在职干部要学习马克思主义基本理论,并把这一条作为建设一个马克思主义的无产阶级政党的重要措施。

30年代,陈云曾经从红军长征的大队伍中,只身突围出去,奉中央命令,赶往了莫斯科,向共产国际汇报红军长征特别是遵义会议的情况。在中共代表团工作期间,他到列宁学院去进行学习。

那是共产国际为各国革命培养高级干部的专门学院,我们党不少著名人士,如吴玉章、陈潭秋、许光达等,都在列宁学院这个革命熔炉里深造过。这个学院下设英文、德文、法文、西文、捷文、芬兰文、中文、日文、朝鲜文、蒙古文、阿拉伯文等许多部。

当时,中国部就设在瓦洪尔卡街16号,原是沙俄贵族的住宅,是一个很大的院子,有一栋两层楼的大房子,院子里种有许多的树木,还有一个排球场和一个可容千人的礼堂。

陈云在那里学习了马列主义理论、国际共运史、俄国革命史、工会运动、农民运动、政治斗争及武装斗争的策略等。刚从战火硝烟的战场上下来的他,如饥似渴地吮吸着革命理论和知识的营养,并以此对中国革命进行了回顾和总结,充分认识到革命理论的重要性。

抗战初期，他回到祖国，来到延安后，毛泽东同他先后三次谈话，要他学哲学，说学习马克思主义哲学很有用。毛泽东跟他谈了自己的学习体会，说哲学研究的是事物发展的总规律，学习它，掌握了它的立场、观点、方法，对领导工作很有用。

陈云从这三次谈话中，得到了启发。他学习了毛泽东的《矛盾论》、《实践论》、《论持久战》、《中国革命战争的战略问题》，认为这些都是很好的哲学著作，是马克思主义和中国具体实际相结合的典范，是中国的马列主义理论。学习这些，对于中国革命确有很大作用。

陈云从自己学习马克思主义理论、学习毛泽东的哲学著作中，尝到了甜头，领悟到了很多东西，更加深了对理论学习重要性的认识。

他说："我党是马克思列宁主义的战斗的党，首先我们要学习马克思、恩格斯、列宁、斯大林的理论，才能培养自己成为一个真正有能力有坚强党性的共产党员。"他把学习理论提高到了建设马克思主义政党，用马克思列宁主义武装干部的高度上，要求党员要以学习马列主义理论作为自己的责任，来不断提高学习理论的自觉性。

陈云还说："革命事业是一种伟大的艰巨的工作，特别是中国革命的环境和革命运动更是万分复杂、变化多端，而领导中国革命的共产党，它之所以在变化的复杂的环境中把握着一切的伟大的革命运动，并且指导各个运动走向胜利，是因为有革命理论的指导。共产党有革命理论，才能在复杂万分的事情中弄出一个头绪，从不断变化的运动找出一个方向来，才能把革命工作做好。"他认为，我们共产党人，只有自觉学习马克思主义理论，牢固树立无产阶级世界观，才能提高抵制各种非无产阶级思想的能力，使自己成为坚定的、清醒的、有所作为的马克思主义者，成为合格的共产党员。否则，就会迷失道路，找不到方向。

所以，陈云要求在职干部，特别是党中央机关的领导干部，要利用延安相对安定的环境，坐下来认真读马列著作和毛泽东的哲学原著，坚持理论与实际相结合，提高理论水平。在学习中，要学习基本理论特别是学习哲学，坚持辩证唯物主义，明确方向，掌握事物发展总的规律，了解战争规律，以培养有战斗力的党。要通过学习，确立无产阶级立场、观点、方法，树立共产主义世界观、人生观，培养有坚强党性的党员。他认为，我们就是要建设这样一个用马克思主义毛泽东思想武装的党。

当时，由于陈云是中央组织部的部长，又一度兼任过中央党校的校长，加上那时没有好的党的建设课的教材，所以，延安的各院校都请陈云去讲过党的建设课。为了加强党的建设，陈云也是有求必应。他就像今天的"兼职教授"一样，经常去为学员们上课，讲授党的建设的基本知识。他根据党史国情，根据当时我们党的状况，阐述了党的纲领、共产党人的理想、党的民主集中制原则、党的性质、党的纪律、群众路线、干部政策、批评与自我批评、党的好传统、好思想、好作风等。他的这些讲课稿子，如果汇集起来，就是一本很好的党的建设的课本。

陈云在为学员们讲课时，要求学员们很好地去学习理论和毛泽东的哲学著作，并指出，这个学习不是一朝一夕的事情，要长期坚持，下苦功夫，主要靠自修。他还说："一个共产党员难得有机会长时间在课堂上学习的，因此要善于在繁忙的实际工作中自己争取时间去学习，这点必须有坚持精神才行。"

陈云从党的建设需要出发，强调干部要加强理论学习，引起了全党的重视。在抗日战争时期，他曾撰写讲课稿和文章三十余篇。这些本身就是很好的理论文章，很值得学习。这些文稿在当时都陆续发表了，文中的观点，和毛泽东及其他老一辈革命家有关党的建设的观点和论述，是完全一致的，是毛泽东思想建党学说的组成部分。

中组部的"窑洞大学"

陈云并不满足于仅仅是让干部们知道应该去学习，抓住有利的时机认真学习马克思主义基本理论，他还积极想办法，想探索一条在职干部学习理论的路子。正因如此，他在中央组织部进行了试验，创办了中央组织部的"窑洞大学"。

当然，当时并没有这样的正式职呼，没有说这就是"窑洞大学"，这个称呼只是今天我给它起的名字。实际上，就是陈云在中央组织部组织的领导干部学习小组。

陈云在中央组织部组织的这次学习，时间比较长，从1938年一直到1942年，时间跨度为五年。

这次学习是以领导干部为骨干，正式参加者有部长、秘书长、正副科长，即：陈云、李富春、邓洁、武竞天、王鹤寿、王德、陶铸、陈正人、王林、乐少华等，其余的都是列席旁听，我们戏称为"后排议员"。除此之外，中央青委的几个领导在讨论时也来参加。这些流动的都不计算在内，作为中央组织部机关参加这次学习的人员，正式的和"后排议员"加在一起，共有四十多人。其中，正式参加的领导干部有十人左右，旁听人员前前后后有30来人。由陈云担任组长，李富春任副组长。

当时，机关人员变化比较快，在"后排议员"中，有的调来迟了一年或两年，有的调离中央组织部早了半年或一年，所以，尽管在中央组织部机关的都坚持了学习，但参加学习的时间却有长短。有近十名同志坚持了五年，有十几人坚持学习了三年多或四年，还有十几人学了不到半年。我在这五年中，坚持参加学习有四年。在那四年的学习中，我除了自己学习，还负责通知开会讨论，有时还了解一下学习进度，以向组长、副组长汇报。

当初参加学习的四十多人，现在已有近一半作古了。尚健在的有二十五人：陈云、王鹤寿、王德、王林、袁宝华、刘淇生、王玉清、刘立清、朱光天、王盛荣、胡其谦、徐迈、张洪涛、柳文、陈耕夫、居众、苏生、邱纯甫、华锦城、张忍之、黄耕夫、肖琏、李兴生、郝志伟、刘家栋。已经逝世的有十七人：李富春、邓洁、武竟天、陈伯村、乐少华、张子衡、陈坦、夏耘、薛光军、韩文潮、王荣祥、高如松、童铣、贾震、刘鸣、胡嘉宾、荀肇基。提到这些当初一起工作和学习的同志，常使我们健在的人回想起那时一起火热学习的情景。总务处的干部和服务人员另行组织学习，重点是学习文化。

那时，我们就在中央组织部机关的窑洞里学习。这所"窑洞大学"，并不像一般大专院校，有专职老师讲课，开设了很多课程。我们当时课程很单一，就是马列主义的基本理论和毛泽东的哲学思想，主要是学马列的原著，学毛泽东的哲学著作。我们没有专职老师授课，采取的是以自学为主，通过大家讨论，来加深理解，同时，也请人来辅导。

当时，陈云根据他先学一步的经验，提出来要坚持一本一本读马列原著和毛泽东的著作。他说："要将现有的主要教科书一本一本地读，既不懈怠，也不用着急，一步一步来。"并要求首先要把书读懂，他认为，"要读就读懂，不要一知半解。这是达到融会贯通的必经步骤。"

按照陈云的要求，我们的学习从读原著开始了。我们学的第一本教材，就是联共（布）党史简明教程，硬是一章一章地学下来了。大家在学了联共（布）党史以后，的确感到深受教育，同时也感觉到，对马列主义的基本理论，我们党的高级干部的确需要有一个基本了解。这当然不是说我们党的高级干部不信仰共产主义，他们是信仰共产主义的，是有理想的。但是，作为党的高级干部，应当知道马克思主义的老祖宗是怎么讲的，这里面到底是怎么个道理。马克思主义是科学，是很深奥的一门学问，在当时的战争年代，要求人人成为研究学者，这显然是不现实的，但要抓住时机，对广大干部，特别是高级干部，很好地灌输马克思主义的基本理论，也确实是需要的，也是完全可以做到的。

在这以后，大家学习的积极性更高了，先后学习了几本马列主义原著，如《共产党宣言》、《国家与革命》、《社会主义从空想到科学》、《共产主义运动中的左派幼稚病》、《政治经济学》、《哲学概论》等。当时，我的时间比较多，还通读过《斯大林选集》、《资本论》和《列宁全集》的一部分。

那时，我们在延安有了自己的出版社和印刷厂，印了不少马克思主义的著作。只要是解放出版社出版的书，机关会分给我一套。所以，这些马列原著的中文版，我们都有。记得我最后离开延安，奔赴东北战场时，我已有一大摞书了。因要轻装出发，只好将这些书连同我的记载陈云讲课记录的珍贵笔记本放在延属地委一个同志那里。后来听说，这位同志在西北的一次战斗中光荣牺牲了，十分可惜。

我们在学习这些马列原著的同时，还学习了毛泽东的一些著作，主要是哲学著作。这是因为陈云经过学习哲学后，感觉学习哲学的确如毛泽东所说，十分管用，就建议我们的学习主要是学习哲学。于是，我们中央组织部机关的同志，也就跟着陈云学习毛泽东的哲学著作，如《实践论》、《矛盾论》、《中国革命战争的战略问题》、《论持久战》等。毛泽东的这些哲学著作，是在他深刻领会了马克思主义哲学的基本理论的基础上写出来的，既有深刻的理论创见，又结合了中国革命的具体实际问题，对当时的抗战起着重大的指导作用。如《论持久战》一文，就亡国论、速胜论和持久战做出了精辟分析，是运用唯物辩证法来论证、剖析战争的光辉典范。这篇文章的产生，大大提高了坚持抗战的信心和士气。毛泽东的这些哲学著作，讲的都是我们身边的事情，我们很容易读懂，通过这种形式，就加深了对马克思主义哲学的一些基本原理的理解。

当然，这些学习内容，并不是完全孤立地进行的。我们学习马列原著也好，学习毛泽东著作也好，往往是交叉在一起的。如，学习了毛泽东哲学著作以后，又去看看马克思列宁主义是怎样讲哲学的；看了马克思列宁主义的原著后，又去看看毛泽东是怎样把这些原理同中国实践相结合的。

总之，往往是就一个问题展开，将马列原著和毛泽东著作结合起来读。但在读书的方式上，还是一本一本啃原著。

中央组织部的"窑洞大学"就是这样，以自学为主，首先由每个人一本一本读原著，在自学中弄懂原著。在此基础上，与大家一起讨论结合起来，形成互相教学的局面。那时，一周要讨论一次，由一个或两个同志先准备好，先作发言，讲讲这一段、这一章学习内容是什么，中心思想讲了哪些。然后，大家来进行讨论，看他们讲得对不对，还有什么补充。在讨论中，年岁大的同志，往往能联系他们在白区、苏区的实践斗争，讲得生动活泼，而像我们这样的青年人，只能联系自己的思想实际，说起话来难免有点"学生腔"。

我们在学习中，除了自教自学、互教互学之外，也请辅导员来进行辅导，请来的辅导员也都是延安最好的。如：毛泽东的哲学秘书和培元辅导我们的哲学，他思维清晰，讲得透彻。不幸的是，这样好的人，却在延河游泳时被淹死了。以后，这个位置被艾思奇代替，继续对我们进行辅导。《社会主义从空想到科学》是由吴亮平辅导的，《共产党宣言》是由柯柏年辅导的，《政治经济学》是由王学文辅导的。这些辅导员在延安都是很有名的，都具有一定的理论水平。他们对每本书的学习，一般辅导两次。一次是在开头，讲讲这本书主要讲什么，中心思想是什么；一次是在大家讨论的时候，根据学习情况，解答一些大家讨论中的疑难问题。他们的辅导，既帮助大家正确理解经典著作，又不完全包办代替，要发挥每个人的主观能动性。

陈云为了组织好中央组织部机关的这次学习，在定下学习方法和制度以后，着重抓了落实情况。

他为了帮助大家养成学习习惯，想了一些办法。一开始，他把联共党史一章分作几节，每天早上集合时，讲今天学哪一节，然后一天集中两小时进行集体学习。半年过去了，大家的学习自觉性提高了，就改变了形式，规定每周的学习内容，一般有七八十页，大家先自学，要理解原理，领会精神实质，然后规定讨论日期。到了那天，大家都来，讨论半天。

当时，陈云带头坚持学习，副部长李富春也很积极，科长们都参加，为部里的同志们起了很好的带头作用。那时，中央组织部的工作是很紧张的，尤其是干部科，地方工作科事情虽然也不少，但因为是各根据地的党组织工作，手头急的事情较少。干部科手里尽是急事，每天都是一大堆，来往人员的调动、谈话、分配，出去的和进来的，等等，他们是部里最忙的。为了让干部科的同志能坐下来学习，陈云就决定，早上吃饭早一点，9点以前不办公，集中这个时间学习，谁也不准占用这个学习时间，谁也不准占学习时间工作。这看上去好像有点武断，实际上是结合当时情况制定的。当时的条件是，没有什么交通工具，马匹也很少，更多的人外出办事要靠两条腿走路。而从城里出来到我们中央组织部机关，要走个把钟头。一般到这里，不是9点，就是9点半。所以，作出这样的规定，并不会误了办公。事实上也是如此，不但没有影响部外来的同志办公，还保证了干部科的同志学习。可以说，这个规定解决了机关学习的一个大问题，因为，在机关里学习，就怕无法保证时间。

世间的事情就是这样的，旧的矛盾解决了，新的矛盾又产生了。我们调整好了工作与学习的时间后，又出现了劳动生产与学习的矛盾问题。

记得我刚到中央组织部的1938年，延安的生活条件还不错。一周能吃一顿大米、两顿白面，其余的都是小米，还有肉吃，一周能吃二三次，都吃红烧肉、讲究吃肥的。当时，中央党校的人开玩笑说，校内有些人会餐时吃肉，连腰都弯不下去。所谓会餐，就是红烧肉和馒头。

后来，困难就来了。国民党在第一次反共高潮以后不断闹摩擦，对边区进行封锁。肉没有了，大米没有了，白面先是从两顿降成一顿，最后也没有了。最困难的时候，主食都不知道该吃什么。那时候，什么下来就吃什么。麦子下来了，一时边区找不到那么多的土磨，更不要说机器磨了。这样，就无法磨出面来。我们就用滚子压一下，压碎了，煮着吃。很难吃，但还算好的。连这个都没了，就把黑豆压碎了，放在锅里煮着吃。这就是主食，吃得人肚子发胀。因为没有别的东西吃，油水又少，吃得很多，故胀得厉害。那时，能吃上一点小米锅巴，就是改善生活了。我们把大锅里的锅巴铲出来，翻过来再放到锅里炕一炕，两面焦黄焦黄的，吃起来焦脆，这就算改善生活了。我们称它为"洋饼干"，意思是说，比饼干还洋。这样大概有一年的光景，粮食发生了危机。

在这种情况下，开始了生产劳动。从1939年开始，大规模是1940年。刚开始时，要上山开荒，全体机关人员都要去。陈云身体不好，上不了山，就在组织部坡下的菜园里种菜，或同他的警卫员变工。我们上山劳动的人员，天不亮就上山了。一到山上，就开始劳动，一直要干到吃早饭的时候，才能休息一会儿。吃完早饭，再继续干活，大约12点钟时才收工下山。这半天的劳动,要有四五个小时。

荒地开出来以后,机关组织了由生产科长带队的专业队伍,共五六个人,负责平常的管理,需要临时加几个人,就从机关抽几个人去。但遇到大规模的行动时,如播种、锄草、收获等时候,还是需要机关全体人员出动。

就是在这种情况下,中央组织部机关的学习也照样不停止。我们采取的办法是,上午上山劳动,中午回来吃饭,下午照常办公,这是和其他中央机关一致的。晚上,照常在小油灯下自学。那可真够紧张的,一边要参加生产劳动,一边要坚持工作,同时,还不能放弃学习,一切都做了很好的安排。结果,我们什么也没有耽误。到了1941年,我们中央组织部机关超额完成了粮食生产任务,这很不简单。我们除种粮食外还组织织布厂、开饭馆(胜利食堂,专卖面片汤)、搞木工厂、杀猪房、运输队,还喂了猪、种了菜,生活得到了改善,一周还可以吃到两次馒头、一两次猪肉。与此同时,大家在学习上也很有收获。

在调整好学习与工作、劳动生产的矛盾,保证学习时间的基础上,陈云又强调了学习方法。他要求我们在自学时,要做好读书笔记。他认为,你看了书以后,书上的中心思想是什么,你有什么感觉,体会到什么新的看法、想法,你可以说一说,然后写在笔记本上。这样的话,就更清楚了。他说:"这有两个好处,一是让你多读几遍,一是逼你聚精会神,认真思考,使你了解得更深刻些,而不是随便看,像过去那样模模糊糊。"他经常检查我们的笔记,看看是怎么记的,有不同的意见,他还会同你商榷。

陈云作为这个学习小组的组长,对学习很关心,还经常检查每个同志的学习情况。有一次,他在办公室里问我:《共产党宣言》看完了没有?我回答说:看完了。他又对我说,那你讲讲内容是什么。我就按照自己的理解说开了:开头有"一个幽灵"……内容有阶级、阶级斗争、政党流派几大部分,最后号召"全世界无产者联合起来"。他听后笑了,说:你记得还挺清楚,就是要认真学习。经过这次的督促,我学习更仔细认真了。

我们在自学的基础上,每周都要凑在一起讨论,每次讨论半天。在讨论上,陈云常常采用启发的方式来引导大家,他还要求我们,思想上要放得开,有什么看法都可以讲出来,不要怕什么。我们的讨论也确实很活跃,大家有什么看法就谈什么,气氛很好,根本没有打棍子那一套。我们思想上没有什么负担或顾虑,也不管是学习态度,还是对某个问题有什么看法、不同意见，都敢于讲出来。在我们的讨论会上，是允许"抬杠"的，有的时候，大家为了一个问题，争得面红耳赤的。陈云、王鹤寿有时还故意从反面提出一些问题，来引导大家抬杠、争论，使大家从争论中获取更深刻、更准确的认识，同时，也可以活跃一下气氛。所以，在我们的讨论会上，既有真抬杠的，也有假抬杠的，热闹得很。

但是，不论是真抬杠，还是假抬杠，我们的讨论很注意钻研文献的精神实质，也很注意不钻牛角尖。有那么一次，我们在学哲学的讨论会上，有的同志提出了先有鸡还是先有蛋的问题，马上形成了两派意见，一派说先有鸡，另一派说先有蛋，争了半天，难分胜负。最后，大家还是统一了思想，认为这个问题咱们还是先放下，它属于生物学范畴，不是哲学范畴，现在一两句话根本就说不清楚。来参加讨论会的辅导员，也认为应该采取这种态度，大家都认可了。还有一次，当讨论到共产主义社会是各取所需的分配原则时，有的同志认为这是不可能的，哪能愿意要什么就要什么呢？有的同志则认为可以，那时生产力发展了，意识提高了，所需要的东西够了，就不会要了。也有一些同志认为这样不行，将来什么时候还会有自私的东西，共产主义社会也不例外，是去不掉的，满足不了自私的要求，不能各取所需。针对着能不能达到各取所需，又开始了抬杠。最后大家说，到了那时，与我们现在的社会比，生产发展了，人的意识也会大大提高一步，生产力和生产关系会互相促进的，就不要去争将来的社会还会不会有这个，会不会有那个了。

为了搞好讨论，作为主持人的陈云同志，还特别"关照"部分人。我们机关有一位同志，自以为自己懂得很多，也能讲，不怎么看书。陈云就点他的将："这段你怎么理解呀？""中心思想是什么？"他吹了一通，不着边际，抓不住真正实质的东西。陈云又让别人来回答，人家对这段中心讲什么，该如何理解，都可以讲得清清楚楚。点过他几次后，他就不敢瞎说了，也要看一点书了。当时干部科也有一位同志，平常事务性工作很多，也确实有点事务主义，顾不上学习，老不看书。陈云发现以后，就老去考他："怎么样？看了几遍？这里面讲了些什么？你说说试试看吧？"他说了两回，都说不清楚，就不敢不看书了。

身体力行作表率

中央组织部的这次基本理论的学习，开展了有五年的时间。在这五年里，陈云身体力行，自身的学习很认真，为我们每个人作出了榜样，从而形成了一条最根本的经验，就是领导带着学，这是中央组织部机关学习坚持五年并学有成效的关键。

陈云十分强调"党内的老干部高级干部首先要努力学习，成为学习的模范"。他说："因为你是老干部，因为你常常担负独当一面的领导工作，你更有责任而且更有必要提高自己的理论水平。"他还说："党要培养大批理论联系实际的干部，也首先寄托在老干部高级干部身上。"他作为党的高级领导人，深知要学习的重要，也知道要使我们的老干部高级干部成为学习的模范，自己就应该带头，像毛泽东那样，首先使自己成为学习的模范，起一个好的带头作用。

在这样一个指导思想下，他很重视抓自己的学习。尽管他的学习本来就走在我们的前面了，但仍然坚持学习，一有空就学。一方面，他要跟我们一起学，参加整个机关的学习讨论活动；一方面，还要多学一点东西，为我们后面的学习提供帮助。他在延安中央组织部工作的时候，整个工作可分为三大块，一是学习，包括读书、看文件；二是谈话，中央组织部的谈话与别的单位不一样，很多；三是开会，不光是部里的会，他是中央书记处书记，又是政治局委员，中央的会他都得参加。这三大块，从占用时间来说，学习是排在第一位的。我在中央组织部时，所住的窑洞就挨着他的窑洞，老是看着他有空就学习，对我的影响很大。

当时，延安并没有很多的工余活动，大家一般工作之余只有散步，往往是晚饭以后就都出来了。陈云身体不好，有时也出来散散步，大都是在星期六、星期天。他的爱人在马列学院学习，只有这两天回来。他们下来散步时间都不是很长，回去以后就又开始读书了。后来有那么一段，延安兴起了跳舞的热潮，还有一些同志在工作之余打打扑克，所有这一切，他从来不参加，一门心思地利用时间来读书。从客观上讲，陈云身体不好，有些体育活动，像各种球类比赛，他确实参加不了。但这些不太花费体力的活动，他是完全可以参加的，他却心痛这些宝贵时间，放弃了。他不打扑克，也不跳舞，全力地读书学习。当然，这并不是说，在工作之余，从事一些娱乐性活动，有什么不对。只是说，陈云很珍惜点滴时间，抓紧所有时间来安排好自己的学习。

在他的履历表上，"文化程度"一栏仍填写着"小学"。但他一有空就学习，学习起来很认真。认真地读原著，认真地读参考书籍，认真地做笔记。学习中有不理解的地方，就虚心向理论界的同志请教，"老老实实做小学生"。他对辅导员很尊重，听他们的辅导时态度很诚恳。他在学习哲学时，除认真钻研毛泽东的哲学著作外，还看了不少参考书，如李达著的《新社会学大纲》，日本河上肇的哲学著作，还有马克思的《资本论》以及《列宁选集》、《马克思恩格斯选集》等。他在学习时，很注意做好读书笔记，他之所以要求我们做笔记，就是他的经验体会。他检查我们的笔记，同时也把自己的笔记给我们看，大家交换思想。现在不是提倡透明度吗，我看这就很透明嘛。

其实，"小学"文化程度，是陈云自己填写的，那是他小时候只上过小学的客观情况。但经过他自己以后的努力，经过在列宁学院的学习，他实际的文化程度已远不止是"小学"文化程度了。特别是他的理解能力，比一般的大学生要高得多，在延安时，他也属于高层次的。当时的延安，大学生很少，高中生就算不错了。陈云有很强的理解能力和丰富的实践经验，使许多大学生都望尘莫及。他每看完一本书，对这本书究竟讲了些什么，都可以很准确地用自己的语言讲解出来，而且能识别一些不同看法的对与错，特别是那些违背马列主义经典著作的东西，能很快识别，进行批判。他之所以可以做到这些，一方面，固然在于他学习认真，另一方面，是因为他有丰富的经验，善于把中国革命的具体实践同马克思主义的基本理论结合起来。应该说，这是陈云学习的一大特点，也是他学习的一种诀窍。

陈云不但善于联系实际来进行学习，而且善于把学到的理论知识用于指导实践。他有一个著名的论述，共三句话加六个字。这三句话就是：不唯上，不唯书，只唯实。那六个字呢？指的是：交换比较反复。三句话是讲唯物论，六个字是讲辩证法。

六个字，是他在延安时说的。我还记得，他是在我住的窑洞中给我讲解这六个字的。他一面踱着方步，一面缓缓地对我讲解。他说："交换"就是互相交换意见。过去我们犯了不少错误，究其原因，最重要一点就是看问题片面性，把片面的实际当成了全面的实际。因此，要通过相互交换意见，使我们看问题更全面一些。"比较"就是上下左右进行比较，在比较中取其最好的。"反复"就是决定问题不要太匆忙，要留下一个反复考虑的时间。他还举了一些例子，来说明这六个字。

三句话，正式的讲出来，则是后来在1960年七千人大会的一个小组会上发言时讲的。这三句话是讲唯物论的，与交换比较反复六个字的辩证法是配套的，是他学习哲学的深刻体会。他曾经解释过这三句话。他说："不唯上并不是上边的话不要听，不唯书，也不是说文件、书不要读。""只唯实就是只有从实际出发实事求是地研究处理问题，这是最靠得住的。"他的意思是说，上边的话还是要听的，文件和书也是要读的，但不要唯它是从，要从实际出发，要实事求是地研究问题，解决问题。这种从实际出发的方式，才是最靠得住的。而教条主义、命令主义的方式，是不可取的。

这三句话虽然发表比较晚，实际上在延安时这种思想早已表现出来了。他当时十分重视调查研究，反对本本主义，反对不从实际出发主观臆断。他一方面反对教条主义，反对王明以共产国际代表的身份和马列主义词句吓唬人；另一方面，很重视从实际出发进行调查研究，以制定符合实际的方针政策，以处理解决好需要解决的问题。他主张："我们做工作要用90%的时间研究情况，用不到10%的时间决定政策。所有正确的政策都是根据对实际情况的科学分析而来的。"他的这种主张是很正确的，是他将马克思主义哲学与中国革命实践相结合的产物，是他联系实际学习马克思主义基本原理后在思想认识上的升华，是我们研究事物发展前进时必须遵循的规律。

陈云是这样说的，也是这样做的，很注意用90%的时间去研究情况。1939年年底至1940年年初，先后找了九个乡支部书记进行调查研究。有九个是他边谈边记，我当记录，每个乡记了一大本。还有两个，他要我学习这个方法去谈，把记录整理出来让他看。陈云第一个谈的是河北平山县洪子店区的一个乡，乡支部书记刚刚提任区委书记，来延安是准备参加"七大"的。其他的还有与晋西北静乐县阎家沟编村、保德县第一区马家滩村等支部书记谈话。他叫我照样谈了两个，其中一个是1939年5月与保德县第一区腰庄编村赵秉经，谈了三天三夜，记了下来送呈陈云。这份调查目录有：政治区划、阶级合理负担、土地关系、税捐、债户、文化教育、群众生活、征兵、优待抗属、党派关系、支部、县、区、乡各级领导人、村公所、牺盟会、公道团、农救会、自卫军、青救会、儿童团等18章。陈云和张闻天都在原稿上签了字，表示阅过。当时谈话的内容是很广泛的，每个乡要谈自然环境、人口、政治、经济、文化、军事（民兵）、青年妇女工作、政权建设，要谈党支部每个成员的思想状况、集体领导、民主集中制的情况，还要谈最近一两次支部委员会讨论什么问题，支部成员都是怎么发言，支委会作了什么决议，各阶层人士思想动态以及贯彻党中央各项指示情况，等。经过这样一谈，这个乡的概况清楚了，党内骨干分子形象清楚了，党员的希望和困难是什么也都清楚了。这样，就容易对症下药，就可以根据各乡具体情况，帮他们拿出点办法来。对于陈云来说，这只是一个小小方面，他还要了解多方面的情况，研究多方面的问题，这样才能为全党的组织建设制定出有效的方针、政策。

陈云有着很强的理解能力，有着丰富的实践经验，又善于联系实际认真读书，他的学习进度比较快，远远走在我们的前头，使我们十分敬佩。尽管如此，他仍以一个普通人的身份自居，按时参加机关的学习讨论，严格遵守机关的学习制度。他作为我们党的政治局委员、中央书记处书记，要负责其他工作，也要参加中央的一些会议。那时，中央的一些会议，都是晚上开，有时还挺长。我记得，他有时在中央书记处开会一开就到了次日凌晨。但是，就是遇到这种情况，他早晨照常按时出现在讨论会上，和大家一起来讨论，从来没有因此而请假、迟到。所不同的是，他能不断地提出一些问题，引导大家思考，从思考中切实领会实质，以推动我们的学习不断深入。

历史的回顾

陈云在延安中央组织部时，根据当时的特定情况，抓住了时机，确定了以部长、秘书长、几个科长为主的学习安排，整个机关的干部都跟着学，很快地使部里干部的理论水平有了较大提高。

陈云的这一举措，党中央和毛泽东是很重视的。毛泽东到了延安以后，就很提倡利用相对安定的条件进行学习，他多次同陈云谈学习哲学的体会，说学习哲学很管用。应该说，陈云是从中受到启发，才组织了中央组织部机关的学习。毛泽东很关注中央组织部机关的学习，派了他的哲学秘书来进行辅导。在中央组织部机关干部学了几本书以后，毛泽东充分肯定了中央组织部学习的做法，肯定了中央组织部采取一本一本学原著，做笔记，结合当时情况来进行讨论的方法，认为这个办法对头，要求在职干部的理论学习，要按中央组织部的办法来办。

当然，在这期间，别的单位也进行了学习，只是学习安排不如中央组织部，学习效果也不如中央组织部。经历过这段延安生活的邓力群曾经这样说过：当时在延安，学习搞得最好的就是中央组织部。

党中央在中央组织部的学习取得初步经验之后，根据中央组织部的经验制定了《关于干部教育的决定》，要求全党要以高级干部为主，对马克思主义的基本理论进行学习。中央的这个决定，是在我们的学习进行了一段以后搞的，既是肯定了中央组织部的做法，又使我们的一些办法很快地传了出去，传到了各敌后根据地。从某种意义上讲，中央组织部的学习成为了中央提倡高级干部学习的试点。

中央的决定传达以后，给了中央组织部鼓励，但更多的还是鞭策，形势逼迫着我们，只有在陈云领导下，更好地学习。这时的学习已是全党统一搞的，延安各单位都在认真学习，都在摸索经验，有的也准备在中央组织部的基础上创造更合适的经验，学习之风在延安真正形成开来。还不仅仅如此，各敌后根据地在中央决定以后，也都根据自己的情况，在根据地内加强了对马克思主义基本理论的学习研究，尤其是各敌后根据地的领导机关和所属党校，做得更好一些。因此，我们中央组织部丝毫不敢有一点松怠。这也是一种竞争吧？大家都在积极向上。正是在这样一种竞争向上的环境里，全党学习气氛十分浓厚，全党的理论水平得以不断提高，为我们抗战胜利奠定了理论基础。

在这种竞争当中学习，中央组织部很注意树立自己的特色。在陈云的领导下，我们坚持不为赶进度读书，不就书本议书本，而是突出密切联系实际，联系实际来领会基本理论，领会毛泽东的著作，特别是他的哲学著作。这个指导思想，从学习的一开始就很明确，以后更突出了。从客观上讲，突出这样的特点，使我们中央组织部机关的同志们尝到了甜头。只有联系实际，领会才能更深刻。我们在学习毛泽东著作时，学习了《实践论》、《矛盾论》和《论持久战》等。这些著作都是同中国革命实际相结合的，不像王明空讲布尔什维克12条那样空洞洞的，所以，我们容易读懂。而读懂毛泽东的这些哲学著作，对我们领会马克思主义哲学的基本理论很有好处，对我们的实际工作也很有指导意义。

尝到这个甜头后，中央组织部机关的学习活动就更注意联系实际了。大家在自学中都要联系实际去读书、去思考，在讨论中也都是结合实际来谈体会、谈认识。陈云等领导同志有着丰富的实践经验，他们对理论的理解就比较深刻，他们这种联系实际的体会，我们就容易接受，就能启发我们的理解。当时，我们的学习就是这样进行的，十分强调联系实际，强调在调查研究中加强我们的学习。这就使我们的学习摆脱了教条主义的束缚。

我们的学习是从1938年开始的,"抢救运动"以前停止的。在这当中,我们坚持了反对教条主义,这就同著名的延安整风运动接上了轨。延安整风运动要求反三风,其中之一,就是反对教条主义,整顿我们的学风,这和我们学习的做法正好吻合了。因此,中央组织部学习的经验再次经受住了考验,成了解放初期干部必读的12本书的来源之一。这12本书,有九本是马列主义的原著,还有三本是毛泽东同志的著作,都是我们那时读的书。

陈云深深知道,学习马克思主义基本理论,对于我们党的建设,具有很重要的作用,他不但自己认真学习,还通过努力实践,创出了一条在职干部学习的新路子。建国以后,特别是党的十一届三中全会以来,陈云仍不断提倡学习理论,学习哲学。1981年,邓小平曾经讲过:"陈云同志建议,要提倡学习,主要是学习哲学,学习毛泽东同志的哲学著作,例如:《实践论》、《矛盾论》,还有《中国革命战争的战略问题》、《抗日游击战争的战略问题》、《论持久战》等。这个意见很好。我看应当搞学习运动,认真学习马克思、列宁和毛泽东同志的著作。"他还指出:"现在,有些人发议论,往往只看现象,原因是理论和实践都没有根底。只有打下根底,才能真正纠正错误,包括纠正'左'的和右的错误。"

在提倡学习的同时,陈云仍然坚持领导干部要学习好理论,要联系当前的新形势。1987年10月17日,就在党的十三大召开的前夕,他对当时一位中央领导人讲:"我们在新形势下,全党仍面临着学会运用马列主义毛泽东思想的立场观点方法分析和解决问题这项最迫切的任务。"

1987年12月,他和另外一位原中央领导人谈话时,也强调了要学习理论,并讲解了帝国主义论,预见到帝国主义要捣乱。这话是在那场政治风波发生一年多以前讲的,当时是针对理论界已出现的一些混乱讲的。

1989年9月8日,他同李瑞环谈话时,再次强调,帝国主义论并没有过时,鼓励李瑞环好好学习理论。

陈云的这些论述,贯穿了他的一贯思想,这就是:作为一个领导干部,必须好好学习马克思主义理论,才能担负起领导职责,才能面对变化了的形势。尽管现在的形势同延安时相比,已不一样了,但思想是一脉相承的。这种思想,在我们党领导全国人民进行改革开放的过程中,仍具有很深远的意义。过去,我们党领导中国人民打江山,需要摆脱教条主义,把马克思主义基本理论同中国革命实践结合起来,才能取得胜利。今天,我们所进行的改革开放,同样是一场深刻革命。有许多新鲜丰富的经验需要我们去总结,有许多新生事物要在实践中探索和理论上论述,这些都是以前未遇到的。我们既要坚持改革开放,又要坚持四项基本原则,这就更需要我们认真学习马克思主义基本理论,把它同当前的实际结合起来。这样,我们才能走出一条建设有中国特色的社会主义道路来。

(刘家栋)

陈云谈读书与看报

陈云由北京到江西南昌,简装轻行。最引人注目的是他随行携带的三个草绿色书箱,每个箱内都装着满满的书。刚住下,秘书肖华光请示首长,书房里摆些什么书,陈云说:"哎呀!放点马列毛主席著作就行了。"

陈云平时话不多,却很精。他有一大特点,就是喜欢读书、看报。他不爱玩,从不下象棋、打麻将、打扑克牌。前几年,我们从陈云夫人于若木口中了解到,他在家也不玩这些东西,就是喜欢读书、看报。他老人家在干休所的日子里,孜孜不倦地读了马克思、恩格斯的《资本论》,列宁、斯大林全集和《毛泽东选集》1~4卷等经典著作,特别是列宁在十月革命后写的有关新经济政策等方面的著作,并联系中国实际,研究我国社会主义经济建设中的若干问题。

一次,陈云在书房问沈玉贵:"你们的工作学习怎么样?"当沈玉贵谈到,干休所工作与正规部队工作各有特点,在干休所主要是从事为老干部服务的工作,繁杂量大,服务性强,要求也比较高,但不像正规部队那样紧张。陈云说:"我知道你们工作很忙,服务要第一呀!你们订了多少份报纸呀?"沈玉贵回答说:"订了十几份报纸杂志。"陈云接着说:"报纸订得不少,你们要关心了解国家大事,了解国际上的一些大事,了解江西情况。那么多份报纸,你一下看不完,要抓住几份主要的报纸看。一是《人民日报》,它是党中央的机关报;二是《解放军报》,要了解军队的情况;三是《江西日报》。你们所领导、工作人员对这三份报纸要抓住不放。对《人民日报》、《江西日报》这两份报纸要对照起来读,才能发现问题。有些人光讲空话、假话。要调查研究，不能光听。有些报纸只能参考。我是主张讲实事求是的。我到你们南昌市场上看了一下，你们南昌市商店有什么，哪里来的我都清楚，我看了后的感觉是，你们江西的工业发展不快，水果糖大都是从上海等地进来的。前不久的一份《江西日报》上登了一条消息，说发现了一个大盐矿，现在怎么样了。"1970年，江西主要负责人程世清在江西农村推行"八字头上一口塘，新村盖在山两旁……"的政策。陈云从《江西日报》看到这一消息后说："程世清呀程世清，看你将来怎样向江西人民交代。"

　　沈玉贵担任副所长后，准备给工作人员讲课，讲的内容要引用马克思的一段话，可一时找不到这段话，心里非常着急。这时，他想起陈云对马克思、恩格斯、列宁、斯大林、毛泽东的著作非常熟悉。于是，他冒昧地来到陈云住处请教。当沈玉贵说明来意后，陈云说："你要找的这段话，在《马克思恩格斯选集》第×卷的第×页，倒数第×行。这段话字数300多，不到400个字，你可以去查。你有没有书？没有书的话，把我的拿去。"沈玉贵说："我们有书，我回去查。"说完，沈玉贵回到办公室，照着陈云提示的线索，一打开书就翻到了这段话。

（江　党）

陈云关于整理古籍的指示

　　1981年，陈云先后两次对古籍整理工作作了指示。当年9月，中共中央就古籍整理研究工作专门下达了《中共中央关于整理我国古籍的指示》。从此，中国古籍整理研究工作的历史揭开了新的一页，重新走上了有领导、有组织、出成果、出人才的发展道路。十多年的事实充分说明了党中央和陈云指示的深远影响和重大的历史意义。作为一个专门研究中国古代文献的群众性学术团体，中国历史文献研究会15年来的发展，从一个侧面显示出陈云关于古籍整理指示精神的重大影响和作用。今天深入研究和继续贯彻陈云的这一指示精神，是我们每一个古籍研究工作者义不容辞的责任。

陈云关于古籍整理指示的出发点，首先是为了教育。他说："整理古籍，把祖国宝贵的文化遗产继承下来，是一项关系到子孙后代的重要工作。"这就是说，整理古籍的意义深远，它关系到我们子孙后代教育的千秋大业。当时提出这个问题，不是无的放矢，正如他所说："我们的学校教育，注意理工科比较多，这是发展国民经济的需要。但是，学理工的人也要有一定的中国文化传统的知识才行。"因此，陈云提出："今后，在继续办好理工科的同时，应该加强大学的文科教育。"学校教育重理轻文的缺陷，不仅在大学中有，普通教育中也有。所以陈云又提出："从小学开始，就要让学生读点古文。"在成人教育中，也有一个继承祖国宝贵文化遗产的问题。因此，陈云提出："整理古籍，为了让更多的人看得懂，仅作标点、注释、校勘、训诂还不够，要有今译，争取做到能读报纸的人多数都能看得懂。有了今译，年轻人看得懂，觉得有意思，才会有兴趣去阅读。"由此可见，陈云指示的出发点是教育问题，是从小学到大学、从学校到社会，从文科到理科一切方面的教育问题。

陈云所谈教育的内容，在古籍整理指示中已经明确，就是"把祖国宝贵的文化遗产继承下来"。这也是这项重要任务的最终目的。普及中国文化传统知识，弘扬中华民族优秀的传统文化，从来就应该是我国教育的重要内容，当时，全国刚刚经过一场空前浩劫，及时提出这个问题，确是陈云的真知灼见。

然而，谈到继承，则非轻而易举的事，特别是"文化大革命"以后，保留下来的古籍备受摧残，原已薄弱的古籍研究队伍损失惨重。古籍整理任务十分艰巨。正如陈云所说："我国的古籍，中华书局说有八万多种，北京大学图书馆反映约有12万种。现已整理和出版的约两千多种，还差得很远。"因此，要继承，首先要保存和整理，将现在还存在的，尤其是那些濒于灭绝的古籍抢救下来，把为数不多的专家和古籍研究队伍及时组织起来，进行整理研究和培养人才是非常急迫的事。陈云说："现在有些古籍的孤本、善本，要采取保护和抢救的措施。图书馆的安全措施要解决，散失在国外的古籍资料，也要通过各种办法争取弄回来，或复制回来。同时，要有系统地翻印一批孤本、善本。"这就是说，保存和整理古籍的任务是非常艰巨的。

如何落实保存和整理古籍的任务？陈云作了非常具体细致的安排。他说："整理古籍，需要有一个几十年连续不断的领导班子，保持稳定的核心力量。目前真正能够独立整理古籍的,一般来说得60岁左右的人才行。现在这个班子中60多岁的人,再干10年是70岁,不能坚持工作了;50岁的人到那时可以接上去,40岁的人,再干20年,也可以成为骨干力量和领导力量了。"这是从梯队来说的。从人员素质上,陈云明确指出:"从事整理古籍的人,不但要知识基础好,而且要有兴趣。"这样的人才,不易得到。因此,陈云说:"目前,整理古籍的专业人才,有许多分配不对口,要尽可能收回来,安排到整理古籍的各专门机构。一些分散在各地的整理古籍的人才,有的可以调到中华书局或其他专业出版社,有的可以分配他们担任整理古籍的某些任务。"初步有了人才队伍,还要有一定权力的领导机构和可以依托的学术实体。陈云提出,要李一氓主持的国务院古籍整理出版规划小组。"要由规划小组提出一个为期三十年的古籍整理出版规划。第一个十年,先把基础打好,把愿意搞古籍整理的人组织起来,以后再逐步壮大队伍。古籍整理出版规划,可以像国民经济计划那样,搞滚动计划。""古籍整理工作,可以依托于高等院校。有基础、有条件的某些大学,可以成立古籍研究所。有的大学文科中的古籍专业,如北京大学中文系的古典文献专业,要适当扩大规模。"这样一来,人才、机构、规划和可以依托的力量,包括整理古籍后继有人的问题,都得到了安排。

剩下一个关键性的问题,就是经费来源。陈云从国家和民族的长远利益着想,指示应不惜抽出国家一些宝贵资金,投入这项事业。他说:"为办好整理古籍这件事,尽管国家现在有困难,也要花点钱,并编制一个经费概算,以支持这项事业。这笔钱,用于整理古籍所需要的各种费用,主要是整理费用和印刷费用,也包括解决办公室,宿舍等费用。要为整理古籍的专门人才创造好的工作条件和生活条件。"他的指示,全面、具体而明确,为十多年来全国的古籍整理研究与人才培养提供了关键性的物质保证。

党中央就此作出的决定及其贯彻,体现了党和国家对古籍整理在社会主义现代化建设中的价值和重要性的极大注意。事实上,近十年来,在建设有中国特色的社会主义,特别是社会主义精神文明建设中,弘扬祖国优秀的传统文化,已经发挥出并正在继续发挥越来越大的作用。

陈云说:"整理古籍是一件大事,得搞上百年。"的确,浩如烟海的纷繁古籍和有中国特色的社会主义建设事业,决定了中国历史文献研究应有百年大计,是长久的课题。

中国历史文献研究会是一个全国性的研究古籍的群众学术团体,它走过的15年历程，充分显示出中国古文献研究的强大生命力和陈云关于古籍整理指示的重大作用。研究会的宗旨是"以马克思列宁主义毛泽东思想为指导，认真整理祖国文献，批判地继承祖国优秀文化遗产，为实现四化多作贡献。"1979年研究会成立初期，正值粉碎"四人帮"不久，十一届三中全会刚刚开过，全国各项事业百废待兴。由于人们对于古文献的观念认识不一，有的尚未完全从"扫四旧"中转变过来，古籍资源匮乏，研究人员缺少，各大学都在恢复之中，加之研究会本身无专职人员、没有固定的资金来源等原因，研究会举步维艰。但是，会员们白手起家，在困难的条件下，坚持办了起来。到了80年代初，中国历史文献研究会遇上了好时光。陈云的指示和党中央关于整理我国古籍的决定，适时地为研究会工作创造了良好的环境，使研究会从此逐步走上了健康发展的道路。特别是近五六年来，中国历史文献研究会在促进科学研究，提高学术水平等方面，成绩更为显著。

研究会每年开年会一次，自1982年起，每年出版学刊一辑。1990年开始正式出版《历史文献研究》，在国内外学术界引起强烈反响。研究会每年举办的年会多结合开会地区的地方特点，讨论有关学术专题。如1986年在山西夏县司马光家乡开会，纪念司马光逝世900周年，讨论司马光和《资治通鉴》。在昆明年会上，讨论郑和下西洋。在福建同安年会上，纪念北宋宰相、天文学家苏颂制造水运仪像台900周年，会后点校出版了《苏颂集》。在清代史学家钱大昕、王鸣盛的家乡嘉定年会上，讨论了钱、王二人的史学成就和乾嘉史学，以及嘉定人民的抗暴斗争。在汕头年会上，讨论了潮汕文化。在西安年会上，讨论了汉唐文化。在呼和浩特年会上，讨论了历史文献与民族文化。在陈寿故乡四川南充的年会上，讨论了三国文化。在河南驻马店年会上，讨论了中原文化与传统文化。

研究会创建时只有会员几十人，其中仅有二人为教授。现在已有会员700人，取得高级职称的达到2/3以上。当初会员集中在内地，现已遍及全国，包括西藏、海南和台湾、香港。近年来，法国、韩国、马来西亚有的汉学家也已先后入会。

研究会的科研成果除了会刊《历史文献研究》上每年所发表的学术论文以外，还表现在论文集的出版和由本会组织编写的专题性研究论著的出版。15年来，曾列入研究会科研计划并已出版的集体著作有：

《〈册府元龟〉新探》（中州书画社）

《中国史学家传》（辽宁人民出版社）
《中国古代科学家传记选注》（岳麓书社）
《中国古代史学家传记选注》（岳麓书社）
《中国古代军事家传记选注》（岳麓书社）
《古籍整理论文集》（甘肃人民出版社）
《〈资治通鉴〉论丛》（河南人民出版社）
《古籍论丛》（福建人民出版社）
《司马光与〈资治通鉴〉》（吉林人民出版社）
《司马迁和〈史记〉》（人民出版社）
《三国人物评传》（三秦出版社）
《中国历史典故辞典》（三秦出版社）
《嘉定文化研究》（三秦出版社）
《汉唐史籍与传统文化》（三秦出版社）
《苏颂研究文集》（鹭江出版社）
《中国古代文学家传记选注》（黑龙江教育出版社）
《〈史记〉辞典》（山东教育出版社）
《〈三国志〉辞典》（山东教育出版社）
《〈汉书〉辞典》（山东教育出版社）
《〈后汉书〉辞典》（山东教育出版社）

此外，山东教育出版社委托研究会编写的"二十五史辞典丛书"，除上面已出版的几部外，其他各部也将陆续问世。"二十四史选注讲丛书"已出版二卷，后面八卷亦将出版。"中国人物评传丛书"除已出版《三国人物评传》外，其余即将出版。至于会员个人发表和出版的论著更不胜枚举。据不完全统计，仅就编、撰的专著看，80年代以来，已有近千部书出版。

研究会对文献学理论研究和古籍的整理、注释、翻译等研究，也作出了自己的贡献。特别在地方文献的整理开发上，以每年年会为契机，先后对嘉定、潮汕、陕西、内蒙、四川、河南等地的地方文献和人文历史展开研究，促进了以上地区乡帮文化和精神文明的建设。

中国历史文献研究会15年来所以能够源源不断地吸收人才，学者们能够济济一堂研究古籍文献，每年能被各地接待举行年会，科学研究能够得到支持，科研成果能够得以发表，除了因研究会领导团结、会员努力、办事心齐以外，也与中央和地方学术部门、行政部门的各级领导，以及社会上包括企业界在内的各界支持是分不开的。但归根结底，是由于党中央关于古籍整理问题的决定得到贯彻，陈云指示的精神逐渐深入人心的结果。

长期以来，我国整理研究古籍事业几经坎坷，从50年代后期开始，本已薄弱的古籍工作即逐年冷落。"文革"初期，古籍文物被当作"四旧"毁弃，破坏的规模是全国性的。大批知识分子成了"革命对象"，许多造诣较深的古籍文献专家被诬为"反动学术权威"，遭到迫害。这一危机只是在粉碎"四人帮"以后，特别是党的十一届三中全会以后才得到改变。中国历史上有许多伟大的学者，对古籍整理作出过很大的贡献。从孔子删《诗》、《书》作《春秋》，司马迁博览"天下遗文古事"著《史记》，到清代《四库全书》的编纂，都是中国独有、世界仅见的功绩。当然历代学者受其历史和阶级的局限，各有功过。正因此，才应在今天社会主义社会条件下，真正用马列主义、毛泽东思想来指导，更好地展开对历代古籍的整理研究，予以批判继承。所以，陈云的指示和党中央的决定受到教育战线的广大学者由衷地热烈拥护。一位教授激动地说："要向陈云同志行九叩之礼。"大家一致认识到，陈云的指示和党中央的决定，其伟大意义不仅在于存亡继绝，抢救了濒临损毁的大批文物古籍和延续了中断的历史文献研究队伍的发展，从"左"的路线干扰和文化浩劫中扭转了局面，使中国历代整理研究古籍的传统得以继续；更重要的是，在具有中国特色社会主义现代化建设中，发扬民族的优秀文化确是一项重大的战略任务。

大批的中国古籍是中华民族的历史瑰宝，对总结历代政治、经济、军事、文化、外交和社会发展各个方面的经验，研究我们民族的历史，厘定我国的历史疆域，都具有重要的价值。毛泽东早就说过"我们这个民族有数千年的历史，有它的特点，有它的许多珍贵品……从孔夫子到孙中山，我们应当给以总结，承继这一份珍贵的遗产。"今天，我们整理研究这份珍贵遗产，并在研究成果的基础上认真继承发扬优秀传统文化，将会影响到我国社会主义建设的一切领域。只有这样，才能逐渐形成符合我国历史传统，具有中国特色的社会主义精神文明。列宁曾经说过："无产阶级文化并不是从天上掉下来的，也不是那些自命为无产阶级文化专家的人杜撰出来的。这完全是胡说。无产阶级文化应当是人类在资本主义社会、地主社会和官僚社会压迫下创造出来的全部知识发展的必然结果。所有这些大大小小的途径，无论过去、现在或将来，都通向无产阶级文化。"因此，历史绝不能割断，民族优秀文化传统必须发扬，这是社会主义精神文明建设的必由之路。

发扬民族优秀文化传统的战略意义，还在于对子孙后代的教育。著名历史学家白寿彝先生认为："从一定的意义说，古籍研究整理工作是认识祖国的工作……因为古籍著作，其中优秀的部分，是我们民族的重要结晶。我们民族为什么能这样悠久，为什么能有这样连绵不断的历史，而且为什么能跟别的民族和国家不同，这都需要在我们古代典籍里找答案，这才能对祖国有比较正确的认识。"著名历史学家邓广铭先生也说过："李约瑟说，中国文明对世界的贡献，不论东方人、西方人现在一谈就是四大发明，其实何止是四大发明，发明够一百项之多……现在根据李约瑟的说法，中国文化至少是占一半的力量，跟希腊、罗马平分秋色。而这些事情由一个外国人发掘出来，我们中国人到今天没有发掘出来……因此，我们必须对古典文献、中国古代优秀文化传统加以发掘。"为了培养年轻一代的民族自尊心、自豪感，进行爱国主义教育，必须使我们的大学生、中学生、小学生和社会青年，了解中国的历史、地理、文学艺术、哲学科学等，使他们时时刻刻记住自己是中国人，要为中国奋斗。正如列宁所说："爱国主义就是千百年来巩固起来的对自己的祖国的一种最深厚的感情。"而我们的敌人历来是企图从否定我们的历史开始来灭亡我们国家的。中国历史文献研究会会长刘乃和教授说："清代著名思想家龚自珍说过：'灭人之国，必先去其史'，'绝人之材，湮塞人之教，必先去其史'。历史的教训值得记取，我们要时刻教育青年知道自己祖国的辉煌历史。"无数事实证明，没有爱国主义的精神，共产主义世界观也不能真正确立。

总之，陈云关于整理古籍指示的精神，在宏观方面，着眼于古今中外，国家未来，明确历史不能割断，历代文明信息是靠古籍载体传递、延伸；在微观方面，着手为整理古籍出成果、出人才所需要的一切条件周到部署。中国历史文献研究会正是在陈云指示精神的指引下健康发展，完成着这项具有战略意义的历史任务。在建设有中国特色的社会主义事业中，在培养劳动者素质这个关系到提高生产力第一要素的关键问题上，陈云关于整理古籍的指示的确发挥着百年大计的作用，意义深远，功在千秋。

（王酉梅）

父亲陈云的学习生活

岁月无情,时光如箭,亲爱的父亲陈云离开我们已经整整两年了。两年来,每当我们走到他老人家的遗像前,或捧读他老人家的著作,都情不自禁地觉得他仿佛还和我们生活在一起,他那双慈祥的眼睛还在注视着我们,他仍然操着略带上海口音的普通话在和我们亲切地交谈。每当这时,那悠扬动听的苏州评弹声便和不尽的思念一起,又萦绕在我们的耳边和心中……

陈云从小家境贫寒,年仅四岁就失去了父母双亲,在舅舅抚养、照顾下,他只读到高小毕业,就因再无力交付学费而被迫失学了。此后,他在当学徒、做店员和长期的革命活动中,靠勤奋自学,靠在实践中不断摸索总结,不仅具备了很高的文化水平,而且最终掌握了马克思列宁主义的革命理论,确立了自己毕生为之奋斗的共产主义信仰。

1925年,陈云在上海领导商务印书馆职工大罢工期间,加入了中国共产党,从此走上了职业革命家的道路。随着革命事业的不断发展,陈云在党内逐渐担负了越来越重要的领导职务。但无论工作怎样繁忙,斗争环境多么险恶,陈云始终坚持读书学习。他在1939年12月写的一篇文稿中说道:"学习理论,是每个党员的责任。老干部、高级干部首先要努力学习,而且要成为学习的模范。因为你是老干部,因为你常常担负独当一面的领导工作,你就更有责任而且更有必要提高自己的理论水平。"这是他对每个党员特别是党员领导干部的要求,同时也是他自己的切身感受。

陈云曾经多次对我们讲起,他在延安当中央组织部部长时,毛泽东先后三次当面同他谈,要他学哲学,并给他派教员。正是在毛泽东那些谈话的启发下,他利用在延安相对安静的环境,开始了系统的理论学习。据妈妈于若木告诉我们,陈云读起书来,如饥似渴,有时甚至到了拼命的地步,以至由于工作和学习过于繁重、紧张而病倒过,流鼻血的毛病就是那时发作的。陈云不仅自己学,还在中央组织部内成立了一个学习小组,带领大家共同学习。这个学习小组从 1938～1942 年坚持了五年。陈云在学习时从来不生吞活剥,不死记硬背,而是联系实际,力求理解,在理解的基础上抓住最核心、最基本、最本质的东西,并且善于用自己的话把它表达出来。例如,他在延安把毛泽东起草的电报、文件都认真读了一遍,最后得出一个结论,就是要实事求是。然后,他又通过学习马克思、恩格斯、列宁、斯大林和毛泽东的哲学著作,深入思索如何才能做到实事求是的问题,概括出了"不唯上、不唯书、只唯实","交换、比较、反复"的思想方法和工作原则。这一方法和原则,父亲讲了一生,也坚持了一生。由于陈云按照毛泽东的教导,在延安认真而系统地学习了马克思主义的理论,把过去积累的实践经验上升到了理论的高度,提高了自己的理论素养,因此,延安时期成为他的思想走向成熟的重要时期。他曾说过,"毛泽东同志的一个无可比拟的功绩,是培养了一代人。"他说这话是发自肺腑的,是充满感情的。

除学习理论外,陈云在延安还利用病中休息时间阅读了鲁迅的著作。陈云由衷地钦佩鲁迅"坚决、不妥协的反抗"精神和"横眉冷对千夫指,俯首甘为孺子牛"的品格。特别是鲁迅的杂文,他一读起来就茶饭不思,不忍释手。1932 年阴历十一月的一个深夜,陈云遵照党中央的指示,曾到鲁迅家中去接瞿秋白和杨之华转移到其他隐蔽地点。他和鲁迅见了一面,并留下了深刻的印象。这次会面使陈云成为后来党内高级领导人中唯一见过鲁迅的人。大概是由于这个原因吧,陈云对鲁迅感情格外深切。1936 年,鲁迅逝世一周后,陈云专门写了一篇悼念文章,发表在中国共产党办的巴黎《救国时报》上。鲁迅的著作伴随了陈云的一生,在陈云的办公室兼书房里,至今保存着他不知阅读过多少遍的《鲁迅全集》。陈云生前多次叮嘱我们,要我们读鲁迅的文章,说这些文章是千古不朽之作,一定要熟读才行。

建国以后,陈云主持全国财经工作,十分繁忙,很难再有完整的时间用于读书,但他始终保持着勤奋学习的精神,只不过这时的学习主要是通过调查研究,向有专业知识的专家学习,向了解实际情况的干部学习,向在生产第一线的工人农民学习。例如,1959 年 5 月,他受毛泽东的委托,落实当年的钢铁指标。在不到半个月时间里,他连续听取有关部门六次汇报,又找做实际工作的同志个别谈话,听取他们的意见,然后认真计算,提出 1959 年钢的生产指标为 1300 万吨，钢材的生产指标是 900 万吨，结果，这一年的钢产量果真完成了 1387 万吨。江泽民 1995 年 6 月 13 日在纪念陈云诞辰 90 周年座谈会上曾说："尊重实践、尊重群众，清醒地、科学地分析和判断情况，在此基础上创造性地、踏实细致地开展工作，并下大的决心一干到底，干出成果，这是陈云同志鲜明的工作特点和领导风格。"江泽民对父亲的工作特点和领导风格的这一概括，真是再贴切不过了。

文化大革命期间，陈云受到严重冲击，一度被迫离开北京到江西"蹲点"，这反而给他提供了又一个极好的读书学习的机会。陈云每天上午去住所附近的化工石油机械厂参加工人的班组会，下午和晚上则在住所读书。这段时间，他给自己制订了一个读书计划，重新阅读了《马恩选集》、《资本论》、《列宁选集》、《斯大林文选》、《毛泽东选集》等马列主义的经典著作，特别是列宁在 1917 年 2 月革命后一直到逝世前写的《列宁全集》各卷。翻开陈云读过的这些书，我们清楚地看到他用钢笔和不同颜色的铅笔在上面画的大量的道道、杠杠、圈圈，以及写下的一些批注。看着这些熟悉的字迹，可以想见他老人家是怎样全神贯注地在读着书，又是怎样专心致志地在思考着有关党和中纪委第一次全会上的讲话中，用《列宁全集》中的例子说明党内政治生活应当民主、应当正常的道理。这就是他在江西读书时，联系实际反复思考而得出的结论。

陈云不仅自己抓紧一切机会读书学习，而且要求家里的每个成员都要抓紧时间学习。在他下放江西的日子里，我们去看他，他给我们讲得最多的就是要我们认真读马列的书，读毛泽东著作，学好哲学。后来，他从江西回到北京，参加了一段国务院业务组的工作，协助周恩来抓外贸。由于工作不是太多，他提出用两年时间把《马恩选集》、《列宁选集》、斯大林和毛泽东的若干著作再精读一遍，并希望家里的人和他一起学。方法是先按照约定阅读的书目、段落分散自学，然后利用每个星期天的上午集中到一起讨论，提疑问和发表学习心得。那次，母亲于若木及当时在北京的几个孩子都被吸收进这个"家庭学习小组"，就连两个女婿及我们的四姨也被他"欢迎"了进来。

粉碎"四人帮"后，陈云重新走上了党和国家的领导岗位，工作又忙起来，不可能再有完整的读书时间，但他并没有因此而放松学习。在这个时期，他学习的主要内容是读报和看《参考消息》、《参考资料》。他看报纸很仔细，往往从《人民日报》的第一版看到第八版，包括读者来信。另外，在这个时期,他反复强调领导干部,尤其是年轻干部要学习马克思主义哲学。1981年,中央起草《关于建国以来党的若干历史问题的决议》,邓小平来家里看望父亲。陈云建议,在决议稿上加一段话,提倡全党学习哲学,也学点历史,特别是中国革命、中国共产党的历史。邓小平很重视这个意见,立即转告起草小组的负责同志,并指示他们在决议中要把毛泽东对马克思主义哲学的贡献写得更丰富、更充实,在结束语中要加上提倡学习的意思。

陈云到了晚年,仍然坚持每天早晚收听电台的新闻广播,白天看文件和报纸。进入80年代后期,由于眼疾加重,文件和报纸只好让秘书念,但每天早晚的广播还是照听不误,即使生病住院,也从未间断。我们知道,作为职业革命家,他一刻也放不下为之奋斗终生的事业,自始至终关注着国内外大事,关心着国家经济形势的发展,也关心着香港回归的进程。陈云在逝世前的几年,从北京到上海,从家中到医院,就是这样度过的。

曾经给予我们无限温暖和幸福的陈云,教会我们怎样做人、怎样学习和生活的陈云,就这样静静地走了……陈云没有给我们留下什么遗产,也没有为世人写下回忆录。他留给我们的另一种财富却是巨大的,那就是他老人家坚定的共产主义信念,对党的事业的赤胆忠心,孜孜不倦的学习精神,淡泊名利、乐观豁达的人生态度,求实的、辩证的思想方法,深入实际、联系群众、乐于听取不同意见的工作作风,以及对祖国、对人民、对战友、对亲人深情真挚的爱。这是世间怎样一份珍贵、丰厚而又值得骄傲的财富啊!

(陈伟力等)

彭真的读书生活

2002年10月12日是彭真诞辰98周年。

彭真出生于一个贫苦农民家庭,12岁才上私塾,因家境贫寒,时常辍学,18岁才上小学五年级,开始正规的学习,彭真在中学期间加入共产党,成为学生领袖,走上了职业革命者的道路。在第一代无产阶级革命家中,只有他和毛泽东没有留过洋出过国。他深感知识的重要,一辈子刻苦学习,坚持学习马克思列宁主义、毛泽东思想,坚持调查研究,理论联系实际,不断研究新情况,解决新问题,为党为人民做出了杰出贡献。他在70多年刻苦的学习过程中,有许多生动感人的事迹。

身背书箱　以理服人

彭真1922年从家乡侯马垤上村到太原第一中学上学,当时这所中学办了个青年学会,在学校附近一座大庙里放着很多书,除四书五经外,也有马列主义的书,社会主义的书,还有无政府主义的书。彭真常去庙里看书,深深地被马列主义的书所吸引。他在学生中宣传学习心得,确立革命理想,同群众一起参加革命斗争。1923年经著名共产党人高君宇、李毓棠介绍,彭真加入了中国共产党。

彭真讲过这样一个故事:1924年晋南临汾地区的党组织办了个"新生报"和"新生社",当时有十几个人,都有革命激情,但对革命理论懂得并不多,思想比较混乱,有讲马克思主义的,也有讲无政府主义的,一见面就争论。1924年学校放寒假时,太原党组织派我去那里做工作。我想,他们人多,我一个人辩论不过他们怎么办?于是,我去时带了一箱子书,有马克思主义的书,社会主义的书,也有无政府主义的书,还有批判无政府主义的书,等等。他们知道我是共产党员,我一到那里他们就要同我争论。我说:我是来看望大家的,是来和大家共同讨论社会前途问题的。我们先不要争论,我带了一箱子书,有各种社会主义的书,请大家先看一看,比较一下,究竟哪一种社会主义好?我们共同选一条社会主义道路一道儿走。我还强调说:我们现在选择道路,不是光为咱们几个人,是要给山西广大青年选一条出路,选错了是要负责任的。于是他们安静下来,我把书给了他们。他们看了书以后,才如梦初醒,大多数人表示赞成马克思主义,走社会主义道路。

这是彭真用马克思主义教育青年,走社会主义道路的初步尝试,旗开得胜。他自己也受到了一次生动的教育,使他坚信马克思主义能够说服教育广大爱国青年,跟着共产党走社会主义道路。从这以后,彭真学习马克思主义更自觉、更积极了。彭真养成了坚持读书的好习惯，和书交上了朋友，他走到哪里都带着书，有空就学，有机会就宣传，向工农群众特别是青年宣传党的主张。彭真奉命到石家庄、北平、天津等地从事地下工作的时候，在"提着脑袋干革命"的艰难条件下，他仍然不间断地学习马克思主义，并向当地的同志和老工人学习实际斗争经验。1929年6月，彭真在天津做地下工作时，由于叛徒出卖被捕入狱，在狱中他组建党支部，组织难友学习马列主义，同反动当局进行坚决斗争。

进入边区　开创新局

彭真于1935年夏天出狱后，继续在天津、北平、唐山、太原等地从事地下斗争。他托人买到了一些马列主义的经典著作如《共产党宣言》等，如获珍宝，随身携带，认真钻研。1938年春天，彭真根据中共中央的决定，以北方局代表名义进入晋察冀边区，协助聂荣臻指导晋察冀及平津地区党的工作。9月彭真担任中共北方局委员兼晋察冀分局书记。他来到晋察冀边区时，同志们看见他箱子里有那么多的好书都羡慕不已。

这次工作调动，彭真从"地下"来到了"地上"。在新的环境，新的工作中，便更加抓紧学习马列著作和党中央的指示，决心把自己学到的理论，联系根据地的实际，把工作做得更好，创造新的局面。他经常下部队，到农村，调查研究，总结经验；把实践经验经过分析综合，上升为指导思想，经过党委讨论，形成政策，再经过群众路线的方法贯彻下去，如此循环往复不断前进。在党中央和分局党委的领导下，晋察冀成为抗日的模范根据地。彭真从理论与实践的结合上全面系统地总结了晋察冀边区建设的基本经验，1941年6~8月，他在延安分七次向毛泽东和中共中央政治局详细汇报晋察冀边区工作。中共中央逐次将汇报要点批转各根据地党委。彭真的汇报后来整理成《晋察冀边区各项具体政策及党的建设经验》一书，毛泽东称它是"马克思主义的"，并推荐给大家学习。彭真这次向中央汇报工作后被留在延安，先后任中央党校教育长、副校长（毛泽东兼校长），中共中央组织部部长、城市工作部部长，参加领导了延安整风运动。

延安取经　心得真谛

在延安期间，彭真读的书更多了，学习条件也更好了，他能经常聆听毛泽东的讲话，结识了大批从全国各地汇集延安的党的高级干部和参加长征的高级将领，使他更多地知道了革命的全局，知道了在中国革命的危急关头，是毛泽东挽救了红军挽救了党。他回忆说：在延安我读毛主席的书最多，《中国革命战争的战略问题》、《实践论》、《矛盾论》、《论持久战》等著作，我都看过好多遍。我主要是看毛泽东如何把马列主义的普遍真理同中国革命的具体实践相结合的，看毛泽东是如何运用马列主义的立场、观点和方法解决中国革命问题的。他回忆说：在延安确定毛泽东思想为我们党的指导思想时，是经过政治局多次会议讨论的。当初有同志提议用"毛泽东主义"命名，毛泽东不赞成，后来在杨家岭开政治局会议时大家说，把马列主义普遍真理与中国革命具体实践相结合的思想叫作毛泽东思想，这时毛泽东说，如果说这个思想一定要用一个人的名字作代表，我可以接受，但是，必须说明，这不是我一个人的，而是很多同志正确意见的结晶，是中国革命的产物。从那以后，毛泽东思想成了我们党的指导思想。

彭真在延安期间，作过许多重要讲话，写过许多重要文章，他总是强调学习马列主义、毛泽东思想的重要性，强调理论要联系实际，用实事求是的思想解决问题，并一再强调，毛主席给中央党校制定的校训，就是"实事求是，不尚空谈"八个大字。

彭真1942年5月在为延安《解放日报》撰写的署名文章《领会二十二个文件的精神实质》中指出："究竟怎样才算领会贯通了这些文件的精神与实质呢？有什么标准呢？显然的，标准是实践，是会不会实际运用。"并说读书和看文件一样，要"逐件逐件地精读，深入地研究，热烈地讨论，反复地深思熟虑地、细心地体会，才能真正领会贯通和实际运用。"1944年7月，彭真在中央党校整风大会上作总结报告时指出："一个意见对不对，要以实际来检查，这是我们共同的标准。我们应该用辩证唯物主义的观点，实事求是的观点来看问题。""我们站在党的立场、无产阶级的立场、人民大众的立场，观点和方法又是客观的、全面的，即辩证唯物主义的，那么我们大会许多争论的问题，就容易解决了。"很明显，彭真在延安时期的理论学习，达到了一个新的水平，他对马列主义、毛泽东思想有了更深刻的理解。1945年春夏，党的第七次代表大会之后，彭真被选为中央政治局委员，进入党的最高决策机构。

肩负重任　学习治国

新中国成立后，彭真担任了中共北京市委书记、市长和中央的几项领导职务。他经常在北京、到外地进行调查研究。每逢离京外出时，他总要带上必需的书籍、中央有关文件等。有一段时间，还是用解放前的老办法，把衣物和书籍混放在一个箱子里。后来书越带越多，主要是增加了经济建设和法制建设方面的书，就专门用一个皮箱装书。他的老警卫员李志玉看到用老办法带书，已难以满足首长的需要了，就找木工师傅商量，做成一个木质的便携式书架，平放着像一只大箱子，打开立起来，就是一个小书架，虽然搬动时比较重，使用起来却很方便。这个书箱，彭真用了很多年，至今还完好地保存着。

彭真一到北京就展开了全面的调查研究工作。他说，要改造老北京，建设新北京，都要从调查研究入手，摸清老北京的底数，是做好各项工作的出发点。他经常到工厂、农村调查了解情况，向教育界、艺术界、卫生界和广大市民征求意见，改进工作。他要解决北京市老百姓的温饱问题，社会秩序问题，他要把北京由消费城市改造为生产城市。

为了搞好北京的城市建设规划，彭真把北京看了一遍又一遍，反复向各方面的专家征求意见，经过几年的调查研究，才写出报告，又经过反复研究，还听取中央有关各方面的意见，取得比较一致的看法，再修改定稿后由市委报中央批准。他指出："城市规划要有长远考虑，要看到社会主义的远景，要给后人留下发展的余地"，"将来全市要发展到千把万人"，"马路不能太窄，东单至西单的大街宽九十公尺"。北京市的汽车"总有一天会发展到几十万辆、上百万辆的"。关于天安门广场的规划问题，彭真说："广场势必要大一些，不能太小，因为我们是世界上人口最多的国家。不能说世界各国还没有这么大的广场，我们就不能有，什么都跟在人家后边走。要根据我们的实际情况和发展需要考虑。"

北京市的老百姓没有忘记他们的老市长。彭真去世时，群众川流不息地涌向彭真的家，向他们的老市长鞠躬告别。

坚持真理　实事求是

彭真是一位敢于坚持真理的人。他对工作一贯高标准、严要求。彭真于1955年7月在中共北京市第一次代表大会上作报告时指出:"要用可能达到的最高标准要求我们的工作。和落后的攀比,自甘落后,妄自菲薄,会使工作缺乏创造性,缺乏进取精神,弄得没有出息。"并强调:"要正视工作中的缺点和错误,老老实实,对就对,错就错,有多少就说多少,这是共产党的本色。不要瞎说,不要掩盖缺点和错误,更不要文过饰非、讳疾忌医、报喜不报忧。"他经常讲工作作风要扎实,报告工作成绩要实事求是,有错误就认真改正。

在三年困难时期,彭真带头克服困难,到处作报告动员广大群众艰苦奋斗,克服暂时经济困难。1962年,他在首都高等院校全体应届毕业生大会上讲话时,指出困难是暂时的,前途是光明的,并教育青年要坚定地走社会主义道路。他说:每个人的聪明、才智不尽相同,但没有天渊之别,一生的成就、贡献却有天渊之别,根本原因就是方向、道路不同。希望同学们按照历史发展的必然规律选择自己一生的方向和道路,坚决跟共产党走,全心全意为人民服务,为社会主义服务。选定了这个方向道路,就要努力学习马克思列宁主义和毛主席的著作,很好地和工人、农民相结合,不断地改造自己,不断进步。他的讲话给大学生的教育很大。

彭真常说:"坚持真理,随时修正错误"。他在阶级斗争中、政治斗争中,敢于讲明自己的观点,敢于坚持真理,这是彭真高尚品德的表现。1965年9月,彭真在全国文化厅局长会议上讲话时指出:要区别政治问题和学术、艺术问题。"学术、艺术问题中,有同历史发展方向对立的政治问题的,应该联系政治问题对待;不是政治问题的,就不要轻率地把它同政治上的大是大非,特别是同敌我问题混淆起来,也不要轻率地下结论。""学术、文化、艺术方面的批判,要使我们的学术、文化艺术繁荣起来,不使它萧条。""真理要受实践检验……一切人,不管谁,都应该坚持真理,随时修正错误,在真理面前人人平等。"在那大讲阶级斗争的年代,彭真敢于这么讲,证明他是一个有胆有识,坚持真理的人。"文化大革命"中,彭真从1966年5月蒙难,先后被监禁九年,流放三年。在失去自由的日子里,彭真始终都没有放弃读书学习。在秦城监狱里,他看的书上画了许多重点标记,五颜六色。当时条件艰苦,没有纸墨,彭真就把装牙粉的小纸袋撕成细条,咬碎了米饭或馒头渣粘上去做标记,所以书页上的重点部分是鼓出来的。就这样,他在狱中读了马列著作,鲁迅全集,中国通史等30余部书。1979年年初彭真复出。在长达13年蒙冤的时间里,他一直坚持学习马列主义、毛泽东思想，同林彪、江青反革命集团进行了顽强的斗争，他的共产主义信仰坚如磐石。

再学经典　批驳谬论

彭真重新工作时，正是改革开放新时期的开始，他的理论学习有了新的内容。他认真学习党的十一届三中全会精神，重新学习《共产党宣言》、《哥达纲领批判》、《国家与革命》等经典著作，经常到各地调查研究，从理论与实践的结合上，说明马克思主义与改革开放的关系。他多次强调，马克思主义的本质是革命的，不断完善、不断发展，把马克思主义与改革开放对立起来是完全错误的。

1979年，彭真复出后第一次参加4月召开的中央工作会议，面对全面否定毛泽东、否定毛泽东思想的自由化思潮，他旗帜鲜明地说："对毛泽东同志，应当全面地来看。所谓全面，就是历史的全面，现在的全面和未来的全面。""毛泽东思想就是马克思主义普遍真理和中国革命具体实践的结合。如果把它放弃了，实际上也就是放弃了马列主义的旗帜。那么我们用什么理论作为全党、全军、全国人民的行动指南呢？我们必须坚持高举毛泽东思想的旗帜。否则必然造成全党全军全国各族人民的思想和整个革命阵线混乱，使亲者痛、仇者快。"他的发言，有力地支持了邓小平同志的正确意见，对于正确评价毛泽东同志，正确对待毛泽东思想起了重要作用。

1985年，彭真在给全国人大常委会机关负责同志谈话时指出："学习马克思主义的基本理论，目前是一个非常迫切的问题"，"需要用马克思主义的立场、观点、方法，从理论上阐明当前的问题"，"理论从实践中产生，理论要与实践相结合"，"按照实际情况办事，是我们的一项基本功"。他还指出："立法要适应改革开放的需要，要为经济建设服务。"并说：事物总是在矛盾中发展的，凡是方向、方针正确的新事物，即使是有这样那样的缺点，基本对就应当肯定。"

1988年7月，彭真在山东烟台组织身边工作人员和山东省委陪同的负责同志共9人，一起学习《共产党宣言》、《哥达纲领批判》，每天坚持学习半天，彭真负责点题，解释重点，并讲解如何联系实际和实际运用的问题。他反复强调的中心意思是：马克思主义要在实践中发展；改革开放需要马克思主义的理论指导，二者相得益彰，绝不能把他们对立起来。当时参加学习的山东省委书记苏毅然发言说："我跟你认识50多年了，你的特点就是一贯坚持学习马克思主义，不断地接受新事物，又善于不断发现新问题，总结新经验。你现在86岁了，还组织我们学习马克思主义，实在令人敬佩。"

同年9月，彭真应原新疆区党委第一书记王恩茂的邀请到新疆参观，并答应给自治区厅局长以上领导干部讲话。为此，彭真一面查阅新疆的材料，一面查阅有关书籍和文件，用一个夜晚的时间，亲手写了一个讲话提纲。他在讲话中说："现在有一种观点，说坚持马列主义、毛泽东思想，就是反对改革开放；搞改革开放，就是反对马列主义、'非毛化'，简直是谬论。《共产党宣言》中说，资产阶级改革，不到一百年，所创造的生产力，比过去一切时代创造的全部生产力还要多、还要大。我们搞改革开放也是为了发展生产力，实现四个现代化。""我们搞马克思主义60多年了，现在有人说几句'过时'了难道就能迷惑我们吗？""马克思主义是不会过时的。"他又说："马克思说，无产阶级只有解放全人类才能最终解放自己。全心全意为人民服务就体现了这个精神。我再强调一下，为人民服务要全心全意，奋斗终生，而不是半心半意，更不是三心二意。"最后他强调指出："要维护民族团结，'绝不允许任何敌对势力、敌对分子分裂我们的国家'，希望新疆成为全国民族团结的模范。"

老有所学　老有所思

彭真从领导岗位上退下来后说：退休不退党，要老有所学，才能老有所为；有所学，有所为，才能老有所乐。

在1989年春夏之交那场政治风波中，已经从领导岗位上退下来的彭真挺身而出，约人谈话，发表了《用宪法和法律统一思想的讲话》，明确指出：制造这场风波的人"是违犯宪法的"。他的讲话，对统一思想，分清是非，平息那场风波起了重要作用。

1987年彭真《在部分延安时代文艺老战士座谈会上的讲话》中指出：要努力学习马克思主义的基本理论，要善于掌握马克思主义的哲学武器，自觉掌握运用马克思主义立场、观点和方法，就能认清社会发展方向，坚定共产主义信念，正确处理改革实践中遇到的各种问题。他强调指出：把马克思主义基本原理当作僵死的教条，是错误的；否定马克思主义基本原理的正确性，认为马克思主义"过时"了，更是错误的。1991年6月，彭真在同延安精神研讨会负责人谈话时说："要永远高举马列主义、毛泽东思想的旗帜，坚持社会主义道路和阵地。"1995年秋，93岁高龄的彭真，坐在轮椅上，用三天时间认真读完了拟在十四届五中全会上讨论通过的文件。他对同他交谈的同志说，既要坚持改革开放，又要坚持四项基本原则，确保我们沿着有中国特色的社会主义方向发展下去，使我们的国家强盛起来。

有人说："山西人朴实恒毅。"彭真就是这么个山西人。他从1922年选择了社会主义道路，便一往直前，坚定不移地走了一辈子。同样，他从1923年参加共产党起，就一生坚持苦读马列书籍，他学习马列主义、毛泽东思想的精神，实在感人肺腑，令人敬佩。

（张文健）

彭真爱读《毛泽东评点〈二十四史〉》

1996年8月8日，中央电视台新闻中播出了一条消息：由中央档案馆整理、线装书局影印出版的线装本《毛泽东评点〈二十四史〉》将于1996年9月开始分史陆续发行（由中国档案出版社影印出版的精装本《毛泽东评点〈二十四史〉》已于同年6月开始发行）。彭真看到后，立即要女儿付彦设法购买一套。傅彦找到中央档案馆说明其父亲的愿望后，中央档案馆领导十分重视，马上派人与《毛泽东评点〈二十四史〉》发行部联系，发行部主任曲延钧当即决定：（一）只收成本价。（二）彭真1996年是94岁，按我国传统做法，94岁按95岁过，以示祝愿长寿，故给彭真书的编号选为95号（本书是编号限量发行）。（三）专制一个版，在本书第一册（即《史记》第一分册）扉页上印上"为彭真同志95寿辰印"的字样。当彭老被告知专为他95寿辰制版印字后特别高兴。

《二十四史》内容所载，包括传说中的黄帝时代，到明朝崇祯十七年，长达四千余年中华民族的历史，是我国最详细、最权威的一套史书。毛泽东从1952年开始到1976年，一部《二十四史》读了24年，并留下了大量评点和各种读书标记。影印出版的精装本和线装本《毛泽东评点〈二十四史〉》原貌展现了毛泽东的读史心得。彭真十分喜爱《二十四史》，早在50年代起就开始阅读。《后汉书》第二十一册（卷九十一至卷九十四）各传记赞美了后汉朝廷中的良臣和有品德的人，同时可看出后汉所以衰亡的原因。1965年毛泽东研读此册时，认为很有意义，就在封面上批道："《后汉书》写得不坏，许多篇章，胜于《前汉》"（即《前汉书》）。"送刘、周、邓、彭一阅。""送陈毅同志阅。"于是这册书像传阅文件一样在这些领导中间传阅，彭真当时也认真阅读了。现在《毛泽东评点〈二十四史〉》出版了，彭真的心情可想而知，他是想再认真读一下毛泽东评点过的《二十四史》。

9月下旬，彭真的秘书从发行部取回了第一批《毛泽东评点〈二十四史〉》，内容是《旧唐书》和《新唐书》，这是彭真最喜欢看的两部书，也是毛泽东评点最多的书之一。按付彦考虑，想在她父亲10月12日生日那天作为生日礼物送给他，以让他高兴。后因彭真多次询问购书办理情况，看到父亲迫不及待的心情，付彦实在沉不住气了，在与其母亲和身边工作人员商量后，决定在生日前夕提前几天把书送到她父亲手里。看到印制精美的线装本《毛泽东评点〈二十四史〉》，彭真如获至宝，爱不释手，立即拿起《旧唐书》翻阅。据他秘书介绍，彭真退休后，不顾高龄有病，仍然坚持每天看书、看报。自从拿到《毛泽东评点〈二十四史〉》后，他除了每天坚持看《人民日报》、《参考消息》和文件外，余下时间就是读这部心爱的书。因为彭真身体不好，很多时候只能躺在床上看书，十分吃力。女儿、夫人和身边工作人员从身体健康考虑，多次劝他每次少看几页，注意休息，但他时常不听，只要身体能坚持得住，拿起书就看，而且看得十分认真。尽管当时彭真已不能写字，但还不时用颤抖的左手，用红黑两种不同颜色的铅笔，在许多章节的文字旁画下了着重线。光在《旧唐书》第一、第二两个分册上就有41个筒子页上画下了线道，占两册总页数的四分之一。看到这些弯弯曲曲、时显时断的线道，我们可以看见一个重病在身95岁高龄的老人在审读历史时的顽强毅力和刻苦精神。1996年11月8日，彭真自感精神较好，在女儿和身边工作人员的搀扶下坐在椅上与老伴张洁清一起研读《毛泽东评点〈二十四史〉》，工作人员立即按动照相机快门，留下了这感人的情景。从照片上我们可以看到两位老人读书时那全神贯注的情态，他们那"活到老，学到老"，倾心追求真理和知识的精神，无不为之感动。

《二十四史》共有850册，13万页，4千多万字，彭真自知身体已不允许看完这部浩瀚的历史长卷,他对秘书说:"我已不可能看完全书,但重要的卷册我一定要看一遍。"秘书根据彭真的要求,从发行部陆续送到的书中挑选一些写得较好、毛泽东批语较多的卷册陆续分批送彭真阅读。彭真也因此争分夺秒地拼命看。遗憾的是,1997年2月9日彭真因病情恶化住进了医院,直到4月26日逝世,他不仅没有能亲眼看见《毛泽东评点〈二十四史〉》全书出齐(至5月底全书全部印制完毕),也未能实现重要卷册再看一遍的意愿,就匆匆离开了我们。彭真虽然走了,但他的光辉业绩和追求真理、刻苦读史精神将永远铭刻在我们心中。

邓小平说过:"总结历史是为了开辟未来。"江泽民最近号召全党,要学习历史,以史为鉴。历史给我们的是信心、智慧和力量。我们一定要像老一辈无产阶级革命家那样,认真学习中华民族的历史,学习毛泽东思想,学习邓小平建设有中国特色社会主义的理论,紧密地团结在以江泽民为核心的党中央周围,承前启后,继往开来,把我们的祖国建设得更加美好富强。

(周留树)

彭德怀惜书如命

"别看我是个粗人,我可知道'孔夫子'的用处。"这是彭老总常说的一句话,他把"孔夫子"作为书的代名词。

早年的彭德怀曾上过私塾,也曾摇头晃脑而又是那么认真地背过"人之初,性本善……""学而时习之,不亦乐乎……"之类的旧书。然而,"民以食为天"。后来家境每况愈下,连吃饭都成了问题的彭家,哪还有钱供读书,不久他便贫而辍学。但是,他并没有因此而放弃书本,相反,却从此与书结下了不解之缘。在以后的几十年里,不论是炮火连天的年代,还是和平建设的时期,他与"孔夫子"的感情真可谓是如胶似漆、密不可分了。

井冈山斗争的时期,任红五军军长的彭德怀尽管有许多事要做,但他只要能搜罗到军事和政治书籍,就要随身带上,挤时间精心阅读,即便在战斗间隙也要拿出来翻翻。他曾对通信员张洪远说:"没有文化干什么都难，等于睁眼瞎。我们天天打仗，不懂的事问不到先生，只有想办法多读些书，不懂就问书本。"

事实上，彭德怀读书总是全神贯注，有时真是到了入迷的程度。一天，彭德怀在驻地后山坡的桂花树下看书。忽然，天色变暗，继而天空不停地洒下雨点，这时只见背上背着个大斗笠的彭德怀却用右手拿着书，左手和袖子遮住雨，仍专心致志的读书。

警卫员见状，怕淋湿了彭德怀的衣服，半是提醒半是不解地向彭总道："报告军长，天下雨了。"

"天要下雨，我又不能给老天爷下命令不许它下，下就下呗。"彭德怀头也没抬，半是无奈地回答。

"那你为什么不戴斗笠？"

"噢，没有斗笠。哦，我命令你赶快跑回去给我拿一个来。"这时，彭军长倒是立即果断地向警卫员下达了命令。

"你背上不是背着嘛！"警卫员更是迷惑地说。

经警卫员一提醒，彭德怀才回过神来："嗨！看我这脑壳，真健忘。"他一边说一边不好意思地把背上的斗笠挪到头上……

彭德怀对书充满兴趣，往往读书致神，因此闹出不少笑话，但同时也从书中获得了极大乐趣。在读书过程中，一旦看到称心之作，他便将书本举在空中，迈着有弹力的步伐，口中不停地吟诵着书中的句子，悠然自得。然后合上书本情不自禁地喊道："好呀！好呀！对极了，我拥护！"待到认真学习，反复领会之后，他又将其介绍给身边的同志，不仅如此，还要绘声绘色地讲上一番。当然，他也曾读到一些不中意的书，每当读到不能苟同的地方，他便毫不客气地边读边嘟囔："不对！不对！乱扯瞎说！"

"歪曲！纯粹是歪曲！"

"简直是误人子弟！"

丝毫不掩饰他的不满和反对。然而这还没完，有时为了弄清其错误所在，他往往不厌其烦地查阅资料，刨根问底，甚至专程前往中央党校请教专家……大有不澄清是非，决不罢休的劲头。

中华人民共和国成立后，条件好了，彭德怀更加广为收集好书，他的书越来越多了。彭德怀的书有买来的，有借来的，还有的是向别人要来的。他的桌上、床上、柜子里、箱子里，到处都是书。凡到过他家的人都称他的居室是个"图书馆"。

"学而不思则罔"。如果说彭德怀读书致神是值得赞扬和学习的话，那更可贵更值得赞扬和学习的是他那学以致用的精神。他常说："学文化不是为了学几个字记豆腐账，而是为了学一门本事为人民担责任，学出一个好脑袋，为人民多想点问题。"彭德怀在长达几十年的读书生涯中，博览群书，真可谓"学富五车"。另一方面，他又极其注重吸取书中的营养，并以此联系实际，深入调查，开动脑筋，研究现实问题，从而将其作为行动的指导和借鉴。孜孜不倦地向书本学习、钻研实际问题，是彭德怀具有卓越军事指挥天才和才智过人的奥妙所在。

彭德怀一生读书成瘾，惜书如命，书给了他才智，给了他力量。

"干工作光凭好心肠不成，得先学习、先调查"，"有的人只爱惜他的生命，却不爱惜时间，时间都白白地过去了，他那条命除了用来吃饭屙尿，还有什么用咧。"这也是彭德怀常对人说的话。彭德怀不仅自己惜书、爱书、读书，也积极鼓励别人去读、去爱。"出去要带书报，我去办事，你就在汽车上学习。"彭德怀每次外出参加会议或者是巡视工作，临行前总是这么提醒工作人员，久而久之，"出去要带书报"就作为一条不成文的规定，在彭总身边工作的人员，一个一个传了下来。

1959 年，彭德怀因在庐山会议上直言"大跃进"的错误，遭到不正确批判后，被罢了官。接着就是从具有权力象征的中南海移居京郊吴家花园。搬家时，他让工作人员将他的元帅礼服、常服、狐皮大衣、地毯、名家字画等统统上交。他说："凡是当老百姓用不着的，我都不要。但书一本也不能丢！"结果，各种书籍整整装了二十多箱。这倒是真应了中国一句古老的歇后语，"夫子搬家——全是书。"

1965 年 11 月，彭德怀又出任三线建设副总指挥，被派往西南领导大三线建设。一到成都他就积极投入了新的工作之中，又是听汇报，又是亲临各地视察，忙得不亦乐乎。谁知好景不长，1966 年 7 月，史无前例的"文化大革命"开始了，彭德怀受林彪、江青反革命集团的迫害，首当其冲，又一次受到了冲击。他仍然坚持真理，勇敢抗争。12 月，他被人从成都"揪"回北京。工作人员悄悄问彭德怀还有什么嘱咐时，这位惜书如命的元帅无不伤感地说："别的都没用了，我就是惦记我那些书……"此后，彭总身陷囹圄，在狱中，他一直坚持看书，在极其艰难的情况下，还常写信给侄女彭梅魁，让她代购书籍。书籍，陪伴着彭德怀走完生命最后旅程。

（张晓彤）

彭德怀读《欧阳海之歌》

成都永兴巷七号彭德怀的居室内，布置得十分简朴，那放了满满档档书的好几个书橱成了屋内最大的家当了。这些书是彭德怀同志来三线时随身带来的，当时总共装了二十多箱呢。

彭德怀爱读书，读好书。他，一个苦孩子出身，给人放过牛，当过矿工，硬凭着顽强的毅力，在战火纷飞，戎马倥偬的战争年代，挤出时间来读书学习，有时还在马背上看书。解放后，彭德怀同志学习更加认真，为了掌握现代军事技术，他买了从高小到高中的数学、物理、化学课本，和一套《十万个为什么》，制订学习计划，每天坚持，从不间断。有时因会议耽误了，晚上不论回家多晚，也要戴上老花镜，在灯下把当天的学习计划完成。在1960～1965年他脱离工作期间，这种勤奋不懈的精神丝毫未减，只是知识面涉及得更宽、更远。他遍览古今中外政治、历史、文学名著，刻苦地钻研自然科学、军事技术。来到三线之后，他仍然一如既往，继续发扬钉子精神，不顾工作的辛苦，不顾跋涉的疲劳，不顾自己的年高，还是认真地看书、学习。

彭德怀在三线读的书很多，这里讲的是彭德怀读《欧阳海之歌》的故事。

学欧阳海

一

60年代中期，继英雄雷锋、王杰之后，又一个英雄的名字在全国人民中间广为传颂，这个名字就叫欧阳海。

欧阳海同志出生在一个贫穷人家，从娘胎呱呱落地之后就遭受阶级剥削和压迫，童年跟随母亲讨饭，在旧社会的苦难中，他练就了倔强和勇敢的性格，也使他无比仇恨剥削阶级，党和人民解放军将他救出了苦海并使他成为一名人民解放军战士，在党的教导和同志们的帮助下，欧阳海逐步成长为一名优秀的战士。1965年冬，为抢救人民生命财产光荣地牺牲了。他只活了23岁。在短短的一生中，欧阳海同志为人民做了很多好事。他先后三次跳进水里救起过四个孩子；参军前，他多次为集体，为五保户无偿地劳动；担任记工员时也多次少记或不记自己的工分；参军后，他一贯艰苦朴素，见义勇为……这些动人的事迹经金敬迈同志加工整理后，成为《欧阳海之歌》一书，这本书不仅是生活中欧阳海的真实写照，也是无数雷锋、王杰式的共产主义战士在艺术上的高度概括。

《欧阳海之歌》1966年4月由人民文学出版社出版后，立时成为广大群众喜爱的畅销书，售出数百万册，从军营到学校、工厂、机关，全国人民到处都在谈着欧阳海的事迹，讲着欧阳海的故事，全国掀起了一股"学习欧阳海"的热潮。

彭德怀平时深沉严肃，不苟言笑，可是一听到战士们舍生忘我的英雄行为时，就很动感情。他曾这样说过"有些同志为了完成爆破任务，身绑炸药，自身与碉堡同时粉碎，这种英雄壮举，不是谁命令他，而是完全自觉自愿的行为，这些英雄为了人民事业粉身碎骨，这种英勇而光荣的自我牺牲精神真是万世师表"。他的座右铭是："学习劳动人民的正气，坚定勇敢和自我牺牲精神。"

欧阳海的事迹自然引起了彭德怀的关注，他从三线工作巡视回来一有空就孜孜不倦地阅读《欧阳海之歌》。为了读书，他常常忘记吃饭，经常是一顿饭炊事员催了又催。有时候，他索性"罢"吃一顿。他被这本书深深地吸引住了。

这本书彭德怀详细地阅读了三遍，而且作了很多的眉批、腰批和杠线。全书444页，画有杠线的计有148页，作有眉批的共有76页，眉批累计1819个字，他称赞这本书好得很！（此书由重庆新华印刷厂1966年4月第1次印刷）

1966年晚秋的一个晚上，彭德怀把这本书交给了他的炊事员刘云，嘱咐他把书好好地读一读，向欧阳海学习，并说这书上有他的眉批。

时隔二十多年，刘云精心保存的这本《欧阳海之歌》，书皮虽已破损，但书页完整，里面彭德怀的字迹仍然清晰可见，这真是难得的革命史料，也是彭德怀留给后世的珍贵遗产，彭德怀夫人浦安修看了此书后说，是彭德怀写的眉批,感谢刘云妥善保存了彭德怀手迹。

二

翻开《欧阳海之歌》,首先看到的是欧阳海在风雪中降生,在旧社会这个肆虐的人间风雪中遭遇的苦难童年。欧阳海七岁时跟随母亲去讨饭,受尽了地主老财的欺侮和凌辱,倔强勇敢的欧阳海不愿再受地主老财的欺凌,决心"我再也不讨米,我要砍柴去。"

"再也不讨米,我要砍柴去。"读到这里,彭德怀用笔画上一杠,欧阳海那倔强的性格多么像童年的"钟伢子"(即彭总乳名),当年钟伢子也是这么说的。读着欧阳海悲惨的故事,彭德怀不由得想到了自己童年的苦难遭遇。

钟伢子八岁那年,勤劳的妈妈被痢疾夺去了年轻的生命。妈妈一死,家里就像断了顶梁柱;爹爹得了痨病不能干重活,靠70岁的祖母带着他和三个弟弟。不久,刚满半岁的小弟饿死了。家里除了剩下的三分荒地,两间草房,一口漏锅外,连床板都卖掉了。

大年除夕,财主家的鞭炮响了一夜。初一早上,钟伢子家无米下锅,祖母拿出一个破篮子,一只碗和一根打狗棍,让钟伢子带着二弟去讨饭。钟伢子把打狗棍扔在一边,说:"我不去,当叫花子,受人欺侮!"祖母眼泪汪汪地说:"到外乡去讨嘛!"钟伢子看着两个饥饿的弟弟,心想:不能等着饿死啊,便带着二弟走出家门。

"好大的雪啊!瑞雪兆丰年!"财主家里的人穿着皮袍,迎接拜年的客人。

钟伢子和二弟身披破烂衣裤,赤脚穿着烂草鞋,顶着风雪浑身哆嗦。他们走到一家财主门口,挨门乞讨。财主开门一看是两个小孩,就问:"你们是送财童子吗?"当时,按照财主的迷信说法,初一这天要开门大吉,他想让钟伢子弟兄说是送财童子,迎个吉利。

钟伢子看了看财主,说:"是叫花子。"

财主的脸刷地一下子沉下来,气冲冲地要把大门关上。二弟急忙说:"是!是送财童子,恭喜老爷发财!"财主一听,高兴地打开门,给二弟一碗饭。

晚上,弟弟问哥哥:"你怎么不说是送财童子?"

"我不是。"

"说一句,怕什么?"

"我不愿对他们说好听的!"

兄弟俩讨饭回家,钟伢子已饿昏了,进门就倒在地上。

第二天,祖母还要领着钟伢子和弟弟去讨饭,钟伢子说:"再也不拿打狗棍了,我要砍柴卖钱去。"

白发苍苍的老祖母,一双小脚,拄着棍子,带着两个孙子,一步一扭地走出去。钟伢子心如刀割,眼泪刷刷地流下来,他转过身去,用手使劲地抹了一下满脸的泪水,拿起扁担、柴刀,上山去砍柴。之后,彭德怀捉鱼、挑煤卖,生活十分悲惨。

回首往事,彭总感慨地在第19页上写下:"小海,你七岁随母讨米,我八岁带弟也讨米,受富人欺负,只讨一天,再不讨米,决心砍柴卖。你鲜血印白雪,我严冬水里捉鱼卖!你我同根生,走上一条路。"

《欧阳海之歌》第194页上,一排铅字由于红笔杠线的衬托越发醒目,书页左侧二十几个刚劲有力的红字在黑色墨字的衬托下也格外耀眼。那一排铅字是"因为这是为了坚持真理……";那二十几个红字是"坚持真理,为了真理而斗争,哪怕流尽自己的最后一滴血,是不吝惜的。"

这短短的一道杠线和27字的眉批蕴藏着震撼人心的巨大力量。在红与黑的字里行间,显示出彭德怀为了坚持真理和正义,奋不顾身,义无反顾的彻底革命精神。

1934年3~4月中旬,彭德怀面对"左"倾教条主义者煊赫的权势,冒着杀头查办的危险,挺身而出,痛斥"左"倾教条主义者"御敌于国门之外"的错误作战方针,他愤怒地说:"中央苏区从开创到现在已四年了,创建根据地是多么困难,现在却要被你们给葬送掉,你们是'崽卖爷田不心痛'!"

1959年庐山会议后,有人逼他供出所谓的"军事俱乐部"的名单时,彭德怀气愤之极,他说:"开除我的党籍,拿我去枪毙了罢!你们哪一个是军事俱乐部成员,就自己来报名罢!""我不能乱供什么军事俱乐部的组织、纲领、目的、名单等,那样做会产生严重的后果,我只能毁灭自己,绝不能损害党所领导的人民军队。"

1962年,彭德怀被"罢官"三年后,他看到我们党内有些阴谋家恣意践踏和篡改党的历史,倒行逆施以及诬陷诋毁之词,拍案而起,起草了八万言书。身边的同志劝他不要再写信了,上次还不是因为写信……彭德怀同志语重心长地说:"我个人是渺小的,为了我自己,写不写没有什么,可是中国共产党是伟大的,它有自己的光荣历史,历史应该是真实的,它不能有假,一个共产党员,不应该给共产党抹黑……这封信递上去以后可能要伤害到某些人,但是这些都是事实,为了真理,为了党的利益我不能不这样做。"

眉批的笔迹虽然有些褪色,但它记述的彭德怀的事迹,显示的彭德怀的精神确是永不褪色的。彭德怀铿锵有力的话语仍在响亮的传颂:

"一个共产党员,特别是党的高级干部不应该隐瞒自己的政治观点。为了坚持真理,应该抛弃一切私心杂念,真正具有不怕杀头,不怕坐牢,不怕撤职,不怕开除党籍,不怕老婆离婚的'五不怕'精神,只有这样,才是忠于党、忠于人民的态度,才有益于革命,有益于人民。否则,如果看到错误的东西不敢挺身而出,坚持斗争,或者随波逐流,或者阳奉阴违,都只会助长错误倾向的发展,因而误党误国,一害人民,二害革命。"

在第400页上,小字号铅字印着毛泽东同志的一段话:

"以中国最广大人民的最大利益为出发点的中国共产党人,相信自己的事业是完全合乎正义的,不惜牺牲自己个人的一切,随时准备拿出自己的生命去殉我们的事业,难道还有什么不适合人民需要的思想、观点、意见、方法,舍不得丢掉的吗?"

彭德怀用红笔给画了杠线,并写下:"这话说得多好!照这样行动才对。"

彭德怀在读《欧阳海之歌》时,有时竟顾不上吃饭,他深深地被书中的情节吸引住了——那急行军时雄伟的人流,高亢的战歌;这一切都使我们的元帅身临其境。他仔细地品味着,还不住地和书中的人物对话:"小海,好样的!""值得!一个革命战士应该如此。"有时还站起身,踱着沉稳的步子,自言自语道:"多么紧张啊!又多么勇敢啊!""写得好!我们的战士多么可爱啊!"

彭德怀读书非常认真,并都有自己的感受和见解。

1949年春天,他在接见一位新华社记者时说:

"以我的看法,文章写不好的原因很多,其中有一条是由于没有正确地反映事物的必然性与偶然性的辩证关系……主席不是说过吗?事物的必然性常常是通过偶然性表现出来。"

"要把目光放在工农兵身上,没有工农兵便没有历史。"

"写东西一定要接触实际,毛主席写东西,不总都是经过调查研究,深入了解实际情况,他有正确的指导思想,又有丰富的斗争经验,所以能写出好的东西来。"

所以,对于反映战士生活的好书,他总想先睹为快。当《欧阳海之歌》于1966年4月出版后不久,彭总就认真地读了起来。

翻开彭德怀留给我们的这本书,我们可以看到许多称赞的批注,他不仅称赞欧阳海及书中其他人物,而且也称赞作者为我们塑造了这样的活生生的人物,再现了这样热气腾腾、丰富多彩的生活。他在书中多处批道:"合情合理,写得细致入微。""把解放军的官兵关系描写得多么生动。""这一节写得多紧张,又多愉快。且有排山倒海,万马奔腾之势……"

是啊,火热的生活加上作者创作的成功,使这本书具有巨大的魅力,彭总放不下了。

然而彭德怀毕竟是彭德怀。"遇到不对的事情就要提意见,我这个脾气,这一辈子是改不过来了!"彭德怀曾不止一次地对别人这样说过。在读这本书时,对某些细节提出了不同的看法,他将书中出现的"眼前发黑"改为"眼睛发黑"。如果有机会的话,他肯定要和作者讨论讨论。他有许多作家朋友哩。在晋东南时,赵树理同志把《小二黑结婚》的初稿拿给他看。彭德怀看后觉得很不错,但提出要修改。修改了好多次,定稿出书后,彭德怀还为此书题了词。《小二黑结婚》已成为传世名篇,此事也传为一段文坛佳话。

是的,彭德怀坚持真理的决心,敢于发表意见的勇气,以及不留情面的严厉,给熟悉他的人留下了很深的印象。然而,他自信,却不自以为是,刚正,而不刚愎自用。在战场上,他坚持和贯彻毛泽东和党中央制定的战略方针;集中大家的智慧,作出英明的决断;在被迫离开军队,到三线工作期间,他多次强调自己对抓工业不内行,在实地的视察和调查中虚心听取多方面的汇报,请教有关的专家,在工作中学习,热诚而认真,朴实而谦逊。他提出了许多正确的具有战略性的观点和方案,但从不把自己的观点强加到别人头上。对待文学创作他也是这样,尊重艺术创作的规律,尊重作者的劳动,但也实事求是地提出自己的看法,与作者共同研究。

提起彭德怀,人们自然会想起毛泽东那首诗:"山高路远坑深,大军纵横驰奔,谁敢横刀立马,唯我彭大将军!"在人们的心目中,彭德怀是一位能征惯战的大将军,流血不流泪的硬汉子。谁能知道彭德怀在读《欧阳海之歌》时是流了泪的。

第一次读《欧阳海之歌》,看到第201页上,彭德怀哭了,他摘下老花镜,用手抹掉脸上的泪水,然后提笔写下"我看到这里哭了,不知为什么?"第二次读《欧阳海之歌》,还是看到那个地方,彭德怀又哭了,他又写下:"我看到这里又哭了,这是为什么?"

书页上彭德怀还作了许许多多的杠线,杠线上全都是欧阳海的指导员曾武军的话语:

"……一旦治不好,那也没关系,革命工作千千万,总会有我的活儿干的,看树林子,守灯塔,不都是革命工作吗?只要这颗心不残废,一条胳膊干的工作多的是哩。"

"这回真要革命到底了,那也没啥!人嘛,总有一死,活七八十岁不算长,活二三十岁也不算短。""我还不到彻底休息的时候,就一定要争取回到这里来,现在任务没完成,我不能撤退!"

"活着,为了党的事业战斗;死了,为了党的事业献身。"

1966年5月18日,正在川东大足重型汽车厂工地视察的彭德怀奉调回到成都,接着"文化大革命"开始,西南三线的工作处于半瘫痪状态,彭德怀出外巡视就困难了。他住在成都永兴巷七号,但一颗心还时刻挂记着三线工作,他详细地翻阅了大量资料,以这种方式继续他的三线工作,他是个闲不住的人。

当年住在吴家花园,彭德怀为不能为党工作,为人民服务忧心忡忡,非常难过。他说:"没有工作,白吃人民的饭是最大的苦恼。"他要求到一个生产队去,即使把一个生产队搞好,让几百口人过上好日子,也是莫大的快慰。

后来,当他得知毛主席要他到西南三线工作时,非常高兴,从毛主席那里回到家,他乐呵呵的,眉里眼里都是笑,他拉着家人的手说:"毛主席接见了我,我又能工作了!"

来到三线后,他把全身的心血都扑在了工作上,在近半年时间里,彭德怀走遍了四川、贵州等三线厂矿、工地,行程数千里。他不顾自己68岁的高龄,拼着命地干工作。

彭德怀读到第436页欧阳海这段话:"我呀,要是不让我干活儿,不让我工作,哪怕我活上180岁我也不干,活着也是废物嘛……"他批下了这样的话:"这是真的,自己深有体会。"

欧阳海的英雄事迹深深感染了彭德怀。一位赫赫有名的元帅在向士兵学习。他把自己永远置身在人民之中，与人民共呼吸。

（王春才）

中央党校里的"特殊学员"

我觉得，彭德怀搬到吴家花园以后思想发生了很大变化，特别是在理论方面，可以说是进步相当快。至少有很多新鲜名词，都是我以前未曾听他说过的。

在我看来，在彭德怀的一生中，赋闲京郊吴家花园这一时期，是他思想负担最重，精神上最为苦闷的时期。他的思想相当矛盾，一方面他信赖党、崇敬同苦共难过来的老战友毛泽东；一方面又认为自己没有错。

帮助彭德怀从理论上分析"大跃进"、浮夸风等"左"的错误，应该说得力于他的理论学习。从时间上说，住在吴家花园这一时期，是他一生中最为"清闲"的时期。他有较充分的时间读马克思、恩格斯、列宁、毛泽东的著作，针对当时国家的状况，分析研究问题，力求找出解释和解决的方法。

静下心来读几年书，充实自己的理论基础，是彭德怀在庐山会议期间就想到的。战争年代，彭德怀没有条件与机会专门读书。入党前，彭德怀只读过一本《共产主义ABC》，看过一本《通俗资本论》。那时彭德怀想：我也是入党几年的党员了，可马列主义基本理论书籍还没有着边，自己是"多么需要革命理论武器啊！"

红军时期，有一次，毛泽东寄给彭德怀一本书，即列宁的《两个策略》一书。毛泽东还在上边用铅笔写道："此书要在大革命时读着，就不会犯错误。"随后，彭德怀又收到毛泽东寄的一本书，即列宁的《论共产主义运动中的左派幼稚病》一书。毛泽东在上面还写了几句话："你看了以前送的那一本书，叫作知其一而不知其二；你看了'左派幼稚病'，才会知道'左'与右同样有危害性。"当时，彭德怀对第一本书看不大懂。相比较，第二本比较容易看。这两本书是红军攻打漳州时得到的,毛泽东不忘记彭德怀的需求,送给了他。毛泽东那时非常关心彭德怀的学习,在一起时又经常谈心,他俩的认识会越来越靠近的,那至亲至爱的战友情真是大哥与小弟的同志关系。彭德怀对这两本书也非常珍惜,长征中一直带在身边,直到陕北吴起镇。后来,清理文件时,被一个同志不注意烧了,彭德怀当时"真痛惜不已"。

庐山会议上,彭德怀就想多读点书,弄清自己究竟犯了什么样的错误。1959年9月9日,他在给毛泽东写的一封信中表示:"请允许我学习或离开北京到人民公社去,一边学习,一边参加劳动,以便在劳动人民集体生活中得到锻炼和思想改造。"

对此,毛泽东和彭德怀通了电话,并在信上批示:"读几年书极好,年纪大了,不宜参加体力劳动,每年有段时间到工厂和农村去观察和调查、研究工作,则是很好的。"

10月13日,毛泽东、刘少奇、朱德、邓小平等同彭德怀谈话。毛泽东问彭德怀:"准备怎么学习?"

彭德怀回答:"学习哲学、政治经济学。吴家花园离中央党校近,希望在中央党校参加学习,学习四年。"

毛泽东听后表示同意,并责成彭真、杨尚昆具体安排。他还建议:"不要学那么长时间,两年就够了。"彭德怀回答说:"同意。"事实上,彭德怀也的确是认认真真地学习了两年,而且是颇有收获的。

就这样,彭德怀成为中央高级党校的一名"特殊学员",他也是建国以来党校接收的级别最高的学员。

彭德怀每天的作息时间安排得很满:早晨起来后来到院子里打拳、在园子里劳动。吃完早饭以后,把整个上午都用来读书写笔记,下午继续看文件、阅读报刊。晚上仍然是看书,写笔记。每星期去两次中央党校。每星期一到星期六,彭德怀总是抓紧时间学习,学的主要是哲学。星期天或其他时间(我们厂休日是星期三,有时星期五,有时倒休是星期日),我和几个已牺牲的彭德怀老战友的亲属,都来到吴家花园,有时会碰到一起,人多了,似乎有了些生气。因为我们都不是天天来,所以对彭德怀平时的学习情况了解不够多。彭德怀也常和我谈起他的学习情况,他谈的不系统,我记的也零碎。现在,只能根据彭德怀遗留下来的书籍和有关书籍中的介绍,得知一些情况。

这期间，彭德怀学习方法是先易后难，由浅入深。这也是中央党校派来的辅导教员和他一起商定的。这期间彭德怀首先学习了杨献珍所著的《什么是唯物主义》，艾思奇所著的《辩证唯物主义纲要》、苏联科学院编著的《马克思主义哲学原理》、毛泽东的《矛盾论》、《实践论》、恩格斯的《路德维希·费尔巴哈和德国古典哲学的终结》、列宁的《唯物主义与经验批判主义》。并作了大量的眉批和心得体会。

例如，彭德怀在列宁《唯物主义与经验批判主义》一书中分析唯心主义的段落旁，写下了这样的文字："人们如果把认识加以片面夸大，认为只要主观意识就可以创造出奇迹来——人有多大胆，地有多大产，这就不能不在具体事物中滑进唯心主义的泥坑里。"

彭德怀对毛泽东的《实践论》、《矛盾论》评价是很高的，认为这是对马克思主义有很大贡献的。毛泽东的这两篇著作的历史背景、论述的主要问题，彭德怀都是了解的，因而读起来比较容易理解。所以，彭德怀曾给我长篇讲解《实践论》、《矛盾论》，而且讲得深入浅出，这是与他对毛泽东这两篇著作的深刻理解分不开的。

十分可惜的是，彭德怀当时所作的大量摘记和学习心得及带有大量眉批的书籍，在1975年被付之一炬，令人痛惜！

（彭梅魁）

刘伯承论兵新孙吴

"将军老益壮，戎马三十年。论兵新孙吴，守土古范韩。"1942年陈毅赞喻刘伯承像春秋战国时代的大军事家孙武、吴起，宋朝以守土有功名传千古的范仲淹、韩琦。

刘伯承，四川省开县人。北伐战争时任国民革命军四川各路总指挥、暂编第十五军军长。在讨伐吴佩孚的战争中，成为英勇善战的"川中名将"。他1942年在延安整风期间，赋诗抒怀："三参总戎幕，一败两罢官。脑汁贫又病，匆匆已十年。"述说他自南昌起义到中国革命根据地，以及在长征途中先后三次担任总参谋长，又先后被李德和张国焘罢免的坎坷经历。同时也道出在战争环境中坚持学习军事理论，研究古代兵法和翻译军事著作的志趣和艰辛，以致脑汁贫而又病。1950年，战争硝烟还未散去，刘伯承得知中共中央军委准备创办陆军大学的消息，心里非常高兴。"建军必建校"、"治军必先治校"是他一贯的主张。他提笔给中共中央写信："我愿意辞去在西南担任的一切行政长官的职务，去办所军事学校。"党中央批准了刘伯承的建议，他满怀激情，来到自己曾任新中国第一任市长的南京，任中国人民解放军军事学院院长兼政治委员，高等军事学院院长兼政治委员。1955年，刘伯承被授予元帅军衔。在他漫长的军事生涯中，写下了100余万字的军事著作，翻译、校译和编译了数百万字的外国军事著作，成为军事教育家、军事翻译家。

元帅本是翻译家

　　刘伯承是我们党的老一辈无产阶级革命家，马克思主义军事理论家。同时，又是杰出的军事翻译家。刘伯承从事军事著作的翻译，既是我党军事斗争的迫切需要，又是他执着追求，崇高情趣的具体体现，在他翻译著作的序、跋和附言中，常常见到"于前线"、"被敌人的枪炮压迫着"、"在敌人飞机大炮坦克的督促下"等字样，指战员亲切地称他"火线上的军事翻译家"、"马背上的军事翻译家"。1985年12月，徐向前元帅为刘伯承题写了"军事翻译家"。

　　奔赴莫斯科是军事翻译家漫长旅程的起跑点。1927年，中国革命风起云涌、急剧动荡。刘伯承在屡遭挫折、饱经沧桑之后，被迫出国"留洋"。

　　1927年初冬，上海，这颗东方的明珠，仍然笼罩在血腥的反动的黑幕之中。一团团阴惨的乌云，在天空中沉重地移动，冷冷的晴空，不时从乌云缝里向下窥视。大地像死人一样，沉睡在血腥和潮湿的空气里。在阴云密布的海面上，一艘舢板载着六名行色匆匆的船客，钻入浓浓的夜幕，急速驶向远处停泊的一艘俄国货船。接上暗号后，船客们敏捷地登上了刚刚生火的货轮，向大海的远方驶去。这六名船客中，有一位身穿蓝布棉袄，戴着一副茶色眼镜，右手挂着一根手杖的人，他便是"川中名将"、八一南昌起义参谋团参谋长刘伯承。

1927年隆冬，白茫茫的大雪覆盖着古老的俄罗斯大地，也覆盖着苏联红军军官的摇篮——高级步兵学校。这座十月革命后改称为"红色兵营"的学校伸开了热情友好的双臂，欢迎这位年龄最大，军阶最高的中国留学生。在欢迎会上，刘伯承用地道的川东口音说："我们到列宁的故乡，是专门来请教的。""我们要苦心钻研马克思、恩格斯、列宁的学说，掌握军事科学知识，以便早日回国开展武装斗争。"

语言是交流思想的工具。一次，刘伯承事先准备好了购物的几句俄语，兴高采烈地迈着军人的步伐，独自到商店去，打算买一只盛食品的小饭盒。到柜台前，事先准备好的俄语，一开口就说走了调，买回的不是小饭盒，而是小脸盆。在课堂上，俄语教员要求学员起立回答问题，答错了或者不完整，只有等待下一个学员回答正确时，教员点头，才让学员坐下，刘伯承这位36岁的"大哥哥"，"川中名将"，总指挥，军长，参谋长，在课堂上因俄语过不了关，也常这么"晾"着。

从此，"红色兵营"熄灯号吹过之后，学员抗不住一天的困倦，慢慢都入睡了时，在灯火昏暗的走廊里，一位身材魁梧，戴着浅蓝色眼镜，身穿合体的红军军服，肩章上缀着两枚闪闪发光的菱形徽章的中国留学生，拿着俄文教材，一只眼吃力盯着课本，反复地念着俄语单词，他就是被称为"刘瞎子"的刘伯承。在俄语中，"P"这个字母发音比较难，加上刘伯承川东口音，开口就跑调，土不土，洋不洋，三不像，谁也听不明白，气得"刘瞎子"摇过多少次头；也不知有多少次会心地笑，也不知有多少次自嘲地笑。莫斯科冬天的早晨，寒风刺骨，气温在零下15摄氏度，兵营打着寒战，被晨光包裹着。起床号还未吹，就能听到刘伯承在操场上朗读的俄语声。在厕所里，常常听见刘伯承背诵单词。刘伯承除自备单词小本外，每日必在左手心中写三个生词，有时一边走路一边看看左手心上的单词，直到完全记熟后才另换新词。

1928年春天，刘伯承致函重庆旧友王尔常，曾详细叙述了自己初学俄文的艰难情形。他在信中写道："……余年逾而立，初学外文，未行之时，朋侪皆以为虑。目睹苏联建国初，尤患饥馑，今日已能饷我以牛奶面包。每思川民菜色满面，'豆花'尚不可得，更激余钻研主义，精通军事，以报祖国之心。然不过外文一关，此志何由得达？乃视文法如钱串，视生字如铜钱，汲汲然日夜积累之；视疑难如敌阵，惶惶然日夜攻占之，不数月已能阅读俄文书籍矣"。若干年后，刘伯承又感慨地说："外文是一门工具，不过要真正掌握它并不容易。那是1928年，我以中国工农红军参谋长的身份到莫斯科，先进高级步兵学校，后进苏联红军大学学习。那时，我已经三十六七岁了，才开始学俄文，自然比年轻的同学困难得多了。常常是别人已经熄灯就寝，我还独自跑到房外走廊灯光下背俄文单词，下了很大功夫才把俄文征服了。学习，一定不要赶浪头、赶时髦，要考虑自己的条件，要从实际出发，循序渐进，扎扎实实，学一门就要努力学到手，就要力求精通，否则就永远是个半瓶醋"。

战火中、马背上造就了军事翻译家。1930年，刘伯承从俄国留学回国后，担任了我党一位专司军事翻译的军委编译科科长。从此，他根据战争中最紧迫需要的问题，选题翻译。他参加和组织翻译、校译了《游击队怎样动作》、《苏军步兵战斗条令》、《苏联红军政治工作条例》等，开创了中国无产阶级的军事翻译事业。1932年春，刘伯承担任中国工农红军学校校长兼政委，翻译了苏联军队的战斗条令。1932年秋，刘伯承出任中国工农红军总参谋长，他在前线翻译了《苏联的山地战斗》、《战斗胜利的基本原则》等苏联军事论著。在长征途中，翻译了《苏军参谋业务》，在抗日战争最艰难的岁月，他同左权将军合作翻译《苏军步兵战斗条令》，校译《合同战术》。作为一系列战役的最高指挥员、军区司令员、野战军司令员，能在烽火连天，兵书告急的情况下，从容自若，一字一句翻译数百万字的军事著作，在古今中外的战争史上难以找到这样的战壕军事翻译家。

1940年春，俄文版《步兵战斗条令》几经辗转，到了左权副参谋长之手。左权看过后，非常兴奋，马上派人送给刘伯承，同时提出了合作翻译的方案。对这本书，刘伯承同样有着浓厚的兴趣。他清楚地晓得，苏联红军的《步兵战斗条令》，集中苏联红军作战经验的精华，反映了第一个社会主义国家军队建设的新经验，同时也折射着世界军事发展的趋势。在中央苏区，翻译后作为中国红军大学教材。这部新《步兵战斗条令》是在老战斗条令的基础上，依据苏联红军建设的新情况重新编定的。刘伯承阅读和比较之后，感到新的《步兵战斗条令》增添了不少新材料，确有比较丰富的内容，能给中国抗日军人以新的启发，欣喜之余，刘伯承研好墨，抓起毛笔，挥毫译出了第一章，送左权将军校正。左权读过译稿后，不禁击案称赞，主动承担了第二至第七章的翻译任务，剩下的第八、第九章及附录部分，由刘伯承翻译。正值刘伯承执笔翻译之时，也是刘伯承和邓小平同志一道，指挥第一二九师参加著名的百团大战之际，全师参战兵力38个团，进行大小战斗529次，毙伤日、伪军7507名，曾一度收复县城九座。刘伯承在《步兵战斗条令》译版序中深情地写道："去年第一、第二、第三共三章已登载于《前线》（抗日战争时期由八路军总部主办的军事刊物），以后各章和附录延迟到今日我才陆续译完与校正完。用以供应军事干部的业务学习，亦即回答左权同志生前的希望"。1942年5月25日，左权在辽县（今左权县）麻田附近指挥部队掩护八路军总部转移时牺牲。

在刘伯承的军事翻译活动中，校译工作占了相当大的比重。1942年春，刘伯承接受了校译《合同战术》（上部）的任务，《合同战术》是苏联军事作家施米尔洛夫，根据苏联红军野战条令写的一部专著，分为上部（概编）和下部（战斗），这部书较全面、系统地论述苏军的合同战术理论，在苏联军事学术界享有较高的声誉。在战火纷飞的抗日战争中，在交通不便的旧中国，这部书在延安译出，然后送到太行山根据地交刘伯承校正，足以说明校正者在军事翻译方面的权威性。

这部书从开始校译到最后完成，中间经历了三次反"扫荡"作战。每到一个宿营地，刘伯承处理完军务后，便铺开稿纸进行校译。有时连桌子也没有，他就趴在床板、炕头上干活；有时干脆就在自己的膝盖上摊开书稿。一到夜晚，便点燃油灯，在豆大的灯火下，他一手握着毛笔，一手拿着放大镜，翻阅俄文原稿，查对俄汉字典，仔细地进行校译。1946年，国民党反动派重开内战，刘伯承在上党之战的紧张时刻，以"谈笑静胡沙"的从容气度，校译了《合同战术》（下部）。

打仗与译书，将军与学者集一身的刘伯承，一面指挥晋冀鲁豫野战军歼灭敌人整师、整旅的人马，一面从容自若地校译兵书。一面纵横捭阖，用兵如神，横扫千军如卷席，一面博采众长，精心译著，刻意求新。

1946年12月16日，《人民日报》在刊登该书出版的消息时，发表了冀鲁豫前线记者的专稿，报道说："权威军事家刘伯承将军顷在戎马倥偬之中完成《合同战术》一书下半部之校译，计10万字。此为一百天来刘将军歼灭蒋军11个旅之外又一重大贡献。这部书专论兵器之性能与使用法及如何对抗它。蒋介石于七月间以大量的美国武器开始大举进攻解放区，刘将军在极繁忙的自卫战争中，稍有空隙立即开始校译。刘将军说：'我军原本没有新武器，谈不上使用，但应该知道怎样对抗的方法。这一点对我们最重要。'"

"100天来,刘将军驰骋于冀鲁豫大平原上,五战五捷,平均20天作战一次,加之20年前讨袁之役在战场上伤其左目,写作甚成不便。但刘将军深深感到自己对中国人民的光荣责任责无旁贷,就在运筹之暇,自炎夏到隆冬,挥汗呵冻,把这部书奋力校译成。此种伟大的精神与魄力,实足使蒋介石之辈不寒而栗,更可使全国人民深深感激而急起学习。"

修兵书通晓战策

刘伯承元帅以博学而著名。朱德曾盛赞刘帅:"在军事理论上造诣很深,创造很多。他具有仁、智、勇、严的军人品质,有古名将风,为国内不可多得的将才"。刘伯承酷爱兵书,他对中国古代兵法《六韬》、《尉缭子》、《吴子兵法》、《三略》、《孙兵兵法》、《司马法》、《李卫公问对》等非常熟,许多章节都能背诵。他对军事文学如《东周列国志》、《三国志》、《三国演义》、《水浒传》也很有兴趣。他说:"中国古代有许多了不起的军事家,也有许多了不起的军事著作和军事题材的小说。"并向大家推荐《左传》,说这是中国最早的军事编年史。他也非常注意研究外国著名军事家的著作和事迹,如苏沃洛夫、拿破仑、鲁登道夫等。他反复阅读过苏沃洛夫的《制胜科学》、克劳塞维茨的《战争论》等外国军事名著,以及托尔斯泰、法捷耶夫、西蒙诺夫等人描写战争的文艺作品,同时,他还十分重视罗马战史、拿破仑战史、日俄战史等外国战争经验的研究,尤其是苏联红军继斯大林格勒会战之后,从1944年1月起在一年内接连发动的列宁格勒—诺夫哥罗德战役,第聂伯河西岸和乌克兰战役,克里米亚战役,维堡和斯维里—彼得罗扎沃茨克战役,白俄罗斯战役,利沃夫—桑多梅日战役,雅西—基什尼奥夫战役,波罗的海沿岸战役,东喀尔巴阡,贝尔格莱德和布达佩斯战役,佩特萨莫—希尔克内斯战役10个战略性进攻战役的经验。

在战争年代,他处理完军务,把全部精力和时间都花在钻研马克思主义的军事科学上。手不释卷,经常到夜阑人静、万籁俱寂的时候还在阅读军事著作。遇到星期日或例假,刘伯承也常伴着邓小平到军政治部等部门来玩一玩,有时参谋、干事和邓小平玩扑克牌游戏时,刘伯承就独个坐在一隅,拿上本书,或躺在坑上,或躺在躺椅上浏览起来,有时也找来一本字帖拓本,细细玩来,当看得入神时,就自言自语说:"这一撇有力量,这一勾真清秀。"夏天一手拿书,一手持蒲扇,扇走蚊虫,扇来凉风,安然自得，其乐无穷。"苦学入梦寐，劳生历艰难"。刘伯承勤奋刻苦的治学精神，连敌军中的有识之士也感慨不已，并作为两军胜败的标志，为之肃然起敬。鲁西战役后，国民党的顾祝同的参谋长在日记中写道："韩楚箴告余，刘伯承廉洁虚心，不断求知，以与政府（国民党）将领比较，诚不啻鹤立鸡群，如此，两党战阵上之胜败，不问可知。"刘伯承艰苦战斗几十年，勤奋苦学几十年。在革命战争年代里，伴随这位勤勉卓越统帅的，是书籍、放大镜和棉油灯，是频繁的战斗和连续的行军。1951年二三月间，西南人民图书馆（现重庆市图书馆）收到一位叫"刘老太太"的"市民"捐赠的图书，其中线装书1171册，精装平装书2894册，期刊等4000余册。在这批珍贵的图书中，有《二十四史》、《黄帝内经》、《钟鼎字源》、《诗经恒解》、《易经恒解》、《曲园老人遗墨》等。经反复查寻，原来这位自称"刘老太太"的"市民"就是刘伯承，他不但十分勤奋学习，而且爱好藏书。在调离西南之前，他决定将自己的一部分藏书，赠送给新建立的西南图书馆，供家乡人民学习使用。

在和平时期，刘伯承仍然保持着这情趣。新中国成立之后，他每次到北京，都要抽空到王府井国际书店转转，看看有没有外国最新出版的军事书籍，中央警卫处为了他的安全，不同意让他去。他据理力争，说："小平同志能去，陈老总能去，我为什么不能去？"一次，秘书给他买回一本介绍19世纪俄国著名军事家苏沃洛夫生平的小册子，他拿在手上翻来覆去地看，连连称赞："买得好，有眼光。"他还找当时的重工业部代部长何长工要当年红军大学的教材。为此，何长工和他定了一个君子协定：红大教材可以拿走，但是军事学院出什么教材也要送一套来。他还有一个情趣，就是对战争题材的电影，他更加喜欢。有一次，会议结束时放映苏联电影《伟大的转折》。这部电影他已看过多次，秘书劝他不要去看了，在房间里好好休息一下。他坚持去看，而且兴致勃勃从头看到尾。回来后还对秘书说："这个电影很好，看一遍有一遍的收获。你不看，真是太可惜了。"

（黄成坤）

罗荣桓的读书生活

罗荣桓在几十年革命生涯中,不仅以卓越的军事指挥名闻中外,而且在读书学习上也为全党全军,尤其是高级干部树立了楷模。他那生命不息,学习不止的精神和感人肺腑的事迹,有口皆碑。

嗜书如痴的求知精神

幼年时代的罗荣桓就酷爱读书,他不但在学堂里专心致志,而且只要一有空闲便手不释卷。11岁那年一个炎夏的中午,罗荣桓独自一个人,坐在池塘边一棵柳树上聚精会神地看书,由于他精力过于集中,不小心竟跌进池塘里,弄得浑身透湿。家里人和四邻八舍知道后,便称他"书呆子"、"书迷"。对此罗荣桓并不屑置辩,依然孜孜不倦地攻读,从书中寻找自己的乐趣和立身处世的道理。刻苦的学习,使罗荣桓在小学期间就以勤学好思而闻名全校,小学老师夸赞他是一个有远大前途的学生。

参加革命后,戎马倥偬。但无论工作、军务多么繁忙,罗荣桓都不改如痴如醉的读书嗜好。他常说的一句话是:"不认真读书,是要受社会这把'戒尺'惩罚的。"

在井冈山斗争时期,残酷的环境,使书籍来源几尽枯竭。这对于养成读书习惯的罗荣桓来说是个不小的压抑。吃红米饭南瓜汤,他安之若然,从不叫苦,可没有书读却使他感到难以忍受,终日若有所失。因此每逢战斗过后,打扫战场时,他都要去找书。天文、地理、历史、诸子百家,只要是有益的书籍,找到什么就看什么。

1932年4月,红军打下了漳州城。时任红一军团政治部主任的罗荣桓进入漳州后,公务之余的第一件事就是逛书店买书。然而那时每本新书动辄大洋一元,这使仅有两三块零花钱的罗荣桓望而却步,实在不敢问津。

无奈他只得光顾旧书店，打起了每本一二角钱的旧书的主意。结果最后倾囊而出，高高兴兴地买了一摞旧书。并且从这以后，一有空闲就流连书店，一待就是几个小时，看不花钱的书。他还把这个消息告诉毛泽东，有着同样嗜好、博览群书的毛泽东自然也不放过这个机会，很快成了书店里的座上客。

罗荣桓把革命书籍看得非常珍贵，走到哪里就带到哪里，决不轻易舍弃。1939年2月，时任八路军一一五师政治委员的罗荣桓，奉命带领部队由晋西进军山东，开辟抗日革命根据地。这次行军约3000华里，途中要穿越敌人数道封锁线和几座荒凉陡峭的高山，被称为是一次"小长征"。行前罗荣桓将一只小皮箱交给政治部秘书携带，反复叮嘱说："路上要小心，轻装时别的东西可以不要，但千万不能把小皮箱搞丢了。"秘书以为里面一定存放着什么贵重的东西，后来到目的地打开一看，除了一瓶药之外其余都是书。其中一本油印的毛泽东《中国革命战争的战略问题》的讲稿，字迹已模模糊糊，书角也都起皱了，许多地方满满地写着罗荣桓的圈点批注。看到这些，秘书的眼睛有些湿润，他为罗荣桓惜书如金、勤读不辍的精神感动不已。

不折不挠的学习毅力

抗日战争时期，罗荣桓作为山东战略区的主要负责人，身兼党政军数要职，工作异常繁忙，艰苦的斗争环境使他又患了严重的肾炎、心脏病、高血压等疾病，就是这样，他也不放松读书学习。当几经周转，毛泽东的《论持久战》、《抗日游击战争的战略问题》等小册子送到他手上时，他一口气读了好几遍，并且对照山东的抗战工作，常常掩卷深思，总结过去，谋划未来，夜不成寐。

后来，严重的疾病使罗荣桓不得不躺在担架上指挥行军打仗，再加上眼睛深度近视，看书很不方便，他就让别人把小册子读给他听，还边听边同大家研究讨论。周围的同志很为他的健康担心，常常劝他等身体好些再学习，可每次罗荣桓都是意味深长地说："毛泽东同志的著作是指导中国革命的真理。革命的形势发展这样快，我们不抓紧学习怎么能行？否则，就会被前进的历史抛在后面。"

建国后，罗荣桓带病出任人民解放军总政治部主任、军委副主席、国防委员会副主席、首任解放军政治学院院长等职，为新中国人民军队的建设，军队政治工作的开拓和发展呕心沥血，日夜操劳。罗荣桓带病坚持繁重工作的情况，引起毛泽东极大的关注。1950年9月20日，毛泽东在罗荣桓署名的一份报告上写道："荣桓同志，你要少开会，甚至不开会，只和若干干部谈话及批阅文件，对你身体好些，否则难于持久，请考虑。"毛泽东的批示，体现了党的亲切关怀，罗荣桓对此非常感激，同时他更加珍惜时间，争分夺秒地工作和学习。但沉疴终于迫使他不得不于60年代初几次住进医院。

在医院里，每次医生都要求罗荣桓静卧休息，不能看书或写东西。可罗荣桓总是不顾医生劝告，趁着公务少一些，抓紧时间读书学习。他对医护人员深怀歉意地讲："我是个不会休息的人，在娱乐方面没有什么爱好，这是一个缺点。"接着又用商量的口气说道："我的愿望就是多读一点书，请你们满足我这点嗜好吧。"几次住院，他一方面以顽强的毅力同疾病作斗争，一方面认真地学习《毛泽东选集》，把《毛泽东选集》完完整整地通读了四遍，还作了大量读书笔记。有时病情严重，眼睛看不清东西，他就让夫人或子女读给他听。罗荣桓的举动深深教育了医护人员，他们感慨地说：罗帅这不是在养病，是利用住院的机会学习进修来了！

把握实质的科学态度

罗荣桓在学习马列主义毛泽东思想过程中，始终贯彻联系实际、实事求是的原则，而且很注意开拓创新。

战争年代，在开创和巩固山东抗日根据地斗争中，罗荣桓就是以这种科学态度，匠心独运地创造了著名的"翻边战术"，即在敌人"扫荡"时，不是"敌进我退"、"诱敌深入"，而是"敌进我进"，在弄清敌人特别是当面之敌的动向后，选择敌人之弱点，由根据地经过边沿游击区，"翻"到敌人后方去，打乱敌人部署，粉碎敌之"扫荡"。然而这种战术刚刚提出时，许多人并不理解，因为毛泽东著作上是"敌进我退"，并没有说过"敌进我进"。因此当年山东《大众日报》在第一次宣传"翻边战术"时，还以为这个提法搞错了，迟迟不敢排版付印。其实一点都不错，这是罗荣桓对毛泽东常说的"你打你的，我打我的"的军事原则的巧妙学习运用。在这个战术原则指引下，山东抗日军民先后取得了留田突围，海陵、郯城战役等重大胜利。为此毛泽东曾亲自致电嘉勉道:"所取方针是正确的,望坚决执行。"

全国革命胜利后,在60年代初,罗荣桓再次主持总政工作。为了正确指导全军学习毛泽东著作,贯彻理论联系实际的学习原则,他又同林彪鼓吹的走"捷径"、找"窍门"、"带着问题学"、"立竿见影"等错误主张进行了针锋相对地斗争。罗荣桓认为,毛泽东思想是一个完整的科学理论体系,"如何学习毛泽东思想,是学习词句,还是学习立场、观点、方法,这是严肃的政治问题。"

1961年1月,罗荣桓在与一位领导同志谈话时,针对"带着问题学",幽默地讲道:"这样提不适当。比如两口子吵架,发生了问题,如何到毛选中去找答案?还是应当学习立场、观点、方法。"对"顶峰"论他也明确表示不赞成,多次指出:"把毛泽东思想说成是当代思想的顶峰,那就没有发展了?……毛泽东思想也要随着时代的发展而发展嘛!"关于"立竿见影",罗荣桓在视察部队时对广大官兵坚定地表示:"毛主席的著作,你们要认真学习,注意联系实际,领会精神实质","至于'见影'不'见影',究竟何时可以'见影',那是以后学习成效的问题,先不要考虑它。"对于林彪主张走"捷径"、"背一点东西"的提法,罗荣桓则毫不留情地指出,这是搞教条主义,并气愤地说:"用教条主义态度对待毛泽东思想,那根本是牛头不对马嘴!"

1961年4月,罗荣桓长子来信向他汇报部队学习毛泽东著作的情况,罗荣桓发现林彪那一套庸俗化、教条化的主张已经在部队中传播开来,对此他十分忧虑,立即回信告诫道:学习毛泽东著作"理论必须联系实际,……如果理论离开实践,就会成为空谈,成为死的东西……不要只满足一些现成的词句或条文,最要紧的是了解其实质与精神。"

罗荣桓的这些正确学习主张,在一定程度上抵制和克服了林彪的错误主张,而且还最终导致了在军委常委第26次会议上,他同林彪的正面交锋。在这次会议上,罗荣桓坚决主张把"带着问题学"、"立竿见影"等提法从一些文件中删除掉,林彪听后竟勃然大怒,拂袖而去。林彪的粗暴无礼和拒不接受批评的态度,使得罗荣桓不得不把双方的原则分歧和争执,汇报给中共中央书记处,书记处会议经过讨论,完全赞成罗荣桓的意见。

1977年9月,邓小平在谈到这个问题时曾感慨地说:"林彪把毛泽东思想庸俗化的那套做法,罗荣桓同志首先表示不同意,说学习毛主席著作要学精神实质,当时书记处讨论,赞成罗荣桓同志这个意见。"邓小平的这段话,不仅高度赞扬了罗荣桓对马列主义、毛泽东思想的科学态度,而且也为历史上这场事关革命原则、事关学习根本方向、孰是孰非的激烈纷争作出了公正的评价。

(于长治)

秀才的儿子志在学

徐向前在幼年时,有人曾称赞他为神童,他却说:"世界上没有神童,我也不是神童。生在一个穷秀才家。从小较笨,读书也不是高才生。"1939年夏天,徐向前奉中共中央的指示,到山东沂蒙山区任第十八集团军第一纵队司令员。国民党鲁苏战区总司令于学忠,会见徐向前之后,赞叹说:"徐向前此人,话不多,知识多,才学好,不好对付啊!"徐向前渊博的知识来源于他的读书兴趣和强烈的求知欲。

1901年初冬,徐向前生于山西五台县永安村。曾祖父时徐家是村上的大户人家。有人做过官,盖了一座瓦房,被称为"楼院徐家"。他父亲苦读了十几年的私塾,赶上一个科举末班车,中了秀才,靠教私塾养活全家。徐家虽说也算书香门第,时因家道衰落,使徐向前一直没有上学机会。等他长至八九岁时,教书的穷爸爸放假回家,才教他背几首唐诗。他非常羡慕大哥,大哥能在外边念书。家穷难供二人上学,他理解父亲,也理解大哥。大哥在父亲眼里是有出息的,又是徐门长子,"理应"受到特殊照顾。徐向前心中对父亲偏袒大哥嘴上不说,心中不悦。他就不信,他徐向前不能"出息"个样子。

机会终于来了。徐向前10岁那年,进了本村的私塾。私塾又叫"学馆"。徐向前苦读了三年"四书"、"五经",才从私塾中解放出来,进了洋学堂——沱阳小学。从此徐向前开心极了。上课读书,下课做游戏,学习成绩越来越好。谁知好景不长，父亲在外教书回家，出题考徐向前的作文，徐向前交上作文，父亲左看右看说："作文不行啊，洋学堂误人子弟！回村上私塾好。"一心向往学习的徐向前无法顶撞"一家之主"，只好从沱阳小学回到村里的私塾。谁又想到，一年后，因家境更加贫穷，无力继续供他上学，徐向前被迫休学。

16岁那年，父亲无书可教，家庭生活陷入窘境。为全家生计，父亲把徐向前送到200里外的阜平县城，在一个远房亲戚家当学徒。这个亲戚开的杂货店还卖书，这令徐向前喜出望外。店里有许多未见过的书，一有空，徐向前就趴在柜台前，读起不花钱的书来。无论在磨道旁，或在筛面时，他怀里揣着书，有空看几眼，他把空余的时间全用来看书了。有什么书，看什么书，没目的，没计划，书是他的亲密伙伴，读书是他唯一的情趣，也是他唯一的快乐。什么《史记》、《汉书》、《孙子》、《左传》、《楚辞》、《红楼梦》、《西游记》、《三国演义》、《罗通扫北》、《水浒传》等，逮住就读。他从那些书中懂得了很多道理。他喜欢梁山的英雄好汉，敢想敢干，也喜欢孙悟空的聪颖、倔强，更喜欢诸葛亮的博学、多才，这些无疑在他的身上打下了坚实的烙印。

徐向前从书中朦胧地懂得了许多道理，也给他打下了较好的文化知识功底。刚满18岁，徐向前就考入了国民师范学校。他要深造的愿望终于实现了。到校后，徐向前的眼前豁然开朗，学校有礼堂、实验室、图书馆，学文化、学政治、学军事、学外语。他像一块海绵，开始吮吸着广泛的知识。在这里，他懂得了"五四"运动，懂得了"十月革命"。执着求知、求学的徐向前再也放不下他梦寐以求的学习机会了。

几十年过去了，当年迈的徐向前知道自己的女儿考上大学的消息后，他慈祥地对女儿说："很多年以前，我想进学堂学习，可总是不能如愿，费尽周折，才读了些书，懂得了一些道理。而你就要进大学堂了，要珍惜呀。"

（张　力）

叶剑英的早年读书生活

1897年4月28日（清光绪二十三年三月二十七日），叶剑英出生在广东省梅县雁洋堡下虎形村一个小商人家庭，父亲叶钻祥经营小本生意，但家境十分贫寒。叶剑英7岁那年，父亲送他到雁洋堡钟傲泉、古玉泉私塾读书，但这种私塾教育受到新学的强大冲击，当时梅县开设了不少新式学堂，1905年叶剑英进入了雁洋堡办起的初级小学怀新学堂，开始接受新式教育。

在怀新学堂读书时，他刻苦勤奋，放学时，常常一边参加家务劳动，一边复习功课。家里买不起灯油，他就从山上砍一种野生的细竹，加工成"竹精子"，用来点灯照明，有时"竹精子"燃烧时爆裂的火星，烧焦了他的头发，他仍旧在灯下耐心地苦读。业余时间他十分喜爱体育运动。

兵之物，大矣哉！

1908年叶剑英被父母送到离雁洋十多里外的丙村三堡学堂住校读书。三堡学堂是一所公立高等小学，学校的教员大多数是一些进步的爱国青年。当时三堡学堂设立甲、乙、丙、丁四个班，叶剑英在甲班中学习，并且每次考试都名列前茅。利用业余时间，他还阅读了大量课外书籍，并热心于写作，成为柳亚子先生创立的"南社"的诗友，以后叶帅一生便在诗歌方面不断追求，创作了不少优美的诗篇，成为人民军队中的一名"儒将"、"诗帅"。

当时三堡学堂的进步教员积极宣传革命，叶剑英在他们的熏陶下，读了许多革命书籍，在教师的带动下，他还率先剪掉头上的辫子，并同当时的顽固势力进行了坚决的斗争。三堡学堂的办学经费大部分靠镇上肉铺上缴的"牲口捐"，而当时潮州府的一些清兵，常借公务之机到镇上肉铺抢劫，当时的官府对此又不管，每次肉铺被抢后，肉铺店的老板们总要求减免捐税，这样就影响了学堂的开办，学堂师生对这些清兵的恶劣行为十分气愤。

一次清兵又来抢劫肉铺，叶剑英听说后，在校长的支持下，他率领十多个同学，手持棍棒，冲到镇上，与清兵动手交战，在镇上群众的帮助下，将这伙清兵狠狠教训了一顿，并送交官府查办，从此潮州府的清兵再也不敢来镇上骚扰了。

1911年爆发了武昌起义，梅县群众也积极响应革命，三堡学堂也以各种方式庆祝革命的胜利，一次老师要求学生结合辛亥革命，以"治兵"为题写一篇作文，叶剑英对作文进行了巧妙的构思，结合武昌起义的壮烈情景，他在文章的开头写道："兵之物，大矣哉！"

大丈夫何患乎无文凭！

1912年1月，叶剑英以优异的成绩从三堡学堂毕业，随后考入梅县务本中学。务本中学是由外国传教士和地方人士合办的私立学校，学校不受官方限制，思想比较活跃。叶剑英入学不久就被选为学生自治会会长。不久政府决定把务本中学与其他三所中学合并改为官办，并派来一守旧的人物担任校长。校长到任后即禁止学生的进步活动，歧视、排挤贫穷子弟，引起学校进步师生的强烈不满。

务本中学原来的校长叶则愚和部分进步教师也开始筹办私立中学。叶剑英在守旧势力的压抑下联合100名学生，他以学生自治会会长的身份掀起了反对官校校长的学潮。省教育局对学生采取了强硬措施，叶剑英率学生冲出校门，进了叶则愚等创办的私立东山中学，叶剑英后来也成了东山中学第一批学生。在学校他学习刻苦、爱校如家，积极参与学校各项活动及建设，使东山中学成为后来广东省的名牌中学。

在东山中学叶剑英阅读了孙中山先生的著作和一些进步书刊，还对古今文史知识兴趣浓厚，撰写的诗文深得师生好评，在他的领导下学校还建立了国文、英文、科学、社会等研究社，筹办了阅报室、卫生部、球队等，出版了《东山月刊》，创设了演说会、游艺学会等组织，叶剑英因学习优异，社会活动能力强，被推举为校学生自治会的会长，和老师同学们共同创制了《学生章程》，显示了他少年时期非凡的组织才能。

1915年秋，省教育部门派人到梅县各中学视察，作为私立中学的东山中学为了迎接这次检查，决定举办一次学校办学的成果展，身为学生自治会会长的叶剑英为了向世人展示东山中学取得的成就，主张把展览规划搞大一点，要超过教会学校和官办学校，但当时的校长囿于当时的形势，害怕搞得太大会得罪官方和洋人学校，坚决不同意这样做，他严厉训斥了叶剑英，并以扣发毕业文凭相威胁，来迫使叶剑英承认错误。

叶剑英气愤之下，卷着铺盖回了家。叶剑英的离校引起了师生们的强烈议论，校长也对自己的错误做法后悔起来，于是便托人给叶剑英捎一封信，信中希望叶剑英认错，劝叶剑英回校领取毕业文凭，叶剑英读完信后，表示"自古英雄多出自草莽，大丈夫何患乎无文凭！"

倚天万里须长剑

叶剑英的原名叫叶宜伟，在丙村三堡学堂时就开始使用这个名字，但他幼小的心灵中对"剑"萌发了憧憬之情，在东山中学读书时，他的《油岩题壁》中"也曾拔剑角群雄"的诗句，抒发了他对兵器"剑"的钟爱，在云南讲武学堂学习时开始改名为叶剑英。后来他在悼念黄花岗七十二烈士诗中写道："倚天万里须长剑，不灭狼豺誓不休"。

叶剑英离开东山中学后，他先在父亲的小店铺里做杂事，后又在横山新群小学任教，不久又漂泊南洋谋生，只盼能挣些钱，就读一个更好的学校，掌握更多救国救民的本领，但他在南洋几乎处于失业的困境。当时适逢云南都督唐继尧在南洋招收华侨子弟入云南讲武学堂学习，叶剑英报名通过了入学考试。

1917年他到云南讲武学堂学习，并立志在疆场上一吐英雄豪气，来报效国家民族。入学后他先接受六个月的基础训练，然后分配到炮科学习，他勤奋苦练成绩优良，除学好炮兵课程外，还练就一手精湛的劈刀技术。当时讲武堂有一名日本教官，常找人比试劈刀，取胜之后便目中无人。为了给中国人争口气，叶剑英决定打败这个日本教官，他每天提前起床半个小时，坚持了半年的劈刀练习。一天，他同那个日本教官进行了比试，叶剑英刀法娴熟，使日本教官只有招架之功而无还手之力，连说"不要太重！不要太重！"并承认比输了。赛后这位日本教官十分钦佩叶剑英，并把战刀送给了叶剑英。

在讲武学堂，军阀唐继尧对孙中山持否定态度，他以学堂作为扩大实力的人才基地，打击拥护孙中山的师生，对学生实行愚昧统治和奴化教育，禁止学生阅读政治书籍，要求学生埋头钻研王阳明以便为他卖命，叶剑英对此十分不满。一次在唐继尧训话时，他站起来质问唐：王阳明的"知行合一"与孙中山的"知难行易"有何不同，使当时的唐继尧十分尴尬。

1919年12月22日，叶剑英以优异的成绩从云南讲武学堂毕业，随后他便踏上了回广东故乡的归途，追随孙中山的革命事业，开始了他的革命生涯。

（苗体君）

叶剑英与古典诗词

叶剑英同志，半个多世纪以来，写出了许多气势磅礴，具有时代特点的革命诗篇。他的诗词篇，深受文人学者、社会名流，尤其是老一辈革命、政治家，也不乏青年的推崇。

博览我国历代诗词曲赋

叶剑英旧志在戎马倥偬的战斗生活中，孜孜不倦地博览我国历代的诗词曲赋。

从叶帅读过的、现在还收藏的书中了解到，他最喜欢读的是《诗经》、楚辞（《屈原与楚辞》）、《庾子山集》（《庾信诗赋选》）、《南社诗文词选》（《南社第八集》）、《岭南三大家诗选卷》、唐诗（《唐诗三百首》）、宋词（《宋词三百首》）等书。

他们的诗词篇，有的叶帅不只读过一遍、两遍，甚至三遍以上，例如：

1958年4月，叶帅去湖北汉口视察工作时，没有带上《屈原与楚辞》这部书，他为了能够再次读它，一天上午，自己跑到街上书店去购买，在买回来的当天上午，不顾疲劳，坐下来，一口气从头至尾地把这部书又仔细地读了一遍，连"后记"也一字不漏地读了。

这部书共有屈原不朽的诗篇22篇，其中"离骚"是屈原在被放逐期间，用血和泪写成的浪漫主义的史诗，是我国文学史上最早的最伟大的长篇抒情诗，全诗长373句，共2490字。这篇伟大的抒情诗表明了诗人远大的政治理想和他高尚的品格。他对于自己所怀抱的政治思想坚持不渝，甚至用他的生命来维护这一理想，这正和他诗篇中所表达的对祖国的真挚热爱和对人民苦难的深切同情是分不开的。正因为如此，所以他才能在诗篇中勇敢、大胆地揭露和控诉领主贵族们的黑暗势力。正是这些，吸引着叶帅，从购买来这部书那天起，就经常反复地读它。

叶帅对屈原的《离骚》，一直不忘，到了1970年，事隔十二年还有很多诗句背得很熟。

这一年，叶帅已是73岁的老人了。他先是去湖南长沙，后又辗转于岳阳、湘潭、广州、武汉等地。

在过端午节这一天早晨，家家都吃粽子，以悼祭屈原的亡灵。叶帅也不例外，在吃粽子的时候，他很怀念屈原，一面给在座的工作人员讲吃粽子的来历，一面脑子里在构思。当讲完这个故事之后，妙笔一挥写下了"泽畔行吟放屈原，为伊太息有婵媛，行谦志洁泥无滓，一读骚经一肃然"这首七言绝句。诗中热烈地赞颂了屈原的爱国精神和刚正不阿的品格，抒发了自己处逆境而不屈的坦荡胸怀。这尾句"一读骚经一肃然"，充分地表达了对屈原及其诗作深为敬爱的心情。

1977年5月中旬，有一天，叶帅去玉泉山九号楼，为了开会，临时住几天。去了第二天中午，又要刚读过不久的《南社第八集》这部书。可是，到收藏柜里去拿，不知又为什么不见了。这天中午叶帅没有读上，感到遗憾。

到了6月12日，叶帅又去玉泉山开会，这天吃过午饭后，在九号楼外走廊散步时，迎面走过来一位女服务员，她双手捧着一本书要递给叶帅，叶帅急忙接过一看，正是他要找的那部书，顿时高兴起来。于是，他就在外走廊坐下来，翻开书的第二面，在空白处挥笔写了"'一廊间正是无寥赖，燕子衔泥慰故人。'1977年6月12日重得此书留念，于玉泉山九号楼外走廊。"可见，叶帅是多么渴望重获这部书。以后，他又反复地读了几遍。还在书皮上用墨笔题写了两句诗："说部我输李煮梦，小戎离黍出诙谐。"这两句诗是从书中李煮梦《秋夜》一诗"后记"中借用来的，用它来赞颂李煮梦的爱国诗篇。

精于旧体诗词写作规律

　　五四运动以来，随着白话文的兴起，新诗逐渐成为诗坛的主流，而讲究格律词牌的涛词，则被称为旧体诗词，退居二线。尽管如此，时至今日，旧体诗词仍然受到许多人的喜爱。毛主席就是其中的一员，他读报上发表的旧体诗词，既仔细、又认真。1965年10月16日的《光明日报》，刊登了叶剑英同志的七绝《望远》。毛主席在这一年72岁诞辰的时候，默诵手书了这首诗，并把原诗题改为《远望》，还在诗末写上"10月16日《光明日报》"。这就不难看出毛主席对这篇诗作的评价了。

　　叶剑英同志所以精于旧体诗词的写作规律，一是因为他经常反复地钻研《诗韵集成》，《汉语诗律学》、《唐宋词定格》等这类书籍。他在阅读这些书籍的过程中，作了许多不同的符号批注，例如：在钻研《唐宋词定格》这部书时，他把每一个词牌用红铅笔札起来，把每一定格用蓝铅笔杠起来；把每一例一、例二用红蓝铅笔一长一短地杠起来。这样，既便于眼看，又便于脑记。二是因为他经常向历代大诗人大词人请教，对于讲究平仄、对仗和诗句的字数等名篇佳作，他经常背诵和默书。直到晚年，还能将许多名作，一字不漏不错地默书下来。如：1983年，这年他已是87岁的老人了。有一天，他刚吃过午饭，还没有动地方就在饭桌上，笔一挥默书了唐代大诗人李商隐的五言绝句《登乐游原》："向晚意不适，驱车登古原。夕阳无限好，只是近黄昏"。书后，一核对原作，果真一字不漏不错，叶帅的这种超人的记忆力，使我们深受教育。

　　叶剑英同志用旧体诗词的形式，写出的革命诗篇，按种类区分大致有三种：一种是律诗，特别是七律，一种排律，一种是绝句。另外，还写了不少词篇。他的诗词篇，反映了大革命风暴、苏区斗争、红军长征、抗日持久战、三年解放战争和抗美援朝以及社会主义的革命和建设，记录了那个时代的音响。他的诗词篇，表现了伟大的人格和崇高的革命精神，在人们的心里留下了深深的烙印。他的诗词篇，表达了人民的心声，给人以鼓舞、激励和启迪。他的诗词篇，讲究平仄、对仗、字数、句数、韵语、韵脚等。可以说，他的每一篇作品都是格律谨严，语言精练，具有高度的概括力和不可磨灭的美感，为人所喜爱。

从古典诗词中吸取营养

叶剑英同志在革命诗词的创作过程中，从中国历代的大诗人大词人的名篇佳作中吸取了营养。有的是引用，有的是点化，有的是借鉴，还有的是批判地继承传统的用法。

引用：1940年，叶帅作为我党代表团的成员，跟随周总理驻守在国民党统治中心重庆时，一天见到方志敏同志狱中手书之后，写下了《读方志敏同志狱中手书有感》一诗。

诗的首句："血染东南半壁红"。这"半壁"一词，就是叶帅从唐代大诗人李白《梦游天姥吟留别》一诗"半壁见海日，空中闻天鸡"中引用而来的。"半壁"，即半边。"半壁红"的"红"字，正像毛主席光辉词章《蝶恋花·从汀州向长沙》中"赣水那边红一角"的"红"字一样，它象征着革命的火炬，指引着人民前进的道路；它象征着光辉的灯塔，迎接着全中国的黎明。祖国的半壁河山变成红色的革命根据地，正是在毛主席的领导下，包括方志敏同志在内的无数革命者抛头颅、洒热血，从事艰苦卓绝的斗争而换取的。这句诗生动地概括了方志敏同志在领导农民起义进行武装斗争、深入开展土地革命、建立工农民主政权等方面所立下的不朽勋业。

点化，1947年叶帅在祸国殃民的蒋家王朝行将覆灭的前夕，在解放区广泛开展轰轰烈烈的土地改革运动的大好形势下，来到了河北省平山县西柏坡村参加党中央召开的全国土地会议。会议结束归来时，畅游了五台山。

五台山是我国名山之一，是风景极佳的胜地。但是，自汉以来，经北魏隋唐、宋元明清，直到解放前夕，两千余年这里一直是封建宗教的大本营之一。山中修建的寺院庙宇，多时竟有三百六十余座，少时也不下七八十座。寺庙内供奉着金光披身的神仙菩萨，活动着成千上万的和尚喇嘛。许多的寺庙建筑的用款，神像泥胎的供奉，和尚喇嘛的消耗，很显然都是老百姓的血汗。

这里已经过土地改革，叶帅特写下《过五台山》这组大气磅礴的诗歌。

组诗的第一首尾句："未妨仇恨是清狂"。这里叶帅点化了唐代诗人李商隐《无题》诗："直到相思了无益，未妨惆怅是清狂"的诗意，将"惆怅"改为"仇恨"，这就使本诗有了全新的革命含义。这句诗的意思是：广大农民怀着深仇大恨向统治阶级讨还千年血债、万姓食粮是好得很的革命行动，绝对不是什么"过分"和"清狂"。这句诗最能见出作为无产阶级革命家所持的坚定的马克思主义立场。

借鉴：1958年5月28日，叶帅陪同毛主席来到了十三陵水库参加义务劳动时写下了《十三陵水库》（二首）这组诗。

"十三陵水库"五个大字，是毛主席亲笔书写的用白色大理石砌成的，镶嵌在紫色的大坝南坡上。显得十三陵水库的景色更加雄伟壮观。这个水库建成后，蓄水八千多万立方米，相当于二十个昆明湖的蓄水量。长达六百一十八公尺、高达三十公尺的拦洪大坝、像一把巨锁，横锁着蟒山和汉包山，拦住了经常为患的洪水，在重峦叠嶂的怀抱中，出现了碧波熠熠、平明如镜的人工湖。

组诗的第一首后两句："朝阳赤帜平沙幕，一幅诗图一战场"。这"赤帜"和"平沙幕"两个词，是从唐代大诗人杜甫《后出塞》（其二）"平沙到万幕，部伍各见招"中得到借鉴，以"平沙幕"（在平沙上搭成的帐篷，作劳动大军居住之用）连同"赤帜"这些景物一起入诗。这就形象而有力地表现了这个具有强烈战斗气息的"战场"。这两句诗为我们描绘了充满无限生机的壮美"诗图"，描绘了"十万愚公"向大自然开战的宏伟画面。

批判地继承传统的用法：1956年8月下旬，叶帅来旅大视察，为纪念抗日战争胜利20周年，于9月2日在大连棒槌岛写下了重读《论持久战》这首七律。

全诗结尾的两句："一篇持久重新读，眼底吴钩看不休"。这是诗人由衷之情的表露。"吴钩"是我国春秋时代吴国的一种锋利弯刀。在古典诗词中，"看吴钩"、"看剑"，都常常用来表现作者急于为国立功、期待理想抱负能够早日实现的爱国主义思想。唐代大诗人杜甫曾有"少年别有赠，含笑看吴钩"之句（《后出塞》其一），李贺也有"男儿何不带吴钩，收取关山五十州"的诗句（《南国》其五），宋代爱国词人辛弃疾也曾写过"把吴钩看了，栏杆拍遍，无人会，登临意"（《水龙吟》）和"醉里挑灯看剑，梦回吹角连营"（《破阵子》）等诗句。叶帅批判地继承了这个传统的用法，赋予了新意。诗中的"吴钩"显然不是指个人佩带的刀剑之类，而是借喻为革命斗争的武器、人民的武装。"看不休"是看了又看，看个没完。这里表示十分珍爱，永志不忘的意思。这结尾的两句诗，是对毛主席"枪杆子里面出政权"的伟大学说和人民战争的光辉思想的热情歌颂。

叶剑英同志能够成为一代杰出的诗人，是同他青年时代就开始广泛阅览古典诗词等各种形式的文学作品、博古通今分不开的。我们要学习他这种无论什么年代、什么环境，都能刻苦、认真学习的革命精神。上面说的几点，只不过反映了叶帅读古典诗词的一个小小侧面，还有待于今后进一步挖掘和整理。

叶剑英博学多艺

对医学饶有兴趣

1982年，叶剑英的女儿凌子到湖南拍电影，住在长沙蓉园宾馆。一天，宾馆的一位炊事员找到凌子，恳切地说："你回到北京后，一定要请你父亲他老人家给再开个药方，那次是他亲自到园子里去采的药。可惜我现在把方子弄丢了……"

原来，十几年前，林彪的"一号通令"下达之后，叶剑英被送到长沙"冷藏"时，曾在这里暂住。他听说一个炊事员的妻子患有哮喘病，就亲自为她开处方、采药。很快病情就有了明显好转。10多年后，这位病人老毛病又犯了，听说凌子来到蓉园，就来找凌子帮忙……

叶剑英没有专门学过医，但他对医学饶有兴趣。他曾说"我若是学了医，一定是个好医生。"平时，他悉心地阅读各类医书，并乐于观察、试验、实践。一次，叶剑英在广东，听说在北京的女儿得了鼻窦炎。于是，他就专门到地里挖了一些"鹅不食草"秧苗，用两只花盆装着，千里迢迢带回北京，给女儿治病。其实，女儿并没有得鼻窦炎，只不过是鼻子过敏而已。为了父亲的美意，她没有吱声，权且当了一回"病人"。

叶剑英十分关心医药事业发展，同时，对医药学也有着自己的见解。1958年叶剑英亲自为一本《中药简史》作序，其中写道："这几年我也是和疾病斗争的一员，病中深深感觉，对一种病症，采用中西并用、内外夹攻的方法是我国医药界最新的、因而也是最进步的治疗方法……中医必须学通西医，西医必须学通中医，才算是名医。中医、中药在中国人民中数千年来流传着，可是中医、中药在近百年来在学术界被压抑着，这分明是'数祖忘典'的谬误了。把中医知识和药材加以科学的整理，把中药提高到更高的水平，这是青年一代医师们的庄严工作。作为一个病人，我十分关怀中国中药的发展与成就。"

"书丛藏醉叶"

叶剑英知识渊博，学问高深。这与他平时的读书嗜好是分不开的。他阅读的内容十分广泛，政治、经济、军事、哲学、文学无不涉猎，对自然科学和外语也有着浓厚的兴趣。叶剑英的《二号楼即景》一诗中写道："翠柏围深院，红枫傍小楼。书丛藏醉叶，留下一年秋。"这就是他刻苦读书的生动写照。

叶剑英对古书有着特殊的嗜好。他对中国历史有着深刻的了解，对中国古代许多重要典籍也十分熟悉。建国后，无论在北京或是在外地，他常喜欢到书店自己选购图书，得到一本好书便喜形于色，爱不释手，拿回去孜孜不倦地阅读起来。

1958年清明，叶剑英因事在扬州滞留。闲暇之际上街寻书。正巧著名京剧演员马连良也在扬州演出，街上行人竟错认叶剑英为马连良。叶剑英在一首诗中写道："闲蹀街头找古书，肩摩踵接笑睇余。都称老板马家到，我问君曾看戏无。"

叶剑英非常重视学习自然科学知识。上个世纪60年代初，我国为打破苏美核垄断，正在抓紧研究原子弹。叶剑英作为发展原子武器的决策参与者之一，迫切需要掌握这方面的知识。于是，他就请专职文化教员给他讲数学、物理、化学。当时他已经60多岁，面对着深奥难懂自然科学的理论、名词术语和公式，他毫不畏难，表现出惊人的毅力。一次在广州休假，他组织随员们一起学习恩格斯的《自然辩证法》，由他讲解哲学问题，由文化教员讲解自然科学问题，学习搞得生动活泼。还有一次他和大家一起学习恩格斯的《步枪史》，深有感慨地说："恩格斯在那样的年代，条件那样差，还写了那么多军事著作，他甚至花费那么大精力，对步枪的历史作了那么系统的研究，时至今日，我们从事军事科学研究，还写不出那样的作品，说来真是惭愧!"

外语,始终是叶剑英勤学不辍的一个重要科目。早年在苏联学习的时候,他为攻克语言关下了很深的功夫。有人回忆说,他当时天天在背俄语单词,几乎到了废寝忘食的地步。一次走在校园中,因为用心过专,差点撞在树上。60年代后,他又开始学习英语。他尊敬地称呼熟悉外文的陈秘书为"teacher"。经过一段时间的努力,他的英语水平有了很大提高。

"剑英善七律"

叶剑英是一位杰出的诗人。毛泽东生前很欣赏叶剑英的诗词,1965年,在给陈毅的信中写道:"剑英善七律,董老善五律,你要学律诗,要向他们请教"。毛泽东72寿辰之际,毛岸青和邵华前去看望,他当即挥笔一字不错地背录了叶剑英写的《远望》诗,送给儿子和儿媳。聂荣臻在《叶剑英诗词选集》序中,称叶剑英是"当代中国诗坛泰斗之一。"叶剑英不仅善七律,而且善各类体裁的诗词。他的诗词意近旨远,气势磅礴,格调清新,是中国诗词宝库中光彩夺目的精品。

叶剑英的诗词成就,首先来源于他波澜壮阔的革命生涯,同时也是他几十年来勤学敏思,口吟笔耕的结果。

早在学生时代,叶剑英就以诗为剑同旧势力进行斗争。1915年,叶剑英在他所在中学的后山——油岩,题下了气度非凡的著名诗章:"放眼高歌气吐虹,也曾拔剑角群雄。我来无限兴亡感,慰祝苍生乐大同。"中学毕业时,担任学生会会长的叶剑英在东山中学发起举办学生成绩展览,遭到校长叶菊年的无理反对和责难。于是他写下了"大好园林堪种菊,风流花卉独称王"的讽刺诗,愤然离校以示抗议。后来,校长要他检查反省才准发毕业证书,叶剑英回信拒绝说:"自古英雄多出自草莽,大丈夫何患乎文凭。"1917年,叶剑英进入云南陆军讲武学校,他常与学友切磋诗文。其后,昆明出版《剑余诗集》,收入他写的古诗十余首,其中有许多清新俊逸的佳篇丽句。《夜宴》一诗中写道:"兴爽春衣沾露湿,情高秋思落诗魂。更怜良夜嫌更促,把剑长歌气压轩。"读到这样的诗词,人们不难看到当年的诗人是何等意气风发,英姿勃勃。

北伐革命中,叶剑英参与筹办黄埔军校,并参加了统一广东根据地的战争。1925年4月,发生了香洲兵变。叶剑英果断处置了叛乱分子,写下了动人心魄的著名词章《满江红·香洲烈士》。其中以深挚的笔触写道："曾记得，谈兵虎帐，三春眉月。夜半枪声连角起，繁英飘尽风流歇。"接着笔锋一转，革命激情如大河奔涌，倾泻而出："革命史，人湮没；革命党，当流血。看搀枪满地，剪除军阀！"

1927 年叶剑英加入了中国共产党，实现了一生中的光荣转折。在他的诗章中，更有"血染东南半壁红"的苏区斗争，有"夜渡雩都溅溅鸣"的红军长征，有"穿沟破垒标奇迹"的抗日持久战，有让"吾放眼到平西"的人民解放战争。"嘤其鸣矣，求其友声。"叶剑英与朱德、董必武、陈毅、李富春等老一辈无产阶级革命家，既是亲密战友，又是互相唱和的诗友。1942 年春，已经从重庆返回延安的叶剑英，怀念仍在重庆南方局工作的董必武，写下了感情深挚的诗篇《怀董老》："飘然时危不老翁，卅年坚持旌旗红。""春风驰荡怀人远，安年归来共整风。"在《刘伯承同志五十寿祝》中写道："太行游击费纠缠，撑住平辽半壁天。遍体弹痕余只眼，寿君高唱凯歌旋"。

新中国成立后，叶剑英的大量诗作描绘了新中国日新月异、天翻地覆的巨大变化，以他绚丽的彩笔，为我们装点了大庆油田、长江大桥、海南胶园、十三陵水库、西安搪瓷厂的风貌英姿，着意刻画了"欣逢盛世超尧舜"，"万众挥锄镌大地"的劳动人民。诗情画意，倾泻而出，真可谓"笼天地于形内，挫万物于笔端"。叶剑英的许多诗词还表现了对科学的关注，1962 年写下了《攻关》这一著名诗章，以后更有"神州九亿争飞跃，卫星电逝吴刚愕"这样瑰丽的诗句。对于人民解放军的建设，叶剑英倾注了极大的心血。1951 年，中央人民政府革命军事委员会发布《关于海军领导关系的决定》实行各大军区和军委海军司令部的双重领导体制。叶剑英写一篇寓意深远、妙趣横生的诗："母鸡孵鸭蛋，母子亦相亲。一日凌波去，沧波无限情。"诗人还热情赞颂"持枪南岛最南方，苦练勤操固国防"的女民兵，经常惦着"一篇持久重新读，眼底吴钩看不休"，要人们始终牢记保卫祖国的重任。

革命道路并不是笔直的，胜利后同样还会有曲折。新中国史无前例的内乱中，叶剑英赠陈毅《虞美人》一首："串连炮打何时了，官罢知多少？赫赫沙场旧威风，顶着青年小将几回冲！严关过尽艰难在，思想幡然改。全心全意一为公，共产宏图大道正朝东。"以后，叶帅在一幅画有竹子的扇面上题诗一首："彩笔凌去画溢思，虚心劲节是吾师。人生贵有胸中竹，经得艰难考验时。"这首诗风骨刚劲,含意隽永,感人至深。

叶剑英的主要诗词反映了时代的重大主题,但也不乏充满生活气息诙谐之作。《调笑令·会场素描》中写道:"头重,头重,四个小时听众。腰斜眼倦肠饥,左手频看计时。时计,时计,有点猿心马意。"1979年叶剑英参观青岛啤酒厂,以《青岛啤酒》为题,写诗一首:"天下论英雄,啤酒无须煮。下班感疲劳,喝杯啤酒去。"而并未成文,经常在叶剑英口中吟诵的,则是两句更为朴实的诗句:"风吹鸭蛋壳,财去人安乐。"

叶剑英深邃的艺术造诣来源于他刻苦的学习。他古典文学素养很高,旧体诗词功底很厚。几十年来,他口不停吟,手不释卷,从中国古典诗词中不断汲取营养,直至晚年许多名篇佳作还能倒背如流。1975年5月,毛泽东在与在京中央政治局委员谈话时谈到"长沙水"、"武昌鱼"、"孙权搬家南京"的典故,突然要叶剑英背辛弃疾的《南乡子》,叶剑英未加思索,当场吟诵:"何处望神州?满眼风光北固楼……"毛泽东非常满意。1976年,叶剑英在西山吟诵苏东坡《放鹤亭记》中的山人"放鹤招鹤歌","归来归来兮,西山不可以久留"。此时此刻,这首诗预示着一个伟大事件的到来。

(江 英)

瞿秋白发愤读书

星聚堂·私塾

瞿秋白4岁时,1903年7月,在湖北做官的叔祖父瞿赓甫去世了。赓甫的家眷带着他的灵柩回到常州八桂堂。这样,在同年冬天,瞿稚彬只得同母亲庄氏、妻子金衡玉和年幼的儿子瞿秋白,从八桂堂又重新搬回了星聚堂。

星聚堂也是一个大宅,从大门到后宅的九皋楼共有五进房屋。九皋楼是座转楼，上下共十间，中间六间为正楼，两旁的称作厢楼。正楼和厢楼之间有一块用石板铺面的小天井，瞿稚彬一家搬来后，就住在正楼的底层。瞿稚彬夫妇住一间，瞿稚彬的画室占一间，瞿秋白和弟弟们住一间。

1904年，瞿秋白五岁，到星聚堂舅父庄怡亭坐馆的庄氏书馆里读书。书房设在九皋楼前进的西侧的一个大房里。这进房屋共有七间，居中三间叫作新厅，新厅西边一间就是书房。这间房在墙上开了扇单门，北墙上是六扇格子窗，窗下放一张不大的四方木台，这就是庄怡亭的书案。私塾里总共有八九个学生，他们的座位全排在庄书案的右侧，面东而坐。瞿秋白的座位紧挨着庄先生的书案，是一张有两个抽屉的长方桌。桌面上放着笔墨纸砚和蒙童读本，桌后是一张老式的靠椅。

庄怡亭年纪很轻，只有18岁，还是第一年坐馆。但他不失严师风度，对塾生的要求是相当严格的，除了规定的休息时间外，塾生们不得随便走出书房，否则要受到责罚。

书馆的功课，一开始是识字，接着读蒙学课本如《百家姓》、《神童诗》等。瞿秋白在入学之前母亲曾经教他识字，所以先生一教，很快就学会了；有的字先生还没有教，他已经会读会写了。瞿秋白入塾第一天，庄先生教了八个字："聪明伶俐，青云直上"。这是瞿秋白在家中就学会了的字。放学回家，他跑到母亲面前，一边写给母亲看，一边得意地说："早已晓得了。"

每天早上，瞿秋白穿一件洗得洁净的半新的蓝色竹布长衫，有时也罩上一件玄色的旧马褂，背一个暗绿色的书包走进教室。他给先生施礼后，就在自己的座位上正襟危坐，静悄悄地读书。读熟了就背诵给庄先生听，背对了，先生在书上首用红笔勾一下。接着就是听庄先生讲书，讲过以后又是读书，从下午一直要读到晚上放学。读书的时候，塾生们放开喉咙，学着庄先生的声调，读得抑扬顿挫，畅快热烈。这时，书声琅琅，九皋楼里的人都听到了。

私塾读书只有暑假、寒假，平时不休星期日。每逢农历的重要节气，如清明、端阳、中秋、冬至等，照例是要放假的。这时，塾生们要给庄先生送肉、鱼、蛋、糕等礼物，或者恭请庄先生到自己家里饮宴一番，这叫作"请先生"。

星聚堂的夏天相当热。吃过晚饭，瞿秋白常常和邻居的小朋友在一起，围坐在天井里的圆桌旁纳凉。母亲金衡玉坐在孩子们身边，摇着一把扇子，一边替他们赶蚊子，一边给他们讲故事。有时候她叫大家猜谜语，或者教瞿秋白背诵唐诗。孩子们最喜欢听《聊斋志异》的故事，母亲常给他们讲《鼠戏》、《狐嫁女》、《种梨》等。瞿秋白非常喜欢听《种梨》。这是一篇讽刺吝啬的卖梨人的故事。一位神奇的老道士用仙法种梨，片刻就把那个高价卖梨的吝啬人的一车梨分给大家吃掉了。瞿秋白和小朋友们都喜欢这位豪侠仗义的老道士，而厌恶那个贪婪的卖梨人。此外，对于《聊斋志异》里那个闻歌起舞献艺的老鼠精，能够千里之外摄取金杯的狐狸，他们也听得津津有味。除了《聊斋志异》故事，母亲还常常给孩子们讲一些别的故事。一次，她讲《孔雀东南飞》故事，瞿秋白听完说："焦仲卿刘兰芝夫妻感情那么好，为什么婆婆不要她？真是太可恶，恶婆婆！"一次，母亲讲《木兰辞》故事，瞿秋白天真地问道："木兰是个女子，怎么会装扮成男子，在军中十多年人家认她不出来？我不相信。"常州是太平天国占领过的地方，后来被清朝和外国反动军队联合攻破，金衡玉也常常讲些太平天国的故事。当时，太平天国起义者的形象虽然往往被人们丑化了，但是，瞿秋白对那些英勇反抗清朝统治，为穷苦百姓拼死打天下的"长毛"，却寄予了深切的同情和崇高的敬意。

冠英小学

　　瞿秋白在九皋楼读了一年多私塾，到1905年，他六岁的时候，就到刚刚建立的冠英小学堂读书去了。

　　冠英小学堂离星聚堂不远。在星聚堂所在的织机坊前面，隔着一条大街有一条宽二丈左右的小河，叫庙沿河。河上有几座桥，靠近织机坊左边的叫觅渡桥，右边的叫甘棠桥。过了觅渡桥，再沿河岸往右走不远就是冠英两等小学堂（今觅渡桥小学）。当时，学校分高等和初等两级，共有学生87人。其中，高等分甲、乙两班，共55个学生，初等只有一个班，有32个学生。秋白读的是初等。

　　冠英小学堂，最初设在原冠英义塾，借邻宅隙地为操场。继则借觅渡桥北庄三贤祠，又借东邻瞿氏宗祠为东三斋教室。后来宗祠回索，于是拨城西察院旧基出售，用这笔款赎回祠后隙地建筑教室。教室的房屋是一座九开间的平房，房中间是一条走廊与后院相通，走廊两边各有两个教室，三棵梧桐树并排耸立在教室的北面。教室前面是个比较大的天井，学生下课后就在天井中玩耍。

冠英小学堂堂长庄苕甫，名鼎彝，以字行。他虽是举人出身，但颇有维新思想，矢志改革教育。他定校名为"冠英"，取"冠乎群英"之义。学堂有《校歌》、《春季旅行歌》、《春秋季运动会歌》等，歌词内容反映了办学者追求新思想，培养新少年的远大抱负。《校歌》号召学生要在欧风美雨的冲击中，为振兴老大的中国贡献力量："欧风美雨，飞渡重洋，横来东亚兮。睡狮千年，誓将惊醒兮。大有为兮，冠英学生兮。"《春秋旅行歌》云："方春之时作旅行，足力更奋迅，名区胜地恣遨游，处处好印证。花花草草有精神，莺燕都成阵。少年世界春世界，努力向前行。"《春秋季运动会歌》云："天择由来因物竞，运动要竞争。胜固可喜，败欣然，都是弟兄们。胜不相让，败相救，团体要坚韧。合群起兵视此行，勖哉我学生。"这两首歌都宣传团结互助，奋进不止的精神。

在教学方法上，学堂反对旧书院私塾死读死记的方式，注重科学实验。教师在瞿秋白这一班讲生物时，当堂解剖小狗，指点内脏器官的结构和位置。瞿秋白看后对同学说："古人常说良心要放在当中，可见他们并不知道心是在胸的左侧。"瞿秋白在学堂里读了四年，他读书用功，成绩优良，是一个聪敏老实，深受师长和同学称赞的好学生。

在冠英小学堂，瞿秋白和同学们经常听到老师讲些常州的历史掌故。例如，宋朝末年，蒙古大军打到常州，烧杀抢掠，城市屋宇全部被焚毁，仅仅留下城外的18户人家，史称十八家村。明代末年，常州奔牛镇出生的美女陈圆圆是吴三桂的爱姬，后来被闯王李自成麾下的大将刘宗敏抢去，吴三桂一怒之下竟引清兵入关。再如，太平天国末年，常州是被李鸿章雇用的洋枪队攻破的。老师讲述的这些历史故事和民间传说，富有文学色彩，对于肯思索的孩子们，具有很好的启迪作用，增加了他们观察世界、认识社会的能力。据瞿秋白童年的挚友羊牧之回忆，有一次瞿秋白在学校里听老师讲胭脂井的故事，他回来说："五代时期，南唐的金陵（南京）有个李后主，宋兵打来破城入宫，李后主就把妃子藏在后宫的枯井中，后被宋兵捉住。写'帘外雨潺潺'的李后主，竟投降了赵匡胤。还有三国时诸葛亮做他丞相的刘后主，后来也投降了魏国司马昭。这些后主，有的词虽然写得好，但他们都不过是亡国之君。"

尽管小学生活在任何人的一生中都是值得怀恋的，但瞿秋白从小学开始，日趋没落和衰败的家庭生活，已经使他逐渐变得沉默和抑郁了。

生活的困难，使得瞿秋白的精神相当苦闷，总是抑郁寡欢。他终日沉默寡言，埋头读书。除了学堂的规定功课以外，他还抽时间广泛阅读他所能得到的古典文学作品。

有一次，大概是瞿秋白九岁的那年农历春节，父亲买了一本《绣像三国演义》给他。他在走廊上翻看书上的绣像，看得正起劲的时候，忽然听见屋中哗啦一声响，整桌的碗盏都打翻在地了。接着，听到父亲瞿稚彬的怒骂声："混账东西，办他！拿我的名片，送他到衙门里去！"

在黑暗的中国，即使是仅仅有着虚衔的士绅，也可以勾结官府，横行乡里。瞿稚彬虽然不是那种坏人，与官府也没有太深的关系，但是，单凭着他的一张印有"候补盐大使"虚衔的大红名片，也足以使穷苦百姓遭到官府的鞭笞。后来，瞿秋白果然听到那个被送去的人被衙门打了20大板。这件事，使瞿秋白非常奇怪：随便拿一张大红名片，就可以使官府打人，这算是什么道理？这件事使他懂得了：为富人撑腰的官府，不过是专门为着欺压和凌辱穷人们而设的。这时，他再去读《三国演义》中《张翼德怒鞭督邮》那一回，就觉得很解气。对于张角兄弟的谋反，瞿秋白也理解了：既然你们要打穷人的屁股，穷人自然就要造反，有什么理由要叫人家"黄巾贼"呢？

同学中的杨福利，是瞿秋白三弟景白奶妈的儿子，比瞿秋白大两岁；金庆咸是瞿秋白的姑表兄，三人学《三国演义》中桃园三结义故事，各取别名，结为兄弟。杨福利居长，号霁松；金庆咸号晴竹，居次；瞿秋白居末，号铁梅。

常州中学

1909年，瞿秋白10岁。这一年春天，他从冠英小学堂初等班毕业，在家中自修。秋天跳级考入了常州府中学堂预科。翌年转入本科。同校学生张复，就是后来的中国共产党最早的党员之一、广州起义的领导者张太雷。

常州府中学堂，坐落在常州城东门内玉梅桥护国寺旧址。1905年由常州府和府属八县（武进、阳湖、金匮、宜兴、荆溪、江阴、靖江、无锡）共筹资金兴办，1907年正式开学。1913年改名为江苏省立第五中学。这是当时常州唯一的一所新式中学校。校内设备比较完善。有可容纳数百人集会的礼堂、数百人住宿的学生宿舍，此外有图书馆、实验室、标本室、风雨操场等。校东南部为露天大操场，倚东城墙，墙外就是著名的天宁禅寺，暮鼓晨钟，清晰入耳。校内西部辟一小园，名为西园，有亭石花木之胜，园北设音乐教室，漫步其间，时闻琴声、歌声、书声相应和。

中学堂分为预科、本科两级。开办时仅一百八十余人。本科之外，附设师范科。民国初年改清末学制5年为4年，附设高等实业科及简易师范班。学堂课程很多，如第三学年每周授课安排为：修身一，讲经读经九，国文五，外国语八，历史二，地理二，算学（代数、几何）四，博物二，图画一，体操一，兵操一，学生课业负担很重。常州府中学堂于教学之外，还重视课外活动，而且多种多样。学堂以学生膳费节余设置游艺部，内设图画、篆刻、昆曲、军乐、柔术、标本、园艺、测量、地图绘制、摄影、手工、拳术、体操、击剑、英语、演说，等等。学生可根据自己爱好自由参加。

瞿秋白入学不久，1909年11月间，校庆两周年，举办学生成绩展览会，同时展出学生参加课外活动做出的各种手工、绘画、篆刻等。1910年8月，全校学生赴南京参观南洋劝业会的展览。会上常州府中学堂的展品甚多，引人注目。学生们游览了明陵等名胜。1911年春，全校学生、教职员等450多人，乘火车到无锡惠山旅行一日。同年10月辛亥革命发生，学校暂时停课，成为驻兵场所。直到1912年4月才复课。同年10月，全校师生乘船赴宜兴旅行，参观了蜀山、丁山的陶场，游览了张公洞。1914年6月10日，全校学生坐船赴上海参观展览会。常州中学（辛亥后改称江苏省立五中）有80多件展品被选送巴拿马万国博览会展出，其中有瞿秋白制作的展品。

瞿秋白的兴趣在于文科，他喜欢读历史和文学书籍，特别喜欢野史、轶闻，其中记载着帝王的腐败，官府的横暴，民间的疾苦，以及群众的反抗斗争。这些书在当时是被列为"禁书"，或者是被称作无聊的"闲书"而严厉禁止学生阅读的。

瞿秋白的叔父家中藏书很丰富，有正史、野史、稗史，并且有太平天国的书籍。瞿秋白读后，曾在史书上写眉批痛诋投降清兵的明朝大臣洪承畴。他还经常与老师和同学谈论他的这些观点。

有时，上课的时候，瞿秋白就在书桌上偷偷地阅读这些书。一次，被老师发觉，没收了一本太平天国野史；可是第二堂课，瞿秋白还是照样伏在书桌上悄悄地读他的"禁书"。

瞿秋白在中学时期读书的范围是广泛的。他的同学李子宽先生回忆说：

> 秋白……独于课外读物，尤其是思想性读物，研读甚勤，如《庄子》、《仁学》、老子《道德经》、《新民丛报》、《饮冰室文集》等。在民初中学初级学生中能注意此类读物者并不多见，尤其是江苏五中。我班同学受秋白影响亦偶而借阅《饮冰室文集》及《仁学》等，此两书内容秋白在校时常引为谈助。唯《庄子》除秋白外，他人皆不易无师自通，亦唯秋白能独立思考①。

中学生们一律在校住宿，学校制度照例是严格的。学生平时不准回家，只有从星期六晚到星期天的上午可以休假回家。星期日中午到校用膳，学监点名，不到者下周禁假。平时，如果要回家，必须持家长的请假书，否则是不准假的。学校实行点名制度，除上课点名外，每天还要点四次名：吃三顿饭点三次，临睡觉前还要点一次。

教室的房屋是平行的三进，每进有两间教室。后来，把中间的一进拆除，改建在西面连接前后的两进；头进房门改为朝北，与后进房门相对，恰好成一个门形。这样改建，便于学监察看学生排队和上课的情况。上课铃响，学生们依次排列在教室前的走廊里，等候先生。先生到了，由班长喊口令，然后鱼贯进入教室。

教室的东北面是一排三幢楼房，每楼十间，楼上是学生宿舍，楼下是自修室。每天上完课以后，学生们都聚集到自修室复习功课。

旧时的中学堂，陋规很多，校内工友地位最低，工友行路遇见教师必须闪在路旁，立正行礼，恭而敬之地让教师通过；学生和工友不得交谈，当然更不许交朋友。瞿秋白是不满意于这些落后的制度的。瞿秋白自修时往往不在自修室，而常常到学校的医疗室去看书。那是一个幽静的地方，特别是那里有他的好朋友——工友费金生。费金生是个从农村来的青年，在医疗室作工，住宿。他朴实，热情，能干，懂得种田的知识，知道农村的情形。瞿秋白非常愿意同金生谈心，把他当成自己的兄长，敬重他，信赖他，同他无所不谈。当时的中学堂富家子弟很多，几乎没有人自己洗衣服，而是花钱请人洗。瞿秋白家境困难，没有钱请人洗衣，又不能请假回

---

① 李子宽：《追忆学生时期之瞿秋白张太雷两先烈》。

家换洗衣服，费金生就常常在出外办事时顺路替瞿秋白把穿过的衣服送回家去，洗净晾干以后又去帮他取回来，有时还帮他送信取物。费金生对这位生活清苦、聪明好学的少年朋友，无微不至的关怀，是瞿秋白永远不能忘记的。

  常州中学堂在当时算是比较进步的学校。校长屠元博曾经留学日本，并在那里加入孙中山创立的同盟会，庶务长朱稚竹、兵操教员刘百能等教师也是同盟会员。他们常在学堂里进行民族革命教育，并积极组织学生进行军事操练。学生思想活跃，很多人都倾向于革命。瞿秋白、张太雷等在屠元博的影响下，对孙中山的反清革命十分关注。他们关心时政，痛恨列强的侵略和清朝的暴政。瞿秋白常常指着头上的辫子对同学说："这尾巴似的东西，留着有什么用，我们非把它剪掉不行！"不久，武昌起义的消息传来，瞿秋白独自在星聚堂的西房，自己把辫子剪下，拎着它欢跃地对母亲说："皇帝倒了，辫子剪了。"

  对现实的不满，不免在文字中流露抒发出来，瞿秋白的一篇作文赞颂了敢于反抗官府的农民。国文教员陈雨农，江苏宜兴人，思想反动，咒骂革命党人为"乱贼"，当然视瞿秋白的文章为"大逆不道"，他在文末写了大段批语予以"纠正"，瞿秋白看后，竟在陈雨农的批语后再加上批语，痛加驳斥。陈雨农恼羞成怒，告到学监那里，给瞿秋白记过处分。这种高压，并不能使瞿秋白屈服，他依然敢于反抗邪恶，勇于追求真理。这种品质，他直到最后都不曾少减。

  常州中学堂收费甚多，学费、宿费、膳费等加在一起每年要付几十元钱，相当于一个小职员一年的薪资收入。① 按校方规定，学生每年要做两套制服，夏天是白制服，冬天是呢制服。瞿秋白每年缴纳学杂费等已经相当勉强，哪里还有钱付制服费。瞿秋白中学时代所穿的衣服，多是母亲用父亲的旧衣服改成的长袍马褂，冬天棉衣的外面行线很密，以其耐磨久穿不坏。这一身朴素的打扮，当然为那些富家子弟所瞧不起，有意疏远他。瞿秋白则不屑于理睬他们，他除了发愤读书之外，常常同几个要好的同学在课余时间聚在校园树下，谈论诗词、小说、篆刻、绘画。平时沉默寡言的瞿秋白，只有在这种场合里，才显得轻松愉快，谈笑风生。李子宽先生记述当时情景说：

---

  ① 冠英小学初级班，每月学费三角，一年只缴银三元左右。但常州中学堂，学年开始即缴学费30元，膳费30元，此外还需购买文具书籍，所费颇多。

省立五中（按指常州府中学堂，辛亥后改称江苏省立第五中学校）制度，上午上课四小时，下午上课两小时；下午三时后，学生课较差者补课一小时，如国文、英文等。其他学生则于此时间上游艺课一小时，游艺内容有书法、篆刻、军乐、雅歌等，由学生自由选择分组练习。秋白曾一度选雅歌（昆曲）学"拾金"一出，既而弃去。以后彼于著作中曾批评唱曲行腔咬字尽符自然，其认识即基于此。后一年改习篆刻（治印），我亦与俱，其时发现秋白于小学（说文）有相当知识，于各种印谱早有研究，较诸我辈初作尝试者迥然不同（按秋白六伯父世琨能篆能刻，秋白自幼学习。中学国文教师史蛰夫善治印，看到秋白喜爱此道，就精心教他）。秋白于治印之皖浙两派，于浙派较为爱好，所治印章在校时为多……秋白于音乐能吹洞箫，偶于月夜一吹，音调婉转而凄楚，似唯此器适合于其性情。于国画能作山水，但亦不常作，在校时只写过两三幅，后在北京俄文专修馆学习时期曾画过两三幅，我乞得一幅。

李子宽先生接着说：

自1913至1914年之间，秋白课余时间付诸吟咏者不少。最初，我班同学年龄较幼者四人即江都任乃闇、宜兴吴南如与秋白和我，相约学作诗词，从咏物开始。我未得其门径，不久即退出。秋白与任、吴乐此不疲，各存二三百首，抄录成帙，秋白与任君进步尤速，惜稿早失三人中唯秋白间亦作词。①

瞿秋白在中学时期的文学爱好，羊牧之也有如下的记述：

秋白在中学时，旧小说如《西厢记》、《牡丹亭》、《聊斋志异》、《花月痕》等，都看过。已开始读《太平天国野史》、《通鉴纪事本末》、《中国近世秘史》、梁启超的《饮冰室文集》、谭嗣同

---

① 李子宽：《追忆学生时期之瞿秋白张太雷两先烈》。

的《仁学》、严复的《群学肄言》、陈曼生印谱、百将百侯图印谱、吴友如画宝,以及《庄子集释》、《老子道德经注》。枕边书桌上经常放置《杜诗镜铨》、《李长吉歌诗》、《词综》等。

  一次秋白来我家吃饭后说:"我们做一个中国人,尤其是知识分子,起码要懂得中国的文学、史学、哲学。文学如孔子与《五经》,汉代的辞赋,建安、太康、南北朝文学的不同,以及唐诗、宋词、元曲、明清小说的特点。史学如先秦的诸子学,汉代的经学,魏晋南北朝的佛学,宋明的理学等,都要有一个初步的认识,否则怎能算一个中国人呢?"

  这个"起码"的条件,对于穷困而又没有文化的老百姓,不能不说是有点过分。但是,对于一个愿意有所作为的知识青年,不管他是贫是富,都应当有这样严肃的、积极的追求。瞿秋白自己不仅这样说了,而且在他一生中都能够身体力行,完全这样做了。

(陈铁健)

并不宁静的"学者"

  张闻天离开政治舞台后,开始了他的"学者"生涯。
  他亲自跑图书馆,借阅各种文本的经济学书刊;他将《资本论》摆在案头,重新从头阅读;他参加了孙冶方主持的社会主义经济学教科书编写工作,出席各种讨论会。1961年3~5月在香山举行教科书座谈会,他干脆也在那里住下来。会开了两个多月,他参加了两个多月,只有取书、拿衣服才回来过几趟。
  学者的生活表面看来是宁静的,没有送往迎来,不要批办案件,也没有什么人来请示汇报,但张闻天的内心却怎么也宁静不下来。庐山会议后中国经济的现实,无情地回答了批判者对于张闻天他们的批判。中国正经受着饥饿的煎熬,而"左"的理论却还是那样风行。张闻天感到忧虑。"居庙堂之高,则忧其民,处江湖之远,则忧其君",这是范仲淹提倡的封建官吏的准则。作为共产党的高级干部对国之大难、民之大难能不善谋良策吗？

张闻天本来就不苟言笑，现在是更其沉默了。他不断地作笔记，写文章。有时，他摸摸索索打开保险柜，将庐山发言的记录本拿出来看，对我说："我讲的实在没有什么错啊！"

1961年夏天，我陪伴张闻天到青岛疗养。从7月15日至9月16日，两个月时间，张闻天专心致志地研读马克思的《资本论》。我经常看他临窗沉思，伏案书写。海滨漫步，兴之所至，他也常跟我从《资本论》讲到我国经济翻车的原因和入轨的办法。我内心折服他的见解，但又为他捏一把汗，弄文罹祸，苦头还吃得少吗？

张闻天在青岛写的笔记，以及在这前后写的笔记，他一直珍惜地收在保险柜里。"文化大革命"起来，经济所的造反派冲进来抄家，硬逼着张闻天把保险柜打开，把柜子中文件连同十多本笔记本一起抄走。笔记本中所写的观点当然成了"反革命修正主义"的罪证。但张闻天始终不悔，直到晚年还一再记挂这批笔记本。粉碎"四人帮"以后我到处寻觅，后来中组部的同志才从接收的张闻天专案组的材料中找到了九本，送还了我。

翻开这些笔记，张闻天苍劲的字迹，朴素流畅的文句，扑面而来。从字里行间我看到了他那颗忧国忧民的心。

在青岛两个月，他在三本笔记本上写了178页，约有六七万字的政治经济学笔记，内容涉及社会主义社会各个方面的问题，有对当时流行的"左"的观点的尖锐批评，有对社会主义的系统论述。

8月10日，写的是"关于按劳分配"，有将近10页，其中写道：

> 社会主义、共产主义就是为了人们生活得更好。怕说生活，怕生活好了就会资本主义化，这是一种错误的思想。
> 关于物质鼓励和精神鼓励。
> 是物质鼓励加精神鼓励。
> 怕说物质鼓励是不对的。
> 仿佛谈物质利益就是卑鄙，谈精神就高尚？
> 精神不能离开物质，无物质就无精神。
> 只追求物质享受。而不愿劳动，那是卑鄙的。劳动之后得到一定的物质享受，这有什么卑鄙！

8月16日的笔记论到社会主义的矛盾问题：

> 把社会主义的基本矛盾，说成是两个阶级（资产阶级、无产阶级）和两条道路的矛盾，说在社会主义发展过程中，这一矛盾贯彻始终，这是否把阶级矛盾与斗争扩大化了？把社会主义建设问题上许许多多不同的意见，都看成是两个阶级、两条道路的斗争，就必然要乱戴帽子，任意开展斗争了。"双百"方针当然也不可能实现了。

张闻天支持孙冶方《论价值》一文的基本观点，认为应该正确地掌握和运用价值规律。他写道：

> 当一个规律（价值规律在内）被认识以后，它不但不能起破坏作用，而且可以很好地为人们所利用，造福于人类。关于价值规律的防止、限制和提高警惕等，表示人们还并不能掌握这个规律，运用这个规律，因而在这规律的自然作用前面表示恐惧。

由此张闻天还联想到经济学界对《资本论》经济范畴的使用也有一种恐惧，"怕在使用中犯修正主义错误"。张闻天认为，"只要说明《资本论》范畴在社会主义起了根本的质的变化之后，这些范畴的充分运用，不但无害，而且有利。因为这些范畴虽然表现资本主义社会的特殊性，但也表现一切社会化社会生产的共同性，还不说在社会主义下也还有资本主义的残余。"从中可见张闻天对《资本论》的深刻领会和用以解决实际问题所作的努力。

张闻天从9月6～16日写的《关于社会主义和共产主义的要点》，是长达54页的文稿，针对1958年提出的向共产主义过渡和1960年开始提出的"过渡时期"是一个长期历史阶段的错误而发，系统地论述了社会主义社会的性质、特征和它的发展规律，今天读来，仍感到它的理论力量和科学远见。

我对哲学和经济学没有什么研究，对张闻天所论，说不上透彻理解，但我总觉得，张闻天的笔记中有那么一股探索的精神、求实的精神、勇敢的精神，有那么一种强烈的为人民谋幸福的愿望，想来是不错的吧。

（刘 英）

王稼祥就读莫斯科中山大学

1925年10月28日,王稼祥离开吴淞口,登上了停泊在长江口的一艘苏联货船,同100多名革命青年一起,乘风破浪,向着海参崴前进。

这批革命青年是从上海、江苏、安徽、江西、湖南、湖北等地选派来的。在这批人中,还有张闻天、沈泽民、吴亮平、伍修权、陈绍禹等人。中共中央选派了两位精通俄语的杨明斋(他是苏俄的华侨)和周达文(他是同瞿秋白在北京俄文专修馆专攻过俄语)负责带领这批留苏学生。

船抵海参崴正好是11月7日。为了纪念十月革命节八周年,海参崴整个城市披上了节日的盛装,机关、团体、学校和居民都沉浸在一片欢乐中。王稼祥和全体中国学生都参加了当地举行的纪念十月革命节八周年大会。中国学生们在海参崴休息、逗留了两三天。海参崴是苏联同我国毗邻的边境城市,华人很多,市容整洁,秩序井然,城市建筑的风格和色彩同我国东北边境地区几乎没有什么差别。这给王稼祥留下了深刻的印象。

从海参崴出发,改乘火车,沿着横亘西伯利亚的铁路开赴目的地莫斯科。一路上,白雪皑皑,万里冰封。当时,苏联国内革命战争结束不久,经济还很困难,列车上设备简陋,不用说取暖设备没有,就连餐车和开水炉也都没有,旅客们等到沿途停靠大站时,才能下车打开水和购买食品;也正因为燃料供应不足,车速又很慢,在这样酷冷的季节作7400公里的长途旅行,其艰苦程度可想而知。王稼祥既已下定了学习革命理论、去预备革命的决心,早就有过艰苦生活的思想准备,眼前这一点困难,当然不在话下。在赴莫斯科途中的所见所闻,使他饶有兴趣地回想起瞿秋白在《俄乡纪程》中所记述的情景,简直一模一样;也具体真切地体会到上海大学附中部主任侯绍裘在同他谈话时告诫他的一些话确实符合实际。

一路上,王稼祥情绪饱满,只希望早一点到达向往已久的"赤都"——莫斯科。到达莫斯科时,中山大学已派人到车站迎接这批中国留学生。中山大学坐落在莫斯科河西岸的沃尔洪卡大街16号。这是一座规模很大、四面环抱的大楼，挺立在高大的树木之中，校园在大楼中间。学校周围的环境十分优美，前面是一座金碧辉煌的教堂，校园外有一个大广场，不远处有一所美丽的公园，屹立着普希金的铜像。这是一个理想的学习场所。①

苏共和斯大林对帮助培养中国革命的干部十分关心和支持。尽管当时国内经济很困难，校方还是想尽办法为中国学生们提供了较好的学习条件。学生宿舍很大，每个房间整整齐齐地排列着十张钢丝床，每张钢丝床上放着毛毯和俄国式的鹅绒大枕头，床头放着床头柜；室内靠墙放着大衣柜，柜内分成许多长格，每个学生都有一个长格存放衣服。尽管室外冰天雪地，而室内都有壁炉生火，温暖如春。学生们一到校，都领到了衣服和鞋袜。伙食也比较丰富。校方对中国学生们确实关怀备至。

进入莫斯科中山大学的中国留学生们，每个人都起了一个俄文名字。张闻天的名字叫思美洛甫，乌兰夫的名字叫拉谢维奇，伍修权的名字叫皮达可夫。王稼祥的名字叫康姆纳尔，俄文 KOMMYHAP，意思是公社党人。

中山大学开设的课程：语言课，主要学俄文，选修英文或法文；马列主义基本理论课，有政治经济，列宁主义，辩证唯物主义和历史唯物主义；历史课，有社会发展史、中国革命史、东方革命史和西方革命史，此外还有中国问题、经济地理等课程。王稼祥因为英语基础较好，入学后即同张闻天、沈泽民、吴亮平等 11 人编入英语班，直接听外语讲课。

KOMMYHAP 勤奋学习、刻苦钻研的精神在中国留学生中著称。

伍修权这样回忆：王稼祥学习"十分勤奋，特别爱静、爱读书。当时我们的宿舍条件并不很好，就在走廊里放了许多小桌子，给大家用来自习。稼祥同志每天晚上回到宿舍后，至少还要加班两个小时。他自学的位置就在我住的寝室外面，我几乎每晚都看到他伏在那张小桌子上，认真阅读英文或俄文的理论书籍。他这种刻苦自学并且持之以恒的精神，对我的思想曾经有很大的触动和影响。""在中山大学期间，稼祥同志留给我的印象既

---

① 中苏友协会长伍修权 1988 年访问苏联后，在《友谊之行——访苏观感》一文中说："1925 年，我那时还是一个 18 岁的青年，来到苏联，成为莫斯科中山大学的第一批学员。60 年过去了……中山大学的旧址已面目全非。原先的二层楼房已扩建成四层楼房，空旷的临街院子里则盖起了新的建筑物，门口挂着苏联科学院哲学研究所的牌子，要不是有向导指路，谁能认出这就是当年中山大学的旧址呢？"

是一个勤勉的学生，又具有学者的稳健风度。"①

吴亮平回忆当年同王稼祥"一起在莫斯科中山大学英文班学习"的情景。他说："稼祥同志学习十分用功，成绩很好。"②

杨放之也回忆说："稼祥同志给人的印象是学习很用功，对问题有见解，有主张，但说话不多，不夸夸其谈。"③

中山大学的教学方法注重理论联系实际，除了课堂讲授、学生自学和小组讨论外，还有实地考察。学校经常组织学生们参观工厂、农庄和革命历史遗址，进行革命传统教育。通过实地考察，接触工农群众，使王稼祥革命勇气倍增。

青年王稼祥是中苏两国人民友谊的热情传播者。他在1926年1月19日给王柳华、王久长的信中写道：

赤旗盈空，雪天万里，把中国的革命青年置身于斯，自然增加了不少革命勇气。

苏俄是无产阶级革命成功的国家，现在一步步建设社会主义社会。工农的生活，非常平安，普通工人每月可得薪水四五十元，而官厅最高官员月薪亦不过二百元，这可见苏俄人民之平等了。

苏俄人民对于中国革命运动极其注意，而尤其对于中国革命青年表示出十二分的热情欢迎。我曾参加过几次俄国工人庆祝1905年革命的纪念会，在谈话中，在讲演中，都可表现他们十分希望中国革命早日成功，来同苏俄携着手，共同去打倒国际资本帝国主义，来建设社会主义的世界。

我曾去参观几个工厂，大概情形如下：每个工厂都附设俱乐部、读书室、大会场，工人每日工作八小时后，即可自由往俱乐部或读书室去娱乐去读书。每个工厂都为政府所统辖。女工工厂内还附设有幼稚园。较之中国，真有天壤之别，这样，哪能再说，中国工人不起来革命呢？

在给王柳华的另一封信中，回答他提出的一些问题。

---

① 《回忆王稼祥》人民出版社1985年版，第20—21页。
② 《回忆王稼祥》人民出版社1985年版，第28页。
③ 《回忆王稼祥》人民出版社1985年版，第31页。

关于中山大学毕业后干什么的问题，王稼祥说："在这儿学习革命，将来自然是干革命。"

在回答有关苏俄情况的问题时，他说："请你多看关于苏俄的书籍及刊物。讲一句话，俄国现在是无产阶级专政的国家，所有从前的被压迫者，现在是非常自由非常快乐。"

在回答俄国人对中国人是否平等时，王稼祥直截了当地说："自然平等，俄人对于中国人，是非常亲爱的，因为俄负有世界革命的，对于中国革命青年极其爱戴。"

关于是否必须采取新经济政策的问题，他回答说："新经济政策是达到社会主义的路径，自然是俄国必取的政策。"

对王柳华提出的"是在国内研究纺织还是来莫学习？"这一问题，王稼祥满腔热情地说："我的回答如下：中国既是受帝国主义的压迫，哪里能提倡实业，就是空口讲讲，也不过做个资产阶级的走狗。我们知道最先进的最革命的是工人，而中国人数的大半也是工人农人，所以我们应以工农之利益为利益。你现在既决意走上革命道路，最好是来莫学习，就是立刻不能办到，我劝你进上海大学，去学习革命，上海大学是在中国的中山大学。你以为然否？"

王稼祥是同时代青年的良师益友。为了帮助王柳华学习革命理论，王稼祥向他介绍了几本书：1.《社会主义讨论集》；2.《中国青年社丛书》；3.《阶级斗争》，考茨基著，恽代英译；4.《共产党宣言》和布哈林著《共产主义ABC》；5.《列宁主义概论》，斯大林著，瞿秋白译；6.《向导》及《中国青年》周刊。这份书目是帮助青年走向革命的指路明灯，充分体现稼祥对同时代青年成长的关心。

1926年3月12日孙中山逝世一周年，中山大学和联共（布）莫斯科市委员会召开了纪念会。会上，联共（布）中央政治局委员、共产国际执委会委员托洛茨基，中国国民党中央执行委员胡汉民，中山大学校长拉狄克，日本共产党领导人、共产国际执委会委员片山潜分别作了讲演。王稼祥也参加了这次纪念会。听托洛茨基的讲演，已经不是第一次；1926年1月，中山大学在莫斯科工会大厦举行开学典礼时，托洛茨基作为联共（布）党内著名的理论家所作的长篇讲演，曾经博得了中国留学生们的钦佩。此时此刻，在纪念孙中山逝世一周年的日子里，王稼祥不由得回想起在圣雅各中学追悼孙中山大会的情景，短短一年内，中国革命发展变化之迅速，出乎人们的意料，而个人经历的变化也说得上异乎寻常。那个时候，自己虽然确定了"去干社会和政治革命"的决心，但是应该通过什么道路把这种决心付诸于实践，现在才进一步明确了。

王稼祥经过系统地学习马克思列宁主义基本理论和实地参观考察，明确认识到苏联是各国无产阶级革命的榜样，在中国也只有用革命手段才能推倒帝国主义的统治。

他在给王柳华的信中说："俄国是"第一个无产阶级打倒资产阶级而获得政权的国家，吃人膏血的资本主义至此遂宣告死刑。其他国家的工人，必然的不久也要推倒资产阶级获得政权，无产阶级的国际主义那时就实现了。"[1] 他认为，中国要从帝国主义侵略下解放出来，"只有用革命去推倒帝国主义不可。要革命，必须有组织的政党来组织民众不可。可是中国革命是世界革命之一部分，中国要打倒帝国主义，各国的无产阶级，也要打倒帝国主义，所以东方的被压迫的民族，一定要和西方的无产阶级联合起来共同去干革命不可。"[2] 他认为，在中国，真正完全代表无产阶级利益的是中国共产党。"中国共产党，头一步是与其他的革命阶级联合，以图打倒帝国主义，使中国从帝国主义的铁蹄下解放出来，建立独立的国家，而后再打倒本国的资产阶级，建立无产阶级专政，实现共产主义。"[3]

经过一年多时间的努力，王稼祥开始熟练地掌握了另一门外语——俄语。他在给王柳华的信中多次讲到：我幸亏有英语语言的基础，很快地学会了一种新的语言。现在我说和写都很流畅。从1926年起，学校分配他当西欧革命史课的翻译。正如他自己所回忆的，"虽然我当时的俄文'水平'还不能全部理解教员所说的，尤其困难的是把学生所说的话翻译成俄文告诉教员。"1927年又分配他给新生讲授西欧革命史课。这个时候，20岁刚出头的王稼祥，已经初步掌握了马列主义基本原理，学贯中西、才华横溢，在中山大学同学中崭露头角了。

王稼祥是第一批到莫斯科中山大学去学习的，后来国内又陆续去了好几批。中山大学的学生越来越多，当时学习中的最大困难就是缺少中文参考书。驻共产国际的中共代表团瞿秋白、邓中夏等同志到中山大学来要求俄语掌握得比较好的同志多翻译一些马列著作。王稼祥和张闻天、吴亮平

---

[1]《王稼祥选集》人民出版社1989年版，第4页。
[2]《老一代革命家家书选》中央文献出版社1990年版，第15页。
[3]《王稼祥选集》人民出版社1989年版，第7页。

等都参加了这个工作，吴亮平翻译了《社会主义从空想到科学的发展》，张闻天、吴亮平合译了《法兰西内战》，等等；而王稼祥则承担了列宁《俄国1905年~1907年革命中社会民主党的土地纲领》一书的翻译工作。从接受任务到译定付印，前后花了二三年时间。1929年由中国劳动者共产主义大学出版。王稼祥为这本书写的"译者言"，全文如下：

> 列宁的《俄国一九〇五——一九〇七年革命中社会民主党的土地纲领》这本书是在一九〇七年写的。
>
> 译者开始翻译这书，正是当中国土地革命运动高涨的时候，但是等到译定付印，中国的革命已经遭到很大的失败。
>
> 可是为要完成将来的中国土地革命，每个革命者都应当了解无产阶级政党在土地革命中的一般策略的基础，所以这书的译本对于中国的革命者——尤其是领导农民的同志——一定是有很大帮助吧！
>
> 因为中国文字关于经济学的土地问题的专门名词非常之少，译学感受很大的困难，有时只得不惭蒙昧，创造一些新的名词，但每个新的名词后都加以注解，并附原文。
>
> 列宁的著作本不容易翻译，而译者的精力时间非常有限，所以错误定不可免，这就希望读者能够指出，待第二版时再校正吧！
>
> 　　　　　　　　　　　　　　　　　　王稼祥
> 　　　　　　　　　　　　　　1929年2月15日于莫斯科

从这篇"译者言"，不难看出，王稼祥翻译列宁这本著作的目的和意义、翻译工作的简略过程和他对待翻译列宁著作采取的严肃认真、一丝不苟的负责态度。

1927年，蒋介石发动"四·一二"反革命政变，大肆屠杀共产党人。消息传到中山大学，引起了广大共产党员、共青团员的极大愤慨，同时也在一些人中对中国革命的前途问题发生了疑问。4月21日《真理报》上，发表了斯大林《中国革命问题》，这是经联共（布）中央批准的给宣传员的提纲。斯大林指出："蒋介石的政变表示民族资产阶级退出革命，国内反革命中心已经产生，国民党右派已同帝国主义勾结起来反对革命。""蒋介石的政变表明革命已进入其发展的第二阶段，已开始从全民族联合战线的革命转变为千百万工农群众的革命，转变为土地革命。"斯大林还批驳了以拉狄克为代表的联共（布）党内的反对派的错误观点。5月13日，斯大林应邀到中山大学作讲演。在长达三个小时的讲演中，他按照学生们事先书面提出的十个问题，逐一作了回答。斯大林尖锐地批判了拉狄克否认中国农村中封建制度的存在和把国民党说成是小资产阶级政党的一系列错误观点。斯大林在联共（布）党内和苏联人民中，在共产国际内享有崇高的威望，公认为是列宁的忠实学生和列宁事业的继承人，他的名字和列宁并列——"列宁、斯大林"。斯大林的著名演说《论列宁》、《论列宁主义基础》，王稼祥早已认真读过，对斯大林怀有敬仰之情，而聆听斯大林的报告还是第一次。听了这次报告，使他明确了弄清理论观点对指导革命实践有非常重要的关系，识别了他们的校长——拉狄克的一系列错误观点的实质，划清了马克思列宁主义观点和托洛茨基派观点的界线，这对于他研究中国革命问题以及后来投身革命实践，无疑是终生有用的武器。

1928年2月，王稼祥参加中国共产党。他入党不久，即由联共（布）中山大学支部局推荐，去报考红色教授学院。十月革命胜利后，人们对大学教授总有些看不惯，把他们说成属于资产阶级的，苏联开始进行社会主义建设，需要各方面的建设人才，认为无产阶级也应当有自己的教授，叫作红色教授。红色教授学院就是由联共（布）中央创办的培养人才的最高学府。1928年夏天，王稼祥集中精力、聚精会神地复习功课，准备考试。这一年的6月18日至7月11日，在共产国际帮助下，中共六大在莫斯科举行。中山大学有一批学生被抽调去担任翻译或其他会务工作，而王稼祥因为忙于迎考，并未参加六大的工作。杨放之回忆说："稼祥同志准备考红色教授学院时，我经常看到他拿着俄文书认真阅读，记得有一篇马克思的《费尔巴哈的提纲》，比较难懂，稼祥同志聚精会神地、一字一句地钻研，还同别的同志讨论，引起了我深深的敬意。"①

联共（布）中央对红色教授学院报考入学的条件要求很高，其中有一条必须具有几年以上党龄、从事过几年以上党的工作。如果按照这样的条件，那么中山大学的学生一个也不够格。而联共（布）中央对中国学生和俄国东方民族的学生特别优待，对上述条件有所放宽。这样，当时还是候补党员的王稼祥，以优异的成绩同张闻天、沈泽民一起被录取进入红色教

---

① 《回忆王稼祥》人民出版社1985年版，第32页。

授学院东方科深造。论年龄、学历，张闻天、沈泽民都比王稼祥要高。张闻天、沈泽民 1900 年生，比王稼祥大 6 岁，张早年留学日本，1922 年即在美国任华文报《大同日报》编辑，1924 年任中华书局编辑；沈从日本回国后，即在上海商务印书馆任编辑，又在平民女学、上海大学教授英语，而王稼祥去莫斯科前只是一个高中生，他能考取红色教授学院，如果不是依靠非凡的毅力去刻苦钻研，是难以成功的。

(徐则浩)

勤于学习　不断进取

　　勤于学习，不断进取，是王稼祥几十年如一日的优良品质。除了工作，就是学习，而工作和学习，都是为了革命，除此之外，他简直没有什么别的嗜好。他过的是忠于共产主义事业的职业革命家的生涯。五十年代，中南海的怀仁堂和国务院的小礼堂经常有全国各地的汇报演出，春藕斋、紫光阁每星期有一两次的跳舞晚会，离我们的居处只有几步远，音乐悠扬，锣鼓动听，而稼祥则甚少涉足。除了看一些电影之外，他没有其他的娱乐。同志们常常问我，稼祥呢？他为什么不来看戏？王稼祥在家看书、看材料，在埋头工作啊？

　　在他的一生中，学习和工作是必不可少的要素。十个大书柜装得满满的各种中外书籍。他阅读的范围很广泛，政治、经济、哲学、历史、地理、外交、共运、原子弹、核导弹等方面，俄、英、中等文种，他都涉猎。他读《辞源》津津有味。他生病了，就找医学和药物学书看。此外，每天必读各种报刊杂志，再加上工作上的文件材料和内部报道，一本本的参考消息，从不留到明天。20 世纪 50 年代初，我国开始搞农业合作化时，他就看了许多国家有关农业方面的书籍和刊物。1956 年，他全神贯注地研究工业问题。1959 年又聚精会神地研究农业问题，1961 年又把精力贯注在国际共产主义运动中关于战争与和平问题的论战上，全力研究关于原子战争和对外政策以及美苏核讹诈的问题。当然，他花得最多的精力，仍然是研究各国共产主义运动问题上。正因为他书读得多，结合实际不断思考问题，因而在1962年向党中央提出了关于对外政策的一些重要意见，这些意见，不但是忠实于党的，而且是有远见卓识的，这是同他能学以致用密切相关的。

我和他结婚这么久，几乎天天晚上喊他："熄灯睡觉吧"。不论在延安点的是洋蜡、煤油灯，或在北京用的是台灯，他总喜欢躺在床上借着灯光捧书阅读，直到安眠药把他催入梦乡，书也从手中滑落下来。早晨五点便起床，立即投入工作，中午只休息一会儿，晚饭后在中南海边或小院中散散步。王稼祥虽只活了68个春秋，但他争分夺秒来工作和学习，形成了他的特有的生活习惯。

即使在"文革"期间受冤挨斗，万分痛苦的逆境中，他仍不浪费宝贵光阴，主动在家校对英文版俄文版的毛主席"语录"，将发现的错误，一一作了修改，交给中办秘书局，希望将他寄去的修改语句，在下次再版时改正过来。在他极其痛苦的被关押隔离审查的日子里，他写过两封信给党中央周恩来，切盼在这种人身不自由的囚禁生活中，允许送进来一部俄文字典，一部俄文毛选给他，以便利用有生之年，作些更细致的外文校对工作，为党献力。

（朱仲丽）

读书如命　惜书如金

董必武18岁中秀才，那时受清朝晚年革命人士宣传的影响，认为"革命非运动军队不可"，曾有习武带兵的梦想，投考过武昌的武普通中学，被主考人误认为"年龄太大"而操出校门。他不甘心失败，又投考了文普通中学，考这所学校的青年大多数具有秀才资格，考上的都是同龄人中的佼佼者。这次他考中了，一口气学了五年。他在同学中可谓"鹤立鸡群"，出类拔萃，在全级年年考第一，毕业时列为最优等五名学生中的第一名。当时的湖广总督向宣统保奏，列为"拔贡"，有了拔贡资格，经过入京考试，就可以充任京官、知县或教职。在民主主义思潮的影响下，董必武顺乎历史潮流，走上了拯祖国、救人民的革命道路。

后来，他又到日本留学，专攻法律；大革命失败后，他受党的派遣在莫斯科攻读过四年的马列著作和历史，懂得英、日、俄三国语言，可谓贯通中西，博晓古今。董必武一贯热爱学习，即使在战争年代，他在紧张的工作之余，也是手不释卷。因此有人曾把董老的嗜好概括为：革命与读书。他自己也常向别人说：自古以来，"有学而不能，未有不学而能者。""人一能之，己十之；人十能之，己百之。这是我的信条。"

1928～1932年期间，董必武在苏联列宁学院学习。他在四年时间里，惜时如金，很少出校门，每天在图书馆攻读马列著作。他对来学习的中国同志说：要抓紧这个机会好好学习，绝不可错过这个千载难逢的机会，没有革命的理论，工作中难免犯错误。他还讲：马列主义基本原理非常重要，好像几何的定理那样，但又不能硬搬，一定要按照具体情况解决问题。他对在莫斯科的王明一伙那种装腔作势、专横跋扈、自欺欺人的肤浅作风非常讨厌，那时他就旗帜鲜明地反对王明等人的"小宗派"做法，这大概是他回到中央苏区后受打击的原因之一。

在重庆中共南方局工作期间，董必武和周恩来一起，对机关工作人员的学习抓得很紧，整风运动中，他还兼任南方局的宣传部部长，主持学习。他和周恩来制订了周密的学习计划，每两周举行一次学习座谈会，半年举行一次考试。他自己更是带头读书，就是在酷热难耐的夏天，在重庆这个大火炉里，身穿背心，汗流浃背，也坚持学习、练字。当时，董必武年龄已近花甲，为了学习和工作的需要，他还孜孜不倦地学习英文，一些年轻同志，常常看到他早晨一起床就读外语单词，很受感动。那时，为了督促大家学习，董必武让工作人员在红岩办公楼二楼图书馆门口，贴上两条大标语，一条写："太忙就挤"，一条写："不懂就钻"，董必武自己就是这样做的。

建国后，董必武身负重任，工作更忙了。可是只要一有空儿，手里不是拿着文件报纸，就是拿着书本。他不仅读马列的书、毛泽东著作，还读古文，学外文。每次出京，在打点行李时，最关注的是把要读的书带好。在途中，也不放过点滴时间。他65岁那年，在政务院任副总理兼政法委员会主任时，工作很繁忙，他又学起俄文来，托人从东北找来一批俄文书，还特地请了俄文辅导教师帮他学习。那时，他每天清晨起床后先锻炼身体，然后背诵俄文单词，那种勤奋刻苦劲儿，令他的俄文秘书赞叹不已，他练习写的外语单词卡片，一叠叠捆起来有好几札。

书籍，在董必武看起来太重要了。他在生活中严格要求自己，省吃俭用，克己奉公，但买起书来却舍得花钱。在南京工作时，他有空时便去光顾书市，兴致勃勃地到夫子庙的旧书摊，看到有价值的书，虽然很陈旧了，有的连封面也没有了，他还是买回来。有一天，他突然在旧书摊发现一套《资治通鉴》，如获至宝，高兴得不得了，一心要买，问摊主要多少钱，摊主一张口要五百元法币，董必武虽觉得花钱太多，但斟酌再三，还是下决心把它买下来。

进入北京城，董必武的乐趣之一，便是逛书店买书，几乎每次逛书店都会带回几本书。后来，董必武的办公室，除了文件柜，墙周围都摆满大书柜，放满了书，像小图书馆一般。另外，又还辟了一间大书房，三面的墙都立起同样的大书柜，屋子中间还放上背靠背的两排书柜，所有的书柜都分门别类地装着满满的书，其中有马恩列斯毛的著作，有历史、哲学、法律、天文、地理等方面的书，装潢有洋装的，也有线装的。书的排列井然有序。

董必武爱读书，又十分珍爱书。什么书放在哪排书柜的哪一层，他都记得一清二楚，只要用，会毫不费力地找到。他生病卧床时，想起看什么书，让别人代取时，他躺在床上能告诉别人那本书放在哪个书柜的第几层，是左边或右边的第几本，别人照他指出的位置取来书时，他非常高兴地说："看，我说得不错吧！"

他爱惜书，还表现在他一般不在书页上批注、圈点、勾画。也有例外，他读毛泽东的著作很认真，在书页的空白处写有密密麻麻的字，他看过的毛泽东的书，在他逝世以后，被河北省平山县西柏坡革命纪念馆征集陈列了。

董必武爱书，也乐于借给别人看，有人要借，只要提出书名，一定出借。他还认为他的藏书不是属于他个人的，而是国家和人民的财富。在世的时候，他多次讲过，要把书送给家乡，或送给博物馆。董必武逝世后，何莲芝按照董老的遗愿，把藏书全部献给了国家。

（黎　民）

学而不厌　诲人不倦

在学识上，董必武博览群籍，对政治、法学、历史、诗文、书法等都有很高的造诣，但他从不知足，总是认为自己"纷纭万有识之微"①，批评自己"常将黑质作为白，每把虚情准当真。学愧未能忘尽我，诗惭无似韵于人"②。他基于对自己"驽骀荷重难胜任，唯望鞭驱使凛竞"③的要求，到八九十高龄，仍然"此身不惯闲无着"④，"老去愈知学不足"⑤，老当益壮，为革命不知疲倦地工作、学习，"蹲点未能知老至，观书有得觉思清"⑥。他真正做到了活到老、干到老、学到老。

在工作之余，他不是读书，就是练字。1957年11月至1958年2月，他在广州疗养期间，每天除看报外，写寸楷64个，写小楷144个，"总不让日子白白地过去"⑦。为了适应工作需要，董必武晚年用了很大的精力继续习读外语。在学外语的过程中，他拜身边懂俄文的秘书牛立志为师，请她在要学的书上标出重音，自己再在另一本同样的书上逐字标出，如发现牛立志标错了，就画上横线，打上问号，重新标音，提出同牛立志商讨，一丝不苟。由于年岁太大，记忆力有所减退，董必武就制作了大量卡片，正面写外文生词，反面写汉语意译，不论在家或外出，不论在火车上或飞机、轮船上，他一有空就一边翻阅，一边口诵手画。这样刻苦钻研，持之以恒，他终于在原有基础上进一步掌握了英、日、俄三种文字。据牛立志统计，董必武逝世后，仅保存着的俄、英语卡片就有九百多张，抄录生词一万零五百个。这些遗物，是他勤学苦练的真实写照。他早年就说

---

① 《董必武诗选》。
② 同上。
③ 同上。
④ 同上。
⑤ 同上。
⑥ 同上。
⑦ 董必武给儿子的信（1957年12月）。

过:"有学而不能,未有不学而能者","人一能之,己十之;人十能之,己百之。这就是我的学习信条。"① 同时,他的文稿、诗作一出,总是虚心求教于人,学习上一有疑难,总是不耻下问,对于一字之师,总是诚恳求教,认真听取正确的意见,迅速弥补自己的不足,从来毫无作难之色。他在学识上的一切成就,都和这种恒久的勤奋精神和谦虚的求学态度分不开。

董必武一生孜孜不倦,勤学苦练,也用这种精神教育下辈、教育青年。他根据自己切身的体会,语重心长、十分恳切地劝导青年们:

> 逆水行舟用力撑,
> 一篙松劲退千寻,
> 古云"此日足可惜",
> 吾辈更应惜秒阴。②

1962年,董必武寄字帖给侄女董良润,在信中写道:"……欧体九成宫字帖后的《编后》中有错误处,如第二栏说唐朝末期有孙遇庭、柳公权等。孙遇庭书谱署垂拱二年,垂拱系武则天年号,应和李邕时代差不多,孙不应列唐朝末期。参阅《编后》应注意!""《编后》又说元朝'闻名者仅赵孟頫一人'亦诬。实则与赵同时闻名者有鲜于枢、邓文原等人。虞集、康里巎的书法皆元代之佼佼者。学字者应当记取。"可见他对青年的教育是多么细心负责啊!

对于自己身边的工作人员,董必武同样循循善诱,像严师一般经常劝导他们抓紧读书、作文,鼓励他们每天再忙能读三五页书都是好的,指出"学贵专心","学贵有恒",热情关怀他们的成长和进步。

1948年,董必武将警卫员刘国安送到学校学习。8月,他给刘国安作了长篇题词:

> 党员必须是为人民的事业去学习,而不是为了任何别的目的。这就是说,不倦地学习马克思列宁主义、毛泽东思想,提高自己的觉悟程度,弄通自己的思想,是每一个党员不可推诿的一种职

---

① 罗章龙:《回忆董必武同志》。
② 《董必武诗选》。

责。这就是说，没有学习精神与学习态度，骄傲自满，不求进步，就是对人民事业不负责任的态度。

人民民主专政是必要的。如果不经过长期的、顽强的、激烈的、你死我活的战争，要战胜帝国主义、封建势力与官僚资本是不可能的。这一战斗要求坚韧、纪律、坚定、不屈不挠和意志的统一。

国安同志随我做事有年，得其帮助不少，为人忠诚勇敢，活泼有机智，缺点是患寒热症。今当离赴学校之际，特录党员所以必须学习之故及现在人民解放战争所要求我党党员的品质如上述，以供国安同志不时展读。

1951年以后，刘国安入中国人民大学附中学习。在校期间，董必武还在关怀他的进步。1953年12月30日，董必武再次题词赠送刘国安，一面肯定他"经过了多次的革命的锻炼，对党对革命表现了他的忠忱"，一面提醒他："国安同志入党较早，这本是件好事。假使某个党员因入党早而自负老资格，有把好的一点变成包袱的可能，老资格反而成了自己前进的累赘了。自负老资格，便容易和别的同志比地位、比享受，这样就阻碍着自己在政治上的开展。我想国安同志在校学习必能注意到这一点。"董必武还强调："马列主义我们懂得太少了，要学习；经济建设和科学技术，我们完全是外行，更要学习。我们要学习爱护公共财产，学习增产节约，学习团结同志，更好地为人民服务。"

1951年10月6日，在董必武身边工作了一两年的邢连臣和卜占稳也要调离了。当他们离别时，董必武特将平日同他们谈过的一些话题赠他们留作纪念：

做小事应像做大事一样注意，一样努力，才能把它做好。

做任何事要考虑它的原因和结果，要研究它和其他事物的关系。在动手之先，还要考虑进行的步骤。我们从做小事中可以看出并学得一些做大事的基本方法来。

不管是做小事或大事，做了后要总结经验，好的和坏的经验都要总结出来。再去做事时，就可以发扬好的经验，避免重复坏的经验。共同一道做事的人们，应共同一道总结，以便互相帮助，共同获得好经验的益处，避免坏经验的害处。

不让一时一事白过，不浪费一点精力，这样就要总结经验，要共同总结经验。总结经验时必不可少的武器是批评和自我批评。这样做，我们才有可能不断地提高我们的政治思想水平和工作能力，才能更好地、更多地为人民服务。

这是我们共产党的工作方法，这是马恩列斯和毛泽东同志教导我们的。

我们是共产党员，是工人阶级先锋队的一分子，应做劳动人民的模范，不怕比别人多吃点苦，甘愿比别人多耐下子劳，不计较个人得失利害，但对待其他的人或其他的同志，则应该尽可能地多予他们一些照顾。

不要摆老资格，不要以为我们什么都懂，实际我们懂得的东西并不多。参加革命工作久，取得了一种资格，是一桩好事，但这并不是革命工作的一切。一个人如果满足于这一点，把它作为一个包袱，紧紧地背在身上，他就无法进步。

刘存亮也在董必武身边工作过一个时期。他进工农中学学习三年后，董必武于1953年12月30日曾为他题词，一面勉励他"在学校学会专门技术，到工作岗位上去努力为实现总路线而奋斗"；一面提醒他"学专门技术时千万不要忽视马列主义和毛泽东思想，懂得马列主义和毛泽东思想才知道把学会的专门技术更好地为人民服务，才知道依靠群众的力量去完成任务，才有办法去抵抗资产阶级意识的侵蚀"。

董必武对其他工作人员也是如此。不论工作多忙，总是热情关怀，悉心培育，帮助他们学政治、学文化，发扬优点，克服缺点。一旦调离，他都一一题词勉励。

1960年5月，董必武题词道："极深研几，学以致用，力争上游，手与脑共，攻破尖端，科学是重。"这实际上是他一生在学习上的小结。

（胡传章　哈经雄）

董必武与书

爸爸有许多书，这是在爸爸身边工作过的人都知道的。但究竟有多少种，多少卷？我没有听人说清楚过，包括董必武的秘书。当然，我也不知道。只知道董必武办公室除开有窗户的墙面，都立有一人多高的书柜，此外还有一大间书房：一面是窗户，三面墙也立着高大的书柜；屋子中间用两排背靠背的书柜，把屋子隔成"里外间"。这所有的书柜里全是满满的线装书或者洋装书。虽然我没有翻看过，但从书脊上，我分辨出其中有天文、地理、文学、历史、哲学、法典等方面的书，还有工具书。这么广泛内容的书，我不知道董必武是不是都精读过；可我知道许多门类、学科，董必武都涉猎过，而一些学科又十分内行，比如法律、历史和文学。

董必武拥有这么多书，也还是不断地买书。在外地，他也常买书。他几乎每一次从书铺、书店和地摊离开，都不会空着手的。他又绝少把书买重，除非是不同的版本。

记得我小时随董必武到厂甸去玩过一次。那时的厂甸真使我眼花缭乱：彩绘泥塑的小人、小动物和各种民间的竹木玩具，糖葫芦一大长串和热气腾腾的北京小吃，加上那熙熙攘攘的人群和嘈杂声、吆喝声，真有些春节的热闹气氛。那里有些摊位是我根本不感兴趣，却又不能不站在旁边的，这就是书摊。董必武津津有味地在那里翻看旧书、字画、古玩。董必武总要挑上些东西才走。董必武有一只玉雕小母鸡，恰可盈握，就是那一次的收获。当然，董必武主要买的还是书和残破的碑拓。

书对董必武太重要了。他坐在办公室里，手里如果没有文件、报纸，就一定有一本书。他从早到晚，年复一年地读。我这样一个年轻幼稚的人从他的谈话中得益不少是可想而知的，那么许多专业人员也会在与董必武的谈话中得到启迪和教益。比如植树，他把为什么植树，如何管理、经营等写在诗里。这诗收入董必武的诗集。董必武关于植树的知识，我想最初正是来自书里。

董必武有这么多书，又爱读，所以很爱惜它。他几乎从不在书上批注、圈点、勾画。不过，也有例外，那是一本毛泽东著作的单行本，书名我忘了。董必武去世后，西柏坡革命纪念馆的老白同志到家里找妈妈征集遗物，妈妈给了很多书，我在成堆的书中看见了这本书。书薄薄的，书页上的空白处密密麻麻地写着字，行间还有圈点，我真正不胜惊讶！因为董必武是从来不在书中留下墨迹的。记得我小时候有一个学期对课本很不爱惜，在语文课本的空白地方用红蓝铅笔画"白雪公主"，画碧眼红唇的洋娃娃。一学期下来，书皮的四个角也像卷心菜似的。董必武见了，又叹气，又摇头，眼睛眄视着给我讲爱护书籍的道理："一呢，你读过了，还可以给别人读，书不就教育了两个人吗？就是没有别人再读了，你还可以复习呀。二呢，书也是工人叔叔劳动的成果，检字、排版、印刷、装订才能成书。你们说热爱劳动，工人叔叔付出的劳动你都不尊重，好不好？"此后，我养成了不在书上乱画的习惯，学会了爱书。而现在，我成年之后，却见到了董必武在书本上的笔记、心得。在书本里认真地写读书笔记，与我的乱写乱画，本是截然不同的两码事，但董必武说过他不爱在书上涂写的，也许仅此一本也说不定呢。可惜，我来不及细看书中的笔记，书已被征集走了。

经董必武看过的书，绝不会在他手里弄脏或损坏。即使是一本已弄残破了的书，他也会尽可能粘补好。记得"文化大革命"中，江青说有几部外国文艺作品写得好，我告诉了董必武。董必武请秘书去图书馆借，没有借到，我只好四处寻找，向我的一个同事借到一种，但书已破旧了。董必武一边看，一边帮助把快撕下的书页粘好，把极破损的书皮粘好，还包上封皮。

董必武对他的藏书很珍爱。每搬一次家，都要亲自给书柜编号，参与捆书、装箱。安定下来，又总要亲自清理、上架。经他清理上架的书，他了如指掌。这话毫不夸张。记得我上中学时，有一次董必武生病，躺在床上不能动，把我叫到床边，说要看书。董必武把书名告诉我之外，又具体告诉我：书架在书房的哪个位置，靠哪面墙，在书架的第几层，是左手或右手边的第几本。我毫不费力地把书找到了。董必武笑了，很得意地把书举起来，说："看，我说得不错吧？"后来，还有一次，董必武在广州养病，要看的书没有带，来信要我带去。他还是那样把书的具体方位相告。我果然在那里找到了他要的书。这正如他的诗里写的："屡试不爽"。

董必武爱书，珍惜书，但有时也很慷慨。

1981年3月10日在政协礼堂的一个会议室里召开了一次抗大第四大队

的教员和学员的座谈会，会上何长工叔叔讲了一个小故事：在长征途中，何长工叔叔是警卫队的队长，他所警卫的队伍中有徐老、吴老、谢老和董必武以及好几位叔叔。何叔叔讲，那时候行军很紧张，可这几位老人家各人都有不少的书，行起军来，他们都是书骑牲口人步行，行动怎么能快呢？我看书是个大包袱。我就想：怎么才能扔掉包袱前进呢？"哈！"何叔叔笑着说，那时候我年轻，也想不出好办法啦，就下命令："烧书！"董老一听就表示："服从命令。"可是徐老说："谁要烧我的书，我就和谁拼命！"拼命噢，"哈！"何叔叔开怀地笑起来：那时候，我年轻、幼稚、不懂事，火气又旺；他说要拼命，我就硬是要烧，和徐老顶上牛啦。董老来找我："长工，你看这样好不好：我的书你拿去烧。我的马还可以驮一些徐老的书。另外，你去和警卫队的战士们商量一下，每个战士帮助徐老背几本书，少则两本。这样你看行不行？"何叔叔讲到这里，又是一阵大笑："董老和和气气地解决了我和徐老顶牛的事。"

董必武那么爱书，却不得不焚毁了他自己的书。不是一本，而是一捆捆、一袋袋！我想，这也许不仅是一种牺牲精神，而是更多地坚信未来吧？何叔叔的话又使我忆及和董必武一次简短的聊天：我不解董必武的藏书购书日期最早只有抗战时期的，长征时期的一本也没有。董必武平静地回答说："那是战争年代呢，女儿！"现在我才知道，董必武那时是奉命焚书了。

董必武最看重书，不期招来了焚书。但他爱书的习惯还是不变。董必武每一次离京外出，首先考虑的还是书：带什么书，如何装，一到目的地，先把书清理到书架上，再去放置其他生活用品。

董必武爱书，他自己看，也借给别人看。只要有人提出书名找他借阅，他一定出借。董必武很喜爱他藏书中的碑帖和书法、字画，这一部分不是放在办公室，也不是放在书房，而是放在他的卧室。他给每一本帖写了书签，夹在书里。书平放在书架上，可以不用翻就找到那所需要的书了。记得我参加工作后，我们单位一位美术编辑找我借魏碑，我就去找董必武。董必武过了两天交给我一本，说："比较一下，这本好些。"董必武就是这样：他爱书，并不守私。我想这是对待书的最好的态度。

董必武的藏书，有一个特别标志，就是所有的书都盖上一个椭圆形的"乐益堂"的藏书章。

"乐益堂"是解放初期我们家住在王府井北口不远的锡拉胡同时，董必武客厅的匾额。匾额是这房子原有的。我记得从那时起，董必武的藏书就开始有了这样的章。章子还编有年月日，这样对他的书购进日期也有了一个准确的记载。所以有章，大约是生活平定安稳了，有藏书的条件；所以取"乐益"，大约书之于他，真是有乐有益吧。我从未就这个藏书章问过董必武，不知猜测的对不对？

　　董必武的藏书章只有这一枚，而私章却有许多方。他所有的书上都加盖藏书章，这是他的习惯。但他的书法、题字上却从不加盖私章。董必武总是积累了一些"题字债"后，集中"还债"。一天，我看见他给别人题字、题诗后不盖章，就问了为什么不盖章？董必武说："盖章，无非是说这字真真正正是你写的。但，不是已落款了吗？章子是可以伪造的，也好伪造；而字呢？每个字，通篇的字都去模仿，都去造假，却不可能了，字的真伪是好分辨的。所以我不信任私章。不信任吗，就不用。"

　　记得有一方印我曾代董必武使用过一次。那是荣宝斋的同志在我面前展开廖承志藏的一幅何香凝老人画的墨梅，指点我从色彩上欣赏画面，说：整幅画都是黑的，想请董老加盖一印，以阴文为佳；这样以墨为主，黑中有点红，整幅画就会更有生气、更协调。我答应征求廖承志和董必武的意见。后来经普椿同意，董必武也从画面上考虑，同意荣宝斋的同志的意见。我从董必武的许多方印中找了一方钤上。但荣宝斋的同志说："太大了。"

　　董必武去世后，我把董必武的印章各盖一个在他给我题的册页上，又各印一个在他题给我的两首诗上。事后想想，这不合董必武的本意，心里有些不爽，总感到自己有些俗气似的。聊可自慰的是，我存有董必武的全部印拓了。

　　原以为在书法上有功力的人大半对文房四宝都有些研究，也许会有些癖好，比如讲究些什么笔、墨、纸、砚的。我观察董必武，他却不大讲究。董必武有许多毛笔，大约有七八十支，从小楷到提笔；笔杆有传统的竹管的，也有有机玻璃的。他喜欢用的，多半是用惯了旧笔。我记得，他的毛笔头掉了，还用桃胶粘过；我也见到过他把用掉下的笔头，又用线捆扎在笔管上。这当然也是他的俭朴作风的一个体现，不过跟他用惯了，用顺了，喜欢旧笔，也有关系。因为使用新笔，在他看来，要去熟习它。掌握了它，写起来才可以得心应手。我总觉得，董必武对他的旧笔是很留恋的。记得有一次，我心血来潮，要练毛笔字，就去向董必武借毛笔。董必武听说我要学习写字，很是高兴，就从他桌上的笔筒里挑出一支来，拔下笔帽，对着灯光看了看毫毛，又把左手食指垫在笔尖下，看了看笔锋，然后才交给我:"这支笔是我常用的,很好用。你每次用完,都要把墨涮掉。不能让笔倒着饮水哟。"我还以为董必武舍不得给我用新笔呢!董必武似乎看到我的想法,一笑:"新笔不一定比这支好用,你还要去泡开笔头。你又不耐烦泡,会去咬它,用指头去捏它。这样,好笔也给弄坏了,还耽误了你玩。"我扭头说:"才不是呢!"董必武笑笑继续说:"用旧笔又省事,又省力。我是替你着想的。"就这样,我只是不怎么乐意地拿了旧笔去用。当过了好些年,我有了孩子,他们也提出写字时,我向董必武借笔的事又一下子从脑子里跳了出来,我才体会到父母对子女的期望和爱有多么深,又多么细!

  董必武办公一般都用毛笔,间或也有用钢笔、铅笔的时候,他的钢笔字、铅笔字写出来,也带有毛笔"味",好像握笔的手很用力,字也带着力似的。我总觉得董必武对于笔不是很讲究的,对纸也好像不大讲究,也许相反,应该说他对纸笔都太讲究才对。我这样说,是不是我思维逻辑不清:把两个截然不同的意思,硬说成在同一问题上的一个态度。其实,在我看来,它们真的都统一表现在董必武身上。说他对纸不讲究吧,只要有还能在上面写字的纸,他轻易不丢。比如台历的背面,礼堂演出的节目单的边角,什么地方送来的请柬的边角、背面,董必武都充分利用它们来做诗稿,或抄录点什么。记得我参加整理董必武的诗稿过程中,还见过一张大纸的中央写着别人赠给他的诗,而那张纸的边角、背后,都有董必武的和诗,以及他新作的诗稿。这么看来,他对纸不能说是讲究了吧?我还记得别人送过他一些好宣纸,说是给他练字的。董必武仔细地看着纸,用手摩挲着,不住地说,"这么好的纸,怎么能拿来练字。这,多好的纸!"他后来用这纸来还"债"。他常接到人家请他题字、题诗的要求,一般他都不会推却,就用这些好纸给人题了诗,题了词。在这方面,他对于纸,对写出的字,都是比较讲究的。记得50年代末的一次题诗,整张纸已快写好,大约正文中只差两三个字,我记不清是他写错了一点,还是掉了点墨水在上边,董必武叹了口气,可惜地把它废掉了。

  我总认为董必武对纸的讲究远不及墨,董必武不喜欢用质地差的墨。在我的印象中,他没有用过不好的墨。董必武说:"好墨是香的,叫墨香。"他用的墨不香,却也不臭,淡淡的有些"墨香"。我又觉得,董必武对于墨的讲究,远不如他对研墨的讲究多。因为董必武不喜欢用墨汁,所以凡是他要题字了,研墨的工作就要提前一天做。平常董必武写字用的是一个黄铜墨盒。电影《楚天风云》中引了他的一句话:"滴水百圈。"他教我们研墨时总是说这句话的。龚雪演的女孩子研墨，拿墨的手势确是董必武要求的样子：食指在上首抵住，拇指、中指和无名指捏住墨身，顺着一个方向转。可惜这场戏里演员是站起来研墨，这可不像董必武一向对我们的要求了；不过，这一点点，"瑕不掩瑜"。我小时研墨很缺少耐心，不是一下子加水过多，就是只要"快、快、快"的，忘了把墨拿平。墨用过几次后就不是每个角都是成90°的了。而董必武的要求就是墨一直磨到最后，仍然棱角清楚，角还是要90°。我始终没有做到，我的毅力实在不行。至于滴水董必武也教。他教我用毛笔帽——早先的笔帽都是竹子的，不像现在有铜的，有塑料的——竖着点到水里，然后用手指盖住上面一头的孔，挪到墨盒里，再一松上面的手指，水就滴了下去。这样还可以控制滴水的多少。

随着时间的推移，也许是墨汁的质量有所提高，也许是董必武不怎么讲究了，董必武在他的晚年也用起墨汁了。

在董必武的书橱里，有一盒精制的烫了金的墨。我见董必武没有用它，很奇怪，有一次就问董必武："为什么不用它呢？"董必武告诉我："这不是实用的，只是摆在那里供大家看的。"这块墨，也许现在珍藏在哥哥那里呢。

平时，董必武对纸、笔、墨都不怎么讲究，对砚台就更是这样了。董必武常用的是大圆砚，这是一个很实用的砚台；还有几方砚台，雕刻得精美。这些砚台，有的是他自己买的，也有别人送给他的。记得我上中学后的一年，跟董必武在北戴河度暑假，一天随董必武看电影，我挨着董必武坐着，后排是康生夫妇。康生先说，听说董必武这里有一块汉砖的砚，我想看看，因为他正准备写一本有关砚台的金石的书。康生还说，他已经看了很多砚，很多书，中国还没有一本关于研究砚台的书。董必武听了，很支持康生的想法，说："我有一个很好的砚台，别人送的。我舍不得用，放着也没有用。你要写书，就送给你。"后来，"文化大革命"结束了，我还听到过妈妈失悔地说起这件事，妈妈说："把一方好砚给了这个不务正业、专说假话的人。"

我从砚又想到了董必武的书。他那么多藏书，据说没有一本是珍本。我觉得，董必武品质的可贵处也正在这里。他不是物的奴隶，他喜欢它，只是因为它有用，而对别人更有用，他就会提供给别人。从这儿，我又想到了蜡烛……

（董楚青）

林伯渠读书育人

林伯渠是一位刻苦好学的人。在艰苦的战争年代,无论是在陕北窑洞里,还是在崎岖不平的行军路上,只要能挤出一点点时间,他都会用来学习。

在延安他那简朴的土窑洞里,有一个用木板钉起的简陋的书橱,装满了他喜爱的书籍和报刊杂志。他养成了这样一种习惯,每天早晨6点钟起床读书,至少学习两个小时。无论是酷暑还是严寒,甚至是在鞍马劳顿的旅途中,也从不间断。只要时间允许,他一天甚至能看上10个小时的书。有时,他学习简直达到了忘我的程度,该到吃饭的时候了,他还是手不释卷,警卫员往往要催请两三次,他才勉强放下书来。

有一次,林伯渠从党中央开会回来,途中必须经过延河。那天恰逢大雨,河水陡涨,警卫员劝林伯渠骑马涉水而过,林伯渠却要和警卫员一同徒步涉水,几经劝说,最后,林伯渠勉强上了马。回来后已经很晚了,警卫员刚开口要林伯渠换干衣服,林伯渠却先要警卫员换衣服。待警卫员换好衣服,过来一看,林伯渠又坐在那儿看起书来。警卫员见状,便催请林伯渠说:"林主席,该睡了。"林伯渠说:"你先睡一会儿。"过了好久,警卫员到林伯渠宿舍去一看,他还在看书。警卫员没有办法,就嘟着嘴发小孩子脾气,非请林伯渠睡下不可,他这才睡下。可是过了一会儿,他又起来看书了。

又有一次,林伯渠的眼睛患了点毛病,医生不让他看书,这下可使林伯渠为难了,不看书怎么行?后来,他终于想出一个好主意,请来一位同志给他念,他坐在椅子上静听。这可是一个两全其美的好办法,既遵了医嘱,又满足了自己读书的愿望。

还有一次,天还未亮透,林伯渠就起床看书,恰巧停电,灯不亮,无法看书,他便坐在椅子上背诵诗词,背了一个多钟头。

林伯渠虚心好学,从不自满。他曾说过,他学习的目的是为了用马列主义去解决革命工作中碰到的问题,使自己在重大政治问题上有明确的观点,不致左右摇摆。

1945年,林伯渠在60岁生日的前几天,去看望毛泽东,在谈话时,他问道:"像我这样的人如何学习?如何为党工作?"毛泽东笑着回答说:"讲到底,我觉得还是三个问题。像你我这样的老党员,也还是要在立场、观点、方法三个方面去努力。我们学习马列主义,最主要的还是学习分析问题和解决问题的立场、观点、方法。"

到了晚年,在回忆自己接受马克思主义世界观的情况时,他说:"当时,国内马列主义文献极少,能读到的只有《共产党宣言》,此外,还有一本《共产主义ABC》。但是,毛主席能够从中掌握马克思主义的根本原理,并运用于中国实际。"他认为自己没有做到这点,因为思想易于停留在表面,思考问题不深入,不够刻苦。他不止一次地同子女和一些同志谈到这件引以为憾的事,用以告诫后人,鞭策自己。他还经常谈到他所熟悉的其他一些领导同志的长处,认为有许多值得他学习的地方。

林伯渠德高望重,知识渊博。他那自制的小书橱,被马列主义著作、中国历史、古典文学和诗歌等书籍塞得满满的。此外,他的办公室里还陈列着各种他自己搜集到的文物。开始,小青年看到林伯渠窑洞摆着这些东西,觉得很稀奇,后来才知道,林伯渠保存了这些文物是为了学习研究我国的古代文化。

一次,林伯渠到富县视察,看见一口钟,他详细地观察了上边的龙凤图案和铭文后,对随行的同志说,那是一件稀世珍宝,是唐代贞观三年铸造的。从这上边可以看出我国古代劳动人民的艺术才华,也可以看出我国古代历史的变迁。林伯渠嘱咐县里的同志,要好好保护铜钟,作为向青年人进行古代史教育的教材。

林伯渠还擅长吟诗作赋,并常以诗会友。为了结交社会上有识之士,共同宣传抗日,1941年9月5日,林伯渠和谢觉哉、高自立等在边区政府交际处宴请民间诗人墨客,他们之中大多数是六七十岁的老人,有前清秀才、拔贡。林伯渠提议取《论语·公冶长》中"老者安之,朋友信之,少者怀之"句之意,组成"怀安诗社",公推边区高等法院院长李木庵主持诗坛。与会者兴致勃勃,畅叙情怀。他们称此会为"延水雅集",以与晋朝大书法家王羲之的"兰亭雅集"媲美。

会上,林伯渠致辞,号召大家多写诗,写好诗;借古体诗有平仄协韵的特点，用旧瓶装新酒。林老还向大家提出两条希望：一不要咬文嚼字，文字力求通俗；二不要用典，提倡明快诗风。林老还即兴吟《延水雅集·赋呈与会诸君子》诗二首。

林伯渠在繁忙的工作中，经常抽出时间帮助青年战士学政治学文化。他很会讲故事，常常给警卫战士讲故事。每当这个时候，他就把他四岁的小儿子相持也找来一块儿听。他讲的广州黄花岗七十二烈士、北伐战争、井冈山的斗争、朱德挑南瓜的故事，生动极了，战士们都爱听。一次，林伯渠讲完后问身边的一位小战士：朱德为什么要挑南瓜？这个战士一时答不完全，林伯渠笑着说：与人民群众、士兵同甘共苦是我们共产党的作风，朱德的故事，说明我们党和党的领导人同群众是完全站在一起的。

林伯渠身边有个警卫员叫贺永昌，原来不识字，在林伯渠的教导下开始学文化。林伯渠常常问他："永昌，你今天识了几个字？"贺永昌似乎觉得自己识的字太少，不好意思地说："林主席，我今天识了两个字。"林伯渠听了微笑着点点头，表示赞许。继而又问他识了哪两个字，他说："识了'我们'两字。"林伯渠又问："'我们'是什么意思？"他回答："'我们'就是我们大家。"林伯渠点点头接着说："我们大家都是无产阶级。"就这样，一直到贺永昌全答对了，林伯渠才含笑离去。在林伯渠的帮助和督促下，这个战士识了不少字，后来林伯渠要什么书，他都能从书架上找出来。

1955年，林伯渠回故乡临澧视察。在接见原修梅小乡（林老家乡）农会主席陈守春时，林伯渠问："你识不识字？"陈回答说："不识字。"林伯渠关切地说："你买一支钢笔，备一个小本子，一天学会三个字，不要怕丢丑。只要专心学，就可以由不识字变成识字。往后不识字的还要扫盲，当干部的要坚持学好文化。只有学习，才有革命的本钱。"

林伯渠还是一位文字改革的积极倡导者。早在苏联学习期间，他就立志改革中国文字，在海参崴党校教书时，他和吴玉章一起，以瞿秋白等人的研究成果为基础，在苏联语言学家的帮助下，制订了中国北方话拉丁化方案。这一方案后来经过不断改进，成为中国第一套新的汉语拼音方案。

1935年10月，红军到达陕北，后来中央机关到了保安。也就是从这时开始，林伯渠热心推广起新文字来。每天晚饭后，林伯渠就在机关前的空坪上竖起一块门板，耐心地给干部战士讲课。他用毛笔把拼音字母写在废报纸上，然后摊开，钉在门板上。林伯渠一个字母一个字母地教发音，教怎样拼读。干部战士们学习的热情也很高，有的同志甚至在睡梦中也念着

"啊、喔、厄"。

1940年，在毛泽东的支持下，由林伯渠、吴玉章领衔发起了新文字协会。此后，林伯渠在他所领导的陕甘宁边区内大力推行拉丁化新文字。一时边区的新文字报刊、新文字学校，风起云涌，收到很大成效。

（郑雅茹　柳建辉）

胡耀邦的读书生活

胡耀邦一生酷爱读书。在他60年不平凡的革命生涯中，无论是戎马倥偬的战争岁月，还是解放后的和平建设年代；无论是革命队伍中的一个"红小鬼"，抑或是肩负重任、日理万机的党的总书记，胡耀邦从不懈怠，始终充分利用一切可以利用的时间，手不释卷，阅读思考。曾长期担任中央宣传部部长的陆定一赞道："胡耀邦读的书真不少，很有见解。他从红小鬼成了个大知识分子。"

一

胡耀邦原有的文化程度并不高，只读过一年初中。但他在学习过程中，遇到问题有孔夫子"每事问"的精神，好打破砂锅纹（问）到底，长进甚快。在红军时期，他便以虚心好学，刻苦钻研而获得同志们的嘉许。然而，他的好学精神真正让同志们熟知并广为传扬却是在红军长征胜利到达陕北延安之后。

"在延安时，我见书就想读。"胡耀邦这样说道。古今中外，马恩列毛，经史子集等，只要一有时间，他什么书都读，几乎到了如饥似渴的地步。那时候，读书的条件极为艰苦。一方面，在延安出版的书十分稀少，加上国民党反动派对陕甘宁边区实行文化封锁，要找一本书来读非常不容易。胡耀邦所读的书中，有的是在战场上缴的，有的是进步青年或文化人士投奔革命圣地延安时不远万里从国统区带来的，有的是从同志们手中借的。每得到一本书，他就像得到什么宝贝似的，十分珍爱，百读不厌。"在延安时书很少，搞到一本，就拼命地读。白天没时间，就晚上在窑洞里点个煤油灯读"。几十年后，每当说起自己在延安的读书岁月，胡耀邦的眼睛总闪烁着兴奋、激动的光，"我文化程度不高，遇到不认识的字，就查字典，或是向同志们请教。有时对一些古书不懂，就一遍遍地硬读、硬钻。古人不是说过'读书百遍，其义自见'吗？"可以想见，他当时为了读书付出了多么大的努力！又是需要多么大的毅力呀！

好事传千里！胡耀邦刻苦读书的事迹在同志们中间一传十、十传百地传开了，自然也传到了毛泽东耳中。"难得！难得！"毛泽东连声称赞。他鼓励身边的工作人员向胡耀邦学习，并且推荐他担任抗大总支书记。谈起此事，胡耀邦总是深情地说道："是主席给了我很大的鼓舞，使我时刻鞭策自己，未敢稍有懈怠。"

读书，使胡耀邦获得了极大的精神自由。他畅游八极，神邀八方，跟古今名流交谈，与中外贤人对话，一个五彩斑斓的世界展现在他眼前。读书也改变了他的生活，给了他机遇。1952年7月团中央书记冯文彬的工作要调动，刘少奇颇费踌躇，提出了3位接替冯文彬职务的人选：胡耀邦、陈丕显、谭启龙。这三人都是红军时期著名的红小鬼，在当时都是年轻的省委书记。名单送到了毛泽东那里，他脑海里立刻浮现出青年胡耀邦在延安刻苦学习的身影。"胡耀邦热爱读书，博学多才，更合适"。毛泽东大笔一挥，圈定了好学的胡耀邦。那年，胡耀邦仅37岁。

据长期在他身边的工作人员回忆，胡耀邦读书涉猎广泛，且十分认真仔细。《马克思恩格斯全集》，他至少通读过两遍，《列宁全集》，至少通读过一遍。他们至今仍清楚地记得胡耀邦读《毛泽东选集》四卷本的情景。

《毛泽东选集》四卷本出版后，胡耀邦马上买了一套。他爱不释手，一有时间，便要读上几页，有时竟不知东方之既白。积跬步以至千里，积细流以成江河，一套《毛泽东选集》很快被他从头到尾认真地读了一遍。他还觉得不过瘾。他说，王安石的诗句"春风又绿江南岸，明月何时照我还"，一个"绿"字，是经过四次修改才定下来的，后人正是从他的不断修改中才看出诗句的精彩和神韵。"请你们将新中国建立之前解放区出版的毛泽东著作找来，"他说，"我要对照着读！"

毛泽东的著作在解放区曾几次出版，年代相隔也不远。然而，由于印刷数量有限，又南北转战，顺利保存下来的并不多，要将它们找齐，确非易事。工作人员想方设法，兵分几路：有的赴北京的各大图书馆寻觅，有的向知情者探问，有的向老同志求援。功夫不负有心人，终于将建国前解放区出版的毛泽东著作找齐了。当工作人员将书送给胡耀邦时，他高兴极了，连声说："谢谢！谢谢！"

此后很长一段时间，胡耀邦处理好繁忙的公务后便一头钻进书房，将两种版本的毛泽东著作仔细对照，认真地按照四卷本的文字一丝不苟地修改到老版本上。他说，这样做可以知道毛泽东自己对各篇文章重新发表时是如何修改的，从而加深对毛泽东思想的理解。他在书的天头地尾写得密密麻麻，不少页码还贴上纸片。古人说，心头书要越读越厚，案头书要越读越薄，胡耀邦却是案头书越读越厚。他望着晰读渐厚的老版本毛著自嘲地笑了。

胡耀邦读书的范围不限于经典著作，各种他认为有意思的书他都找来读。他读过的主要书籍有《二十四史》、《资治通鉴》、《诸子集成》、《昭明文选》、《四书五经》、《淮南子》、《鲁迅全集》、《郭沫若文集》，以及许多古今中外文学名著和科技著作。各类人物传记也是他极喜欢读的，他几乎读遍了世界各国主要名人的传记。读书，给了他知识和智慧。可以说，他广阔的眼界和博大的胸怀与他勤于读书是分不开的。

二

胡耀邦喜欢岁寒三友，而尤钟情于松梅。他说，松的经霜不凋，葱郁挺拔，"大雪压青松，青松挺且直"；梅的凌寒怒放，傲然独立，"已是悬崖百丈冰，犹有花枝俏"，无不给人以坚强不屈和奋发向上的力量。因此胡耀邦在任何情况下都能持之以恒地读书和思考。

1966年文化大革命爆发，胡耀邦也受到了冲击。即便身处逆境，身心备受折磨。他仍不辍读书。1969年，他被下放到河南省潢川县黄湖农场团中央"五七"干校劳动。

这年10月，秋风萧瑟。胡耀邦和团中央的同志们一道南下，他随身所带的除一些简单的衣物外，就是一箱子书籍。

黄湖农场原是劳改农场，自然条件极差，地势低洼潮湿，遍布坑塘沟坎，到处蒿草丛生。最难过的是夏天，每到这时，气温骤升，闷热难熬，使人喘不过气来。蚊蝇成团成堆，一抓一大把，使劲扇大蒲扇都赶不跑，加上水中嗜血如命的蚂蟥，使人产生度日如年的感慨。

当时，干校的活儿很重。胡耀邦所在连队干的主要是打场、盖房。分配给他的活儿是去几十里之外的地方用架子车拉石头，或是递砖送泥，在晒场上扛麻袋。这些都是农村精壮劳力干的重活、累活。即使那些体力正旺的年轻人干不了一会儿就累得腰酸背痛。但胡耀邦从没说一句苦，不喊一声累。这位14岁就参加革命的红小鬼，从井冈山起，沐浴枪林弹雨，历经血火熏蒸，什么苦没吃过？什么困难没遇到过？晚饭后，经过一天的艰苦劳动而疲惫不堪的同志们为防蚊叮虫咬，穿上高筒胶鞋，打扇聊天的时候，胡耀邦早将劳累、辛苦抛在脑后，独自一人钻进蚊帐，借着马灯昏黄的灯光，挥汗如雨地攻读，几乎每天都读到凌晨一两点。野径云俱黑，读书灯独明。马灯陪伴着认真读书的胡耀邦一次次迎来黎明的晨光。当新的一轮太阳从东方升起的时候，他又精神抖擞地投入到繁重的劳动中去了。曾目睹他夜读的农场工人十分感动：胡耀邦如此爱读书，真是令人敬佩！

1971年9月后，胡耀邦结束了在黄湖农场的艰苦劳动，回到了北京。当时一些同志来看他，说自己还没被分配工作，心里很着急。这时候的胡耀邦也还未被分配工作，然而他非但没有丧失信心和希望，反而抓住这难得的机会阅读了大量的马列著作。他语重心长地劝慰道："没有分配工作，正好可以多读一点书嘛。"

"读书？"听胡耀邦这么说，他们都露出不可理解的神色。工作都没有了，还读什么书？书读得再多，也只能霉烂在肚子里，有什么用呢？

对他们的不理解，胡耀邦并不感到意外。不读书的人无法理解读书人的幸福和快乐，就像足不出户者无法理解环球旅行者或登月人的心情。书籍是人类进步的阶梯。读书是获取知识、增长智慧的重要途径。我们不能因为现在不盖房就不种树呀！胡耀邦想得很深、很远。他坚信总有一天乌云会散去。读书万卷，必有用时！

"我们不要浪费时光，"胡耀邦继续说道，"在这种情况下多读点书，不但可以提高自己，而且还是一种锻炼，可以锻炼无产阶级立场的坚定性。一旦分配了工作，就没有多少时间读书了。"

1972年，一个叫张凯的年轻人去看望胡耀邦。见到敬爱的耀邦叔叔，张凯十分高兴。他问道："您在干什么，耀邦叔叔？"

"老样子，"胡耀邦笑着回答，"拼命啃书本！"

"您在读什么书?"

"在读数理化,尤其是国外科普读物。"

张凯一脸惊讶。他知道胡耀邦叔叔素爱读书,但年近花甲的他读这些书又有什么用呢?

"以后用得上的!"胡耀邦望着疑惑的张凯,只是简单地说了一句,"我们这一辈人缺的就是这个。"

1975年,胡耀邦担任中国科学院的一把手。张凯后来在回忆文章中写道:"他真的用上了!"

时间转到了对中国来说是多灾多难的1976年。7月,唐山大地震波及北京城。为防不测,许多人搬进了防震棚。老朋友于光远惦记着胡耀邦,走了很远一段路来拜访他。此时胡耀邦也许正在低矮炎热的防震棚里摇扇驱署,于光远心想。然而,一跨进院门,出现在眼前的是另一幅情景:着短裤背心的胡耀邦正在临窗的办公桌前专注地研读马克思的《政治经济学批判大纲》。

虽然早在1937年他们尚未谋面时,于光远就听说了胡耀邦爱读书的故事,然而今日所见还是令他颇感意外。

"你怎么还能安心读书?你不怕地震?"于光远大声说道。

"地震有什么可怕?"胡耀邦一边热情让坐,一边随手指着他的创造发明说:"房子倒了,有高子顶着。"

原来,胡耀邦早就有了两全之计:读书防震两不误。他在自己的办公室里用坚固的木头做了一个像双层床那样的东西。上面没有人睡,但也铺了一点被褥之类的东西以防震。下层只能躺一个人,铺着被褥,他就睡在那里。晚间睡着了,一旦房屋倒塌,就可以避免砖瓦檩柱直接压在身上。如果白天地震来。就赶快到那里躺下。地震过后,下床继续看书。对胡耀邦的读书精神和他创造的杰作,于光远也不由得表示佩服。

胡耀邦说,那段时间他啃完了马克思这部四卷本80万字的鸿篇巨著。他主持起草的《科学院工作汇报提纲》提到的"科学技术是生产力"这个论点。所根据的就是这本书。这一鲜明的论点曾得到邓小平的热情肯定。后来,邓小平又据此提出了"科学技术是第一生产力"的著名论断。

三

胡耀邦读书时手中常握着笔。他常以毛泽东不动笔墨不读书和宋代大文学家苏轼抄《汉书》为例,来说明读书要养成勤动笔的好习惯。他说,手脑并用,读书不易疲劳。还认为动笔更能集中注意力,加深记忆。任翻开一本胡耀邦读过的书,上面他画的各种符号、写的许多眉批随处可见。他摘录了大量卡片,写了几十本读书笔记。从他离开总书记的位置,到1989年4月遽然辞世,两年多时间里,他仅重读《马克思恩格斯全集》这部巨著写下的读书笔记就有24本!

"学而不思则罔"。胡耀邦认为只有学而后思,才有收获,像蜜蜂酿蜜、春蚕吐丝一样,才会像鲁迅说的"吃的是草,挤出来的是奶",思想境界、知识素养才会在不断的思考中得到升华、提高。工作人员至今常常忆起胡耀邦读《淮南子》时发生的一件事。

那一次是在胡耀邦的家里。正在读书的胡耀邦突然说:"你们过来,大家说说'称薪而爨,数米而炊,可以治小,而未可以治大'这句话所包含的道理。"

面对首长提出的问题,同志们并不意外,因为平时胡耀邦读书时也常常对他们提一些问题,或深或浅,启发大家思考,共同探讨。这次提的是《淮南子》上面的一句话,这可是大家没遇到过的呀。

见大家默不作声,胡耀邦先把这句话的意思解释了一遍。"为什么说可以治小而未可以治大呢?"他接着发表了一通治小与治大、治家与治国所用方法不一样的道理。

他说,治大、治国不能采用家中有多少柴就烧多大火,有多少米就做多少饭的方法。治国就是要想办法解决国家必须解决的大问题,条件不够就要努力创造必要的条件。如财力不充裕,就可以考虑发公债、借债或者其他办法,不能采用有多少钱就办多少事的消极方针。

同志们被胡耀邦的话深深地吸引了,听得十分专注。耀邦同志学识渊博,胸存万卷,许多历史典故能信手拈来。他常引用《西游记》、《水浒传》、《聊斋志异》、《西厢记》等古典名著中某人某事某段话插于他的讲话中,看似随随便便,却又妥妥帖帖,恰到妙处。因此,上下左右,同志们都爱听他讲话。

胡耀邦停了一会儿,继续说道:"我认为这一句话可以借用来发挥我国的经济建设中应该注意的指导思想,那就是为了尽快把我国建设成为现代化的国家,仅仅依靠现有的条件是不够的,而要经过仔细研究,确定确实可以达到的发展目标,然后借助于一切可用的手段,想方设法创造条件去实现。"

"胡耀邦的一席话就像给我们上了一堂内容深刻的理论课。"同志们这样说道。

艰难困苦,玉汝于成。正是胡耀邦几十年如一日地博览群书,勤于思考,与实际紧密结合起来,使他走完了从一个红小鬼到大知识分子的艰难历程。这无异于他人生中的第二次长征。尽管这一次长征更漫长、更艰辛,付出的心血和汗水更多。然而他走过来了,他胜利了!"会当临绝顶,一览众山小"。他的理论修养和政治水平都达到很高的境界,迸发出灿烂的思想火花。无论是写文章和讲话他都能做到语言生动,观点鲜明,入情入理。他在担任中共中央总书记的几年中,发表了好几篇带有学术性质的讲话:关于庆祝党成立60周年的;关于鲁迅诞生100周年的;关于辛亥革命70周年的;关于马克思逝世100周年的。尤其是在马克思逝世100周年纪念大会上的讲话《马克思主义伟大真理的光芒照耀我们前进》更是一篇纯粹的学术论文。文章对马克思主义在中国的历史命运提出了系统的看法,其扎实的学术功底,精湛的理论素养,独到深刻的理论见解,精辟入理的论述,令人叹为观止!

高山仰止,景行行止;虽不能至,心向往之。1986年10月,胡耀邦挥毫为身边的工作人员题词:"孜孜不倦!"这四个大字。既是对他们的殷切希望和热情鼓励,又是他自己生命不息,读书不止的精神的光辉写照,堪称一代楷模。

胡耀邦谈鲁迅杂文

耀邦同志逝世5周年了。22年以前那次谈话,却始终刻印在我的脑海里。

1972年夏,我从西安来到北京,住在《人民日报》招待所。由于耀邦同志曾经担任过中共中央西北局第二书记和陕西省委第一书记,我作为《陕西日报》的副总编辑,和他打过几次交道,留下过深刻的印象,他没有架子,平易近人,所以就想去看望看望他。

那时候，林彪已经自取灭亡，"文革"热浪有些降温，但"四人帮"还在台上。我作为"反革命修正主义分子"和"反党分子习仲勋的黑爪牙"，虽则已经查无实据，但并未获得解放，也没有被分配工作。当时我们还不可能了解江青、张春桥之流就是"四人帮"，但对他们的所作所为很反感。特别是1972年《人民日报》的元旦社论，突然改变了口号，把原来一段很短时间批"左"又变成了反右（按：1971年9月林彪垮台后，周恩来总理曾指示新闻单位和舆论机关批判林彪的"极左"路线，但，很快"四人帮"就指出林彪是"形左实右，右得不能再右了"，要继续反右），也使人莫名其妙。总之，满脑子的疑团解不开。

刚到北京，我先到协和医院看望耀邦同志，表示慰问和思念之情。不久，他出了院，我和我爱人就到八面槽富强胡同他的住宅去看望。当时，他还是被赶住在后院，我们是从旁边的小门进去的。没有料到的是，一见面，他就朗声拍案而起：

"田方，你来得正好！你看鲁迅《伪自由书》中这篇文章写的多好！"只见他在那篇《"有名无实"的反驳》文章中，用红铅笔画了好多道道。

这是鲁迅就1933年5月17日上海《申报》上的一篇杂文。一位特约通信的记者访问了从长城抗日前线调防下来的一个排长。那个排长对国民党当局花了三四十万元在前线构筑了阵地及掩蔽部，却因为长城的一个要隘冷口的失陷而不战而退，深表痛心。原以为不抵抗将军下台，上峰易人，值得称庆，结果事与愿违，不禁感叹："不幸生为中国人！尤不幸生为有名无实之抗日军人！"

鲁迅就是对这件事发的议论："这排长的天真，正好证明未经'教训'的愚劣人民不足与言政治。第一，他以为不抵抗将军下台，'不抵抗'就一定跟着下台了。这是不懂得逻辑：将军是一个人，而不抵抗是一种主义，人可以下台，主义却可以仍旧留在台上的。第二……第三……第四……"鲁迅怪那个排长："这是不懂命理：中国人生成是苦命的。如此痴呆的排长，难怪他连叫两个'不幸'，居然自己承认是'有名无实的抗日军人'。其实究竟是谁'有名无实'，他是始终没有弄懂的。"

耀邦同志是那样高兴地把他发现的这个道理告诉我："田方，你看，林彪虽然垮台了，但是林彪那套主义不是还在台上吗？"

啊！真是一针见血。我来时正要向耀邦同志请教的问题，一下子迎刃而解了。

那天,耀邦同志还说,他在西安时,被"左"倾分子整了以后,"我就害了怕,从西安开小差到了北京。其实,怕什么呢?我就顶在那里,看他们能把我怎么样!所以,你也不要以为我胡耀邦有什么了不起,人没有武器是不行的!"

是呀!林彪灭亡以后,我作为"反党分子习仲勋的黑爪牙",为什么迟迟不能平反、不能解放!甚至当时的《陕西日报》上还时时出现批判"彭(德怀)、高(岗)、习(仲勋)反党集团"的文章,我似乎也有点明白了。

鲁迅这篇文章已经过去 60 多年了,耀邦同志那次谈话也过去 20 多年了。时移境迁,今非昔比,但是,历史的教训不可忘记,即使留下一点"左"的或右的残余,也还是有它一定的土壤的,这是不足为怪的。这也可以使人们有个比较,要不然,也难于显示出正确的正确来。问题是,人们不要像那个痴呆的排长那样,不懂得究竟是谁"有名无实"。

写完这篇短文,正好看到"羽田孜当选日本新首相"以及我国外交部发言人对此表示"衷心祝贺"的新闻报道;又在当天《参考消息》上看到法新社东京 4 月 22 日电:这位 58 岁的政治家去年说:"我们应告知我们所有的儿童,他们的前人在过去通过发动战争做过什么事情,否则,人民的头脑将继续是模糊的。"不说别的,我对羽田孜这番话就很赞同。这不仅大大有利于中日人民世世代代友好下去;而且,这话对我们也大有启迪:"我们也应该告知我们所有的儿童,他们的前人在过去通过发动'文化大革命'做过什么事情。否则,人民的头脑也将继续是模糊的。"